LOCUS

LOCUS

LOCUS

LOCUS

from

vision

站在總統身後的那對夫婦，與他們親歷的 60 年代白宮風雲

無盡之愛

AN UNFINISHED LOVE STORY

A PERSONAL HISTORY OF THE 1960S

DORIS KEARNS GOODWIN

桃莉絲・基恩斯・古德溫 著 ｜ 蔡婼嫣 譯

謹以此書，獻給

麥可・羅斯柴爾德（Michael Rothschild）

小說家、雕塑家、版畫家、果園主、農夫
他是迪克的摯友，亦是我的摯友。

目錄

序章

一九七二年六月某天早晨，當我踏進哈佛大學奧本山街（Mt. Auburn Street）七十八號的辦公室時，整個房間洋溢一股興奮的氛圍。理查・「迪克」・古德溫（Richard "Dick" Goodwin）剛在我們那棟老舊的黃色建築三樓租了一間辦公室，準備完成一本書。我們都知道他是誰：他二十多歲時曾在約翰・甘迺迪（John Kennedy）[1]政府任職，並在「偉大社會」（Great Society）計畫鼎盛時期擔任詹森總統（Lyndon Johnson）[2]的首席文膽。後來羅伯特・「巴比」・甘迺迪（Robert "Bobby" Kennedy）在加

1 譯註：約翰・甘迺迪（John Fitzgerald Kennedy），美國第三十五任總統，為美國首位信奉天主教的總統，任內發生古巴危機、民權運動、太空競賽等重要事件，然而一九六三年十一月二十二日於任內遇刺身亡。

2 譯註：林登・詹森（Lyndon Johnson），原為甘迺迪政府的副總統，後繼任為美國第三十六任總統，隨後於贏得一九六四年總統選舉；延續甘迺迪政府提出的「新邊疆」計畫，任內推行「偉大社會」為號召的一系列重大立法舉措，包含民權、醫療補助、教育補助、公共廣播、城鄉發展、公共服務、脫貧政策等等。國內政績優異，然任內因越戰問題，支持率大幅下滑，不得不放棄連任，與喬・拜登（Joe Biden）是美國選舉史上唯二現任總統放棄競選連任者。

州遇害身亡時，他也在場。一位認識他的人說，他是其見過最聰明、最有趣的人，但有時也顯得輕率、善變且傲慢——總之，他是一名耀眼且難以捉摸的人物。

我剛在樓梯盡頭的辦公室裡坐下，迪克便閒晃進來，一屁股坐在我給學生準備的椅子上。他的外表立刻引起我的注意：一頭蓬亂的黑色捲髮、濃密而凌亂的眉毛、滿臉的坑疤，幾根大雪茄從他的休閒襯衫口袋探出頭來。他自我介紹後，問我是否是研究生。「不，我是助理教授。」我反駁道。「我在教一門關於美國總統的課程，還主持研討會和輔導課。」

「我知道，我知道！」他笑著舉起雙手打斷我。「我只是逗你玩呢，我知道你在我離開後為詹森工作。」

就這樣，我們展開長談，話題從詹森、六〇年代、寫作、文學、哲學、科學、天文學、性、演化、八卦、紅襪隊（Red Sox），一直延伸到天底下的各種話題——這場對話將在我們生命接下來的四十六年間持續下去。我們在白宮錯過了三年時光。我在一九六八年加入詹森的白宮幕僚團隊，迪克則在一九六五年秋天退出，當時他就已經擔心越戰升級將耗盡「偉大社會」計畫的資源。

遠離華府後，他對國內政策資金萎縮和關注度下降的擔憂，逐漸被對越戰的強烈不安取代。迪克首次公開發表反戰聲明時，遭到政府外交政策單位的批評。國家安全顧問邦迪（McGeorge Bundy）對他說，他既然離開白宮，就不該如此高調，應該保持沉默，把異議藏在心裡。無任所大使哈里曼（Averell Harriman）的指責更令人費解，說他反咬餵過他的人一口。

「你怎麼回應的？」我問。迪克陷入回想，眼底泛起漣漪。「我告訴他，林登哪有餵過我？我靠自己吃飯。」我不確定他的語氣是否含帶諷刺幽默，或懷有真心的不屑。

我們連續聊了五個小時。他身上帶著幾分鋒利的叛逆氣息，也格外沉穩、歷經世事，但在機智犀利之餘，舉止與眼神裡仍看得見溫柔。

他提議我們晚上在波士頓燈塔山（Beacon Hill）的一家餐廳繼續談天說地。我們剛坐下並選好一瓶酒，他便靠近我。「告訴我，」他開口道，「你的抱負從何而來？你的父母是什麼樣的人？你談過幾次戀愛？」他那認真和急切的神情打動了我。在他的引導下，我開始滔滔不絕地分享。

我告訴他，我在一九五〇年代的紐約郊區洛克維爾中心（Rockville Centre）長大。鄰居之間就像一個大家庭，街坊裡有十幾個和我同齡的孩子，我們整天在彼此的家中進進出出，街道就是我們的遊樂場。我還和他分享了父母和姐妹的故事，談到我對歷史和布魯克林道奇隊（Brooklyn Dodgers）的熱愛，還有我上學時有多麼快樂。

迪克有幾次打斷了我，但都僅是為了進一步詢問我父母的情況。我的母親在我十五歲時去世，父親則在一個月前剛剛辭世。最後，我深吸一口氣，意識到他巧妙掌握了話題的主導權。通常，與人見面時，主導提問的總是我。

晚餐結束後，他開始講述自己在麻薩諸塞州布魯克萊恩（Brookline）長大的經歷，以及在塔夫茲學院（Tufts College）和哈佛法學院（Harvard Law School）的日子。他的敘述比我的簡潔得多。羅伯特・甘迺迪去世不久後，他搬到了緬因州的鄉村，最近才回到麻州的劍橋。他六歲的兒子小理查（Richard Jr.）即將升上一年級，他希望孩子能在波士頓地區上學。他幾乎沒有提到他的妻子珊卓（Sandra

Leverant Goodwin）。珊卓是一位才華橫溢的作家，曾就讀瓦薩學院（Vassar College）和法國索邦大學（Sorbonne），但她長期受精神疾病困擾，住院治療多時，他們也因此分居多年。

顯然，故事遠不止於此，但他突然轉換話題：「你覺得紅襪隊怎麼樣？」——儘管他對這支棒球隊情有獨鍾，卻一輩子都覺得他們會輸球；在布魯克林道奇隊拋棄我之後[3]，我搬到了麻薩諸塞州，也成為紅襪隊的球迷。

他送我回家時，輕捧起我的臉說：「桃莉絲．基恩斯（Doris Kearns），現在起我們是朋友了。」他擁抱我，並道晚安。由於迪克的辦公室和我在同一棟樓裡，我們後來確實變成了摯友，這段友情也成為我人生中最深刻的一段。

⬨✶⬨

半年後，珊卓離開了醫院，選擇結束自己的生命。接下來幾個月裡，我盡可能多陪伴迪克和理查，幫助他們應對忙亂的生活。每天早上，我都會過去接理查上學。迪克和我日夜奔波，一邊兼顧我的教學與寫作、他的寫作工作，一邊照顧理查，關心他的學校生活和交友情況。在這段混亂且不穩定的時期，我們盡己所能、隨機應變，一同度過壓力與悲傷交織，但也充滿合作和樂趣的時光。不久後，我意識到自己深愛上迪克，也清楚他同樣愛我並信任我。

然而，迪克生活中的紛亂和變故使他無法對我許下長久承諾，而他也知道那正是我所期盼的。他擔心著自己的兒子、工作和財務問題。最重要的是，他害怕如果我們的關係無法順利發展，會給我們三個人帶來不堪的後果。他說，在他重新站穩腳跟之前，最好先理清自己的狀況，專心好好照顧理查。

我理解他的處境，但仍感到心碎。我對迪克的愛已發展成無法自拔的迷戀。在與他相遇前，我的生活只要圍繞著教學、同事、家人和朋友，便能感到心滿意足。我也在努力撰寫我的第一本書——一本詹森傳記，相信能促進我的專業和學術發展。然而，我原先能夠自我滿足的生活突然開始崩潰。

事實上，我被前所未有的迷惘、強烈情感和焦慮淹沒，這讓我首次決定尋求精神科醫師的幫助。我找上比布林醫師（Grete Bibring），她曾師從佛洛伊德。我想知道，我對迪克的迷戀是否僅僅因為他不在身邊，或因為我的父親剛去世？我一直相信自己有能力應對一切挑戰，我生來就擁有無法熄滅的熱情與樂觀，這是我認為繼承自父親的特質。然而，這份信心開始動搖。比布林醫師幫助我明白，我確實愛上了迪克，但如果我希望這段感情能夠持久發展，就必須耐心等待，接受他暫時分開的決定。

很快地，迪克和理查搬到了華盛頓，迪克成為《滾石》（*Rolling Stone*）雜誌[4]的政治編輯。在他們離開後，我努力適應沒有他們的生活。大約一年後，我在劍橋的街頭遇見了迪克。他來城裡參加一場會議，當晚立即邀請我共進晚餐，我們重新開始那場被打斷已久的對話。隔天，他打電話邀我和他一同返回華盛頓，並說希望我們能共度餘生。

3 譯註：一九五八年道奇隊搬遷到洛杉磯。

4 譯註：《滾石》（*Rolling Stone*），一九六七年創刊，早期以政治與音樂評論並重，後逐漸轉往娛樂、流行文化為主，在西洋樂壇上有著不可抹滅的影響力，其邀請樂壇專家評比的各類榜單也深受樂迷認可。

一九七五年十二月十四日，在初次見面三年多以後，我們結婚了。婚禮在一棟擁有兩百年歷史的殖民風格大宅會議廳內舉辦，這是當年秋天迪克和我同居時租下的。隨著《夢幻騎士》（*Man of La Mancha*）的〈不可能的夢〉（The Impossible Dream）[5]旋律響起，我步上紅毯的那端。迪克的伴郎是小說家麥可·羅斯柴爾德，他特地從緬因州西部山區趕來。一位愛爾蘭男高音演唱了〈耶路撒冷〉（Jerusalem），這首婚禮頌歌改編自迪克最喜愛的詩人之一布萊克（William Blake）的詩作。九歲的理查和他的朋友們手持一把劍，一起切下我們的四層婚禮蛋糕。

《波士頓環球報》（*The Boston Globe*）在頭版上形容這場婚禮宛如「偉大社會的大團圓」，匯聚了「紐約的時尚風格、華盛頓的政治權力和波士頓的學術智慧；但最重要的是充滿歡樂與友情」。座上賓包括參議員愛德華·甘迺迪（Edward Kennedy）[6]、波士頓市長懷特（Kevin White）、小亞瑟·史列辛格（Arthur Schlesinger Jr.）[7]、范登·休維爾（William vanden Heuvel）和多位詹森內閣成員。此外，作家梅勒（Norman Mailer）[8]、記者布拉德肖（Jon Bradshaw）及其當時的女友安娜·溫圖（Anna Wintour）[9]、《滾石》雜誌的湯普森（Hunter Thompson，他在康科德殖民旅館〔Concord's Colonial Inn〕忘了關浴缸水龍頭，淹了兩層樓），還有我的一群哈佛同事也齊聚一堂。

⬩✶⬩

我們該在何處安家？我嚮往大城市的熱鬧，迪克卻鍾情於鄉村的寧靜。最終，我們在麻薩諸塞州的康科德（Concord）找到兩全其美的答案。康科德是個擁有一萬八千名居民的小鎮，位於波士頓以西三十二公里（二十英里）處——鄰近城市，但仍保留濃濃的鄉村風情，擁有蜿蜒的長河、繁茂樹林、田野小徑、肥沃農田和一條古樸的主要街道。這座小鎮深厚的歷史底蘊令我們著迷：廢奴運動的足跡，以及十九世紀中葉一批文豪比鄰而居，形成緊密的文學圈子——愛默生（Ralph Waldo Emerson）、梭羅（Henry David Thoreau）、霍桑（Nathaniel Hawthorne）、奧爾科特（Louisa May Alcott）——他們的故居至今仍矗立著。迪克崇拜愛默生的散文和詩歌，也特別欣賞霍桑的故事（儘管他對霍桑的政治觀點不以為然）。梭羅關於公民不服從的著作及其筆下的《緬因森林》（*The Maine Woods*），同樣深深打動迪克。

此外，康科德還是美國獨立革命與建國的重要搖籃。迪克是個徹頭徹尾的熱血愛國人士——他熱愛煙火、遊行和愛國歌曲。在接下來的歲月裡，他經常拉著訪客遊覽北橋（North Bridge），並用他那渾厚富有戲劇性的嗓音，朗誦愛默生刻在法蘭奇（Daniel Chester French）義勇兵（The Minute Man）雕像下方

---

5 譯註：改編自經典著作《唐吉訶德》（*Don Quichotte*）的一九六五年百老匯音樂劇《夢幻騎士》與一九七二年同名電影。劇中最著名的歌曲是〈不可能的夢〉。

6 譯註：愛德華・甘迺迪（Edward Kennedy），又名泰德，是甘迺迪九名兄弟姐妹當中的老么。他繼承家族的政治衣缽，在參議院服務長達四十七年，是美國歷史上任期最長的參議員之一。

7 譯註：小亞瑟・史列辛格（Arthur Schlesinger Jr.），美國著名歷史學家，曾任教於哈佛大學，一九六一年至一九六三年間，成為甘迺迪總統的特別助理兼御用歷史學者，詳細記錄甘迺迪執政期間的事務，該著作為《一千個日子》（*A Thousand Days*）。

8 譯註：梅勒（Norman Mailer），美國二十世紀明星作家，曾兩度獲普立茲獎。

9 譯註：安娜・溫圖（Anna Wintour），《時尚》雜誌（*Vogue*）的全球編輯總監，知名時尚教母，電影《穿著Prada的惡魔》即是以其為原型。

的詩句：「響震天下的一擊」（The Shot Heard Round the World）。我得承認，每次聽到迪克慷慨激昂地吟誦愛默生這句詩詞，我總忍不住聯想到另一場「響震天下的一擊」[10]——一九五一年國聯冠軍賽中，湯姆森（Bobby Thomson）對上布魯克林道奇隊投手布蘭卡（Ralph Branca）擊出的九局下半全壘打，幫助可惡的紐約巨人隊（New York Giants）[11]奪冠，徹底擊碎我深愛的道奇隊的冠軍夢。

婚後，我的生活因突然擁有完整的家庭而充滿喜悅，但壓力、疲憊也隨之而來。我一直渴望能有孩子，而在短短兩年內，我們的家庭成員已經來到五個人。理查十歲時，我生下麥可（Michael）；十五個月後，喬（Joe）出生了。在新婚時期，我開始考慮放棄教學，專心全職寫作。我在婚前因緣際會寫了一本關於詹森的書，並收獲好評，這促成我簽下第二本書的合約。但結婚之後，我覺得無法在兼顧研究與寫作的同時，對教學維持應有的投入與專注，還能抽出足夠時間陪伴年幼孩子（儘管今天的我可能會有不同看法）。我待辦清單上的任務幾乎毫無進展，只能夢想著那看似遙不可及的仙境——「自己的房間」[12]。

過去，我對自己的教學和講課充滿信心，但在放棄教職後，僅以傳記和歷史作家自居，讓我感到不安。迪克始終堅定地鼓勵我。他不斷對我說：「你天生就是個善說故事的人。」還調侃道：「寫作時像說話一樣就行了，不用那麼快。」

迪克擔心我寫作速度過快，結果完全是多慮了。雖然我說話說得飛快，但實際上卻是個寫作慢吞吞的作家。即便已不再教書，我那關於甘迺迪家族的第二本書仍足足花了八年才完成。有天下午，在哈佛的一場派對上，我聽見一名學生問另一個人：「桃莉絲．基恩斯發生什麼事了嗎？難道去世了？」我真想大喊：發生什麼事呢？我有三個年幼的孩子要養！

兩名作家共處一室，既有獨特的挑戰也有無數的樂趣。儘管我們後來設置了各自的書房，但在同一屋簷下工作讓家庭和工作的界限變得模糊。麥可和喬還小時，我們雇了一位保姆，好讓我有更多時間專心寫作。然而，每當孩子們走進我的書房，想要找我說話或玩耍時，我無法關上門來置之不理。為解決這道難題，我決定在康科德公共圖書館氣派的參考室設置工作區。在那裡，我能坐在一張精美的橡木桌旁，提筆書寫，四周環繞著康科德偉大作家的雕像和半身像，以及林肯（Abraham Lincoln）的畫像。每天早晨，我能專注寫作三個小時以上，直到圖書館員過來告訴我，迪克打電話通知午餐已經準備好了。

我對圖書館的熱愛從國中時代開始。每周手握母親的成人借書卡和她列出的書單，走到鎮上的圖書館，是我珍貴的一段回憶。母親童年罹患風濕熱，對心臟造成永久損傷，使得她終日只能待在家中。雖然她的學歷僅八年級，但她把所有空閒時間都拿來閱讀，透過書本，她得以去到無法親身踏足的地方。對我來說，能夠左轉進入成人閱覽室，而不是右轉去兒童區，是一種無比的快樂，彷彿自己瞬間變得更

10 譯註：法蘭奇為美國著名雕塑家，「義勇兵」雕像為其知名作品。一七七五年四月十九日，美國民兵在康科德北橋擊退英軍。愛默生的《康科德頌》（*Concord Hymn*）使這場戰役永載史冊，而「響震天下的一擊」（The Shot Heard Round the World）則形容了美國革命的第一槍。

11 譯註：一九五八年從紐約遷移至加州舊金山，現為舊金山巨人隊。

12 譯註：英國女性主義作家吳爾芙（Virginia Woolf）一九二九年九月出版的長篇散文《自己的房間》（*A Room of One's Own*），其中的名句包含：「女性若是想要寫作，一定要有錢和自己的房間。」（A woman must have money and a room of her own if she is to write fiction.）

成熟、更高大、更有智慧。

等到三個孩子都開始上學後，我回到家裡的書房工作。與迪克比鄰寫作，讓我們能夠更深入參與彼此的書籍和文章創作。我們經常在接近中午時交換稿件，並在午餐時間仔細審讀。如果寫作或思路上遇到瓶頸，我們也會集思廣益，往往都能順利解決問題。

迪克在六〇年代政治熔爐中積累的實務經驗，使我對政治決策與行為所面臨的壓力、限制及實際情況的認識愈加深刻與豐富，這也反映在我作為歷史學家寫過的一本又一本書當中。雖然迪克的全職公務員生涯早已結束多年，但那些曾驅使他投身政治的諸多議題仍在餘生中激勵著他，推動他持續撰寫書籍、文章與專欄，持續挖掘曾在六〇年代帶動社會變革的熱情及成就。

我們婚姻生活的前半程，都居住在康科德的大街（Main Street）上，圖書館、書店、咖啡廳、餐館、運動場和學校都在步行距離內。迪克是理查少棒隊的教練，我則擔任記錄員。我六歲時就從父親那學會如何記錄一場球賽，這樣一來，每當夏日午後，父親仍在崗位上工作時，我便可以為他記下布魯克林道奇隊的比賽。父親回家後，我會一局一局地向他細細講述他錯過的賽況。他當時從未告訴我，官方的賽事數據表（Box Score）隔天就會在報紙上刊登出來。我天真地以為，若沒有我的記錄，他就永遠無法得知那些錯過的比賽細節。

好些周末，我們會帶孩子們去看紅襪隊的比賽。坐在芬威球場（Fenway Park），我偶爾閉上雙眼，彷彿回到年少時與父親一起在艾比茲球場（Ebbets Field）[13]，欣賞傑基・羅賓森（Jackie Robinson）、皮・維・瑞斯（Pee Wee Reese）、杜克・史奈德（Duke Snider）和吉爾・霍吉斯（Gil Hodges）的英姿。在那些神奇的瞬間，我睜開眼，能感覺到我的兒子們與從未謀面的祖父之間存在無形的情感連結，那是忠誠與愛。透過我訴說的故事，他們了解到自己的祖父擁有什麼樣的內心與靈魂。

孩子們升高中後，我們的生活充滿了摔角比賽、袋棍球賽[14]、學校話劇、吉他課、棒球卡拍賣會、《星際迷航記》（*Star Trek*）與漫畫展。我們的家成為孩子三五好友聚會的基地，我們將車庫改造成一間寬敞的遊戲室，擺放撞球桌、彈珠台、空氣曲棍球桌，還有一台超大的電視螢幕。許多午後，孩子們放學回到家時，總能看見幾位朋友早已舒舒服服躺在我們的沙發上，等待遊戲開始。

⋄⋆⋄

我們選擇住在大街的唯一問題是，房子沒有足夠空間來容納迪克多年來積累的三百多箱收藏品。他幾乎什麼都保存下來——從大學和法學院時期到白宮歲月乃至之後的親筆信件、紀念品和生活點滴。這些箱子裡裝滿了白宮備忘錄、他的日記、總統及未來總統親自批註的無數演講草稿、剪報、報紙社論、

13 譯註：艾比茲球場（Ebbets Field），曾經是紐約布魯克林道奇隊的主場，於一九六〇年被拆除。

14 譯註：袋棍球（Lacrosse），又譯棍網球，指的是一種使用頂端具有網狀袋子的長棍作為持球工具的團隊球類運動。

舊雜誌、剪貼簿和照片——構成一份獨特且全面的六〇年代檔案。當時令我費解的是，迪克對箱子中的物品懷有極為複雜且矛盾的情感，它們讓他憶起那段快意時光，但同時也喚起他內心深處的沉重失落感。

我們匆忙挑選了幾本日記、迪克撰寫的幾篇重要演講稿、私人信件，以及他與甘迺迪和詹森總統之間的備忘錄，其餘的大部分都被封存至儲藏室。然而，即便只是粗略翻閱，我們也能感受到，這堆雜亂的箱子不僅對迪克極具意義，對歷史而言更是彌足珍貴。

待孩子們紛紛進入大學、研究所，展開各自的職業生涯後，迪克和我告別了大街，遷至紀念碑街（Monument Street）一棟古色古香的宅邸。經過愛默生撰寫《自然》（*Nature*）與霍桑創作《古宅青苔》（*Mosses from an Old Manse*）時所居住的「古宅」（Old Manse）[15]，再穿過曾作為獨立革命戰場的北橋，我們住進了這棟房子，在此共同度過最後的二十年。紀念碑街的房子設有一間地下室，並與樑柱結構式的穀倉緊密相連。經過我們的精心改造，穀倉如今已轉變為健身房，而它與地下室相加起來，使我們終於有足夠空間來安置伴隨迪克一生的那堆積如山的紙箱和塑膠容器。

這些箱子和琳瑯滿目的儲物箱在塵封多年後，終於被卡車運來，塞進了地下室，直到堆得滿滿當當，連暖爐邊都快擠不下，甚至快要沿著樓梯蔓延而上。當地下室已經沒有一絲空間，剩下的就被送到穀倉，整齊地堆在健身房的牆邊。即便如此，迪克依然抗拒動手整理這些檔案。他還沒準備好回顧那段往事，對他來說，六〇年代的末期像是給整個十年都蒙上了一層陰影，傷痕依舊在那，他只想繼續往前看。

某個夏日清晨，距離迪克度過八十大壽已有七個月，他下樓來準備吃早餐，耳垂上還沾著剃鬚泡沫，哼唱著《奧克拉荷馬之戀》（Oklahoma!）裡那句「玉米穗長得與大象的眼齊高[16]」。

「今天怎麼這麼高興？」我問。

「我忽然有個靈感，」他說著，掃了一眼我在早餐桌上為他擺好的三份報紙頭條。隨後，他把報紙推開，拿起筆寫下幾個數字。「三乘以八等於二十四，三乘以八十等於兩百四十。」

「這就是你的重大發現？」我問。

「你看，我這八十年的生命，已經占了我們共和國歷史的三分之一。也就是說，我們的民主歷程，只有短短三個『古德溫』長。」

我強忍笑意。

「桃莉絲，一個『古德溫』前，我出生時，正值大蕭條。一九四一年十二月七日珍珠港事件發生

15譯註：古宅（Old Manse），美國麻薩諸塞州康科德市紀念碑街的一座古宅，由愛默生的祖父威廉（William Emerson）於一七七〇年建造。愛默生於一八三〇年代中期曾在此居住，而霍桑則於一八四二年租下這棟房子，與妻子共度了他們的新婚三年。

16譯註：「玉米穗長得與大象的眼齊高」，這句歌詞出自一九五五年美國音樂電影《奧克拉荷馬之戀》的著名歌曲〈噢，多麼美麗的早晨〉（Oh, What a Beautiful Mornin'）。

時，正好是我十歲生日，毀了我的整個派對！如果我們再回溯到兩個『古德溫』之前，康科德村正因《逃奴追緝法》（*Fugitive Slave Act*）而陷入騷亂。回到三個『古德溫』之前，若從我們家門出去，左轉沿著路走，或許我們就能親眼目睹那些備戰的農民，見證獨立戰爭的開端。」

他瞥了報紙一眼，隨後走進位在屋子另一端的書房。一個小時後，他出現在我的門口，大聲朗讀他剛寫好的一段話：

「一個人漫長生命的三倍歲月，即足以貫穿我國短暫的整部歷史。回顧我國一路來的盛衰興廢，顯示出一件事：巨大、深遠的變革終將到來，且往往來得迅疾。這些變革能否帶來治癒與包容，則取決於我們自己。正如以往，這些變革通常自下而上開枝散葉，如同美國獨立革命、廢奴運動、進步運動、民權運動、女性運動、同志權益運動和環保運動。我漫長的一生已經見證無數歷史轉折和改道。屢次逼近滅亡危機的美國，實際上並不如表面顯示的那般脆弱。」

我起初錯誤地以為迪克將「一個古德溫」視為衡量八十年美國歷史的單位，純屬一時突發奇想。然而，原來他眼中閃爍的樂觀神采是懇切而認真的。在六〇年代前期，曾有一扇重大的機遇之窗開啟。他告訴我，他一直夢想那扇窗能夠再次打開。

因此，當他對我說「現在不做就永遠沒機會了！」的時候，我毫不意外。時機終於來臨，他準備好逐箱逐檔地打開、整理並檢視他的珍貴收藏。我們聘請了朋友科爾比（Deb Colby）擔任他的研究助理，他們一起慢慢翻箱倒櫃，按時間順序排列檔案。

初步整理完成後，迪克希望能將他挖掘出的這些資料編纂成冊。他期盼我能與他攜手，從第一箱開始，直至最後一箱，一起完成這項任務。

「我需要你的幫忙，」他直截了當地說。「幫我喚起回憶，問我問題，看看我們能從中汲取什麼，以及能如何使用這些資料。」我興奮地回應：「沒問題！」

「畢竟我已經老了。如果我還有什麼智慧可分享，那最好就從現在開始行動。」

那天下午，我加入他在書房裡的工作，先從涵蓋五〇年代和六〇年代初的第一批箱子著手。我們約定每個周末都撥出時間進行，看看會有什麼新發現。

我們最後一次共赴的偉大冒險，就此展開。

第一章／成長的模樣

我常常問迪克他年輕時是什麼樣的人。

對於這種問題，他總是翻白眼並聳聳肩說：「我怎麼會知道，我年輕時是什麼樣子？我那時正顧著當那位年輕人。」

我第一次見到他的時候，他四十歲，我二十九歲。我纏著他問：「如果我在你二十幾歲時遇見你，我還會愛上你嗎？」

作為一名歷史學家，我曾幻想能夠見到我研究的總統們在成長階段的模樣，因為在那段時間所做的選擇決定了他們未來的道路。多年來，我深入挖掘他們生命中的每一個蛛絲馬跡，鑽研日記和信件，並仔細斟酌他們相識之人的回憶，最終是同理心和想像力幫助我形塑出一種直覺，讓我感受到他們年輕時可能是什麼樣子。

曾在哈佛求學的老羅斯福（Theodore Roosevelt），他的宿舍瀰漫著甲醛（formaldehyde）氣味，到處散落動物剝製標本的毛皮和羽毛，他古怪、傲慢，但活力四射，彷彿隨時準備跳一支踢踏舞。而尚未被小兒麻痺症擊倒的小羅斯福（Franklin Roosevelt），會打網球、打高爾夫、游泳，還能像「一隻令人驚嘆的公鹿」般躍過溪流。身材瘦長的詹森，將捲曲的黑髮整齊地向後梳，看起來迷人又霸氣，然而在德州科圖拉（Cotulla）初次任教時，他花了第一個月的大半薪水去照顧貧困的墨西哥裔兒童。還有，誰不會夢想在伊利諾州新賽勒姆（New Salem）的雜貨店裡流連，觀察那位擅說故事吸引每位路人駐足的奇特年輕店員林肯（Abraham Lincoln）呢？

想來有趣的是，我與林肯、老羅斯福、小羅斯福和詹森幾位總統共度的時光，比我與生命中的其他男性（除了我丈夫）還要多。沉浸於研究這些人物十多年後，我對他們產生了深厚、持久且複雜的親近感。我常常在公開場合開玩笑說這些人是「我的夥伴」，但考慮到我在他們身上投入的情感和智慧，我發現這個說法已不僅僅是玩笑。

不過，長期史調挖掘總統「夥伴」的檔案與我現在的研究之間，仍然存在顯著差異：這次我研究的檔案，屬於正坐在房間另一端的「我的老伴」，我結婚四十年的丈夫。雖然我的老伴最初在幫我重現少年迪克方面幫助不大，但我們開始研究不久，我發現了一頁迪克二十歲時在塔夫茲學院開始用打字機寫的日記，讓我感到非常興奮。我心想，終於能「見到」年輕時的迪克了：

一九五二年九月二十日。開始寫日記就像是建立一段新的親密友誼。起初必須慢慢來，有些謹慎地吐露自己的想法與思緒，你需要確信——紙張如同朋友一樣，將會接納你所表達的一切。因為，沒有什麼比期待得到理解卻未能如願，還要傷人的了。當然，寫信與交友還是有差別的，在友誼當中，你必須信任他人；而在日記裡，你必須信任自己。

我現在被許多相互矛盾的渴望和想法撕扯著。活動壓得我喘不過氣。個人事務迫在眉睫，卻因疏忽處理而變得更糟。同時，我的學業也遠遠落後，負擔越來越重。我不知道自己在最後一刻衝刺的習慣能否應付得來。所以我之後要採取一個新辦法。每當有新的想法，我就要躺下來休息半小時。可能做不了太多事情，但肯定能得到很多休息。

我剛把這段日記大聲朗讀給迪克聽，他立刻開始挑剔自己年輕時的文筆。他說：「真是個一本正經的少年，還以為有後人會來品評他呢。」

「他才二十歲！」我反駁道，「而且已經展現出直接、真摯的情感，還帶點自嘲和幽默感。」我認為這個開頭很有潛力，迫不及待想繼續讀下去。然而，才寫這麼一頁，迪克的日記戛然而止，直到十多年過去，甘迺迪遇刺後的幾天才又重新開始。

迪克中斷的日記讓我想起了，一本我在高中二年級二月某天剛開始寫就停止更新的日記。我十五歲，母親去世了。日記上簡單的一句話，卻道盡了一切。我自覺無法用文字表達心中情感，於是闔上日記本，再也沒有提筆。

⬥✱⬥

我繼續搜尋召喚二十多歲的迪克。在裝有他開篇日記的箱子裡，找到一捆信件，將近五十封，是迪克寫給他大學摯友喬治・古莫的。喬治後來成為了一位英文教授和小說家。他保留了他們所有的通信，並在後來將這些信件寄還給迪克，作為他們長年深厚友誼的紀念品。

這些信件成了迪克那短命日記的寶貴替代品，因為他們之間的親密友誼讓他能夠毫無顧慮地暢所欲言，不必擔心被誤解。他的第一封信就奠定了這種基調。

一九五三年六月

……你是唯一一個我敢用華麗堆砌或細膩描述來寫信的對象，因為我知道你那善解人意的雙眼能淡化我的詞藻，讓事物回歸到它們應有的樣貌……

不知道你對畢業有什麼感覺（喬治比迪克早一年畢業），但當我有時間仔細想過後，我感到有點迷惘，有點！天啊，其實我完全不知道該怎麼辦，真的非常沮喪。

我已經決定去讀哈佛法學院（Harvard Law School）了。實在不能忽視財務考量。他們一開始會提供我八百美元，如果我期中成績及格，還會再給四百美元。而學費只需要六百美元，這樣一來，剩下的錢就能支付大部分的住宿和生活費。

由於迪克的父親在經濟大蕭條期間失去工程師的工作，財務狀況從此成為家中揮之不去的憂慮。至於他的父親後來為何始終無法重建穩定的事業，我始終不得而知。當時，迪克一家人住在布魯克萊恩柴契爾街（Thatcher Street）上的一間小出租公寓裡。法學院開學前的那個夏天，迪克身兼二職。白天，他是富勒刷具（Fuller Brush）的推銷員，挨家挨戶上門兜售刷子、拖把和家用清潔用品。傍晚，他前往里維爾海灘（Revere Beach），在濱海木棧道上的魯道夫餐館（Rudolph's）擔任油炸廚師，一直忙碌到凌晨一、兩點。當我讀到他晚上當油炸廚師的經歷時，不禁笑出聲，畢竟在之後的日子裡，他幾乎從未下過廚！他說：「站在油鍋上方那片炙熱區域，將蛤蜊、薯條和洋蔥圈投入滾燙熱油，實在悶熱到讓人崩潰。我真寧願與但丁地獄中的大多數靈魂交換位置。」

一九五三年七月。除了目前兼職的兩份工作外，我還讓自己捲進鎮上激烈的租金管制抗爭中。我正為一個居民委員會進行研究，他們主導了這場爭取延續布魯克萊恩租金管制運動的主導者。這項工作讓我必須在波士頓四處奔波，拜會許多人，甚至與遠在華府的甘迺迪參議員進行了一次私下通話。我的五斗櫃上堆滿各種文件和統計資料，此外，我們還在波士頓舉行幾乎無止境的會議。當然，這是我樂於參與的事務，也讓我結識了許多新朋友。

這就是我的政治生活。我的刷具業績因這件事受創慘重，為了彌補經濟上的損失，我不得不花更多時間在海邊工作，這自然連帶犧牲了我的社交活動。

是什麼驅使一位剛大學畢業、忙得不可開交、手頭拮据，還在感嘆自己社交生活枯竭的二十一歲年輕人，毅然投身至小鎮租金管制的衝突中？

「很簡單，」當我向他提出這個問題時，他回答道。「我喜歡參與抗爭。棘手差事不但沒有消耗我的精力，反而使我充滿幹勁。雙方——租客和房東——都相當投入，有組織、有條理。我在決定性的大型居民會議上發表了一段演講。投票結果非常接近，但我們贏了，租金管制得以延續。而當我的演講登上波士頓報紙的頭版時，我的社交生活也重獲生機！」

迪克在一九五三年秋季和春季學期寫給喬治的信中，以犀利而幽默的方式描述他在哈佛法學院第一年所面臨的高壓環境。

> 一九五三年十月。許多學生一窩蜂去觀看哈佛對陣小俄亥俄大學（Ohio University）的比賽，其餘的人大多在收聽世界大賽（World Series）[17]。這讓我自入學以來，第一次覺得可以做些與學習無關的事，而不用擔心所有人都在超越我。對此，我還不太確定該怎麼看待。
>
> 白天上課學習，晚上討論法律或繼續學習，連吃飯這種該放鬆的時候也不時在談法律。這該死的地方簡直就是一個封閉的小世界，除了偶爾的星期六約會外，你可以好幾個星期不踏出哈佛廣場（Harvard Square）。

一月的期中模擬考期間，壓力倍增。迪克挖苦地對喬治說：去年考試期間，全校才七個人崩潰到要

17譯註：世界大賽（World Series），美國職棒大聯盟的年度總冠軍賽。

住院。院長們還樂觀地以為，今年人數也能這麼少，但這點我們可打了個問號。

隨著冬去春來，期末考日益逼近，他坦言：

從未想過，明明已經拚命用功，學到的卻少得可憐。可期末考只剩下七周，而過去兩周內，氛圍緊繃得令人難以置信。「難以置信」這詞用得很重，但真的難以置信。竟有五百人正在為自己每一個沒在學習的鐘頭心懷愧疚（連睡覺和吃飯都不例外），他們擔心每一個小時都可能影響每一分成績，而差一分就可能讓他們的排名相差四十名，最終甚至左右他們的未來，或更遠的未來。事態持續深陷在極度誇大、扭曲且脫離現實的觀點之中。但無論你是否意識到這一切有多愚蠢，都很難不被這種氛圍左右。

讀完這段文字給迪克聽後，他告訴我：「奇怪的是，越是艱難和具挑戰性，學習法律就越讓我感到有趣。我開始真正享受法律的複雜深奧。」

三個月後，他得知自己所有的努力和焦慮終於得到回報。

一九五四年七月。附註：這封信從星期六就一直躺在我的五斗櫃上，因為我找不到郵票。不過這倒是件好事，我有熱騰騰的消息告訴你。今天早上我剛收到成績，統統都是A等。原諒我有些自誇，但我現在心情欣喜若狂，甚至可能高興到昏厥。

迪克告訴我：「發現自己在班上名列前茅後，我明白只要我繼續保持成績，即使是來自布魯克萊恩的猶太小子，頂尖律師事務所的大門也會為我敞開。」

那年八月，迪克提早返校，開始擔任《法律評論》（*Law Review*）[18]的編輯，但隨後，他做出了一個讓我匪夷所思的決定。在圖書館裡，他校對著即將刊登於《法律評論》的文章腳註，眼看就快掌握通往財富與穩定的「金鑰匙」，卻突然拔腿而逃。感到窒息的他，匆忙離開圖書館，跳進那輛破舊的雪佛蘭（Chevrolet）敞篷車，駛向布魯克萊恩市政廳，放棄了兵役緩徵資格，自願入伍。

「怎麼會？」我疑惑地問道，「我知道你中斷了哈佛的學業，但我始終不太明白為什麼。」

「沒有為什麼，」他回答。「當我漫步於法學院圖書館瀰漫霉味的走廊，感覺自己彷彿已經上了一輩子的學。我沒有選擇，我必須逃離這裡。」

「你覺得這和恐慌、壓力，或是對失敗的恐懼有關係嗎？」

「恰恰相反。真正讓我害怕的是成功，彷彿一幅藍圖就在我眼前展開，我的未來已經注定。」

如果迪克入伍是為了逃避現實，追求冒險，他絕對無法預料到自己將被分配到各式各樣的奇特任

18 譯註：指的是《哈佛法律評論》（*Harvard Law Review*），哈佛大學法學院學生主辦的法學研究學術期刊。該期刊享譽盛名，也是未來法律菁英的搖籃，入選編輯的學生通常被視為最優秀的人才。

務，也想不到接下來會結識形形色色的美國同袍。

一九五四年十一月，紐澤西州迪克斯堡（Fort Dix）。前幾天，我們排的士官走進門，看到我站在那兒，問我是不是上過大學。當我回答「是」，他便把一盒急救箱塞到我手裡，告訴我，我現在是排裡的醫務兵。前幾天，我遇到了首例嚴重個案，一個小夥子在樓梯上絆倒，從窗戶摔了出去，手腕割傷怵目驚心。大家呼喊「醫務兵」，於是一向連刮鬍子劃破皮都會臉色發白的「古德溫醫生」，拿了幾塊大紗布蓋住傷口，用手帕和刺刀做止血帶，開著中尉的車把那名年輕人送到醫院。醫生在他的手臂上縫了二十五針，還對我誇獎有加。之後，我不得不走到外頭，努力克制住幾波噁心和頭暈的感覺，才回到連隊。

排裡大約有三成的人受過大學教育，其餘則包括幾名波多黎各人、一位緬因州伐木工、幾名卡車司機，還有一些剛從高中或從矯正學校畢業跟肄業的人。比大家的多元背景更令人震驚的是，軍隊竟能如此迅速地把我們的思想行動改造得如出一轍。從博士生到矯正學校的小毛頭，大家的想法都差不多。我們一起疲憊不堪，一起為武器清潔心煩，一起在排隊射擊時嚇得發抖，也一起對那個逼我們在鬆軟沙地上奔跑的士官恨得牙癢癢。

只要能抽出片刻空閒，迪克就會躲進基地圖書館，在他的小天地裡抽雪茄、放鬆、閱讀和學習。他如飢似渴地博覽群書，從詩歌、歷史、科學、模控學[19]、小說、戲劇、數學、哲學到心理學。這也成了後來我們一起生活的日常。不論他身在何處，只要一坐下，很快身邊就會被書籍、雜誌、報紙和商品型錄堆成的小山包圍。

一九五五年一月。我最近讀了托馬斯・曼（Thomas Mann）的《布登勃魯克家族》（*Buddenbrooks*）[20]。雖然節奏緩慢、略顯沉重，充滿若隱若現的象徵主義，也與他後期的作品風格大相逕庭，但作為他的首部小說，仍是一部精彩之作。我還開始了一項恐怕只有在軍隊裡才敢嘗試的計畫，那就是閱讀吉朋（Edward Gibbon）的《羅馬帝國衰亡史》（*The Decline and Fall of the Roman Empire*）。我已讀了五十頁，只剩大約兩千五百頁要啃。不過還好，我至少還有十七個月的時間可以慢慢讀完。

完成基礎訓練後，迪克被派往一所兵工學校受訓八周，隨後進入高級學校學習零件識別，那似乎是個令他意想不到的安排。這是所相當技術性的學校，與我的興趣和能力天差地遠，比軍隊分發的地點還

19 譯註：模控學（cybernetics）是探索調節系統的跨學科研究，它用於研究控制系統的結構、局限和發展。

20 譯註：《布登勃魯克家族》（*Buddenbrooks*），是托馬斯・曼第一本出版的小說，人物原型大多來自其家族親友，曼以此書獲得一九二九年諾貝爾文學獎殊榮。

要遠。他們會教我如何拿起一塊不知名的金屬，快速一瞥後判斷它屬於哪種設備（如卡車、槍械或雙筒望遠鏡等），接著再判定它是該設備中的哪個特定部件。如果你覺得我能拿起一把化油器清潔刷，然後告訴你它使用於兩噸半的卡車還是吉普車，那你肯定瘋了。我連活塞和化油器都分不清呢。

讀到這封信時，我不禁笑出來。與迪克結褵四十年，我非常清楚，他的技術能力甚至還不如他的廚藝。然而，這次分派卻意外地幸運——迪克被派往法國安古蘭（Angouleme）的布拉孔兵工倉庫（Braconne Ordnance Depot），那裡被公認為歐洲最隨和友善的駐地之一。

⋄✶⋄

在裝有迪克與喬治通信的箱子裡，我們還發現了一捆更厚的信件與明信片，近百封，全用緞帶仔細綁好，這些都是迪克在海外服役期間寫給父母的。我為這意外的發現激動不已，迫不及待隔天清晨能再次細細品讀。

清晨五點半，我習慣在這時醒來，下樓走進書房。黎明前的數小時，屋內一片寂靜，丈夫還在樓上熟睡，是一天中最適合工作的時段。寫作儀式所需的一切都已就緒：一件浴袍、一張老舊的藍色皮製沙發、一塊從摩洛哥扛回來的地毯、堆滿研究資料的低矮紅棕色桌子，以及，如果幸運的話，幾個小時不被打擾的專注時光。靠在枕頭上，面對著壁爐，身旁還放了一條毯子，我營造出溫馨舒適的工作環境。

那天早晨，翻閱舊信件時，我遇見從未看過的迪克，那是一名單純、活潑且快樂開朗的少年。過去幾十年來，我看過他心情大好的時候，但若說到他的本性，我絕不會以「快樂開朗」來形容。

但在這些信件裡，我所見到的少年迪克，深信自己是個幸運兒。而事實證明，幸運之神確實眷顧著他，讓他獲得一份與零件識別毫不相干的工作。就在他抵達前一周，總部派來的一位督查官怒斥駐地指揮官，批評他們的教育計畫完全不合格。迪克聽聞後，主動申調至「部隊資訊與教育部門」，成功為自己謀得「古德溫教授」的頭銜，並獲授權為部隊設計課程和測驗室。迪克講授的課程涵蓋演講技巧、美國政府、商業法以及領導力，還帶著士兵們進行時事討論。

幾個月後，督查官再次到訪，對煥然一新的創新課程大加讚賞，並特別表揚了部隊指揮官。為答謝迪克的貢獻，指揮官罕見慷慨地給予了他許多三天休假和長假。因此，這位從未踏出美國東岸的年輕人，終於得以親身探索那些他曾經只能在書中或夢中見到的歐洲景點。

在他每周日寫給父母的信中，透露出源源不絕的熱情與快樂，深深吸引著我。

早安。又是星期天，你當兵的兒子正興高采烈，迎接晴朗藍天。

我四處漫步，嘴角掛著微笑，對見到的每個人熱情問候。有時我真是興奮得就要飛起來。

找到啦！無盡的喜悅！喔耶！

你漂泊的兒子，又要踏上流浪的旅途。

他在不同國家之間遊歷，如從布魯克萊恩搬到劍橋一樣輕鬆隨意。他在巴黎左岸度過周末，追尋海明威的足跡；在倫敦劇院區流連，觀賞奧立佛（Laurence Olivier）主演的《理查三世》（*Richard III*）。他坐在威河（Wye）岸邊誦讀《廷騰寺》（*Tintern Abbey*）[21]，徘徊於歌德曾經生活與創作的住所。他的心靈被這些文學與歷史名勝的煙火點亮，有時甚至難以招架。某次休了兩周長假之後，他寫信給喬治：

原諒我，沉浸於這般豐富的文學聯想中，對律師的頭腦來說實在有些吃不消。

他匆匆擱下的法學院學業——那精疲力竭、無暇喘息的求學時光——如今被一段情感奔騰的成長之旅取代，收穫全然不同的啟蒙。

駐地指揮官相當看重迪克，推薦他到法國風光旖旎的港口小鎮荷榭勒（La Rochelle）受訓，學習引導討論的技巧，講師稱讚他是自己教過最優秀的學生。返營後，迪克被選入公眾宣講團隊，負責向來訪貴賓介紹兵工倉庫的相關情況。

迪克甚至有機會以真正律師身分出庭。他和另一位一年級法學生凱拉姆（Lawrence Kellam）受命為五名美軍士兵的軍事審判辯護。他們成功為其中四名當事人爭取無罪判決，這一消息登上當地報紙頭版，引發轟動。迪克得意地將報導寄回麻薩諸塞的家中。報導認為，古德溫與凱拉姆若開設律師事務所，將讓全美爭相拉攏客戶的律師欣羨不已，因為美國大兵都將「紛湧而至」，懇求這對「法律超人」幫忙解決麻煩。至於古德溫和凱拉姆當時都尚未取得法律學位的事，報紙隻字未提。

迪克不只是在閱讀托馬斯・曼的浪漫成長小說，他也正像小說主角一樣親歷自己的成長。

他寫信告訴父母：這是我一生中最美好、最興奮的時光。我能感受自己的蛻變成長。我的旅程收穫無比豐富的經驗，回想起入伍前的想法與行為，我簡直判若兩人。如今陽光燦爛，森林生機盎然，我的心也跟著輕盈起來。附註：拜託想個辦法救救紅襪隊吧，他們的表現真是太丟人了。

◇✶◇

三小時的晨讀時光轉瞬即逝。我聽見樓上傳來迪克的動靜，急忙到家門前車道取回《波士頓環球報》、《紐約時報》（*New York Times*）和《華爾街日報》（*Wall Street Journal*），並趕在迪克如往常一邊喊「桃莉絲！桃莉絲！」一邊下樓前，擺好他的早餐。我就像剛做了個夢，在夢裡，我終於見到未來將成為我丈夫的二十五歲少年。

吃早餐時，我念出少年迪克寫給父母的另一封長信。信中描述他在瑞士日內瓦度過的一周假期。恰逢美國、英國、法國、蘇聯四巨頭的領袖峰會在當地召開，迪克為了感受全球媒體雲集的熱烈氛圍，還特地說服三名軍中好友一同前往。

一九五五年七月。在瑞士待的一周，可說是我青春年華最美好的時刻之一。我們隔著圍欄觀看各國代表團入場。忽然，後方傳來騷動，轉頭望去，只見一台敞篷車，載著布爾加寧（Nikolai

21 譯註：《廷騰寺》（*Tintern Abbey*），英國浪漫主義詩人華茲華斯（William Wordsworth）的詩作，原題為〈一七九八年七月十三日，旅途中重訪威河岸，於廷騰寺上方數哩所作〉（*Lines Written a Few Miles above Tintern Abbey*）。

Bulganin）[22]和赫魯雪夫（Nikita Khrushchev）[23]抵達，他們刻意避開戒備森嚴的通道，選擇從圍觀人群之間穿過。

接著，一輛凱迪拉克（Cadillac）轎車駛來，豎立在封閉式車身上的美國國旗飄揚著。跟隨其後的是一輛敞篷車，車上的聯邦調查局（FBI）探員個個表情嚴肅，最後是另一輛載滿特勤局（Secret Service）人員的敞篷車。車隊駛入大門，車子尚未停穩，六名人員便迅速跳下，敏捷地躍上凱迪拉克的踏板，徹底用肉身遮擋視線，保護車上乘客——艾克（Ike）[24]登場了。獨裁者們的現身像南波士頓政治人物一樣平易近人，而民主領袖卻帶著如中世紀國王的盛大排場。

然而，人群為艾森豪歡聲雷動，對蘇聯領袖僅是驚訝地倒抽一口氣。我在瑞士、法國和許多人聊過，毫無疑問，大多數人也「愛艾克」（like Ike）[25]，而峰會結束後更喜歡他了。不管是否為民主黨支持者[26]，能親眼見到我的總統在海外民眾的歡呼聲中登場，以及星條旗隨車飄揚，都令我激動不已。

一睹高層政治風采後，我們離開日內瓦。通過聖伯納迪諾（San Bernardino）山隘時，轉過一個彎，行經一處瀑布，眼前突然出現一家小旅館。我們索性停下來喝杯啤酒，樓下的公共區域坐著兩位非常迷人的瑞士女孩，旅館女主人見到我們這群美國人，顯得格外開心，堅持要我們住下。我們換上體面服裝，下樓扮成闊氣的美國遊客，為在場的所有人點了酒。那兩位瑞士女孩也加入我們，她們不僅英語流利，談吐也機智風趣，聰穎活潑。

那真是個只有史坦貝克（John Steinbeck）[27]才能描寫得淋漓盡致的夜晚。啤酒和歌聲如洪水般傾瀉，氣氛熱火朝天。凌晨兩點，我們吵吵嚷嚷、肩搭肩地走進寂靜山夜，沿著山徑縱情歌唱，沉浸在美好友情的氛圍裡。我時常忍不住好奇，在那狹窄幽暗山路上小心翼翼前行的駕駛們，當車燈突然照到前方，眼前猛地出現四名男子，穿著運動外套卻繫著領帶，勾肩搭背地放聲高歌走調的〈迪克西〉（Dixie）[28]時，他們心裡會作何感想。

隔天早上，與女孩們一邊共進早餐，一邊閒聊時，得知她們打算開車前往聖莫里茲（St. Moritz），於是我們也駕車同行。傍晚，一行人來到老宅（Chesa Veglia）用餐。這是一家全球知名的餐廳，店家拿出一個倒水滴型醒酒器，只要將酒杯置於瓶口下方，紅酒便會自動流入杯中。當下，四

---

22 譯註：布爾加寧（Nikolai Bulganin），蘇聯政治家，歷任蘇聯人民委員會主席、國防部長、部長會議第一副主席等職。文中提到的時間點，擔任蘇聯部長會議主席，為名義上的政府首腦。

23 譯註：赫魯雪夫（Nikita Khrushchev），前蘇聯最高領導人，曾任蘇聯部長會議主席等重要職務。此處提到的時間點，赫魯雪夫任蘇聯共產黨中央委員會第一書記。

24 譯註：時任美國總統艾森豪（Dwight David Eisenhower）。二戰期間曾任盟軍歐洲最高指揮官。他在軍中的外號為「艾克」（Ike），許多美國人民也如此稱呼他。

25 譯註：「愛艾克」（I Like Ike）是艾森豪一九五二年代表共和黨參選美國總統期間的競選口號。

26 譯註：一九五〇年代掀起的艾森豪熱潮，令美國民主、共和兩黨皆爭相懇請艾森豪代表參選，一九五三年他成為二十年來首位共和黨總統。

27 譯註：史坦貝克（John Steinbeck），二十世紀美國代表作家之一，曾獲一九三九年諾貝爾文學獎，代表作有《憤怒的葡萄》、《人鼠之間》。

28 譯註：〈迪克西〉（Dixie），是十九世紀美國南方代表歌曲，在內戰期間被定為邦聯國歌之一。

位美國男孩和兩位瑞士女孩圍坐一起，在美妙音樂的伴奏下享用佳餚。深紅的美酒、金髮的同伴、笑聲不斷……那是我生命裡最無與倫比的時刻之一。儘管可能顯得多愁善感，我當時真是感動到幾乎要流下淚來。

讀完這段文字，我的眼淚已在眼眶打轉，不禁脫口說道：「我真的，真的愛上這個人了。」意外的是，迪克似乎沒有太大的興趣。「嗯，很高興你那麼喜歡他，」他那雜亂的眉毛和濃密睫毛下，浮現哀傷神情。「其實我有點羨慕他。」

「羨慕？但那就是你啊！」

「不，我已不再是他。不僅因為我現在老了許多，更因為他擁有我在這一路上遺失的東西。」

◇✶◇

從迪克在迪克斯堡等待退伍期間與喬治的通信中，能看出他獲得了不一樣的視野，軍旅生涯讓他對美國產生全新的認識。

一九五六年六月。回到美國讓我無比激動。最初幾天，我覺得美國就像過去十五個月我匆匆掠過的另一個異國他鄉。到處閃爍著不可思議的燈光，充滿了音樂、廣告，美國生活的一切景象，對於一個十五個月沒聽廣播、沒看過電視的人來說，實在陌生而令人惶恐。儘管如此，美國依然是一個偉大、生氣勃勃的國家，美國人民依舊堅韌不拔。

我非常喜愛歐洲，剛到那裡時還有些震撼；但這裡才是我的家鄉，對此我由衷慶幸。在這裡，人民確實更加自由，出身貧寒的孩子也能出人頭地，幾乎所有人都能獲得教育機會。當然，現實並非完美無缺，但在其他地方，人們甚至不相信這些是能做到的，連會實現的希望都不曾擁有。

如今，我必須去追尋屬於自己的白鯨[29]。這勢必充滿挑戰，因為我興趣廣泛，而掌聲來得太過簡單。我知道我可能會功成名就，但我不認為那能真正滿足我內心的渴望。

最後這段文字似乎蘊含迪克畢生使命的核心：盡己所能，縮短國家理想與日常生活現實之間的差距。在我看來，他一生的政治社會參與，就是一位青年對美國的熱愛史——這裡的美國並非地理疆界上的名詞，而是構成美國建國之本的民主理想。他堅信林肯的信條——每個人都有權利憑藉自身才智與努力獲得成功，這份信念滲透於他撰寫的每篇演講稿、每篇文章以及追求的每一項志業，為他跌宕起伏的職業生涯注入統一的脈絡與方向。

服役將近兩年後，迪克所回到的美國，已非昔日樣貌。聯邦最高法院在布朗訴教育局案（Brown v. Board of Education）[30]當中裁定公立學校須廢除種族隔離，燃起了民權運動的星星之火。一九五五年

29譯註：典出《白鯨記》，象徵一個人終其一生執著追尋的目標。

十二月，當迪克還在軍營內教授美國政府課程時，阿拉巴馬州蒙哥馬利（Montgomery）的羅莎・帕克斯（Rosa Parks）在公車上拒絕讓座給白人男子；數日後，當地年輕牧師馬丁・路德・金恩（Martin Luther King Jr.）為她發起示威，掀起長達一年的公車罷乘運動，最終推翻了蒙哥馬利公車的種族隔離座位制。一場變革逐漸壯大，將徹底改變美國的面貌。

一九五六年八月底，振作精神的迪克回到了哈佛，重啟法學院二年級的課程。但才剛開始上課跟接手《法律評論》，他便積極投入塔夫茲大學「姐妹校[31]」傑克遜女子學院（Jackson College）的民權議題。該校的希格瑪卡帕（Sigma Kappa）姐妹會分會因招收了兩位黑人新生，而遭希格瑪卡帕全國總會除名。對方在回信中閃爍其詞，聲稱撤銷分會資格是「為了姐妹會的全體利益」。

迪克得知分會遭除名的消息後，立即聯繫當地州眾議員卡普蘭（Sumner Kaplan），並撰寫了新聞稿，呼籲麻薩諸塞州參眾兩院成立聯合委員會，調查大學校園內的種族歧視行為，以及研究州當局可採取的對應措施。雖然傑克遜學院的希格瑪卡帕分會屬於私立機構，但公立的麻薩諸塞大學（University of Massachusetts）亦有該姐妹會的分會。聯合委員會的成立迅速成為全州新聞焦點，迪克更被任命為法律顧問，負責蒐集證據、訪談證人及舉行公開聽證會。這項任務點燃了他的熱情，透過他向喬治的描述，展露無遺。

> 雖然沒有薪水，但相信將會帶來極大成就感。我甚至因為祝賀州參議院議長對此事的堅定支持而登上報紙。接下來的計畫是擴大調查範圍，檢視所有校園內部的歧視行為。這還攸關許多有意思的法律問

題，特別是兄弟會和姐妹會享有大學免稅待遇這回事。

希格瑪卡帕全國總會拒絕出席聽證會，更警告委員會，若引發任何負面輿論，必將追究到底。迪克代表委員會做出回應：「我們接受究責，也已經給予他們充分表達意見的機會。」傑克遜學院院長杰佛斯（Katherine Jeffers）向委員會表示，校方完全支持分會接納兩名非裔新成員的決定。委員會最終報告寫道，希格瑪卡帕全國總會「涉及不可容忍的歧視行為」，並讚揚分會的決定及校方的支持「堪為典範」。基於該報告的結論，麻薩諸塞州議會通過一項決議，嚴厲譴責任何私立學校容許兄弟會、姐妹會的全國總會干預分會招募新人。

迪克原先希望透過強制性立法，徹底解決麻薩諸塞大學校園內部的歧視問題，儘管未能如願，聽證會仍成功掀起對校園種族歧視的熱烈討論。《紐約時報》寫了一篇社論讚賞傑克遜學院的堅定立場，並指出大學校園若要實現種族融合，「大學生——這個國家未來的父母、教師、商人和政治家——必須起到帶頭作用。」

30 譯註：布朗訴教育局案（Brown v. Board of Education），美國史上相當重要、具有指標意義的訴訟案。一九五四年五月十七日，聯邦最高法院作出一致裁決，認定公立學校的種族隔離違憲。

31 譯註：姐妹校的概念源於過去單性別教育盛行的時代。例如，塔夫茲大學最初只招收男性，為滿足女性受教育的需求，設立了傑克遜女子學院作為姐妹校。兩校共享部分資源，但各自獨立運作。隨著社會對性別平等的重視與混校的普及，姐妹校的概念已不再局限於單性別學校，而是泛指具有密切合作關係的學術機構。

我不禁納悶，這麼多年來，我和迪克花了數千小時交換彼此的人生故事，他竟從未提起自己曾如此對抗校園歧視。他的故事也勾起我的模糊回憶。一九六〇年，我就讀科爾比學院（Colby College）時，加入了總會設於南方州的三連德爾塔姐妹會（Tri Delta），也經歷過類似的事。

為了清楚回想當年發生了什麼，我聯繫我的前室友兼姐妹會成員菲利普絲（Marcia Phillips）求助。很幸運，她還留著一箱科爾比學院的紀念物，並慷慨地寄來給我。我在箱子內找到與姐妹會相關的物品，像是一本名為《淑女儀態指南》（*Manners for Milady*）的黃色小冊子。裡面有一段寫道：「你的言談舉止，不僅代表你個人，更代表三連德爾塔所有姐妹的形象。」手冊還嚴格要求，寬鬆的運動衫和學院毛衣只准在宿舍房間裡穿。「衣著造就非凡淑女，要讓陌生人都能由衷對你讚嘆『真是一位儀容端莊的女孩，肯定是三連德爾塔的姐妹。』」

雖然我一向自認是深受解放運動薰陶的「六〇年代女孩」，但《淑女儀態指南》明顯殘留著早年的價值觀。它告誡我們，年輕女士用餐時「除了切肉或塗抹奶油之外，只有一隻手能放置於桌面，另一隻手應輕放膝上。奶油麵包需一小口一小口地吃。用餐時不應與侍者交談；用餐完畢後，刀叉湯匙應整齊擺放於空盤上，呈四點到十點鐘的角度；務必從右側入座或離席。」更荒謬的是，指南還教導我們如何優雅吸菸，如何一氣呵成將香菸送到嘴邊點燃。

而重點在於，我擔任三連德爾塔招生主席期間，分會迎來了首位猶太裔成員，來自麻薩諸塞州牛頓（Newton）的戈登（Barbara Gordon）。兩年後，我們又迎來第一位非裔成員，來自布魯克林（Brooklyn）的特納（Judy Turner）。我們並不是為了打破傳統而邀請她們入會，只是單純喜歡她們，希望她們能成為姐妹會的一員。根據規定，每位入會者都需要一位校友推薦，我們也輕而易舉就辦到，但後來才了解，這一條件通常目的是防止分會招收無法獲得總會一致認可的新人。

時隔半個多世紀回顧，菲利普絲想起，當年三連德爾塔總會特地派了兩名身穿精緻修身套裝的女士，飛來緬因州與我們會面。她們聲稱姐妹會章程並無歧視性條款，但私底下卻警告我們：繼續如此行事，恐喪失全國總會的認可。總會最終沒有採取進一步行動，我們心裡明白，是因為她們擔心引發負面輿論。

從迪克與希格瑪卡帕的衝突，到我與三連德爾塔的爭執，在那整整八年間，公眾的反歧視情緒逐步高漲。總統艾森豪為了讓九名非裔學生免受暴民阻撓、順利進入小岩城中央中學（Little Rock Central High）[32]上學，而派出聯邦部隊保護他們。三年後，在北卡羅來納州格林斯伯勒（Greensboro）的伍爾沃斯百貨（Woolworth's）快餐店內，四名黑人學生占領白人專用吧台座位，發起靜坐抗議。隔年，由數名黑人及白人組成的「自由乘車客」（Freedom Riders）搭乘公車穿越南部各州，抗議這些地區公共交通與廁所仍橫行的種族隔離。就在我升上大四前，馬丁・路德・金恩在林肯紀念堂（Lincoln Memorial）向

32譯註：一九五七年，阿肯色州小岩城中央中學開始招收非裔學生，引發當地支持種族隔離人士暴動。直到艾森豪總統派兵介入，平息局勢，才保護九名非裔學生順利入學。

二十五萬人發表了著名的〈我有一個夢想〉（*I Have a Dream*）演講。

儘管我和迪克所經歷的不過只是小衝突，但它們事實上說明了，一個嶄新的未來正在加速到來。

⋄✶⋄

迪克就讀法學院二年級時，在寫給喬治的信中寫到，他見證了各大律師事務所蜂擁而至，競相延攬《法律評論》的三年級成員，那瘋狂的景象令他既驚奇又不安。

一九五六年十一月。只要是《法律評論》的一員，你就會成為全國各地律師事務所爭相網羅的對象。今年的搶人競爭異常激烈，三年級生受到的待遇有如高中明星運動員一般。他們被特地邀請搭機飛到舊金山、密爾瓦基（Milwaukee）、土爾沙（Tulsa）及紐約和華盛頓等地，參觀各家律師事務所，再決定畢業後是否願意到這些公司上班。

我接受了一份在華盛頓的暑期實習，要到科文頓及柏靈律師事務所（Covington and Burling）工作，他們其中一位高級合夥人是（前國務卿）艾奇遜（Dean Acheson）。這家公司無疑是全國最棒的律師事務所之一，還提供實習生到高級合夥人夏季空置的豪宅裡住宿，因為房子的主人屆時多半在歐洲或其他地方度假。

目前，我不確定自己是否想在這種大型律師事務所工作。它們根本是法律工廠，只是規模極為奢華。話雖如此，我還是很期待一探究竟。

「未來能過上富裕生活的承諾，就像催眠魔咒般迷人，」迪克告訴我。「我一生都在為金錢焦慮，但為了追求世俗成功所需付出的代價，卻讓我感到壓抑。我不想過著像《穿灰色法蘭絨西裝的男人》（*The Man in the Gray Flannel Suit*）[33]那樣的人生。在我內心，拉鋸戰不斷上演。」

「很難想像你會成為一名標準的上班族，」我說。

「其實，比起真正想要什麼，我更清楚的是我不想要什麼，」迪克坦承道。

到了二年級下學期，迪克的未來愈加光明，因為他當選為《法律評論》主編。

「選舉過程很有趣，整整進行了三天——直到星期日早上七點，最終結果才出爐，」迪克對我說。

「聽起來像是在選教宗[34]，要看冒出黑煙還是白煙呢，」我開玩笑地說。

「這確實是件大事。我記得法蘭克福特（Felix Frankfurter）大法官曾跟我分享過一件事：在他讀法學院一年級時，曾聽到一名學生在一位年輕人從走廊經過時，滿懷敬意地呢喃道：『那就是《法律評論》的主編。』雖然聽起來有些荒謬，但這個場景讓大法官記了一輩子。」無論如何，迪克深知，成為主編能徹底改變他的事業前景。

---

33 譯註：《穿灰色法蘭絨西裝的男人》（*The Man in the Gray Flannel Suit*），一九五六年的美國電影，在台灣上映時，中文翻譯為《一襲灰衣萬縷情》，片中男主角是一名朝九晚五的上班族。

34 譯註：教廷的教宗選舉透過煙囪冒出的煙霧是黑煙或白煙，告知外界投票結果。當煙囪飄出白煙，就代表已經選出新的教宗；當飄出黑煙，則代表選舉尚未有結果。

一九五七年三月。這場選舉為我打開了無數機會的大門。明年，我能選擇到全國任何一家規模夠大且正在招新的律師事務所工作，也可以到最高法院擔任大法官的助理，甚至還能領取謝爾頓獎學金（Sheldon Fellowship）的三千美元津貼，環遊世界。如今，我面臨的問題是怎麼做出正確的選擇，這對某些人來說輕而易舉，但對我而言卻是相當困難。

迪克煩惱著如何做出正確選擇這回事，始終縈繞在我腦海。某天，我偶然發現裝有《哈佛法律評論》內部文件的盒子，裡面還珍藏了一九五七至一九五八年成員的大合照。照片中，年輕白人男子排成三排，端正地擺好姿勢，而坐在第一排正中央，手握主編權杖的正是迪克。仔細端詳後，我注意到在這六十名男性的兩側，分別站著僅有的兩名女性成員。最右那位身材嬌小的女子，身穿深色外套，搭配醒目的白領，是大名鼎鼎的金斯伯格（Ruth Bader Ginsburg）。

我早已知道，這位未來的最高法院傳奇大法官，曾與迪克一同在《法律評論》工作。迪克告訴過我，《法律評論》幾乎等於全職工作，再加上課業跟考試。而他也說，金斯伯格不僅出色完成學業與《法律評論》，還有辦法兼顧丈夫和孩子。但直到看見這張照片，我才真正深刻體會，她當年所克服的是何等挑戰。我帶著照片走進迪克的書房，放在他的桌板上，一起琢磨。

「這麼多男人，」我說，「卻只有兩名女性。」

「你是在指責我嗎？」迪克問道。

「當然不是針對你個人，」我說。「但這仍然讓人生氣。你看看，金斯伯格就在那裡，與你們同樣是那一屆的頂尖人物；然而，當你還在向喬治抱怨做選擇很困難的時候，眾所周知，她竟然沒有被任何一家律師事務所錄取！」

這張《法律評論》大合照激起我的好奇，我想深入了解，一九五七年哈佛法學院的女性究竟面臨什麼樣的處境。我才知道，在迪克那一屆的五百名學生中，只有十位女性。法學院院長在接見這十位女性時，拋出那句著名提問：「你們為什麼要占據本應屬於男性的位置？」當時，哈佛沒有女生宿舍，法學院的朗戴爾圖書館（Langdell Library）甚至沒有女性洗手間，女性只能使用位於地下室的工友廁所，而某些大學圖書館甚至僅對男性開放。真令人驚嘆，金斯伯格這位非凡的女性，儘管在事業起步之際遭遇重重緊閉的大門，而後卻將一生奉獻於為他人敞開這些大門。

我們將這張大合照掛在迪克書房牆上，我每天都會經過它。某天下午，我開始對站在最左側的另一位年輕女性產生興趣——她是柏克斯利（Nancy Boxley），目前住在加州，而我幾周後正好要前往當地演講，我們約好共進午餐。儘管已經八十多歲，她仍風采依舊：時尚、優雅，機智幽默，記憶力驚人。當我問她，《法律評論》對其人生的影響時，她竟妙答：「這幫我實現了我母親的夢想。我嫁給一位猶太外科醫生。」

柏克斯利說，和金斯伯格一樣，她在求職時遇到兩大不利因素：一是女性身分，二是猶太背景。不過，與金斯伯格不同的是，她當時未婚，也尚無子女。她成功在紐約盛信律師事務所（Simpson Thacher & Bartlett）找到工作，並在一場派對上結識了她的猶太外科醫生丈夫。在事務所工作幾年後，她懷上第一個孩子，然而一位合夥人卻告訴她，他們決定讓她離開。「並不是因為我們介意你的情況，」對方一邊安慰她，一邊用手比畫孕肚的模樣說道，「但我們擔心客戶可能會在意。」直到後來和丈夫搬到加州，柏克斯利才得以重拾律師事業，但那段早年對話始終烙印在她心底。所幸，她告訴我，同樣難忘的還有另一件事——三十年後，當她重返哈佛法學院參加同學會時，欣慰地看見一年級契約法教授是一位迷人的年輕女性，穿著短裙和靴子上課，還挺著孕肚！

一九五七年十一月。一直眷顧我的童話般的幸運再度降臨，我被選為法蘭克福特大法官的司法助理。法蘭克福特無疑是最有才智的大法官，也是一位溫暖又博學多聞的人。眾所周知，他特別關心自己的助理，總是與助理們分享他的見解與想法。助理之間也形成友好的小圈子，每年都會在華盛頓舉行聚餐。能成為參與這項傳統的一員，我實在興奮不已。

「大法官很神奇，」迪克懷念道。「他個子小巧，動作輕巧靈活，就像小精靈一樣，會無聲無息地出現在房間內，又神秘地消失不見。」

迪克總是稱呼法蘭克福特為「大法官」（the Justice），彷彿他就是司法公正的化身。「我還記得，在我錄取助理職位之後，我們第一次在哈佛見面，他給了我一句忠告：『今年夏天放鬆一下，休個假吧。我們九月見。』

『我不需要放假，』我堅持說，『我想畢業後就馬上開始工作。』

但他卻回應：『年輕人，有件事我要你一輩子記得：生理法則是不可違抗的。』」

迪克笑著回憶道，「我想大法官可能是擔心我把自己累壞。」

後來，迪克仍放棄享受暑假的機會，在九月正式到職前就進入最高法院，好趕上一場特別召開的庭審。審判焦點在於，阿肯色州議會企圖推遲廢除公立學校的種族隔離制度，而種族隔離早已在「布朗訴教育局案」中裁定違憲。州議會主張，由於公眾強烈反彈，難以立即廢除，需延後兩年半才能履行。在這場「庫伯訴亞倫案」（Cooper v. Aaron）[35]審判中，最高法院一致認定，不可將公眾反彈當成推翻「布朗訴教育局案」裁定的理由，阿肯色州必須「盡速」廢除校園種族隔離政策。迪克初次到場聽審，便見證了這一具有里程碑意義的裁決。

擔任法蘭克福特的助理期間，令迪克記憶最深刻的莫過於，每天接送大法官上下班時聽到的趣聞。大法官熱衷於講述他所知道的偉人故事，例如小羅斯福、大法官霍姆斯（Oliver Wendell Holmes）跟布蘭代斯（Louis Brandeis），令迪克聽得如癡如醉。他的話題包羅萬象，從時事新聞到十八世紀英國大法官的比較，甚至包括他對同期大法官個性的評價。首席大法官華倫（Earl Warren）雖總是笑容可掬，熱情地與人握手寒暄，但卻給法蘭克福特留下較冷漠疏離的印象；馬歇爾・哈倫（John Marshall Harlan）是最出色的大法官之一，能提出獨立且有力的見解，具備大師風範；至於布萊克（Hugo Black）則是自由派思想的傑出代表。

35 譯註：庫伯訴亞倫案（Cooper v. Aaron），「布朗案」裁定種族隔離違憲後，南方多州仍延遲或抵制執行。阿肯色州小岩城中學招收黑人學生引發暴亂之後，校方上訴請求延後兩年半執行廢除種族隔離，而形成一九五八年「庫伯訴亞倫案」。

「每當大法官將他的意見書交給我，」迪克說，「他並不是為了說服我，更不是想要徵求我的同意。他遞出意見，就像遞上一把刀，我的任務是做好一塊磨刀石。」

「聽起來不會太輕鬆，」我說。

「本來就不該是輕鬆的啊，」迪克笑著回答。「他的蘇格拉底式教學法是為了引導我、挑戰我，鼓勵我進行批判性思考。他是個了不起又精明的老師，也或許是我遇過最棒的老師。」

「他時常提醒我、指導我，法院應該扮演什麼樣的角色；也常抑制我在司法裁決上的積極主義[36]傾向。他始終擔心，大法官若將其社會或政治觀點強加於司法裁決，法院的權威可能會逐漸被削弱。他的制度性保守主義深深影響了我。」

「大法官常常叮囑，『我們的工作是執行法律，包括憲法，與你那些抽象的正義或自由理念無關，只與法律的明文規定有關。如果你為了自己的目的踐踏法律，迪克，遲早有一天，你也會被別人的目的踐踏。』」

◇✶◇

即使是當大法官助理的時候，迪克也不斷收到大型律師事務所的邀請。面對榮華富貴和遠超父親過去十年收入的誘人提議，迪克仍認為大律師事務所並不適合自己。他選擇留在政府部門，接受眾議院立法監督小組委員會的職位。該委員會負責監督所有行政機構，包括聯邦通信委員會（ＦＣＣ），這個組織負責監管當時才剛起步即具巨大影響力的電視行業。這最終讓迪克置身於一場全國性醜聞的中心。

「你想嫁給范多倫（Charles Van Doren）嗎？」我記得，一九五七年高中一年級時，我曾向一群姐妹淘提出這個問題。當然，范多倫的魅力或許比不上貓王（Elvis）或詹姆斯．迪恩（James Dean）[37]，但他是知識界的偶像、電視界的搖滾明星，也是《二十一點》（*Twenty-One*）最高獎金得主。這檔節目是整個一九五〇年代眾多益智節目中最受歡迎的一檔，風靡全美家庭，我家也不例外。每周三晚上，我和父母都會坐在封閉式門廳裡，目不轉睛地盯著我們那台小小的十吋電視螢幕，收看《二十一點》。當時，能像這些益智節目一樣吸引數千萬美國家庭目光的，恐怕只有重量級拳擊冠軍賽、總統選舉，或世界大賽的第七場比賽了。

連續十四個周三晚上，都能在電視上看到范多倫——這位哥倫比亞大學（Columbia University）的英文講師，擁有典型的美國美男外貌，出身於顯赫文學世家。他的父親馬克（Mark Van Doren）是著名的莎士比亞學者，母親多蘿西（Dorothy）是小說家，叔叔卡爾（Carl）是普立茲獎（Pulitzer Prize）傳記作家，而嬸嬸艾瑞塔（Irita）則是《紐約先驅論壇報》（*New York Herald Tribune*）書評編輯。

每集節目中，范多倫都站在單獨的隔間裡，眉頭深鎖、全神貫注地，努力思索一個又一個晦澀難懂

---

36 譯註：司法積極主義，又稱司法能動主義，鼓勵法官以較為進步、積極的方式運用司法權，在判決時擺脫對司法判例的嚴格遵從，以擴大個人的平等、自由等權利。

37 譯註：兩人都是美國流行文化的偶像與美男子。貓王是美國傳奇明星，搖滾樂之王；迪恩是著名美國演員，飾演角色擁有頹廢沉淪的青年氣質，然年僅二十四歲即死於車禍，僅留下三部主演電影傳世。

的問題。整場戲劇性演出都在GERITOL品牌標誌的映襯下展開，他們的產品聲稱能夠治療疲勞（「鐵含量是牛肝的兩倍」）。

范多倫也非常富有！在贏得節目史上最高的十二萬九千美元獎金後，國家廣播公司（NBC）還為他提供了一份年薪五萬美元的工作，擔任《今日秀》（*the Today show*）的文化特約記者。他只需每周上節目一次，朗誦詩歌、評論新書，或探討歷史與科學，就能賺取這筆天價薪酬。

到了一九五九年，有關NBC節目《二十一點》和哥倫比亞廣播公司（CBS）節目《六萬四千美元問答》（*The $64,000 Question*）的醜聞開始甚囂塵上。據傳，這些節目實際上是場大騙局，參賽者事先已得知題目和答案。紐約隨即召集大陪審團展開調查。

正當此時，迪克進到了國會立法監督小組委員會工作。和迪克一起整理其畢生保存的檔案時，我早已熟知他參與國會調查的經歷。畢竟，就是因為他一九八八年出版的回憶錄[38]當中一個章節版權被買下，才促成勞勃瑞福（Robert Redford）執導的電影《益智遊戲》（*Quiz Show*）誕生。這部電影獲得了奧斯卡獎（Academy Award）提名，版權收入也讓我們得以建造游泳池，更添置熱水浴缸。

然而，我完全不知道，最終讓益智節目醜聞水落石出的聯邦調查，竟是由迪克發起的。直到偶然翻見一九五九年七月二十四日，迪克寫給委員會首席法律顧問利什曼（Robert Lishman）的九頁備忘錄時，我才恍然大悟。剛到職十天的迪克在該備忘錄中提到，他發現紐約大陪審團對醜聞進行九個月調查的報告，居然被一名法官（他後來因貪腐而遭免職）扣押了——這相當詭異，也讓整件事情都被秘密封存。迪克質疑道：「如果沒有問題，那為什麼要保密？」

迪克在備忘錄中提出了一系列法律、政治和道德上的論點，主張應該展開國會調查。他建議，調查可以先從要求立即公開大陪審團的會議記錄開始：

> 這些節目的主要收視亮點是無名天才的表現。他們的超凡智慧與才能，令全國觀眾嘆為觀止、深深著迷。節目優勝者成為了全民偶像，他們的日常生活甚至登上各大報紙的頭版。
>
> 如今，電視益智節目的真相被各種影射、似真似假的傳聞以及刻意隱瞞所籠罩。然而，相信自己目睹了真實較量的美國觀眾，有權得知真相。此外，一旦發現類似行為，公之於眾也至關重要。唯有如此，才能防止類似的詐欺行為在未來重演。

一周後，也就是七月三十一日，委員會主席哈里斯（Oren Harris）發布新聞稿，宣布正式啟動聯邦調查。這份新聞稿的核心觀點和用字遣詞幾乎完全採用了迪克備忘錄的內容。哈里斯解釋，益智節目的最大亮點在於「無名天才的表現，他們的超凡智慧與才能，令全國嘆為觀止。」如果調查證實參賽者事先接受提示和答案，那麼「這就表明美國民眾遭遇了一場大規模詐欺。」

「嗯，你還真有嗅出問題的天賦，跟直指問題核心的本能啊，」我對迪克說。

38譯註：迪克出版的回憶錄書名為《重溫美國：六〇年代的聲音》（*Remembering America: A Voice from the Sixties*，暫譯）。

「事實上，」他回答，「我起初完全不曉得事情會發展到哪。我拿著一疊空白傳票去了紐約，要求公布大陪審團的會議記錄。我當時甚至不是紐約的律師，幾周前剛參加麻薩諸塞州的律師考試，結果都還沒出來。不過我想，比起這些益智節目若真的造假，對美國公眾將是多大的欺騙，冒充自己是一名律師的影響簡直微不足道。」

一九五九年夏末秋初，迪克順利取得大陪審團記錄後，旋即展開對數十名參賽者、製作人、贊助商和電視台高層的問話。製作人和參賽者的證詞詳盡揭露了詐欺的實行過程。製作人不僅事先提供題目與答案，還精心訓練參賽者如何營造緊張氣氛，例如咬嘴唇、擦拭額頭，及刻意拉長回答問題的時間。此外，製作人會根據觀眾反應、收視率以及廣告銷售來決定參賽者的勝負，甚至安排何時該贏或該輸。

最能證明整個節目都是精心策畫的娛樂表演，而非傑出才能及記憶力較量的，是斯坦普（Herbert Stempel），《二十一點》第一位大贏家的證詞。調查發現，隨著觀眾愈來愈覺得斯坦普舉止尷尬、個性乏味，製作人決定安排他「落敗」。身材矮壯、來自貧困猶太家庭的斯坦普，堅信是反猶太主義迫使他下場。更令其不平的是，他的敗北成就了溫文儒雅且非猶太教徒的范多倫。斯坦普對這位常春藤名校生的憤恨如此強烈，以至於他迫不及待地揭露了自己參與詐欺的事實，只為摧毀這位享有特權的勁敵。

范多倫是最後一位堅稱自己毫無造假的人。他一再向迪克強調，不管其他人如何，他從未事先看過題目，也從未接受任何提示。他的說辭如此有說服力，讓迪克一度懷疑自己是不是錯怪了范多倫。

我們找到了迪克約談范多倫後寫下的筆記：

「我對這場全國矚目大戲中的兩位主角抱持矛盾的態度，而這份掙扎也令我動搖。一方面，我對斯坦普深有共鳴。他和我一樣，出身貧困猶太家庭，沒有任何人脈背景。我明白他說的是實話，但他想摧毀范多倫的執念，讓我深感不安。另一方面，我喜歡范多倫。我希望能相信他。他鑽研並熱愛文學，我將他視為榜樣。實在不願相信，在他們這樣的文學世家，竟會有人涉入這場騙局。

即使不牽扯到他，我也已掌握足夠證據。但我們才剛走出麥卡錫主義[39]的陰影，我並不想為了揭發而揭發。參賽者只是被利用了。真正的罪魁禍首是那些賺得盆滿缽盈的製作人、贊助商和電視台高層。他們才是我的目標。他們主導了這一切，正是五〇年代物質主義的寫照。

因此，我將告訴范多倫，我們不會要求他在公開聽證會上作證，但一旦聽證會開始，他必須保持沉默。如果他公開為自己辯護，委員會將不得不要求他出席。」

聽證會一開始，斯坦普就跳出來指控范多倫。隨即，NBC高層告訴范多倫，如果他不公開否認指控，《今日秀》將必須終止與他的合作。為了保住飯碗，范多倫發表了公開聲明，撇清關係，卻反而自掘墳墓，使得委員會主席不得不指示迪克，向位於紐約的范多倫發出傳票。

迪克心中仍充滿矛盾，於是向他的導師、大法官法蘭克福特請教。「我們其實不需要他的證詞，」

39 譯註：麥卡錫主義（McCarthyism），源自一九五〇年代以共和黨參議員約瑟夫．麥卡錫為首的一種政治態度。其認為共產黨滲透了美國政府與相關機構，他開始大規模指控，並主導一系列調查與聽證，許多無辜者因而受害或失去工作。後延伸為沒有足夠證據就對人進行指控與誹謗。

迪克向大法官解釋，「要是他能保持沉默就好了。」法蘭克福特卻回答：「對公眾來說，范多倫代表了益智節目本身。沒有范多倫，就像上演《哈姆雷特》卻少了哈姆雷特本人。他不是無辜的受害者，而是心甘情願的參與者。其他人或許罪行更重，但這並不意味著他無罪。」

收到國會傳票後，范多倫決定，坦承認罪是他僅存的選項。他將承認自己曾在大陪審團前撒謊，坦白明知節目造假，卻仍甘於參與這場對公眾的大規模詐欺。在準備作證的前一晚，范多倫與他的父親馬克一起來到迪克家中，商討隔天的作證程序。在此之前，馬克始終不願相信自己的兒子會涉入這樣的騙局。事後，范多倫寫了一封奇特而動人的感謝信給迪克，字裡行間充滿文學氣息：

多麼非凡的一晚，我當永遠銘記。

獵人常言，雄鹿會愛上射殺牠的獵人……因此，牠流下的淚水，既是感激，亦是情深。此情並非虛妄，我明白，拉斯柯爾尼科夫（Raskolnikov）[40]也印證了這一點。

我本該聽從您的勸告。

您無須為此事感到愧疚。也許這麼說有些荒謬，但我總覺得您可能會。

一九五九年十一月二日，眾議院會議室被議員及工作人員擠得水洩不通，牆邊站滿了上百名記者和攝影師。迪克記得，范多倫走上證人席時，房間瞬間寂靜無聲。「我願付出一切，讓過去三年的人生軌跡重新來過，」他開口說話，「我曾深陷於一場騙局。」

「當時他看起來痛苦萬分，」迪克告訴我，「他的雙眼血紅，神情恍惚，我幾乎無法直視他。正當我翻閱文件時，看到斯坦普進來了。然而，為了更近距離地看清楚，斯坦普不惜跪在地上，往前擠，好親眼見證范多倫說出那毀掉自己一生的證詞。」

幾小時過去，NBC宣布范多倫被解雇，哥倫比亞大學發表聲明稱他已「辭職」。這位年輕講師前途無量的學術事業戛然而止，此生，他恐怕再也不願冒險成為公眾人物。范多倫說得對：迪克承認，每當聽到「范多倫」這個名字，心中總會泛起一絲愧疚。

聽證會落幕之後，迪克為《生活》（*Life*）雜誌撰文，講述國會調查益智節目醜聞的始末。這是他首次在全國性刊物上發表作品，也讓他首次遭遇公眾嚴厲抨擊——有人指控他一邊在公家單位領取人民的納稅錢，一邊利用職務之便為《生活》雜誌寫文章，從中獲得「豐厚報酬」。

一位聯載專欄作家[41]聲稱：「任何他掌握的資訊，無論是參賽者如何被欺騙，還是施騙者與受騙者如何被繩之以法，都應該無償提供給他最大的老闆——人民。」這位專欄作家還暗示，迪克這種被視為不道德的行為應提交法院和國會審議。《華盛頓郵報》（*Washington Post*）數天後也發表社論呼應這項指控，重申對這位年輕調查員藉公共服務中謀取私利的譴責。

即使已過了將近六十年，迪克對我說：「我還是很生氣。我沒有洩露任何不屬於公開紀錄的內容，

40 譯註：俄羅斯作家杜斯妥也夫斯基名著《罪與罰》當中的主角。
41 譯註：聯載專欄作家，文章能同步刊登於全美多家媒體的作家，通常是具備業界知名度與影響力的人物。

文章提交前也獲得了委員會法律顧問的批准。況且，我根本沒拿到什麼『豐厚報酬』！我差點找那混蛋在波托馬克河（Potomac River）畔決鬥，但最後仍先尋求了法蘭克福特大法官的安慰與建議。他邊聽邊發笑，說我的決鬥計畫未免太衝動、愚蠢了。」

「大法官告訴我『有些痛苦就像胃炎，能糾纏數個月，而有些則像牙痛，看完牙醫，一會兒就忘了。這件事僅是牙痛的程度而已。』」

最終，迪克母親貝兒（Belle）的一番話，讓此事告一段落：

「我們對你刊登在雜誌上的文章感到無比驕傲。《生活》從未有如此出色且精彩的文章。多虧你，我們也跟著風光了起來——接到那麼多打來關心你的電話，感覺真好。我特別喜歡你的照片，叼著雪茄的樣子。我還在《影音新聞》（Movietone News）上看到你！天啊，我們全家都激動不已。我們真的很幸運，擁有這樣優秀的兒子，是天賜之福。」

在貝兒心中，迪克是最優秀、最受上天眷顧的孩子，我真希望她能親眼看到勞勃瑞福一九九四年的電影《益智遊戲》上映。我記得，在洛克斐勒中心（Rockefeller Center）星光熠熠的首映會後，我、迪克和勞勃瑞福坐下聊天，只剩我們三個人時，勞勃瑞福開口問道：「那麼，你覺得電影怎麼樣？喜歡嗎？」

「怎麼會不喜歡？」迪克笑得前仰後合。「我是故事的道德核心，由一個年輕又帥氣的小伙子飾演。而且，我還能用最後一句台詞為整個故事畫下句點：『我們原以為能掌控電視，但事實是，電視掌控了我們。』」

然而，回顧這部電影時，迪克並沒有流露出成就感或勝利的喜悅。他說：「我從未真正挖掘出事情的根源，也沒抓到罪魁禍首——那些賺大錢的贊助商和電視公司。參賽者只是棋子，甘願被金錢、名聲，甚至是他們所合理化的『善意』利用。沒有人真的想追究事情的本質，更別提那些國會議員了。他們對贊助商和電視台高層畢恭畢敬的態度，讓我最為幻滅。他們不僅沒有深入追問，對待主導這場騙局的人反而像對待受害者一樣客氣。」

益智節目醜聞是五〇年代末的象徵性事件，鮮明映照那時代的社會縮影：對物質成功的強烈渴望；新興電視媒體讓許多人一夜成名；廣告影響力無孔不入；瀰漫於國人心中的迷失感，以及對美國領導地位遭迎頭趕上的憂慮。蘇聯衛星史普尼克號（Sputnik）升空並繞行地球時，彷彿向天際昭告我們的退步。艾森豪總統曾將益智節目參賽者展現的驚人智慧，視作對蘇聯衛星挑戰的最佳回應，如今卻不得不坦承，詐欺真相的揭露令他「震驚」且「灰心沮喪」。焦慮的心情籠罩全美，國家似乎陷入泥沼，亟需一股力量帶領我們再次昂揚振作。

⬦✶⬦

迪克在全國各地奔走，採訪益智節目的參賽者時，無意間成了一場求職競爭的「參賽者」。這場比試由參議員甘迺迪的親信索倫森（Theodore Sorensen）主導。多年來，索倫森一直低調地為這位來自麻薩諸塞州的年輕參議員籌備總統競選。某天，索倫森突然來電，邀請迪克試寫一篇演講稿。但他並未透露，其實總共有十二名候選人，其他競爭者還包括幾位已出版作品的作家，大家都在爭取索倫森麾下的演講撰稿助理一職。

「當時，我只覺得自己是在幫忙寫篇演講稿罷了，」迪克說。

迪克對那次電話的印象，只剩下索倫森簡單提供了撰寫甘迺迪演講稿的架構，包含三個部分，像樂高積木一樣可以靈活組合與運用：首先是讚頌民主黨的光榮傳統；其次是簡要探討熱門議題，如外交政策、軍備控制或醫療保健；最後是重申美國的偉大，以及我們肩負使命，要讓這個偉大的國家更加強盛。「索倫森說明得非常直接，毫不迂迴，」迪克回憶道，「關鍵在於，這讓參議員能根據場合需求調整講稿，同一篇講稿精華能衍生出兩到三個不同的版本，避免內容重複。『不如試試看吧，』索倫森鼓勵我，然後就掛斷了電話。」

我們驚喜地在一個公文袋裡，找到了迪克早已遺忘的演講稿處女作。

文章以一句出自某位無名美國劇作家的引言開頭：「所有已逝文明的廢墟上，都應刻有這句話——『他們不敢冒險』。」擲地有聲的開場白之後，是一段激勵人心的號召，成為了接下來整個競選活動的核心主題——破除蔓延全國的頹靡之氣。

迪克在初稿中如此主張：有些人指責我們變得過於富足安逸，失去了開拓者堅毅不拔的精神，缺乏將新願景推向世界的勇氣。置身於華盛頓，目睹當前政府想像力與領導力的停滯，的確很難不去聽信懷疑的聲音。

但我從不相信這些悲觀的言論。我曾穿越這片偉大的土地，見證人民在農場、工廠、辦公室與家中的辛勤付出。在他們的身影上，我深刻感受到，我們國家不屈不撓的力量。

「你知道嗎，」我對迪克說，「有趣的是，你一語道破了關鍵。在這些華麗辭藻背後，我聽到了對新的想像、朝氣與領導精神的呼喚。」

「我對這篇試作並不是很滿意，」迪克一邊將稿紙遞回給我，一邊說道，「但它意外地有用，我因此得到了那份工作！」

新工作及隨之而來的機遇，徹底改變了他的生命。如果說益智節目調查讓他身處風暴的中心，那麼新工作將引領他進入更深邃的漩渦。正如托馬斯．曼在《魔山》（*The Magic Mountain*）中所言：「一個人不僅僅是作為個體而活，同時也有意識或無意識地承載所處時代的印記，與同時代的人們共鳴、共振。」時代的面貌，或能將雄心壯志磨滅殆盡，或能激發出無窮的潛力；而在當時，一股澎湃的社會與文化變革浪潮，推動著六〇年代曙光中成長起來的一代人，開啟嶄新篇章。

迪克書房裡堆放著大約三十箱甘迺迪競選的檔案資料，大致按照時間順序排列，但其中內容已經被塵封了數十年。因為我們回顧這一年代時，心中都已有既定成見，而且我們的看法並不相同。

迪克二十多歲時曾加入甘迺迪的核心圈子，輔佐那位後來領導新世代的年輕人。即使到了晚年，迪克仍對甘迺迪極為景仰，也對初次踏入殘酷政治世界的深刻記憶難以忘懷。

而我二十多歲時，有幸在詹森的白宮工作，並隨他到詹森牧場[42]撰寫回憶錄，這段經歷給我的人生留下深刻影響。在早年歲月中對詹森產生的深切同情與支持，一直延續至今。

甘迺迪選擇詹森為副總統候選人後，引發了不小的反彈，從此埋下甘迺迪陣營與詹森陣營之間的裂痕。甘迺迪遇刺後，這道裂痕日益擴大，直至一九六八年，甘迺迪的弟弟羅伯特決定挑戰詹森，爭奪總統提名時，終於劇烈爆發，猶如一場政治地震，將兩陣營徹底撕裂。

這場震盪也波及我們的婚姻，甚至引發摩擦。每當，我重申甘迺迪的國內政見與願景，大多在詹森時代得以實現時；迪克總會反駁說，是甘迺迪那充滿啟發性的領導，奠定整個六〇年代的基調和精神象徵。他常說：「如果甘迺迪還在世，越戰——」但話說到一半，他總是停下來，嘆道：「誰知道呢？」

我們對這兩屆政府成敗得失的爭論之所以如此持久，是因為這些辯論既非學術性的探討，也非客觀的歷史評估。在所有爭執的背後，深藏我們彼此相遇前早已養成的立場矛盾。

因此，直到迪克已八十多歲，而我七十多歲時，我們打算從頭開始。翻開那些檔案箱的當下，我們決心拋開成見，以及多年來累積的防禦心態和偏見，看看能從第一手資料中挖掘出什麼。

「我們先來訂一些基本規則吧，」我提議。「從各自對甘迺迪的第一印象談起，看看我們的看法是如何隨時間改變的。」

「盡棄前嫌，重新開始，」迪克興奮地說，然後伸出手緊握著我。我們握手的瞬間，兩人都忍不住大笑起來。

一九五六年八月

我從未親眼見過甘迺迪本人。我第一次見到他，是在我們那台二十五公分（十英寸）的黑白電視

42 譯註：詹森總統位於德州的私人牧場，不僅是詹森的私人居所，也是他舉辦許多政治活動和社交場合的場地，他也在此做出一些重要政治決策。

螢幕上。事實證明，透過電視來領略他的魅力是最好的。我當時十三歲，那是一九五六年八月的一個星期五下午。我正在臥室裡閱讀，母親叫我下樓，見證即將發生的重大時刻。我很高興聽到她罕見的激動聲音。她告訴我，民主黨總統提名人史蒂文生（Adlai Stevenson）出乎意料地將副手提名交給全國代表大會決定，而且目前看來，她所支持的那位來自麻薩諸塞州的英俊年輕天主教參議員很有可能勝出。

從小螢幕傳來一陣陣的歡呼和嘈雜聲，成千上萬人喧鬧著，彷彿是一場盛大的體育賽事。很快地，我蜷縮在母親椅子旁的沙發上，試圖在一塊大海報板上記錄得分。評論員不斷重複，奪勝的魔術數字是六八六又二分之一。這場比賽的規則比我習慣的井然有序的棒球比賽要奇特得多，與父親一起觀看棒球時，我們是根據每一球、每一次出局、每一局進行計分。在這裡，隨著各州揮舞旗幟和高喊計票結果，數字迅速變化，支持率在短短十五到二十分鐘內就在不同候選人之間來回波動。

當時，我對全國代表大會幾乎一無所知。我的父母並不是特別熱衷政治，餐桌上討論政治的頻率不比金錢或性還多。唯一能感受到的是，我的母親平時很少表現出那天下午民主黨大會進行時的那般，充滿活力和興高采烈。她小時候曾患風濕病，導致心臟受損，三十多歲時開始出現心絞痛，三年前的一次嚴重心臟病發作更對她的身體造成了永久傷害。但那一天，她的眼神充滿明亮，聲音也很洪亮。

她向我解釋，儘管田納西州的參議員艾斯蒂斯・基福弗（Estes Kefauver）在第一輪投票領先（我以前從未聽過艾斯蒂斯這個名字，更別說基福弗了，這讓我覺得很有趣），但甘迺迪展現了驚人的勢頭，排名第二，超越了參議員韓福瑞（Hubert Humphrey）和老高爾（Albert Gore Sr.）。果然，在第二輪投票中，我母親的年輕愛爾蘭王子超越了基福弗，她也興奮地跳起來歡呼。

第二輪投票中場，紐約州為甘迺迪灌入大量票數之後，我第一次見到那位身材高大、有著一雙大耳的身影，那是詹森。他握住麥克風，高喊德克薩斯州將把所有選票投給甘迺迪。布條在空中揮舞，呼喊甘迺迪的聲音此起彼伏。此時，甘迺迪的得票數已經超過基福弗，距離勝利僅差二十又二分之一，會場和我們家的緊張氣氛也隨之升高。

接下來的發展讓我感到不合理。田納西州的老高爾參議員要求撤下他的名字，以支持基福弗。突然間，甘迺迪的勢頭被徹底遏制。隨後，許多州一個接一個地將原本屬於甘迺迪的選票轉到基福弗手上。這情景很荒謬，就像我的布魯克林道奇隊在一局中得了兩分，卻在下一局突然遭取消，把得分轉給洋基隊（Yankees）。很快，基福弗的得票數遠超過魔術數字六八六又二分之一，我母親失望得幾乎要流下眼淚，而我憤怒於完全不可理喻的事態。

就在這時，敗選的副總統參選人走上講台。我和母親都安靜了下來。他與其他演講者不同，身材瘦削、非常年輕，還有一頭濃密的頭髮。他的臉上帶著疲憊神情，我能感受到他的悲傷。面對失敗，他依然保持誠懇且優雅的風度。他感謝來自全國各地的支持者，並稱讚史蒂文生將副總統提名人選交由全國代表大會投票決定是「英明之舉」。最後，他請求代表們以鼓掌表決的方式為基福弗獲提名喝采。當基福弗伴隨著〈田納西華爾茲〉（Tennessee Waltz）[43]的旋律和人群的歡呼聲走入會場中央時，電視畫面卻切換到甘迺迪的特寫鏡頭，他在失敗後振作起來，站得筆直，為基福弗鼓掌。甚至，他表現出的那份脆弱與寬宏大量，將我母親的悲傷化作驕傲，也將我內心的憤怒和困惑轉化為新萌芽的好奇心。

在和母親一起觀看甘迺迪敗選演說的六十多年後，我透過YouTube重溫了那一天的情景。經過這麼多年，我逐漸理解當年代表票數跌宕起伏的變化。我明白當老高爾參議員退選，且中西部和洛磯山脈地區的州堅定支持基福弗時，甘迺迪的支持度已達極限；一旦局勢明朗，支持基福弗的跟風效應便開始顯現。沒有人願意在大勢已定後，還站在失敗的一方。

在隨後的幾十年間，我研究並撰寫了關於甘迺迪和詹森的文章，發現與甘迺迪對於史蒂文生「英明之舉」的讚譽相比，在詹森看來，讓全國代表大會表決副手「實在是只有白癡政客才會幹出的蠢到爆的事」。我在網路上重看那次全國代表大會的影片時，仔細聽了詹森宣讀德州票數時的發言：「德州驕傲地把五十六票投給那位身經百戰的戰士，勇敢的參議員甘迺迪。」我不禁莞爾，因為這些讚美之詞與詹森在牧場私下對這位年輕參議員的評價大相逕庭。他曾形容甘迺迪是「乳臭未乾的毛頭小子，弱不禁風，一副有病的樣子」，「在參議院裡連個像樣的提案都沒有，什麼事都不幹」。現在我明白了，詹森對甘迺迪的批評其實無關緊要。對德州代表團而言，任何人都比直言不諱的自由派基福弗更合適。而詹森相信甘迺迪是最有機會擊敗基福弗的人。此外，在這個電視興起的政治時代，連詹森也不得不承認：「甘迺迪在該死的電視螢幕上太好看了。」

那個夏天的午後，我和母親獨自在家看電視，但甘迺迪給我們兩人留下的印象，也同樣觸及了全國各地的數百萬人。我最近重溫那場全國代表大會時，最深刻的體悟就是：電視的力量能在瞬間點燃一個人的魅力，將一位年輕參議員轉變為全國知名的政治人物，傳遞出活力四射、令人振奮和充滿希望的形象，並在未來歲月中持續深化。

一九五八年三月

說來奇怪，一九五六年我和母親透過電視深深感受到的甘迺迪浪漫魅力，到了一九五八年三月，迪克首次親眼見到這名年輕的參議員時，他卻絲毫未感受到。該次會面由來自布魯克萊恩的麻州眾議員卡普蘭促成，他曾在迪克初涉政治，尤其參與租金管制和反校園種族歧視運動的時候，給予大力支持。後來，卡普蘭成為迪克一生的摯友與導師。

迪克對該次會面的印象模糊，只記得那是個冷颼颼的春日，他拖著腳步爬上波士頓鮑登街（Bowdoin Street）一二二號那棟公寓的三樓。這是一間狹窄又簡陋的公寓，位於麻州議會大廈對面，緊鄰當地政客經常聚集的貝爾維尤飯店（Bellevue Hotel）。自甘迺迪十二年前首次參選國會議員以來，這裡便一直是他在波士頓的正式住所。外間擠滿了當地政客和遊說者。等了二十分鐘後，甘迺迪的助理莫里西（Frank Morrissey）帶著卡普蘭和迪克進入內間。甘迺迪熱情地與卡普蘭寒暄，並與迪克握手。

「我聽說你接下來打算到法蘭克福特那邊工作，」甘迺迪說，隨後聳了聳肩，露出耐人尋味的微笑：「他可不是我的頭號粉絲喔。」

迪克告訴我：「甘迺迪一直站著，我們當然也跟著站著。隨後，他以一種既不像是下逐客令，但

43 譯註：〈田納西華爾茲〉（Tennessee Waltz），被譽為田納西州歌，因五〇年代最暢銷的女歌手帕蒂・佩奇錄製而風靡一時。但其實歌詞是哀怨的情歌，因基福弗出身田納西州而播放具代表性的歌曲。

實際上就是在送客的熟練手法，向莫里西帶進來的一群人揮手示意。幾乎同時，莫里西輕輕扶著卡普蘭的手臂，引導我們往門口走去。不過，在我們離開之前，甘迺迪再次握住我的手，直視我的眼睛，簡單說道『等我競選連任結束後，會在一月找一些人來幫忙，屆時來找我吧。』我們待在那的時間並不長。」

迪克的描述讓我聯想到，老羅斯福擔任州長時，如何快速會晤接連不斷的訪客。據傳，他那張氣派的辦公桌根本可以完全撤掉，因為他總是站著，以高超的技巧接待和送別數量驚人的訪客，而每一位客人都奇妙地覺得自己與他進行了真誠而私人的交流。

鮑登街會面幾天後，迪克寫信給摯友喬治：

> 我最近在波士頓與甘迺迪參議員見到面了，是有趣的會面。他似乎在強烈暗示我，希望我能在明年一月他完成參議院連任競選後，到他那裡工作。
>
> 然而，即使他真心希望我加入（這點我尚不確定），我也不太確定是否該接受。對於一個年輕人來說，為他工作就算再有趣，也絕對沒有前途。

「沒有前途？所以你二十六歲時覺得，自己一輩子都會被困在參議院的辦公小隔間裡？」我問。

「我不確定當時是怎麼想的。只知道參議員本人或他那狹窄的辦公環境，並不讓我興奮期待。儘管空間的大小和它給人的印象，不應該影響我對其主人的評價——但事實上，確實會。」

一九五九年一月

甘迺迪成功連任參議員之後，迪克應邀再次與他會面。甘迺迪以創紀錄的七十三％壓倒性得票率當選，這次會面的場景，也從鮑登街鞋匠舖樓上那間狹小的公寓，轉移至氣派莊嚴的舊參議院辦公大樓。甘迺迪位於三六二室，正對著副總統尼克森（Richard Nixon）的參議院辦公室。

「我不知道，」迪克對我說，「究竟是因為我們身處氣派的舊參議院大樓，還是被甘迺迪風光連任的氛圍感染，或是他即將競選總統帶來了緊張興奮，那一天辦公室裡彌漫摩拳擦掌的氣氛。」

穿過秘書辦公區那片忙碌的景象——打字機的敲擊聲、電話鈴聲、交錯的對話聲——迪克被引導進入相對安靜的內間。這次，甘迺迪從桌後起身與迪克握手，並請他坐在桌對面的一張皮椅上。顯然不是老羅斯福式的寒暄會面。

「他似乎變得不一樣了，讓人印象更深刻，」迪克回憶道。「他問了我很多問題，像是我在哈佛法學院的經歷，以及法院的工作，還再次提到法蘭克福特大法官並不支持他。」

迪克明智地避談法蘭克福特大法官。他清楚知道，法蘭克福特厭惡甘迺迪的父親喬（Joe），認為喬在二戰初期是個反猶太的納粹綏靖者。而且，法蘭克福特對年輕的甘迺迪也並無好感，覺得他是個輕浮之人。

「這次談話持續了大約二十分鐘，友好和諧。他在觀察我，似乎對我真有些好奇。我並未感到不舒服。我不覺得自己從第一次見面以來有太大變化，但我可以確定，他已經變得更加出色。他給我最深刻的印象是，他那種強大而自律的野心。」

「你是否在這時就把這些特質投射到他身上，想像他成為總統的模樣？」我問道，「還是這本來就從他身上散發出來？」

「我不確定，」迪克答道。「我唯一知道的是，這已經足以讓我直截了當地告訴他，等到我的司法助理工作結束，我想參與他辦公室裡正在醞釀的競選活動。他沒有作出任何承諾，只是說『保持聯絡』，但我猜我的名字早就在可能加入甘迺迪總統競選團隊的人選檔案中。」

我後來想想，或許索倫森正是從這份檔案中，選中了迪克的名字，讓他參與角逐演講撰稿助理的職位。

一九五九年十二月

「那份工作可沒有什麼新人培訓，」迪克笑著說。「索倫森直接給我一大疊資料夾，裡面塞滿備忘錄、文章和各種有關軍備控制的背景資料，是我幾乎不熟的領域。他帶我到參議院辦公室外間的一張桌子，隨口交代一句：『我稍後再過來，我們明天就要用這篇講稿囉，』然後就把我扔在那裡，任我自生自滅，轉身離開了。」

上工第一天，迪克埋頭研究立場書、不同顧問和學者的建議，以及甘迺迪在這個議題上的所有公開發言。迪克一向學得很快，擅長快速瀏覽並吸收大量資訊，而且能夠將龐雜的素材精煉成清晰明瞭的內容。不過，他告訴我，隨著時間流逝，他開始敲動打字機，寫出幾千字的草稿時，這份工作讓他覺得，法學院簡直像幼兒園嬉戲一般輕鬆。

當索倫森再度出現，準備拿走迪克寫好的稿件時，辦公室早已空蕩蕩。索倫森站著把草稿從頭讀到尾。「還不錯，」迪克記得，這是他唯一收到的讚美，接著索倫森拉過一把椅子坐下，花了一個多小時，在迪克的稿件上畫線和刪改。他的思維敏捷而嚴謹，指出任何偏離甘迺迪政策立場的細微之處，並精簡句子結構，調整成甘迺迪偏好的簡潔風格。剛結束這場高強度的指導課，他便站起身，把椅子推回原位，拿起公事包，轉向迪克說：「還需要修改，我們還是得明天用。祝你好運。」然後就離開了。於是，迪克第一天上工就迎來他的第一次熬夜加班，伴著咖啡和雪茄奮戰到天亮。

索倫森是文膽團隊的負責人，而迪克則是這位大師眼中前途無量的學徒，他們兩人組成了一對奇妙的搭檔。若要找出比迪克和索倫森更迥然不同的兩個人，恐怕不容易。這位導師樂於助人，但極少給予讚美，個性內斂、謹慎，對和甘迺迪之間長期而獨特的合作關係充滿了獨占欲；而這位學生則是個理想主義者，情感外放、聰明而野心勃勃。儘管索倫森看上去似乎比迪克年長至少十歲，實際上兩人只差了三歲。過去六年間，索倫森是甘迺迪專屬的文膽、智囊、政策參謀以及走訪全國各地的隨行夥伴。

如果可以的話，索倫森根本不會容忍有任何撰稿助理，但自從競選活動起步以來，文稿需求已經增長到讓他無法獨自應付的地步。

一九六〇年一月

一九六〇年一月二日，在迪克到職不到一個月，甘迺迪宣布競逐民主黨總統提名後不久，索倫森給了他一個與以往撰寫演講稿或立場書不同的任務。索倫森告訴迪克，甘迺迪想透過一場演講，闡述自己對總統職位的看法。甘迺迪希望能明確指出，他與五〇年代那些自鳴得意、墨守成規的總統截然不同；他堅信，六〇年代，即未來十年，我們需要的是一位積極進步的領袖，而他正是那個人選。甘迺迪決定通過這種積極與消極、新與舊的碰撞，以及未來十年願景與過去十年無所作為的落差，來確立自己的競選主軸。

迪克還記得，他與索倫森匆匆忙忙趕到華府巴特勒航空站（Butler Aviation Terminal），將草稿交給正在候機前往下一個城市的甘迺迪。迪克說：「那是我第一次親眼見他閱讀我寫的演講稿。他快速地用鉛筆在上面畫線，既沒有給予鼓勵，也沒有批評，但流露出驚人的專注力。他說，只要不直接點名極受歡迎的艾森豪總統，他並不介意『好好修理一下老艾克』。」

翻找迪克的箱子時，我們找到了這篇演講稿的預發版本。這場演講一九六〇年一月十四日在華府全國記者俱樂部（National Press Club）發表，仔細重讀時最讓我不可思議的是，它論及了「六〇年代將充滿挑戰與革命性」。新的一年才剛過去兩個星期，竟已預測出未來十年的走向！

「在接下來的四年裡，時代與人民對白宮有何要求？」演說提到，人民需要的是一位積極的三軍統帥，「而非只會記帳的人」；人們不要總統「僅從戰場後方高喊激昂口號」，他們需要總統「能夠帶領政黨負起責任，而不是超脫於政治之外，幾乎隱形。」

用詞如此犀利，讓我覺得明顯就是在點名批判艾森豪了。當年，甘迺迪似乎也在最後一刻意識到這點。一位曾讀過預發新聞稿的記者透露，甘迺迪在實際演講時「收斂了力道」，他避開那句批評無能領袖躲在後方指揮的話，也刪除像「記帳士」這類貶低的詞彙。儘管如此，這場演講依然辛辣有勁，甚至罕見贏得媒體區一陣熱烈掌聲。

我最喜歡這篇演講的地方在於，它以歷史為骨幹，並穿插了許多總統的名言，這些總統未來也將持續出現在迪克撰寫的幾乎所有演講稿中。回顧過去，我對甘迺迪的決心感到十分驚訝，他渴望沿襲羅斯福父子與林肯——我的總統「夥伴」，我這輩子花數十年研究的總統們——的傳統，成為一位締造進步改革的總統。甚至，甘迺迪的演講以林肯簽署《解放宣言》後的名言作為結尾：「如果我能名留青史，必是因為我為這個行動付出了全部心血。」

我們回顧完這篇演講稿後，年已八十四的迪克感慨地懷念道：「當時，我才二十八歲，大學主修歷史的我，在六〇年代初期，便將對美國歷史的熱情傾注於替甘迺迪撰寫的第一篇演講稿中。」

我接著說：「而我當時十七歲，是一名高中生。你，夢想著改變歷史；我，則夢想著成為一名高中老師，在課堂上講述那些曾改變歷史的偉大故事。」

◇✶◇

一九六〇年，對甘迺迪來說，爭取民主黨提名的唯一途徑就是參加初選[44]。他並不是黨內大老的寵兒。由於年紀輕、經驗不足，再加上天主教徒的身分，黨內高層對他能否贏得大選抱有嚴重懷疑。

甘迺迪深知，僅憑初選無法保證獲得提名。但初選提供了考驗的舞台，一個向民主黨大老展示自己的機會——通過民意支持和實力的試煉，他想要證明自己作為候選人的競爭力。

自一月二日宣布參選以來，他便向黨內同僚發出挑戰：「任何有志於獲得民主黨這項重要提名的候選人，都應該勇於面對各州初選，將自己的立場、經歷和能力交由選民檢驗。」

有志問鼎白宮的民主黨人當中，最終只有明尼蘇達州的韓福瑞接受了甘迺迪的挑戰，伊利諾州的史蒂文生、密蘇里州的賽明頓（Stuart Symington）和德州的詹森都在一旁觀望。

我請迪克談談那場初選的經歷。他卻說：「大部分時間我根本不在現場！那段時間，我日夜待在華府的參議院辦公室，成為願景政見機器中運轉過熱的一顆小齒輪。」

迪克逐漸掌握了索倫森的三段式演講公式，知道如何運用固定的開場與結尾來包裝候選人針對不同聽眾所作的政治承諾。憑藉這個公式，他能夠以極快速度大量生產各種競選講稿，將一些看似艱澀的議題，如小麥市場、煤炭開採技術和支持酪農產品，轉化為未來可能實現的一系列政見與保證。當然，還會加上一些泛泛的愛國主義和黨派信念口號，比如「將偉大的美國變得更偉大」。

我和迪克一起翻閱競選演講集錦，他估計自己寫了其中約四成。光是這樣，相關資料量就已經相當驚人！他把一堆演講稿、背景資料、立場書和各種檔案重重地放到桌上。「哇……也許內容不算太深奧，」他說，「但我真是有夠多產的。」

隨後，我們讀了其中幾篇。「滿枯燥的，」我對迪克說。

「沒錯，」迪克點了點頭，「但這正是為了彰顯甘迺迪不是個半吊子。他掌握了具體事實和議題，值得信賴。」

迪克不得不消化厚厚一疊的立場書，才能為各種議題端出有根據的發言——無論是與南達科他州的犁田比賽有關的農業政策，還是西北地區的林業、加州的水資源、西維吉尼亞的硬煤與軟煤，或是威斯康辛州的酪農產品計畫。迪克回憶說，在與甘迺迪一起埋頭完成農業議題的演講稿後，甘迺迪開玩笑地說：「看，我們這裡有兩個來自布魯克萊恩的農民。」

甘迺迪四處演講，始終保持一致的基調，那就是提供選民承諾和保證，並根據不同場合量身定制，無論是猶太社區中心、農會、高中禮堂、午餐會，還是晚宴後的簡短演講：「我們承諾通過水資源控制法案……推動農業研究計畫……保護我們湖泊中的魚類……幫助小型企業獲得更多國防合約……承諾加強並擴大就業服務，幫助失業者找到更好的工作……」他不斷地開出政見、承諾和保證，諸如建設水壩、疏浚港口等等，累積到選舉結束時，迪克已整理出一份超過八十一項執政承諾的清單。

甘迺迪試圖向黨內大老證明自己的同時，也在學習如何更有效地與群眾交流。由於他那獨特的波士頓口音，他說話語速較快、語調短促有力，有時想聽懂他的演講內容，會很吃力。迪克保存了一段與朋友希利（Robert Healy）進行的採訪錄音，他是《波士頓環球報》的記者，在一九六〇年大選期間負責報

44 譯註：一九六〇年，美國民主黨總統提名人甘迺迪在大選中擊敗時任副總統尼克森，經過八年在野的民主黨於隔年重返執政。此前，甘迺迪為了獲得黨內提名，成功擊敗多位強勁民主黨對手，其中一些對手選擇跳過初選，寄望於在民主黨全國代表大會中獲得提名。

導甘迺迪的選舉活動。希利回憶道，甘迺迪起初並不是一位「成熟的演講者。他說話非常快，讓人聽得一頭霧水。」他匆匆念完自己準備好的講稿，就像一個急於回到座位的孩子在做報告。但是，他在問答環節的表現很出色，口齒伶俐、知識豐富，並常展現幽默風趣的一面。

最令希利印象深刻的是，甘迺迪其實會主動尋求他人的批評與建議。他會問記者各種關於觀眾反應的問題：觀眾對他的表現滿意嗎？他們的注意力在哪些時候分散了？又在哪些時候表現得特別熱情？

「那麼，關於你和索倫森為初選所準備的這些內容，」我問迪克，「有什麼是你至今記得的？」「亞什蘭，」迪克毫不猶豫地回答，「威斯康辛州的亞什蘭。我記得，甘迺迪到訪當地時，我為他寫過一篇充滿承諾的演講稿。他保證會清理港口，並為這個位於蘇必略湖（Lake Superior）畔的小鎮提供聯邦援助，那裡經濟蕭條，製造業衰退，工作機會匱乏，港口污染也十分嚴重。」「我不太確定為什麼，」迪克帶著些許感傷的語氣說，「但過去半個世紀裡，我常常在想亞什蘭過得怎麼樣了。我甚至想去那裡看看港口的情況，但我從未成行。」

◇✶◇

迪克的話在我心頭迴盪，我繼續翻閱檔案，尋找與一九六〇年威斯康辛州初選相關的資料，那是首場競爭激烈的初選（甘迺迪輕鬆贏得與麻州相鄰的新罕布夏州初選）。我決心解答迪克長久以來的疑問：亞什蘭怎麼了？甘迺迪的承諾兌現了嗎？還是這些不過只是空話？結果發現，答案比我想像的還要複雜。

心血來潮之下，我撥打電話給亞什蘭歷史協會（Ashland Historical Society），聯繫當地一些老居民，並翻出了從一九六〇年到現在的剪報，還重讀白修德（Theodore White）的《一九六〇年總統的誕生》（*The Making of the President 1960*），這本書我在六十年前念研究所時就讀過。

一九六〇年三月

白修德在威斯康辛初選期間一直跟著甘迺迪到處跑。根據他書中描述，一九六〇年三月十七日，甘迺迪抵達亞什蘭，這一天既漫長又辛苦，從破曉時分自歐克萊爾（Eau Claire）出發，傍晚才到達這座小鎮，在路邊餐廳舉行的宣傳集會，卻僅有八人參加。隔天，甘迺迪繼續往北開，穿越人煙稀少的區域，在小鎮中心下車。他沒戴帽子，穿行於街道上，向寥寥幾位路人伸手致意。甘迺迪在這裡沒沒無聞，走進當地商店、酒吧和工廠拜票時，往往只換來人們的冷哼或冷漠目光。當他說：「我是總統候選人甘迺迪，希望初選能獲得您的支持。」一位工人卻回答：「喔！新年快樂。」這裡是韓福瑞的地盤，威斯康辛的鄰州正是明尼蘇達，因此韓福瑞在當地很有名氣，也受到敬重。

白修德筆下那名「極其孤單落寞的年輕人」走在街上的畫面，浮現在我腦海。白修德對甘迺迪的決心和毅力印象深刻。無論是面對零下十度的寒冷，還是遭遇冷漠的拒絕，他都未曾氣餒。白修德寫道：「他始終保持著尊嚴，從未一次失去冷靜、鎮定和沉著。」

相較於白天在第九和第十選區艱辛灰暗的拉票之旅，晚間的活動讓甘迺迪看到溫暖的希望。主辦單位成功將多德體育館（Dodd Gym）填滿了七百人。在甘迺迪演講之前，六歲的小艾尼奇（Ellen Anich）手捧一束鮮花穿過舞台，準備獻給他的妻子賈桂琳（Jackie Kennedy）。

那位六歲的小女孩，如今已經六十八歲了。當我找到她時，她回憶起那天的情景。

「一群老年人圍在一起討論，覺得讓小女孩送花很有趣。我的叔叔湯姆（Tom Anich）在民主黨裡很活躍，所以我被選中了。」艾尼奇解釋道，「我們家當時很窮，我所有的衣服都來自對面一個富家女孩。那天，我反覆練習怎麼遞花……但當甘迺迪彎下腰接過花束時，由於這些花是要給他妻子的，我有些猶豫，不知道該不該給他。」

於是，甘迺迪解釋說他的妻子懷孕了，正在休息。「我媽媽也要生小寶寶了，」小艾尼奇回答道。「我保證，我一定會把花轉交給她，」聽到這句話後，小艾尼奇才終於將玫瑰遞給甘迺迪。

這一幕引得全場開懷大笑，氣氛瞬間變得更熱烈。隨後，甘迺迪提到遭艾森豪否決的民主黨《地區重建法案》（*Area Redevelopment Bill*），氛圍依然高漲。他承諾全力推動該法案通過，讓亞什蘭及全國其他經濟困頓的社區，能夠獲得政府應有的援助。

◇✶◇

一九六三年九月二十四日，甘迺迪以美國總統的身分再次到訪亞什蘭。然而，港口依舊未經整治，嚴峻的經濟問題亦未見改善。儘管作為總統的他通過並簽署了《地區重建法》，但那微薄的資金並未流入亞什蘭。

即便如此，這次訪問拉開了甘迺迪總統橫跨十一州環保巡迴演講的序幕，也被認為是「亞什蘭史上最偉大的一天」。學校都停課了，整個小鎮瀰漫節慶的氛圍。

「對我們小鎮來說，是莫大的榮幸，」艾尼奇九十一歲的姑姑貝弗莉（Beverley Anich）告訴我。一段廣播錄音捕捉到，當甘迺迪從降落在小機場的直升機中走出來時，群眾爆發出震耳欲聾的歡呼與尖叫。「全場沸騰，」播音員說道，「美國總統來到了我們的家鄉。」甘迺迪走向講台時，突然偏離了路線，朝雪地圍欄走去，在那後方擠滿了約一萬五千人（人數遠超過亞什蘭全鎮的總人口）。

我不禁將當天民眾熱烈歡迎總統的場面，與三年前他在北威斯康辛偏僻街道上挨家挨戶拉票時所遭遇的冰冷待遇進行對比。他伸手越過圍欄，儘量一一握住民眾伸出的手，這讓特勤局相當緊張。

僅僅十分鐘的演講，他發出了鏗鏘有力的呼籲，要求保護自然資源，保護河港、湖泊和溪流，再次承諾提供政府援助，也提到計畫將附近的使徒群島（Apostle Islands）打造為國家公園。與群眾互動後，甘迺迪的軍用直升機從機場起飛，這個機場不久後將以他的名字重新命名。然而我發現，這次訪問雖相當短暫，仍在亞什蘭居民心中留下深刻的印象，並激勵了他們許多年。

甘迺迪一九六三年的到訪過去半個世紀後，曾有一位記者訪問當天見到總統的幾位當地居民。希克斯（Rollie Hicks）當時在諾思蘭學院（Northland College）主修數學和物理學，對政治並不感興趣，但在朋友們的說服下，他去了機場。甘迺迪演講結束返回直升機時，又一次突然轉向圍欄後方的群眾，走到了希克斯所在的位置。「他握住我的手，我送給他一枚諾思蘭學院的紀念別針。」回顧那一天，現年六十九歲的希克斯說，他不想過度誇大，但那次經歷對他後來投身政治與公共服務起到了關鍵作用。

據所有見過甘迺迪的人所說，希克斯的經歷並非個例。甘迺迪身上散發一種魅力，改變了無數年輕人的命運。另一位名叫坦佩蘭斯．迪迪（Temperance Dede）的女性也有著相似的故事。甘迺迪向她打招呼並握住她的手。「我當時腦子一片空白，只覺得他看起來太完美了，」這位現年七十三歲的女性回憶道，「他的笑容、髮型、還有他的西裝。」雖然當時驚訝得開不了口，但她鼓起勇氣自我介紹，告訴總統，她的朋友都叫她坦佩（Tempe）。「那我就叫你坦佩，」他回應道。隨後，他詢問她一些生活上的問題，並專心聽她講述。坦佩住在威斯康辛豐迪拉克（Fond Du Lac）保留地，甘迺迪對印地安保留地的情況表現出濃厚的關心，他在離開前對她說：「我們需要像你這樣的人。」坦佩蘭斯告訴記者，那一天成為她人生的轉捩點。「我感覺一切皆有可能。」坦佩蘭斯後來獲得了社會工作領域的大專學位、大學學位及碩士學位。她創辦了豐迪拉克第一所幼兒園，並致力於解決美洲原住民的心理健康問題。

我並不是在暗示這些事件之間有直接因果關係，而是想指出，從各種親歷者的描述中，反覆出現了相似的情況。

與一生都在此生活的七十三歲居民門羅（Edward Monroe）交談後，迪克對於亞什蘭港口和經濟情況的疑問逐漸得到解答。門羅不僅是該鎮的歷史學家，還擔任過郡長。

「一九六三年，亞什蘭是一個毫無希望的地方，」門羅說。一座被廢棄的鋸木廠在岸邊留下堆積如山的木樁，整個景象宛如戰後廢墟。曾經生產炸藥和火藥的杜邦（Dupont）工廠已經停業，但關閉前，堆積的化學物質將湖水染成血紅色。紙廠的廢水在湖灣上形成一層乳白色的薄膜，而燃煤電廠將類似焦油的物質排入了港口。

「我們歷經了漫漫長途，」門羅告訴我，「但我相信，一切的變化都從總統來訪我們小鎮開始。只要你跟當時在場的任何一位居民聊聊，他們一定能詳細告訴你，是他讓我們對自己感到自豪。我們需要先相信自己，才能讓這個小鎮變得更好。他曾帶領整個國家，挑戰將人類送上月球；現在，他讓我們挑戰自己，慢慢地，我們開始清理港口和河濱。」

亞什蘭獲得了一筆政府撥款，用於清除岸邊的木樁。隨後，一座行人隧道建成，讓居民能直接從市中心廣場步行至湖畔，而無需穿越車流繁忙的高速公路。原本只打算在隧道牆上畫幾幅壁畫的小型社區計畫，如今發展成有兩百五十幅壁畫裝飾整座隧道。一所醫院成長為醫療園區，今天這裡不僅擁有癌症治療中心，還設有服務範圍涵蓋七個郡的心理健康中心。

經過數十年的法律爭訟，聯邦法院最終判定了污染港口的責任方；和解後，成立數百萬美元的超級基金（Superfund）[45]，用於整個港口的清淤與整治。

45 譯註：「超級基金」是美國聯邦政府用來清理有毒廢棄物場地的基金名稱，這是依據一九八〇年「綜合環境應對、補償和責任法」（CERCLA）要求「污染者付費」，處理善後。

「港口現在狀況良好，」門羅自豪地說道。「海濱煥然一新，吸引遊客前來。你完全無法將今天的亞什蘭與六十年前那破敗的模樣相比。」

亞什蘭並未直接獲得甘迺迪競選時承諾援助的資金。這個小鎮花費超過半個世紀的努力，歷經一系列事件的推動，才得以實現港口整治，促進經濟發展。

但顯然，甘迺迪總統的到訪，為亞什蘭帶來某種難以言喻的轉變。他的出現激發了鎮民的自信，這股信念推動小鎮邁向復興的漫長旅程。在廢棄工業廠房留下令人沮喪的陰霾與醜陋的污染殘留之後，甘迺迪的來訪成為了居民轉變心態、重新審視一切的契機。

「我們覺得，在他來到這裡之後，我們變得比以前更堅強了，」門羅告訴我。「我們開始著手去做那些長久以來應該做的事情。」

從長遠來看，甘迺迪帶給亞什蘭的願景與鼓舞，所產生的領導影響力，或許不亞於具體的政策與計畫。我才明白，這是我未曾正視或向迪克承認過的觀點。

一九六〇年四月

甘迺迪在威斯康辛州的長日奔波，終於在四月五日的初選得到回報。他不像韓福瑞展現出平易近人的親和力，跟選民互動熱絡、打成一片。甘迺迪始終保持著一種距離感，彷彿有所保留，這讓他顯得與眾不同，也使得他不那麼容易接近。最終，這條界線或許並非負擔，而是他的優勢。

然而，擊敗韓福瑞並未帶來競選團隊所預期的決定性勝利，選票統計結果顯示，選民的支持受到宗教因素的強烈影響，這讓團隊感到不安。甘迺迪贏得天主教徒為主的選區，韓福瑞則輕鬆贏下新教徒較多的選區。

「這意味著什麼？」有人問甘迺迪。「這意味著我們得從頭再來。我們得一州一州地打，一場一場地贏——西維吉尼亞、馬里蘭、印第安納、奧勒岡，一直到民主黨全國代表大會為止。」

於是，他們的競選馬拉松來到了西維吉尼亞。迪克回憶起，他日夜不休地鑽研著硬煤、軟煤、電用煤和燃料，唯一不能涉及的就是天主教。甘迺迪決定親自處理這個問題。在西維吉尼亞查爾斯頓（Charleston）時，他即興回應了一個關於自己宗教信仰的提問：「我生來就是天主教徒，這是否代表我不能成為美國總統？我能夠在國會任職，我的兄弟也能為國捐軀，難道我們就不能成為總統嗎？」他強調，真正關乎總統選舉的議題應該是貧困、失業，以及如何改善人民的生活。

五月十日，西維吉尼亞初選當天，甘迺迪以壓倒性優勢擊敗了韓福瑞。隨後幾周內，甘迺迪又橫掃其他所有州的初選。透過這個過程，他向政黨大老們證明，一位年輕的天主教徒同樣能夠動員起全美人民的支持。

一九六〇年七月

七月十三日星期三晚上，甘迺迪在民主黨全國代表大會首輪投票當中，接受黨的提名。然而星期四，他宣布選擇詹森作為副總統候選人時，黨代表（更別提甘迺迪的核心圈子）都相當震驚。迪克當時人在華府。我不禁好奇，迪克和他的同事們突然得知消息時，有什麼反應。迪克說，他記得大家普遍感到失望和困惑。

「我想我們都評估過他，」迪克坦言當時的看法。「他來自南方，對民權問題的立場立刻引起我們的疑慮。我們知道勞工界的不滿。他看起來年紀偏大，像是過去時代的人物，而非我們競選強調的新生代。」

甘迺迪承諾過，他將尋覓能夠「摒棄舊時代口號、幻想和疑慮」的新人才。在大家看來，詹森就算似乎能在選票上彌補甘迺迪的弱點，也是因為他代表了右派立場和舊時代的價值觀。

然而，迪克回憶道，在初選期間那些忙得通宵達旦的日子，無論他在參議院辦公室待到多晚，總能在漆黑的國會大廈中看到一盞燈光，從參議院多數黨領袖的辦公室中透出來。「那盞燈像燈塔的光芒一樣閃爍。我曾經想，也許詹森故意留著那盞燈，是想讓人覺得他總是在工作。但後來我才發現，我的猜測完全錯了。他確實一直在工作。」

從甘迺迪獲得提名，到出人意料地選擇詹森為副總統候選人之間，究竟發生了什麼事，存在不同說法。一些觀察者認為，這項提議只是象徵性的舉動，當時他確信詹森永遠不會為了副總統這個無足輕重的職位，而放棄參議院多數黨領袖的權力。若真是如此，那麼甘迺迪的判斷便低估了詹森從政以來展現的非凡政治手腕。詹森擅長化不可能為可能，無論是擔任黨鞭、少數黨領袖還是多數黨領袖，他總能在薄弱的權力基礎上發揮並擴大其影響力。

也有人認為，甘迺迪向詹森提出邀請，是出自真心誠意。他仔細權衡了詹森在南北各州的得票潛力，認為詹森能夠為他帶來可觀的南方選票，從而彌補可能在北方失去的支持。最終，甘迺迪認為，若沒有詹森的加入，勝選的希望將變得渺茫；沒有德州，他便無法獲得足夠的選舉人票。

詹森，作為一位經驗老道的政治算計者，也默默進行自己的盤算。他還要求幕僚調查，歷任副總統中，有多少人最終登上總統之位。答案是十人，其中七人甚至不需要競選，他們在現任總統去世後繼任為總統。

結果，當甘迺迪邀約詹森搭檔參選時，似乎並未正式講明，而只是隨口提議了一下。詹森卻迅速欣然接受，就好像事情已經板上釘釘了一樣。但是，隨著甘迺迪陣營和民主黨內部的反對聲浪愈來愈大，甘迺迪開始重新審視這個決定。

甘迺迪的弟弟羅伯特，也就是巴比，作為他的非正式代理人，肩負起說服詹森撤回出任副總統提名人的艱鉅任務。很可能，詹森將巴比視為背後主使，而非單純的傳訊人。巴比警告，如果在大會上爆發激烈爭執，將嚴重損及民主黨競選活動的開展；或許作為撤回提名的補償，詹森可以考慮接受民主黨國會委員會主席的職位？然而，詹森依然堅持自己的立場，他已獲悉將成為提名人，並且決心擔任副總統一職，公開撤回提名將帶來災難性的後果。甘迺迪別無選擇，只能將詹森的名字推向台前。

迪克告訴我，羅伯特因詹森的加入黯然神傷。甘迺迪對他的弟弟說：「別擔心，巴比，我不會有事的。」多年後，巴比神情凝重地向迪克提起了這段話。

黨代表們最終達成共識，詹森通過口頭投票獲得提名。然而，他將永遠把那個混亂下午所遭受的屈辱歸咎於巴比。從那一天起，猜疑、不信任與幾乎無法掩飾的仇恨，在兩人之間持續蔓延。

在一片混亂與困惑中，甘迺迪與詹森的搭檔組合就此誕生。事後來看，若沒有這張歷史的入場券，一九六一年就不會有甘迺迪總統；一九六三年也不會有詹森總統。

大會結束幾周後，索倫森在某個晚上準備離開辦公室時，停在迪克的桌前對他說：「從九月開始，你得和我、參議員一起搭飛機跑全國各地的競選活動。」

「我努力保持鎮靜，」迪克告訴我，「但我覺得靈魂要從身體跳出來了。」

「也許該買一套新的深色西裝，幾件白襯衫，還有幾條新領帶，」索倫森建議道。「選些保守的款式。」

「我以為其他人才是保守派呢，」迪克笑著回應。

第三章／登上「卡洛琳號」

一九六〇年九月四日至十一月八日，迪克加入了甘迺迪私人飛機上的小型團隊，展開為期六十八天、馬不停蹄的全國競選活動。

迪克一開始便清楚，自己正踏上一場非凡冒險。他彷彿從華盛頓那個安穩而受庇護的小港灣起航，突然駛入廣闊無垠的大海，前方是未知的驚濤駭浪。

過去十個月，他都待在參議院辦公室裡，透過地圖追蹤候選人的行程，聽取簡報了解民眾對演說的反應，並接收大量資料，以便針對不同觀眾撰寫講稿。然而，他對候選人的了解迄今為止主要來自他人的印象與評價——報紙雜誌的報導、辦公室的閒聊，以及與記者的交談。

如今，他能夠每天與甘迺迪同行，親眼見證對方的一言一行。若說此前華盛頓的節奏已經讓他感到忙亂、壓力沉重，那麼此刻他更是徹底投入緊湊的行程中。飲食睡眠固然必要，但都不那麼重要了，亦沒有私人生活可言。

這架以甘迺迪女兒卡洛琳命名的「卡洛琳號」（Caroline），是一架康維爾二四〇型飛機（Convair

240），也是史上首架在總統競選期間由候選人搭乘的私人飛機。經過精心改裝，它搖身一變成為豪華的空中辦公室，配備書桌、打字機、文件櫃、油印機，以及一座小廚房。機艙設有幾張舒適的沙發，有四張可轉換為小型床鋪的椅子，供索倫森與迪克這對撰稿搭檔使用。甘迺迪的老友兼隨行夥伴包爾斯（Dave Powers）以及行程規畫與後勤專家歐唐奈（Kenny O'Donnell）則占據了另外兩張椅／床。機艙後方的一角是賽林傑（Pierre Salinger）[46]與隨行記者團的工作區域，作為這架飛機的「艦長」，甘迺迪在更後方擁有一間專屬的臥室套房。

索倫森和迪克在現場輪流分工，按需撰寫演講稿；羅伯特則坐鎮華盛頓，全盤掌控整個競選運作。與迪克一年前初入參議院時所見的「家庭工廠」模式相比，如今的組織規模已不可同日而語。競選團隊包括研究人員、學者組、財務組，以及分布於各州的基層人員——他們向華盛頓總部和「卡洛琳號」同步傳遞資訊。因此，這架飛機之於整個競選活動，就如同太空船之於任務控制中心，彼此密不可分，並非獨立運作的個體。

「你們那時候都好年輕啊。」在看完團隊成員的年齡後，我對迪克感嘆：「候選人四十三歲，羅伯特和賽林傑三十五歲，索倫森和甘迺迪妹夫史密斯（Steve Smith）[47]三十二歲，而你——」

「二十八歲，」他帶著一絲自豪插嘴說，「是我們當中最年輕的。」

總統競選於九月七日在底特律凱迪拉克廣場（Cadillac Square）正式拉開序幕後，「卡洛琳號」隨即向西飛往愛達荷州和奧勒岡州。在難得的空閒時光裡，有人玩牌，有人安靜地工作或小憩。索倫森經常在黃頁記事本上勾勒草稿，迪克則在便攜式打字機上，飛快地敲擊鍵盤。

在競選初期，迪克說他們玩過一種遊戲，比賽誰能說出最多歷屆總統競選的口號。迪克率先說出了一八六〇年林肯的「投給自己一座農場」（Vote yourself a farm）。有人立刻回應：「別再炫耀了，古德溫！」接著有人喊出：「與柯立芝一起維持現狀」（Keep cool with Coolidge）。隨後又有人說：「與麥金萊一起堅守立場」（Stand Pat with McKinley）。遊戲就這樣快速進行下去：老羅斯福的「公平交易」（Square Deal）、小羅斯福的「新政」（New Deal）、「與哈定一起回歸常態」（Return to Normalcy with Harding）、杜魯門（Harry S. Truman）的「公平政策」（Fair Deal）、史蒂文森的「新美國」（New America），以及「登上塔夫脫的救生艇」（Get on a Raft with Taft）。

「那可真是危險，」我笑著說，「考慮到塔夫脫（William Howard Taft）[48]足足有近一百四十公斤（三百磅）！」

「我們正沉浸在這場機智與歷史記憶的遊戲中，」迪克接著說，「才注意到參議員站在走道中央，靠在椅背上，饒有興趣地聽著我們的對話。忽然間，他開口說：『你們這個遊戲挺有意思。共和黨人總是在呼籲回歸常態、滿足現狀、維持現況，而我們民主黨人則總是在推動前進，倡導公平交易、新政與

46 譯註：賽林傑（Pierre Salinger），美國記者、作家和政治家。他曾擔任美國總統甘迺迪和詹森的新聞秘書，並於一九六四年擔任美國參議員，後來在一九六八年擔任羅伯特・甘迺迪總統競選活動的競選經理。

47 譯註：史密斯與甘迺迪的妹妹珍妮（Jean Ann Kennedy）結婚，他在一九六〇年美國總統大選期間也為甘迺迪的競選提供支持。

48 譯註：塔夫脫有美國體重最重總統之名，其體態在當時的美國社會引發不少討論。

公平的美國。不過別因為我打斷了，你們繼續玩。』幾天後，我們才發現，這場遊戲已經在甘迺迪的腦中激發了一些想法。」

一九六〇年九月九日

九月九日，甘迺迪在洛杉磯聖殿劇院（Shrine Auditorium）發表了一場重要演說，這是他在全國競選中首次聚焦於民權議題的關鍵演講，採用了迪克精心準備的講稿。透過這場演說，人們得以想像甘迺迪若當選總統，將如何治理。我們找到迪克準備的草稿以及甘迺迪實際發表的內容。迪克的草稿延續了一月那場演講中闡述的進步主義總統觀，並將其進一步應用於民權議題上。

當晚，超過七千名觀眾擠滿了聖殿劇院，另有三千人被擋在場外。初選剛起步時，甘迺迪還得四處尋找觀眾的日子已成過去，如今顯然是支持者主動湧向他。一位記者寫道：「這場室內集會，絕對是他目前為止最成功的一次，吸引了空前規模的熱情支持者。」

迪克回憶起甘迺迪走上台時，他在會場後方緊張地來回踱步，迫切想知道自己撰寫的演講稿會引起怎樣的反應。台下群眾起立高喊「我們要傑克」（We Want Jack）[49]長達三分鐘，甘迺迪愉快地微笑著，被熱烈氛圍感染。這是迪克從未見過的一面，甘迺迪顯得更加放鬆，生動活潑。他罕見地以個人話題開場：「首先，我想讓大家見一見……嗯，我的妻子正在家裡待產。」全場笑聲如雷，參議員似乎也真正享受其中。迪克說，能感受到民眾的熱情捧場：「甘迺迪的即興發揮進一步將氣氛推向高潮，他在演講中巧妙地融入了我們在長途飛行時玩過的政治口號遊戲。」

「對比這個國家兩大政黨的口號，你們可以清楚看出它們各自代表了什麼立場。麥金萊（William McKinley）的『與麥金萊一起堅守立場』；哈定（Warren G. Harding）的『與哈定一起回歸常態』。」笑聲開始在觀眾席中傳開。「『與柯立芝一起維持現狀』，」他補充道。「你們聽夠了嗎？」他問在場群眾。「這些都是美國政治史上最弱的口號。」

「當下，我完全沉浸在他的即興演講中，」迪克告訴我，「幾乎忘了自己寫的稿子。」接著，甘迺迪逐一引述民主黨那充滿自豪與行動力的口號，贏得滿堂彩：從「新自由」（A New Freedom）到「新政」，再到「公平政策」，最後引向為美國開拓「新邊疆」（A New Frontier）[50]。（「新邊疆」一詞最早出現在索倫森為甘迺迪提名演說撰寫的草稿中。）

甘迺迪藉由即興發揮這些口號，鮮明地突出兩黨之間的對比，為即將到來的競選奠定清晰的基調。他出色的表現牢牢抓住全場注意力，以至於當他終於從口袋裡取出關於民權的演講稿時，迪克已完全放鬆下來，不再感到緊張或擔憂。

49 譯註：甘迺迪常被稱為約翰．F．甘迺迪（John F. Kennedy）、傑克．甘迺迪（Jack Kennedy）或簡稱為JFK。

50 譯註：新邊疆（A New Frontier），甘迺迪在一九六〇年美國總統選舉中提出的口號。他在提名演說中首次提到「新邊疆」一詞，後來這個詞成為其政府內外政策的核心理念象徵。

甘迺迪宣示，他將運用總統的全部權力，「作為立法領袖、行政首長，以及美國道德的引領者」，為民權奮鬥到底。身為立法領袖，他將為保障每位美國人憲法權利的法案而戰；作為行政首長，他將致力於消除聯邦各個領域的種族歧視。他還具體承諾，將發布一項「行政命令，徹底終結社會住宅中的種族歧視。」

最後，甘迺迪保證，他將善用白宮這個「絕佳講壇」（bully pulpit）[51]，喚醒全國意識，讓人民了解民權是牽涉「道德良知的重大問題」。

迪克記得，當他聽到甘迺迪承諾解決住宅歧視，並喚醒全國對「道德良知的重大議題」的意識時，感到難以言喻的激動。然而，不久後，甘迺迪便將迪克的講稿收入口袋，回到即興發揮上，帶動群眾的高漲反應。他始終沒有念到迪克最喜歡的一句話：「如果總統不親身投入爭取平權的戰鬥中——如果他選擇置身事外——那麼這場戰鬥注定失敗。」甘迺迪勾勒美好願景作為結尾，他希望後世歷史學家回顧這段歷史時，會說：「美國曾有過如此輝煌的年代，一九六〇年代。將這段歲月託付給我吧。」全場歡聲雷動，觀眾紛紛起立鼓掌。對迪克而言，這一幕顯得格外奇特，甘迺迪再次給人一種彷彿已預知未來的感覺。

當晚，在會場熱烈氛圍感染下，甘迺迪微笑著向迪克表示：「演講很棒，迪克。」「兩個內容都很棒，」迪克坦率地說，但他心知肚明，自己的講稿早已被甘迺迪精彩的即興發揮所掩蓋，而後者恰恰讓民主黨的觀眾滿意極了。

翌日，評論將焦點放在甘迺迪非凡且振奮人心的即興演說能力上，並將其與他嚴格按稿發言時略顯拘謹、不夠外放的表現進行對比。「看來我的講稿徹底沒用了！」迪克一邊讀著評論一邊嘆道。他承認，整個場合令他百感交集——既為甘迺迪的表現感到著迷和振奮，又不免有些失落。

三個月後，總統當選人甘迺迪要求迪克整理一份清單，涵蓋競選期間他所做出的具體承諾、誓言與保證。我們在迪克的檔案中找到了這份完整清單——共列出八十一項，其中包括三項明確的政策提案：為高齡族群提供醫療保障、推動國家教育補助，以及全面改革移民法。

「這些提案在甘迺迪政府任內一項都沒有通過，」我不自覺地對迪克指出，「這裡每一項都是在詹森執政期間才通過立法。」

尚未來得及引發爭論，第五十二條承諾映入我們眼簾：甘迺迪保證會簽署行政命令，終結社會住宅中的歧視。不僅如此，清單上更額外寫道，在競選後期，他進一步保證將「一筆簽下」（one stroke of the pen），立刻付諸行動。

「到底是誰加的這句話？」甘迺迪與索倫森和迪克審閱清單時，略帶不滿地問道。索倫森毫不猶豫地回應：「不是我。」

迪克告訴我，那一刻他從未這麼不想承認自己寫的東西。他保持了沉默。「那好吧，」甘迺迪說，「看來這句話是誰都沒寫。」

⋄✶⋄

有些夫妻計畫晚上約會，會一起追劇或觀看重要體育賽事。而當迪克和我找到裝有一九六〇年甘迺迪與尼克森四場辯論會資料的箱子時，我們決定來一場迪克口中的「辯論之夜」。我們開了一瓶紅酒，坐在迪克的電腦前，共同回顧半個多世紀前的一九六〇年九月二十六日，在芝加哥舉行的首場總統辯論。

為了我們的「辯論之夜」，我仔細翻遍迪克的辯論資料。裡面有從黃頁筆記本上撕下的紙條，寫滿甘迺迪的潦草筆跡，要求補充說明或提供資訊。我快速瀏覽分類好的資料和統計數據。從迪克之前的描述，以及索倫森和特地從華盛頓飛來協助的研究負責人費爾德曼（Mike Feldman）的記述中，我了解到他們三人在辯論前做了充分而縝密的準備。將預期提問精簡至一百個後，在一疊十三乘二十公分（五乘八英寸）的紙卡上，用簡短扼要的句子歸納雙方在所有可能議題上的立場，並附上應對尼克森潛在攻擊的建議。候選人牢記各項數據和統計，以便針對各種國內議題提出有力論證。他們期望藉由在辯論中引述事實證據，能讓他展現成熟穩重、具備全局觀的領導風範。

我問迪克，這些資料是怎麼到他手上的。原來，作為團隊中最年輕的成員，迪克被指定為「負重驢」，每次出差，他都得扛著一個沉重的尼龍行李箱和一個從西爾斯百貨（Sears）買來的置物箱，裡面裝滿備忘錄、草稿、剪報、雜誌文章，以及團隊可能需要的各類研究資料。行李箱裡還塞滿了傳說中的「尼克森百科」，這份彙編詳盡記錄了尼克森在稅收、民權、教育、國內政策和外交事務上的所有聲明，以及他的錯誤陳述與誤導性言論，並被細緻地分類整理進一本厚重的黑色活頁夾中。

「想像一下，」迪克舉起酒杯，向我們身旁小桌上的手機致意，「如果當年我有你這玩意兒，就能把行李箱和置物箱裡的所有資料輕鬆放進外套口袋。」

「辯論前一晚，我們幾乎沒闔眼，」迪克想起。「索倫森忙著撰寫開場陳述，費爾德曼和我則不斷整理、重排那疊紙卡，反覆檢查核對資料。」

一九六〇年九月二十六日

辯論當天早晨，三人組走向甘迺迪下榻的大使飯店（Ambassador East）套房時，迪克感到一陣不安——彷彿人生中最重要的大考即將襲來。他們真的已經為甘迺迪做好萬全準備，迎接這場可能扭轉整場競選的辯論了嗎？

「那天早上，你覺得甘迺迪的狀態如何？」我問迪克。

「冷靜，出奇地冷靜，」迪克說。當時甘迺迪赤腳，穿著T恤和卡其褲，靠在床頭，早餐盤還放在一旁。為了保護嗓子，他儘量少說話，只用黃頁筆記本寫下想確認的問題，包含他希望核實或確認的事項。索倫森向他展示了準備好的開場陳述，但甘迺迪卻不太滿意，認為詞藻過於華麗，不適合電視場面。他希望自己的發言能簡潔有力、直指重點。

51譯註：絕佳講壇（bully pulpit），由老羅斯福創造的詞彙，指白宮提供向大眾闡明觀點的絕佳平台，體現總統的道德與社會責任。

接著，甘迺迪開始逐一檢視那疊紙卡，不時停下來，建議縮短某些回答或補充更多細節。他一張一張翻閱，就像在玩單人紙牌，每記住一張卡片內容，就隨手丟到一旁，直到紙卡遍布床邊地毯。

下午，團隊暫停工作，去蒐集更多資料時，迪克發現他將寫滿潦草問題的黃頁紙條落在與甘迺迪臥室相鄰的房間桌上。回去拿時，他驚訝地發現，在如此緊張與高壓的日子，甘迺迪居然已經躺下小憩！與精疲力竭的助手們不同，甘迺迪深諳如何調整步調，懂得放鬆與恢復精力的重要性。

迪克輕手輕腳地將那些紙張收攏，迅速離開，準備進行最後一場事前會議。之後，甘迺迪會簡單用餐，換上深色西裝，前往CBS攝影棚。

據說，尼克森當天大部分時間都獨自待在皮克-國會飯店（Pick-Congress Hotel），身邊只有他的妻子帕特（Pat Nixon）陪伴。兩位候選人在這場將永遠改變現代總統選舉的辯論中，所投入的準備、組織與策略深度可謂天壤之別。這場辯論吸引了七千萬觀眾收看，約占全美成年人口的三分之二。

⬥✶⬥

「你緊張嗎？」迪克笑著拍了拍我的手背，在我們準備開始觀看辯論時問道。「你覺得誰會贏？」

「我想邊看邊聽你的看法，」我回答。

「哦，現在你倒想聽實況解說了？可每次看電影你都叫我閉嘴。」迪克看電影時總愛插科打諢，搞得我很難為情，他似乎就是學不會如何壓低聲音說話。

CBS主持人史密斯（Howard K. Smith）介紹完兩位候選人後，我立刻注意到甘迺迪穿的深色西裝，在灰色背景下顯得輪廓分明，而尼克森的灰色西裝幾乎與背景融為一體。甘迺迪坐姿從容不迫，雙手穩穩交疊於膝上，優雅地翹著腳。相比之下，尼克森的肢體語言顯得極不自在，雙唇緊抿，目光游移，雙腿在椅子下尷尬地張開。

「這不公平！」我脫口而出。「這是辯論，不是選美比賽。」

「這跟公平有什麼關係？」迪克反駁道。

即使事隔五、六十年，迪克仍無法以客觀眼光來看這場辯論，並津津樂道地欣賞其中的對比：「這就像《二十一點》節目，甘迺迪是迷人的范多倫，而尼克森則是可憐的斯坦普。一個是主角，一個是配角。」

經過索倫森當天上午的修改與潤飾，甘迺迪在八分鐘的開場陳述中堅定宣告：唯有改善國內狀況，美國才能在國際舞台上展現強而有力的領導力。競選期間掌握的數據經過反覆彩排而更加純熟，他快速概述了美國在鋼鐵與能源生產、教育、農業方面的發展情況，並比較了美國與蘇聯在科學家與工程師生產力上的差異。所有數據都指向，我們已經陷入停滯，甚至面臨被超越的危險。他以簡潔有力的語調，像連珠炮般拋出一個又一個事實數據，勾勒出一幅令人憂慮的國內政策現狀。他警告，若不及時採取行動，美國在國際上的地位將岌岌可危。

對我而言，辯論中最具說服力的時刻，是甘迺迪運用數據揭示缺乏平等機會如何從出生起便深刻影響黑人的一生。他說：「除非每一位美國人都能享有其完整的憲法權利，否則我不會感到滿意。一名剛出生的黑人嬰兒，他完成高中學業的機會約只有白人嬰兒的一半；進入大學的機會僅為白人學生的三分之一；成為專業人士的可能性約為三分之一；擁有房屋的機會約為一半；而失業的風險卻是白人嬰兒的四倍。在我們一些城市裡，波多黎各人和墨西哥人也面臨相同境遇。我堅信，我們可以做得更好。」對此，尼克森沒有作出任何回應。

副總統尼克森從一開場便處於守勢。他極力避免陷入「刺客形象[52]」，這是當天下午他在唯一一次通話中，被參選搭檔洛奇（Henry Cabot Lodge）特別提醒的。一次又一次地，他表示自己認同甘迺迪的最終目標。這位表現得更為溫和的「新尼克森」還聲稱，他與甘迺迪的分歧不在於目標本身，而在於實現目標的方式。

我們的紅酒還沒喝完，我就開始對尼克森感到幾分同情了。他努力擠出微笑，然而在攝影強光下，他下巴滲出的汗珠閃閃發亮，出賣了他。

「閉上眼睛，」迪克輕聲笑道。「別看，就假裝是在聽收音機。他會表現得好些。」

事實確實如此——正如當時評論家所言，如果僅從收音機收聽，辯論雙方似乎旗鼓相當。尼克森展開了反擊，有理有據地駁斥甘迺迪的主張。

然而，在電視上表現更加搶眼的是甘迺迪。他就像完全無視尼克森，直接向鏡頭前的觀眾闡述自己的觀點。看著兩人同框，人們對於副總統尼克森更為老練成熟、更具領導權威與能力的看法，在首場辯論結束前便已蕩然無存。

第一場辯論後，迪克心情亢奮不已，他總愛回憶那晚發生的種種。當時，他們搭乘「卡洛琳號」飛往俄亥俄州北部，準備隔天的競選行程。甘迺迪放鬆地享用他最喜歡的餐點：一碗番茄湯配一瓶啤酒。隨後，他開始回顧整場辯論，仔細檢討哪些地方可以改進和調整。對迪克而言，大夥兒的反應似乎太過平淡。他按捺不住興奮，脫口而出：「我們贏定了！不只是辯論，還有選舉！」甘迺迪淡然地笑，喝完啤酒，然後說：「下周是冷戰與外交政策的辯論。還是早點睡，做好準備吧。」迪克告訴我，那晚他學到了一個重要教訓。甘迺迪是老練的水手，專業的政治家，不論情勢如何，他始終保持安定沉著，平穩航行。

毫無疑問，辯論為甘迺迪的政治生涯帶來重大且有利的轉折，這點在第二天早上的俄亥俄州競選活動中展露無遺。人群不僅僅是翻倍，而是激增了四倍，現場熱情沸騰，尖叫聲此起彼伏。昨晚，數百萬台電視機轉播總統辯論，誕生了一位頂級的政治明星。

隨著YouTube影片播放完畢，我們的「辯論之夜」也接近尾聲。我的思緒不禁飄回到林肯與道格拉斯（Stephen Douglas）的大辯論[53]。每場辯論都持續三到四個小時，無論是在炎熱的午後陽光下，還是火炬點亮的夜晚，雙方都充分闡述立場，深入探討複雜問題，巧妙地引用歷史，既啟發觀眾，也讓他們聽得津津有味。廣大群眾並非只是靜靜圍觀，而是熱情參與，經常高聲發表意見。「再給他一擊！狠一點、再狠一點！」這類叫好聲在當時屢見不鮮。當有人對林肯吼道他是「兩面派」，他機智地回應：「如果

52譯註：以辯論犀利著稱的尼克森，曾因在一九五九年「廚房辯論」中，將手指戳向蘇聯領導人赫魯雪夫的胸膛而聞名。然而，在首場總統電視辯論之前，他聽從搭檔洛奇的建議，刻意收斂攻擊性，採取溫和策略。

53譯註：一八五八年美國參議院競選，共和黨人林肯與民主黨籍現任議員道格拉斯爭奪伊利諾州席位，進行七場公開辯論，吸引成千上萬人觀戰。選前，道格拉斯是全國知名人物，林肯沒沒無聞，最終雖然道格拉斯勝選連任，但林肯藉此聲名大噪，並於一八六〇年總統大選擊敗道格拉斯當選總統。

我有兩張臉，你覺得我還會用這張臉見人嗎？」一句話引發哄堂大笑。

「甘迺迪和尼克森看起來都緊張兮兮的，」我對迪克說，「兩個人完全沒有幽默或反思的時刻。」

「這是有原因的，」迪克反駁道。「電視辯論並不是一個適合輕鬆詼諧、深入探討或反思的舞台。時間緊迫又攸關勝負，一次重大失誤就可能讓數月的競選努力化為泡影。在這種情況下，好的包裝必然凌駕於內容之上。」

一九六〇年十月

一九六〇年十月十四日午夜過後，「卡洛琳號」降落在密西根州伊普西蘭蒂（Ypsilanti）的威洛朗機場（Willow Run Airport）。距選舉日僅剩三周，日復一日奔波勞累，大家都已筋疲力盡，車隊駛向安娜堡（Ann Arbor）和密西根大學（University of Michigan）時，每個人都累得彷彿骨頭都要散了。

前一晚，兩位候選人在第三場辯論中交鋒，透過新奇的分割畫面技術，遠隔四千八百公里（三千英里）的兩張臉孔被合併同在一個畫面裡。尼克森在加州，甘迺迪在紐約，兩人橫跨美洲大陸，脣槍舌劍，許多人認為這是尼克森在所有辯論中表現最佳的一次。

甘迺迪在昏暗的黎明時分從紐約趕往密西根大學時，沒有人料到，這場競選中最經典、最令人難忘的時刻之一就要上演——預示他未來代表性政策的關鍵宣言將要誕生。

當車隊和巴士抵達密西根大學的學生活動中心（Michigan Union），已接近凌晨兩點。甘迺迪原本計畫在此稍作幾個小時的休息，然後上午到州內各處拜票。出乎意料的是，竟有超過一萬名學生聚集在街道上迎接這位候選人。索倫森和迪克都沒有為這樣的場合準備任何講稿。人群揮舞著支持標語和牌子，在甘迺迪下車，走上活動中心石階時，高喊著他的名字。

迪克記憶猶新，甘迺迪登上台階那一刻，他和索倫森匆匆離開了，跑到學生餐廳去。「我們完全錯過整件事。我們餓壞了。就在甘迺迪提出和平工作團（Peace Corps）[54]構想的那瞬間，我正在吃一塊檸檬蛋白派。」

甘迺迪以客套話開場，笑稱自己是「東方密西根大學——也就是哈佛大學的畢業生」。隨後，他重申自己一貫的主張，強調一九六〇年大選結果將決定共產主義與自由世界之間的競爭勝負。然而，他突然脫離那套充滿競選承諾的演說框架，話鋒一轉，向在場的年輕人拋出一個問題：你們願意為國家做些什麼？

在座即將成為醫生的，你們有多少人願意投身迦納奉獻所學？而即將成為技術人員或工程師的，你們又有多少人願意參與外國服務，走遍世界各地？我認為，自由社會能否在與共產主義的競爭中勝出，這個問題的答案就取決於你們是否願意將人生的一部分奉獻給國家——而不僅僅是短短的一年或兩年。

54 譯註：和平工作團（Peace Corps），由甘迺迪一九六一年創立的美國政府國際援助計畫，宗旨是透過培訓、派遣志工到發展中國家，提供技術協助、分享知識，以促進當地社區發展。

甘迺迪為何突然拋出這些問題，我們不得而知。或許是因為疲憊，或許是出於靈光乍現，更可能的是，這是幾小時前總統辯論在他腦海中留下的最後一個念頭——相較於共產國家，美國的全球聲望究竟在上升還是下滑。若美國學生自願前往非洲和亞洲投身公共服務，或許能提升這些第三世界國家對美國的認同，尤其當它們正如甘迺迪於辯論中所形容的，站在自由世界與共產體制的「抉擇的十字路口」。

在結束他口中所謂「最長的短講」時，甘迺迪直言，他之所以在這個寒冷的凌晨來到學生活動中心，其實只是為了睡一場覺。學生們被逗得捧腹大笑，拍手叫好，而最後在他發出新的號召時，歡呼達到了高潮：「最後，讓我說一句話，這所大學因校友和州政府的支持而存在，但它的目的不只是單單為了讓畢業生在社會競爭中獲得經濟優勢。它肩負著更重要的使命，我相信大家都明白這一點。」

今日，年輕學子參觀密西根大學時，在學生活動中心入口處會看到一塊銅匾。上面銘刻：「一九六〇年十月十四日凌晨二點，甘迺迪首次在此闡述和平工作團理念。他曾站在這塊匾額標記之處，受到熱情學生的歡呼簇擁，因為他的構想為世界帶來了希望與承諾。」

◇✱◇

甘迺迪短短三分鐘的演講，激起了非凡的漣漪：學生積極響應號召，組織會議，向競選團隊發送大量信件和電報，敦促甘迺迪制定和平工作團志工計畫。他們連署請願，承諾願意不僅投入兩年而是三年，來幫助發展中國家的人民。學生們的自發行動直接促成了幾周後甘迺迪在舊金山的演講，在該場演講中，他正式提出成立和平工作團的計畫。

「若非密西根大學的學生和教職員積極響應，這件事可能僅止於構想，」和平工作團首任團長施賴弗（Sargent Shriver）[55]後來回憶道，「如果沒有強烈的民意支持，甘迺迪可能會認為這個構想不切實際或為時過早，而就此打住。實際上，這幾乎是一場由學生自發點燃而星火燎原的運動。」

大選前一周，迪克會見了一對密西根大學的研究生夫婦——艾倫和朱迪・格斯金（Alan and Judith Guskin）。他們是發起寫信與請願運動的核心人物，迪克對此印象深刻。當我回顧迪克參與甘迺迪競選的經歷時，這對前學運領袖為我補上了和平工作團故事中一直缺失的關鍵視角：學生們自身的經歷與心聲。

格斯金夫婦如今已八十多歲，分別居住在加州和佛羅里達（他們雖已離婚，但仍是好友）。比起「偉人」提出和平工作團構想並最終實現的標準敘事，找到他們，讓我得以挖掘一個更貼近人心的故事。如果說有哪件事能最生動地詮釋「草根運動」的意義，那無疑是當晚發生的一切——個小小的火花點燃熱情，進而改變無數人的生命，並真正影響全世界。

艾倫和朱迪正在寫回憶錄。他們一生致力於幫助他人，也都認為，一九六〇年十月十四日那個夜晚徹底改變了他們的人生。朱迪說，那一夜，讓她從一個只關心學位和工作的研究生，蛻變為肩負更大使命的公民。我問他們，當時甘迺迪姍姍來遲，群眾等待的心情如何。艾倫形容那時氣氛熱鬧融洽，擴音器時不時更新公告，解釋候選人因惡劣天氣受阻，但正在趕來的路上，這讓大家充滿期待。

55譯註：施賴弗是甘迺迪之妹尤妮斯（Eunice Mary Kennedy Shriver）的丈夫，一九七二年成為民主黨副總統提名人。

朱迪解釋，當時女學生晚上十點前必須回宿舍，女院長以「代理家長」（*in loco parentis*）身分嚴格執行門禁規矩，如果發現女學生逾時未歸，或在公共場合接吻，便會致電通知她們的父母。然而當晚，院長遇上了難題。儘管有門禁，但到場的女學生卻占了半數；人數之多，使她無法強制執行這項討人厭的規定，只好每隔半小時廣播，宣布女學生的宵禁時間再延長半小時。

「整個校園熱鬧非凡，」艾倫回憶道。「我們雖然被稱為『沉默的一代』（Silent Generation）[56]，但內心早蠢蠢欲動。許多人當晚才剛收聽甘迺迪與尼克森的第三場辯論，然而一股發起積極行動的浪潮其實已經醞釀數月。」艾倫認為，真正激起學生參與熱情的，是如火如荼的民權運動。尤其上一學期，在北卡羅來納州格林斯伯勒，四名黑人大學生赴伍爾沃斯用餐遭拒，憤而占領吧台抗議，此後靜坐抗議運動迅速蔓延南方各州。那年春天，艾倫和朱迪也加入了當地伍爾沃斯門口的遊行示威，以聲援南方的靜坐抗議。

「行動的能量已經匯聚，」朱迪強調。「甘迺迪的到來，可謂天時地利人和。」

甘迺迪的提問在學生心中久久迴盪。艾倫和朱迪說，促使言語化為行動的契機是康乃迪克州聯邦眾議員、曾任印度大使的鮑爾斯（Chester Bowles）[57]。當時他來到密西根大學演講，為甘迺迪的競選助陣。一名學生針對甘迺迪號召青年投身國際服務的倡議提問，鮑爾斯分享道，他的兒子與媳婦正身在奈及利亞，協助建設一所學校。「那一刻，我腦海中靈光一閃，」艾倫說。「這就是具體且真實的例子。我轉向身旁的同學問道：『你願意做類似的事情嗎？』他斬釘截鐵地回答——願意！」

聽完鮑爾斯的演講後，艾倫和朱迪來到一家宵夜餐廳，當場草擬了一封信，投給校園報紙《密西根日報》（*The Michigan Daily*），呼籲學生寫信給甘迺迪競選團隊，支持創建讓年輕人有機會赴海外服務的計畫。當時，《密西根日報》的編輯是海登（Tom Hayden）[58]，他早已是積極的學運份子。兩年後，他將起草《休倫港宣言》（*Port Huron Statement*），為「爭取民主社會學生組織」（Students for a Democratic Society, SDS）[59]奠定思想基礎。

海登刊登了艾倫和朱迪的投書，並在接下來數周內持續關注並報導他們的每項倡議。在《密西根日報》的推動下，一項請願活動迅速在校園內傳播開來，學生承諾願意赴海外服務兩到三年。教職員也加入支持行列，允許在課堂上傳閱請願書。短短一周內，他們就收集到一千份簽名。

草根運動的下一環，是甘迺迪競選團隊在密西根當地的負責人米莉・傑佛瑞（Mildred Jeffrey）。「米莉精力充沛，」艾倫回憶道。身為勞工運動的領袖，米莉曾與馬丁・路德・金恩並肩奮戰，也是全

56譯註：沉默的一代（Silent Generation），指出生於一九二五年至一九四五年之間的人，他們的成長深受經濟大蕭條和第二次世界大戰的影響，在繁榮的一九五〇年代成年，通常被認為是安靜、勤奮、重視家庭和傳統價值觀的。然而包含馬丁・路德・金恩在內，許多「沉默的一代」都積極參與了民權運動。

57譯註：鮑爾斯（Chester Bowles），冷戰時期著名外交官。一九六〇年甘迺迪競選總統期間擔任其外交政策顧問，後任甘迺迪政府副國務卿，主張以對第三世界的經濟援助作為對抗共產主義的最佳手段。

58譯註：海登（Tom Hayden），一九六〇年代美國最具影響力的學生運動領袖之一，積極參與反越戰運動、民權運動，並在一九六八年芝加哥民主黨全國大會上因抗議活動而被捕。

59譯註：爭取民主社會學生組織（Students for a Democratic Society, SDS），或稱學生民主會、民主社會學生會等，一九六〇年代美國的全國性學運組織，關心種族歧視、越戰等議題，是新左派運動的主要代表之一。

國婦女政治聯盟（National Women's Political Caucus）的創始成員之一。正是這位資深社運人士讓索倫森和迪克注意到學生的努力。迪克告訴我，從米莉那裡得知，學生願意將寶貴青春投入公共服務時，他旋即明白，他們並非一時衝動，而是認真堅定的。

迪克與索倫森通力合作，重新修訂即將在舊金山牛宮（Cow Palace）發表的外交政策演說，加入正式提案，建立一支「由才華洋溢、願意就此為國奉獻三年的青年」組成的「和平工作團」。演講中特別強調，全國「充滿渴望服務的年輕人」，並點名表揚密西根大學學生的請願與承諾。

演說結尾處，迪克的手筆尤為明顯，他引用自己最鍾愛的希臘哲學家阿基米德的名言：「給我一個支點，我將撬動全世界。」這句話後來不僅出現在迪克為羅伯特．甘迺迪所寫的南非經典演講中，更成為他本人演講時的常見嘉賓。就連在日常對話中，他都頻頻引用這句話，彷彿阿基米德真的是他多年摯友一般。

甘迺迪在牛宮發表演說當天，米莉打電話到格斯金夫婦的公寓。朱迪接起電話後，米莉告訴她，甘迺迪即將從舊金山飛往托利多（Toledo），希望與他們見面，並看看他們收集的請願書。朱迪不禁驚訝地問：「你能再說一遍嗎？」

格斯金夫婦借來一輛車，開往托利多。「我們在停機坪上等待『卡洛琳號』降落，」朱迪回憶道。「參議員與索倫森及古德溫一同下飛機，走向我們。米莉將我們介紹給參議員，我有幸親手將請願書交給他。」《密西根日報》的一位攝影記者捕捉了這一刻：滿懷熱忱的朱迪，綁著亮麗的馬尾，雙手緊握著一疊請願書，準備遞交給甘迺迪——候選人睜著疲憊雙眼，伸手接過承載學生心聲的證明。這張照片如今收藏於波士頓的甘迺迪圖書館（Kennedy Library and Museum）。

「我記得他聆聽時的專注神情，」朱迪說。關於甘迺迪的專注力，我從不同人、不同地方聽過無數次幾乎相同的描述。甘迺迪微笑著向朱迪掛保證，並說他已從米莉那裡得知，這些請願書是原件，學生們還需要用它們來組織後續行動，因此他無法保留。但他仍希望能親手接過，好仔細翻閱這些簽名，正是學生們的熱忱與信念，讓這個構想變得更加具體而真實。

「你認真想要成立和平工作團嗎？」艾倫問道。

「在星期二（選舉日）之前，我們關心的是國家，」甘迺迪點頭說，「但星期二之後，我們關心的是全世界。」

甘迺迪飛往托利多市中心發表關於美國經濟的演說後，迪克和索倫森陪著朱迪和艾倫喝咖啡，他們談論起和平工作團以及即將到來的大選，當時距離投票日只剩五天。尼克森對這項計畫嗤之以鼻，甚至警告說，這個「童軍團」（Kiddie Corps）將淪為逃避兵役者的天堂。

但正如其他許多人一樣，加入和平工作團是格斯金夫婦的人生轉捩點。他們成為首批前往泰國的志工，在那裡度過了「人生最美好的兩年」。朱迪在曼谷朱拉隆功大學（Chulalongkorn University）教授英語，並負責教師培訓；艾倫則在同一所學校創建了心理學與教育研究的新課程。

「和平工作團的價值觀影響了我們一生，」艾倫說。朱迪補充道：「我們學會了尊重自己的土地，也尊重那些擁有不同文化、宗教和語言的國度。」回國後，他們先參與創立詹森政府的國內版和平工作團「美國志願服務」（VISTA）[60]，投身於反貧困工作，才回到密西根大學完成博士學位。艾倫後來當上密西根大學教師，也在多所大學的擔任高級行政職，包含安提亞克大學（Antioch University）校長等；而朱迪則成為教授，並擔任教育顧問，專門提供有關種族平等和難民教育的建議。

對迪克而言，甘迺迪時代所有政策當中，最能體現「新邊疆」精神的，非和平工作團莫屬。甘迺迪就職總統後，迪克加入創建和平工作團的工作組，利用他在白宮的職權，積極為成立和平工作團奔走。迪克當時的年紀與多數志工相仿，同樣渴望找到更崇高的人生意義與目標。因此，後來當他在白宮的仕途戛然而止、黯然收場，他會選擇加入和平工作團，與施賴弗並肩共事，我並不意外。

一九六〇年十月

有趣的是，在我試圖了解大選倒數幾周競選團隊的狀況時，迪克卻幾乎想不起來任何事情，記憶就像一片空白。「身心俱疲，卻又興奮莫名，」他說。「那段時間壓力大加上睡眠不足，心力交瘁的我，幾乎陷入一種夢遊般的狀態。我們既害怕停滯不前，又渴望保持攻勢，但同時對犯錯充滿恐懼。」

找到甘迺迪選前幾周的行程和演講安排時，我不禁感嘆，難怪迪克記不起來。從十月十四日凌晨兩點在密西根大學的即興發言開始，到十月二十日在紐約民主黨晚宴的演說，短短六天內，甘迺迪發表了四十三場演講。在密西根，他僅睡四個小時，便接連進行十一場；翌日在賓州發表六場；星期天沿著迂迴曲折的路線，在紐澤西、德拉瓦與馬里蘭進行三場；星期一在俄亥俄發表六場；星期二在佛羅里達五場；星期三與星期四則在紐約連續發表了十二場。

在這種情況下，甘迺迪不得不大量使用重複的演講稿。他輪流使用幾份演說內容，從批評共和黨、強調本次大選的歷史意義，到探討國內經濟停滯與美國國際聲望的下滑。然而，即便如此，他仍設法發表了關於政府倫理、拉丁美洲事務及國防政策的全新政策演說。

索倫森和古德溫的撰稿團隊承受著前所未有的重壓。過去兩個月，他們完全投入競選，朝夕相處，形影不離，組成合作無間的團隊！

一九六〇年十月十六日星期天晚上六點，經歷了密西根、賓夕法尼亞、紐澤西、德拉瓦和馬里蘭的馬拉松式行程後，甘迺迪參加《與媒體見面》（*Meet the Press*）的錄製。時間推回當天下午，當迪克忙著準備電視節目的題目，索倫森則在為翌日俄州威登堡（Wittenberg）的政府倫理演說趕稿。索倫森隨著甘迺迪前往威登堡之後，迪克留在俄州米德爾頓（Middletown）的飯店中，為即將在佛羅里達州坦帕（Tampa）發表的拉丁美洲政策演講稿奮筆疾書。當晚，在飛往佛羅里達的飛機上，索倫森才開始著手邁阿密的國防政策演講，迪克則與甘迺迪一同審閱拉丁美洲政策講稿。直到凌晨兩點抵達邁阿密時，國防政策演講稿仍未完成。

白修德書中的描述，最能體現這對搭檔所展現的努力不懈、專業與熱情，他們全力衝刺、毫不停歇地奮戰到最後：

60譯註：美國志願服務（VISTA），全名Volunteers in Service to America，是一九六四年詹森總統的國內打擊貧困計畫，旨在效仿「和平工作團」模式，為美國國內服務。

他們決定輪班工作。古德溫先去睡覺，索倫森則與秘書挑燈夜戰至凌晨五點。五點一到，索倫森去休息，秘書隨即叫醒僅睡了三小時的古德溫，將草稿交給他接手修改。古德溫繼續潤飾講稿，直至早上八點，喚醒參議員，向他展示最新版本。然而，參議員在此時提出了關鍵的修改意見——要求講稿應同時涵蓋冷戰的軍事與非軍事面向。八點半，古德溫展開最後一輪修改，一邊寫，一邊將完成的頁面送往油印機。

於是，當候選人馬不停蹄地趕赴上午的拜票行程，在超市與十字路口發表演說時，撰稿團隊則忙著調整國防政策演說的措辭與論點。一經定稿，古德溫便匆匆攔下一輛計程車，飛速趕往攔截競選車隊，遞送最新版本。當他終於在邁阿密跨海大橋收費站攔下車隊，將講稿交給甘迺迪，此時距離正式演講、確立美國下一位總統的國防政策立場，僅剩四十五分鐘。這兩位思想家稍稍打了個盹，但到了下午，甘迺迪在坦帕發表拉丁美洲政策演說時，他們又已經起身，準備甘迺迪次日晚上在紐約艾爾弗雷德・E・史密斯晚宴（Alfred E. Smith Dinner）[61]上會用到的笑話和幽默語句。

在那段忙得頭昏眼花的日子裡，迪克對許多事情的記憶早已模糊不清，唯獨一件不愉快的事歷歷在目。況且，那場風波還是他引起的，更被《紐約時報》的雷斯頓（James Reston）[62]評為甘迺迪「整場競選中的重大失誤」。

一九六〇年十月二十日

一九六〇年十月二十日深夜，迪克在紐約比爾特摩酒店（Biltmore Hotel）的競選總部趕一份反卡斯楚（Fidel Castro）聲明，供甘迺迪隔天早晨發布。乍看之下，這份聲明似與甘迺迪競選期間發表的數十份類似聲明相差無幾，都是呼籲集體對抗古巴新成立的共產政權。

但在這時，迪克卻因為措辭不夠謹慎，惹上麻煩。他寫道：「我們必須努力壯大海外流亡的反卡斯楚勢力，以及在古巴境內有望推翻卡斯楚的力量。然而，迄今為止，這些自由戰士幾乎未曾獲得我們政府的任何支持。」

按照競選期間的正常程序，這份聲明在發布前應由甘迺迪親自審閱。迪克打電話到甘迺迪在卡萊爾飯店（Carlyle Hotel）的房間，想將聲明唸給他聽，但被告知他已經入睡。若說甘迺迪何時最需要睡眠，那便是這一夜，因為翌日他將迎戰與尼克森的第四場、也是最後一場辯論，主題還是外交政策。但反卡斯楚聲明要趕上隔日晨報的話，就得當下發布出去才行。迪克在向索倫森確認後，決定將它發出——這成為整

61譯註：艾爾弗雷德・E・史密斯晚宴（Alfred E. Smith Dinner），每年十月第三個星期四舉辦的天主教慈善晚宴，以頂尖嘉賓陣容和幽默演講著稱。自一九六〇年起，選舉年晚宴通常成為兩位總統候選人在大選前最後一次共同公開露面的重要場合，候選人以幽默自嘲和互相調侃為特色。

62譯註：雷斯頓（James Reston），美國記者，曾擔任《紐約時報》倫敦、華盛頓的分社記者、專欄作家。

場競選中唯一未經甘迺迪親自批准的公開聲明。索倫森後來淡化此事，稱這只是「為了充實反卡斯楚政策而隨意加入的模糊之辭」。然而，外界的解讀截然不同，問題在於「自由戰士」一詞引發極大爭議。

當時迪克並不知曉，艾森豪政府正秘密訓練一支流亡中的「自由戰士」部隊，而這項計畫最終導致震驚世人的「豬玀灣事件」（Bay of Pigs）[63]。尼克森明明知曉這項祕密計畫，卻在總統辯論中猛烈抨擊甘迺迪，稱其聲明「令人震驚」，恐引爆第三次世界大戰。

次日，各大報紛紛響應尼克森對甘迺迪的抨擊。《匹茲堡新聞報》（*The Pittsburgh Press*）評論道：「一位有望成為總統的人竟發表如此聲明，未免過於魯莽，站不住腳。」並指出：「這似乎又是一個『口不擇言』的例子，有志問鼎總統的人實在不應該這樣。」《亞利桑那共和報》（*The Arizona Republic*）則譏諷這位參議員：「在發表任何外交聲明前，最好先翻翻他的大學國際關係課本。」

甘迺迪被迫澄清，表示他從未意圖違背任何條約義務，他的本意僅是表達「道義和心理上的支持，而非軍事或政治上的支持。」然而，隨著大選進入最後關頭、各方神經高度緊繃，這場澄清來得極不是時候。

迪克告訴我，那段時日裡，他難得見到甘迺迪真正流露惱怒。甘迺迪向來不會公開發洩情緒，發怒或大聲咆哮更不是他的風格。甘迺迪對索倫森和迪克的唯一責備是語帶諷刺地說：「如果我贏了這次選舉，那是我的功勞，但如果我輸了，那就是你們搞砸的。」

我常常思索，是什麼讓包括迪克在內的甘迺迪核心團隊，如此投入和忠誠？對此，迪克即便到了八十多歲，也無法給出簡單的答案。有一天，他回答：「也許是因為興奮期待。」停頓片刻，又補充：

「因為共同的目標、理想主義，當然還因為想實現個人抱負。」再次陷入沉思後，他緩緩開口：「我現在明白了，當時我對他有著年輕人的英雄崇拜……我想，最終可以歸結為愛吧。」

一九六〇年十一月八日

一九六〇年十一月八日，甘迺迪正式當選總統。總票數超過六千八百萬，他僅以十一萬八千五百七十四張票險勝，這是美國二十世紀以來最微弱的票差。

半個多世紀來，歷史學家們不斷爭論甘迺迪何以險勝。選情如此膠著，任何因素都可能影響結果。而原因眾說紛紜，有人認為，艾森豪在競選後期介入，提高了尼克森的聲勢，這位形象和藹的祖父若能更早支持副總統的選情，結局或許會有不同。也有人認為，挑選詹森為副手（鞏固德州等南方七州的支持）、電視辯論的影響，以及當時低迷的經濟，都是左右選情的關鍵。還有一些人將功勞歸於，甘迺迪曾致電協助馬丁·路德·金恩獲釋的舉動。

到頭來，甘迺迪比尼克森付出了更多的努力和精力，打造了更出色的競選團隊，並在核心支持者的熱情推動下，成功贏得了選戰。

63譯註：豬玀灣事件（Bay of Pigs），一九六一年四月十七日，美國中情局祕密訓練的古巴流亡者，在古巴豬玀灣發動武裝入侵，企圖推翻卡斯楚政權，然而入侵迅速失敗，加劇美蘇緊張關係，後續更引發古巴飛彈危機。

選後幾個星期內，共和黨人指控選舉存在違規行為，並提出他們認為舞弊的零星證據。部分地區因此進行重新計票，但紛擾很快便煙消雲散。隨著對敗選的不滿怨懟逐漸平息，權力的和平交接順利展開。

◇✶◇

甘迺迪選後公布的首項人事任命，是聘請索倫森擔任特別顧問。這一職位舉足輕重，威爾遜（Woodrow Wilson）時期由豪斯上校（Colonel Edward House）擔任，小羅斯福政府則由霍普金斯（Harry Hopkins）出任。在迪克看來，特別顧問非索倫森莫屬。索倫森將要成為總統「在國內政策與計畫上的首席顧問、核心智囊，以及演說與發言的主要撰稿人」。

然而，當索倫森宣布，迪克將與費爾德曼及競選顧問懷特（Lee White）一同進入白宮擔任他的助理時，迪克卻猶豫了。他渴望參與政策的制定，而不僅是對外闡述。他不想繼續為索倫森捉刀，做一份與競選時期差異不大的工作。當時的他尚未意識到，語言與政策往往是施政的一體兩面，密不可分，相輔相成，如同兩根木柴，唯有相互依存才能燃起熊熊火焰。

迪克開始另謀其他公職機會。當此事傳到總統當選人的耳中，甘迺迪把迪克叫到了辦公室。「我聽說你不想進白宮工作，」甘迺迪說。迪克解釋，他不想在索倫森手下工作，因為他自認價值無法與索倫森相提並論，所以打算嘗試其他職位。「你了解我們的做事風格，」甘迺迪以他一貫模糊隱晦的方式回應。「我覺得你還是先留在這裡一陣子比較好。」

並非巧合，從那時起，迪克開始直接接受甘迺迪總統的任務指派，而三名幕僚獲得的頭銜也從「特別顧問助理」改為「助理特別顧問」。

這看似細微的改變卻代表職銜上的重大差異。「關鍵在於信念，以及將信念化為現實的權力，」迪克告訴我，「愈接近權力，愈能讓信念成真。」

從此，索倫森對迪克心存芥蒂，認為他做出僭越之舉，忘恩負義。他們的關係再也回不到從前的親密。索倫森相信是自己一手提拔、造就了現在的迪克。在競選初期，他曾向迪克轉述他與甘迺迪妹夫史密斯的一段對話：「我告訴他，你能如此出色地掌握我們的工作模式，真是了不起。」然而，這番讚美很快變了調：「我還說，任何聰明人，只要接受同樣直接且專屬的指導，都能做到。」迪克試圖從索倫森表情中尋找一絲玩笑痕跡，卻什麼都沒找到。

四年後，當迪克已在詹森政府中穩坐首席文膽與政策顧問之位時，他寫了一封信給索倫森：

我感到非常難過，從令人吃驚的消息來源〔幾乎可以肯定是來自詹森本人〕得知您對我的一些批評。初入白宮時，我確實鑄下許多近乎致命的過錯。但我相信，這些錯誤更多是源於缺乏經驗、知識淺薄和天真無知，而非出於謀求個人私利。無論如何，我從中學到了很多教訓，代價也十分慘痛。

一九六〇年大選剛落幕時，我覺得自己與您格外親近。「欽佩」這個詞遠不足以表達我對您的敬愛。我們一起工作、旅行、生活，分享心事，帶著一股毫無根據的浪漫情懷——我已放下了這般心情——曾以為這就是真正的友誼。我至今仍清楚記得，選後的早晨試圖打電話給您，卻始終無法接通，連續幾日都沒見到您的身影……我知道這些都是相當稚嫩和天真的情感，但這就是我當時的感受。如您所知，JFK要我留下……隨後的種種經歷，對我而言是艱辛的成長淬鍊。對於當時發生的一切，我始終深感抱歉。

一九六一年一月九日

華府就職前十一天，甘迺迪在波士頓州議會大廈發表了當選總統後的首場演說。由於索倫森忙於起草就職演說，甘迺迪便指派迪克負責撰寫波士頓的講稿。迪克說，經歷了初選和大選的洗禮，他此時已能準確領會甘迺迪的指示，無論多麼含蓄或迂迴：

「我一直很喜歡林肯在伊利諾州春田市（Springfield）向民眾告別的演說，」甘迺迪說道。「真摯而簡短，是重點。」

「但迪克，」他微笑示意道，「少提上帝。」

於是，迪克開始反覆研讀林肯的告別演說，直到能倒背如流。此後數十年間，他時常朗誦林肯《告別演說》[64]，或隨口吟誦莎士比亞、羅伯特·瑟維斯（Robert Service）的〈山姆麥基火化記〉（*The Cremation of Sam McGee*）、愛默生〈康科德頌〉（*Concord Hymn*）中的那句「響震天下的一擊」、以及〈凱西在擊球〉（*Casey at the Bat*）、愛德華·李爾（Edward Lear）的〈貓頭鷹和小貓咪〉（*The Owl and the Pussycat*）[65]等無數其他作品。滿腹經綸的迪克，不論是在棒球場、一起散步途中、我們最愛的酒吧，或是清晨剛醒來迎接新的一天時，總能信手拈來，帶著渾厚嗓音吟詠起來。

林肯在火車月台揮別家鄉，展開前往華府的十二天鐵路征程時，說道：

我的朋友們，身處此刻，恐怕沒有人能比我更深切體會離別愁緒。這片土地，以及這裡人民的善意，成就了今日的我。我在此度過四分之一個世紀，從青年步入老年。我的孩子們在這裡誕生，其中一人也長眠於此。如今，我即將離去，肩負著一項比當年落在華盛頓肩上的責任還要更為艱鉅的使命，不知何時能歸返，抑或是否還能歸來。沒有上帝的庇佑，我不可能成功；而有了祂的恩典，我不可能失敗。

小亞瑟．史列辛格曾向甘迺迪轉交一份備忘錄，建議他在告別演說中，引用溫斯羅普（John Winthrop）[66]在旗艦「阿貝拉號」（Arbella）對移民布道時說過的話語。當時，移民正要登陸新英格蘭（New England），肩負在這片險惡的新邊疆上創建新政府的挑戰。溫斯羅普說道：「我們必須銘記，我等將蔚為山巔之城（a city upon a hill），聚焦世人仰望的目光。」這句誕生於三百多年前的「山巔之

64譯註：一八六一年二月十一日，林肯離開伊利諾伊州前往華府就任總統前，向家鄉人民發表的動人演說。林肯當選後，美國陷入南北分裂與內戰邊緣，他深知前途凶險，殺機四伏，不確定何時能再歸返。

65譯註：此處提到的都是詩作，瑟維斯是加拿大詩人，〈山姆麥基火化記〉是他最受大眾喜愛的詩作之一；〈凱西在擊球〉為美國詩人歐內斯特．賽耶（Ernest Thayer）的經典作品，亦是美國文學中最知名的詩歌之一；李爾是十九世紀英國著名詩人。上述三首詩作偏向諧趣通俗，因而深受大眾喜愛，這裡表示迪克閱讀涉獵甚廣。

城」，後來成為甘迺迪告別麻州演說中的經典名句。

告別演說稿的撰寫勾起許多情緒。對甘迺迪而言，這是一場心懷舊憶的告別；對迪克來說，則是一趟重溫舊夢之旅。麻薩諸塞州是迪克的家鄉，他在此出生，就讀大學與法學院，如今母親與兄弟仍居住於此。他曾與來自布魯克萊恩的州眾議員卡普蘭一同為租金管制奮鬥，並致力於調查大學姐妹會與兄弟會的歧視行為。甘迺迪常與迪克打趣，說他們是「兩個布魯克萊恩男孩」，可見兩人都對麻州懷有深厚情感。

向州議會發表演說的前一晚，甘迺迪留宿在他位於鮑登街的舊公寓。一九五八年春天，迪克正是在此與他首次碰面，還對朋友喬治說，與甘迺迪共事「就算再有趣，對於一個年輕人來說，也絕對沒有前途」。

「我敢打賭，一九六一年一月九日那天早上，你不再覺得沒有前途，」我說。

「一點也不會，」迪克答道。「那兩年間，我變了很多，他也是。」

儘管那天上午寒風刺骨，甘迺迪十點從公寓出發，穿越查爾斯河（Charles River）前往哈佛大學理事會議的路上，仍受到數百名群眾的尖叫歡迎。在哈佛校園內，也有一群熱情學生跟隨著他，高呼：「演講，演講！」他一邊笑著爬上大學廳（University Hall）台階，一邊開玩笑：「我今天來是和普賽（Nathan Pusey）校長一起檢查你們成績的。放心，我一定幫你們說情。」這番話引起一陣熱烈掌聲。午餐過後，甘迺迪前往史列辛格的住所，與一小群教授會面。

隨後，他回到擁有宏偉圓頂的布爾芬奇（Bulfinch）[67]建築——麻州議會大廈，向州議會聯席會議發表演說。按照古老傳統，兩名身穿燕尾服、頭戴大禮帽的警衛官手持白金相間的權杖，經議事主席許可後，隆重迎接當選總統步入議會大廳。十五年前，他曾以榮譽海軍英雄身分來到這裡，在外祖父、前波士頓市長費茲傑羅（John Francis Fitzgerald）的陪同下，在州議會簡短致詞。

「心懷舊憶」的當選總統開始演說：「過去十四年來，我將信任託付給麻薩諸塞州的公民……四十三年來——無論我身處倫敦、華盛頓、南太平洋或世界任何角落——這裡始終是我的家；願上帝保佑，無論我未來在哪裡服務，這裡將永遠是我的家。我的祖父母在此出生——我也希望我的後代子孫能在這片土地上誕生。」

甘迺迪在演講草稿上親自註記，刪改並增添詞句。這些字裡行間的細微調整，流露出他觀點上的重大轉變，清晰勾勒出選前與選後的分野。他不再如草稿所寫，將信任寄託於選民，而是寄託於全體公民；不再尋求選票，因為此刻已無需劃分黨派。我們都站在一起，攜手前行。

土生土長麻州之子的演說，在人山人海的議會廳內激起雷鳴般的掌聲。與初選時簡短急促的演講風格截然不同，如今的他語速從容，不再是那位站在全班面前發言就緊張不已的學生。此刻，他以當選總

66譯註：溫斯羅普（John Winthrop），十七世紀初麻薩諸塞灣殖民地的清教徒領袖及首任總督。他領導一批清教徒移民至美洲，立志將未來的家園建為「山巔之城」，這片土地後來成為波士頓。

67譯註：布爾芬奇（Bulfinch），公認為美國首位本土專業建築師，參與設計了包括美國國會大廈在內的多座波士頓和華盛頓特區地標建築。他的作品以古典圓頂、柱式結構和精緻裝飾風格聞名。

統的身分光榮歸鄉，傳承林肯的精神，並承諾在建立新政府時，將秉持溫斯羅普的信念：「我等將蔚為山巔之城——聚焦世人仰望的目光。」

隨後，他將目光投向未來，希望當某一天「歷史的最高法庭」對他的政府召開審判時，能夠見證他身邊圍繞著一群具備勇氣、判斷力、誠信與奉獻精神的人們。

「這正是麻州之子所引頸期盼的。願我們的政府在未來四年風雨飄搖的歲月裡，能夠展現這些特質，」甘迺迪總結道。「我請求你們的支持與祈禱，伴隨我踏上這趟莊嚴而嶄新的旅程。」

林肯從未再回到春田市定居。同樣地，甘迺迪也將不再回到波士頓安居。

第四章／雪茄的潘朵拉之盒

一九六一年一月二十日

賈姬．甘迺迪的筆跡獨具一格，那字體偏大、圓潤流暢且華麗的草書，一眼就能認出。在標有「甘迺迪一九六一年就職大典」的盒子裡，一只公文袋上頭清晰可見她的筆跡。袋內珍藏著當年典禮的門票、典禮指南、就職舞會入場券、典禮節目冊、《生活》雜誌的就職典禮特刊，以及相關剪報，甚至連識別證及掛繩都悉數保存——迪克珍藏了每一個紀念品。

盒子裡還有賈姬保留的物品，包括迪克在競選初期為甘迺迪整理的講稿要點，用於一九六〇年九月三日在阿拉斯加安克拉治（Anchorage）演講。事隔五年後，她將這些講稿筆記寄回給迪克，以表懷念。

在裝有講稿要點的大信封上，賈姬親筆留言：

在他就職演說中演變為「不要問國家能為你做些什麼，要問你能為國家做些什麼」的那句名言，其最初雛形便記錄於此。

一九六二年二月一日，甘迺迪總統與國務卿魯斯克（Dean Rusk）和迪克站在降落於白宮南草坪的美國陸軍直升機前。

獻給迪克・古德溫。他一直都在，始終都在——見證了所有對甘迺迪總統和我而言最重要的時刻。

在那場阿拉斯加演講中，甘迺迪宣示「新邊疆」並非指地理疆界，而是一種塑造這個國家的精神理念，人民不應坐等他人服務，而應積極行動。「這就是新邊疆的呼求。重點不在於我保證會做什麼，而在於我邀請各位攜手參與。」

拿著公文袋，我快步走進迪克的書房。如果要從甘迺迪經典的就職演說中挑出一句最具代表性的話，那無疑是膾炙人口的「不要問國家能為你做些什麼，要問你能為國家做些什麼。」這句話一反政客慣用的競選承諾，轉而號召公民參與為國服務，向新世代提出核心挑戰，並凝聚了六〇年代的行動主義精神。而現在，賈姬似乎在暗示，這句話的源頭能追溯到迪克身上。

迪克靜靜地讀著賈姬的字句，臉上帶著明顯的情感，嘴角掛著微笑。

「我真希望能把這句話歸功於自己，」迪克說，「但賈姬寄來這些筆記，主要是作為好友之間的共同回憶，而不是歷史考證。這句話所承載的意義與時代責任感，早已在社會氛圍中悄然醞釀。事實上，早在前一年七月的全國代表大會上，甘迺迪的提名演說中便已有類似的表述。」

我查閱了那篇提名演說，迪克說得沒錯。談到「新邊疆」時，甘迺迪說道：「這不在於我將為美國人民提供什麼，而在於我將向他們提出什麼樣的請求。」到了就職演說時，這些話被進一步提煉，從質樸的文字昇華為振聾發聵的演講詩篇。

當我準備將公文袋和演講筆記放回就職典禮的收藏盒時，我的目光再次落在賈姬留言的最後一句話：「獻給迪克．古德溫。他一直都在，始終都在——見證了所有對甘迺迪總統和我而言最重要的時刻。」

我一直知道賈姬與迪克是好友，但手中這張字跡優美的字條，以及接下來幾個月在檔案中陸續發現的其他賈姬信件，在我心中激起了更多的疑問。我才漸漸了解，她不僅是好友，更是一位心思細膩、充滿智慧的知己。

⋄✶⋄

甘迺迪站上講台，準備發表就職演說。經歷一夜暴雪與緊張的清雪作業後，寒風依舊凜冽，但天空已然晴朗燦爛。「那天真是寒風刺骨，」迪克回憶道，「但為了呼應我們新總統那股新邊疆的英雄氣概，我沒戴帽子、圍巾，甚至連膝上毯都沒蓋，就坐在講台後幾排，簡直凍僵了！」

自從六〇年代末到七〇年代初在哈佛大學教授「美國總統制度」課程以來，我便未曾完整重讀這篇演說。時隔半個多世紀再細讀，我再次品味其簡潔與修辭之美，依舊熠熠生輝，宛如當年它首次公開發表時。

讓我年輕時深受觸動、至今仍銘記於心的，是那句鏗鏘有力的呼喚：「此時此刻，向世界宣告，不論敵友，美國的火炬已傳遞給新一代公民。」以及結尾那句激勵人心、號召公民盡責的「不要問國家能為你做些什麼，要問你能為國家做些什麼。」

重讀這篇演講，我才想起，從頭到尾，它幾乎聚焦於冷戰與外交事務，對國內議題隻字未提，更未明確提及民權運動——而那正是決定了未來十年命運的議題。對我乃至全美無數人而言，這場演講實際上並未觸及核心，然而甘迺迪極具戲劇性且激昂的演講風格，掩蓋了這一點。

演講結束後，眾多賓客（包括迪克）皆前往白宮前的觀禮台就座，準備觀看遊行。

「你知道我一向喜歡遊行，」迪克說，「但這次不同，這是長達三小時的酷寒折磨。」整場遊行共有四十一輛花車、二百七十五匹馬、七十二支樂儀隊，以及三萬二千名參與者。迪克至今仍清晰記得一些畫面：一名身穿皮革裝的牛仔騎著龐大的美洲野牛；甘迺迪的戰友們站在一艘一〇九魚雷巡邏艇（甘迺迪在二戰太平洋戰場時所屬的艦艇）復刻品上，向人群揮手致意。但隨著各軍事院校與學校儀隊的隊伍，浩浩蕩蕩、綿延不絕地湧入賓夕法尼亞大道（Pennsylvania Avenue），最終在迪克眼中，一切都化作一條無法分辨細節的長龍。

遊行結束，迪克終於踏進了白宮西廂二樓那間分配給他的小辦公室。多年來，迪克反覆講述他第一次到訪白宮的故事，這段經歷也因其歷史價值，被載入眾多關於甘迺迪就職日的史料中。

仔細打量自己的辦公室後，迪克下了樓，沿著通往橢圓形辦公室（Oval Office）的走廊前行，途中恰好碰見正在視察官邸的新總統。

「迪克。」甘迺迪向他招手。

「總統先生。」迪克回應，這是他第一次如此稱呼甘迺迪。

「你有看到海岸巡防隊的隊伍嗎？」

「海岸巡防隊？」迪克重複了一遍。多年後他才坦承：「當時根本分不清眼前的隊伍是哪個隊伍，而且冷得要命，就算知道也無法集中精神。」

「整個隊伍裡沒有一張黑人面孔，」甘迺迪沒等迪克回答，便直接說。「這怎麼行，必須想辦法解決。」迪克立刻明白，這番話隱含一道命令。

「甘迺迪的反應聽起來挺突然，也有些出乎意料，」我說。「你怎麼解讀？」

「他無法容忍整個隊伍裡沒有任何黑人。他當然知道，在世人眼中一支純白人的海岸巡防隊象徵著什麼，但問題不僅是政治觀感差。單從個人來說，他也根本無法接受。」

於是，這變成了迪克的首要任務。他霎時意識到，嘴上承諾的時機已過去，現在是付諸實行的時刻。然而，海岸巡防隊究竟歸誰管？五角大廈？不——應該是財政部。回到辦公室後，迪克立刻拿起電話，致電財政部長狄龍（Douglas Dillon），對方也當即應允處理。

行動迅速展開。狄龍下令海防官員檢視海岸巡防隊學院（Coast Guard Academy）的招生政策，以找出任何可能存在的歧視性做法。一月二十五日，迪克收到一份備忘錄，證實學院當時沒有任何非裔學員。統計數據顯示，在海防隊歷史上，從未有非裔學員成功從海岸巡防隊學院畢業。唯一曾獲錄取的非裔學員，數年前因健康因素中途退學。儘管海防官員聲稱「學院不會因種族、信仰或膚色而給予差別待遇」，但事實顯然並非如此。

白宮接連發出的備忘錄點燃了這所軍校的星星之火，海岸巡防隊開始積極尋找合適人選，來突破這層障礙並肩負開路先鋒的重任。翌年，年輕的非裔男子梅爾·史密斯（Merle Smith Jr.）獲得學院錄取資格。

梅爾·史密斯七十六歲辭世時，昔日同窗發表一封公開信，回顧他曾承受的壓力：「我們當年懷著忐忑不安踏入這裡，不確定未來將面臨什麼。而作為一名年輕的非裔美國人，進入一所從未有過與你相同族裔的學員成功完成四年學業、成為正式海防軍官的軍事學校，你的壓力與恐懼恐怕更甚於我們。」

這般心聲令我不禁想起，金斯伯格大法官曾經談及開拓者承受的壓力。「就讀法學院期間，」金斯伯格說，「我總覺得，如果我犯錯，就會連累整個女性群體。我的失敗，不僅僅是我個人的失敗。」

我六歲時，對傑基·羅賓森[68]著迷不已，卻未曾想過他肩上的重擔。我只是興奮地看著他，時而以無所保留的衝勁在壘間疾馳；時而在壘包上伺機而動，擾亂投手節奏，也讓全場屏息關注。當時只覺得幸好，他是我們布魯克林道奇隊的一員。多年後，我才漸漸體會，那在球場上釋放的力量，或許正是長久壓抑的憤怒，終於找到宣洩的出口。

想到這些開拓者擔當的重任，我開始對梅爾·史密斯的故事產生濃厚興趣。

梅爾因帕金森氏症辭世（據信這與越戰期間接觸橙劑有關）後，報紙訃聞細數他傳奇的一生，以及他締造的「第一」紀錄：第一位從海防學院畢業的非裔學員、第一位在戰鬥中指揮巡邏艇的非裔軍官、第一位獲頒銅星勳章（Bronze Star）的非裔海軍軍官、第一位在海防學院任教的非裔法律教授。他是如何承受這一連串「第一」所帶來的壓力？

翻閱所有關於他生涯的記載，外界多形容他穩重冷靜、內斂堅定，且始終保持謙遜。然而，我不禁猜想，作為一位不斷突破界限的有色人種先驅，這份重擔想必也在生命中磨下痕跡。

我聯繫上梅爾的遺孀琳達（Lynda Smith），她是一名家庭心理治療師，現居康乃狄克州新倫敦（New London），這座城市正是海岸巡防隊學院的所在地。我們長談數小時，談及她丈夫的一生、他的職業生涯、他們長達四十七年的婚姻、孩子們，以及他的離世。

我很快便明白，梅爾．史密斯的開拓之路並不孤獨，他的成就背後，是整個家庭的堅持與付出。「梅爾一生都活在放大鏡下，」琳達說道。「他的父親應徵入伍後便留在軍中，官至上校。我們家經常是各地軍事基地的第一個非裔家庭——無論是在德國、日本，或是馬里蘭州。梅爾早已見識過各種情況，幾乎沒有什麼能讓他招架不住。」

從讀到的事蹟可見，梅爾文武雙全的才能也助他一臂之力。高中時，他不僅是美式足球明星，學業

68譯註：傑基．羅賓森（Jackie Robinson），美國職棒大聯盟現代第一位黑人球員。

成績也同樣優異，因此囊括全美四所軍事學院的錄取資格。最終，梅爾之所以選擇海岸巡防隊學院，是因為該校美式足球隊教練格雷漢姆（Otto Graham）親自向他發出邀請。格雷漢姆是入選美式足球名人堂、曾效力於克里夫蘭布朗隊（Cleveland Browns）的傳奇四分衛。

我問琳達，梅爾在學期間是否遭遇種族歧視。她坦承確實發生過一些不愉快，甚至隱約有暴力威脅。但很快地，所有人就明白，梅爾的隊友是他堅強的後盾。有一次，球隊巴士停在一家餐廳，隊友們陸續點餐，梅爾卻被晾在一旁。當他準備點餐時，女服務生竟冷冷地說：「我不收你的單，我們不招待黑人。」一聽到這話，整支球隊立刻起身，齊刷刷地離開餐廳。

琳達當年還是喬治華盛頓大學（George Washington University）的學生，正準備攻讀臨床心理學博士。她在一場為非裔法學院生舉辦的派對上遇見梅爾。彼時，梅爾剛從越南戰場歸來，海岸巡防隊安排他到喬治華盛頓大學法學院進修。正值六〇年代末，派對上大多是頂著蓬鬆爆炸頭的學生，梅爾卻一身筆挺——海軍藍雙排釦短大衣、條紋長褲，配上標準的軍人短髮——顯得格外與眾不同。「我立刻被他吸引了，」琳達回憶道。「我們開始聊起天來。那一晚，我就認定這個男人，最後我也真的嫁給了他。」

梅爾後來開始在海岸巡防隊學院教授法律，他和琳達住進康乃狄克州的一座鄉村小鎮，成為當地唯一的非裔夫婦。「當時鎮上只有一名非裔律師，那就是梅爾；附近只有一位非裔牙醫，而唯一的非裔心理學家就是我。剛開始，我總覺得格格不入。我懷念華盛頓特區，在那裡我有很多非裔朋友，這裡和那裡簡直是兩個世界。但梅爾很快就在學院找到歸屬感，我也漸漸習慣了這裡的生活。」

有了兩個孩子後，史密斯一家搬到了舊塞布魯克（Old Saybrook）。這座小鎮人口不到一萬，充滿典型的新英格蘭風情，與我居住的康科德頗為相似。然而，他們依舊是鎮上唯一的非裔家庭。琳達說：「我兒子十五歲時，突然說想去寄宿學校，因為他不想再當班上唯一的非裔學生。我們原本希望他能繼續留在我們用心經營的家，但他態度堅決，最終，我們讓兩個孩子都進入以多元化著稱的寄宿學校就讀。我們是透過孩子的經歷，而非自身的體會，才真正意識到，鎮上唯一的非裔家庭這個『特殊身分』，其實正是種族歧視與隔離體制的表現。」

梅爾的開拓者身分，或讓家人有所犧牲，但無論他還是琳達，都活出精彩非凡的人生。琳達在心理學界成就斐然；梅爾深受學生愛戴，作為良師益友，指引無數學子。海岸巡防隊首位晉升至中將的非裔軍官曼森．布朗（Manson Brown），當年便是梅爾國際法課堂上的學生。「我至今仍記得當時看到一位非裔軍官時，內心有多震撼，」布朗回憶道，「坦白說，我以前幾乎沒見過非裔軍官。」梅爾的存在，讓布朗開始想像自己的未來，也啟發、鼓舞了許多非裔學員。琳達想起，某一次晚宴上，非裔學員輪流起身向她的丈夫致敬：「指揮官史密斯，因為有您，我們才能站在這裡。」

如今，梅爾．史密斯的一生成為非裔美國人歷史文化博物館（National Museum of African American History and Culture）中廣為流傳的勵志故事。琳達說：「對我丈夫而言，能親眼看到自己的海軍藍外套被展出，旁邊還有一張一九六六年畢業典禮的照片，意義非凡。他的父親不僅是一位陸軍上校，也是他一生的導師與榜樣。而在畢業當天，正是他的父親親手為他授階。」

時至今日，海岸巡防隊在多元化上確實取得了長足進展，而這一切追溯到一九六一年總統就職典禮當天。彼時，新上任的甘迺迪總統即興下達的一項指示，成為推動一系列深遠變革的開端。

不過，迪克說，其實當時「社會氛圍的轉變已經非常明顯」。民權議題受到廣泛關注，人們對改革充滿期待——正如法蘭克・辛納屈（Frank Sinatra）在競選期間所唱的那句歌詞：「如高掛天上的蘋果派般的遠大希望」（high apple pie in the sky hopes）[69]。這種期待也反映在馬丁・路德・金恩為《國家》（*The Nation*）雜誌撰寫的一系列文章中。

金恩在甘迺迪剛上任幾周時寫道：「新政府有機會成為美國近百年來，首個在民權問題上採取全新方針的政府。」他進一步表示，政府的「首要目標」，應是「徹底審視自身運作，並制定一套嚴謹的計畫，不僅消除聯邦政府內實際存在的歧視行為，更要清除任何可能被視為支持或默許歧視的跡象。」

除了關於海岸巡防隊招生情況的備忘錄外，新政府還下令緊急審查所有聯邦機構內非裔僱員的狀況。調查揭露的數據令人震驚，當時全美三千六百七十四名外交官中，只有十五人是非裔；司法部九百五十名律師中，非裔更僅占十人。

因此，在甘迺迪執政的頭幾個月，聯邦政府內部普遍存在的歧視問題逐漸浮出檯面，並得到重視，進而激發徹底根除的決心。到了執政將滿一年之際，馬丁・路德・金恩指出，顯然可以看到「一群充滿活力的年輕人，正以極大熱忱關注民權議題。甘迺迪政府任命的非裔官員人數，已經超越了過去歷屆政府的紀錄。」

「那些日子，」迪克對我說，「彷彿只要拿起白宮話筒，我們就能改變世界！」

翻看另一個塞滿文件、標有「甘迺迪一九六一年備忘錄及演講稿」的盒子時，我的目光停留在標題為「顧問的職責範圍」的資料夾上。裡面的文件顯示，迪克的名字下方列出了四個主要職責範圍：「外交事務」、「拉丁美洲」、「對外援助」以及「民權」。安排迪克關注外交讓我感到有些意外，因為他過去的工作大多聚焦於國內議題。

我知道，迪克過去在「爭取進步聯盟」（Alliance for Progress）[70]的創建過程扮演了核心角色。這是甘迺迪政府一項規模高達二百億美元的重要外交計畫，旨在促進拉丁美洲的民主發展與社會正義。我也了解，這項計畫的靈感來源於二戰後提供數十億美元協助西歐經濟重建的「馬歇爾計畫」（Marshall Plan）。然而，迪克如何從關注國內事務與民權議題，轉而投身這項影響深遠的拉丁美洲政策計畫，仍令我費解。

迪克解釋說，一切純屬偶然，但正是這份偶然，開啟他在甘迺迪政府頭一年內，飛黃騰達的外交仕途。

69 譯註：「如高掛天上的蘋果派般的希望」這段歌詞出自法蘭克．辛納屈為一九五九年電影《合家歡》（*A Hole In The Head*）獻唱的歌曲〈遠大的希望〉（high hopes），後改編為甘迺迪競選歌曲。

70 譯註：爭取進步聯盟（Alliance for Progress），甘迺迪政府一九六一年發起的旨在推動北美與南美經濟合作的一場運動。這項援助意在反對從古巴到美國日益膨脹的共產主義威脅。

去年秋季競選期間，當索倫森忙於為甘迺迪撰寫一篇面對休士頓牧師的演講稿，以回應外界對甘迺迪天主教信仰的質疑時；迪克被指派一項任務：起草聚焦拉丁美洲問題的演講稿。彼時，古巴共產政權建立，引發整個拉丁美洲的動盪不安。儘管經濟有所成長，但果實落在富裕階級與軍方高層手裡，廣大人民仍深陷貧困之苦。甘迺迪希望透過這場演講，闡明對拉丁美洲政策的重大轉變，美國將揚棄過去單純基於反共立場而支持獨裁政權的做法，轉而支持社會與經濟改革。

「我撰寫這篇演講稿時，我們正坐在一輛穿越德州西部的巴士上，」迪克回憶道。「我覺得我們需要一個響亮的口號，讓這項新政策的理念更具吸引力。剛好，在我旁邊的空座位上，有一本西班牙文雜誌，封面印著『Alianza』（聯盟）。我非常喜歡『聯盟』這個概念，但具體叫什麼聯盟好呢？『爭取發展聯盟』（Alliance for Development）？聽起來不錯，但西班牙語『desarrollo』（發展）這個詞發音較難，尤其對不擅長外語的甘迺迪來說會更棘手。於是我選擇『Progreso』（進步），就這樣『爭取進步聯盟』誕生了。」

我搖著頭，不可置信地說：「真令我目瞪口呆，怎麼會是一個從未踏足美墨邊境以南、對西班牙語的認識僅來自貝立茲（Berlitz）速成語言課的二十九歲年輕人，成為甘迺迪在拉丁美洲政策上的中心人物？」

迪克笑了：「巴比·甘迺迪也被問過類似的問題呢。」他一邊說，一邊翻找我們整理出來的一疊信件，最後抽出一封巴比寫給羅伯特·卡普蘭（Robert Kaplan）的回信。卡普蘭是甘迺迪競選期間慷慨的捐助者，然而當巴比建議他向迪克諮詢拉美事務時，他感到相當不滿。

卡普蘭在開頭寫道：「年輕的迪克．古德溫年紀比我小一半，難道不該是他來拜訪我才合乎情理嗎？」

巴比回覆：「他確實年紀不及您的一半，不過，我可以向您保證，總統對他極為信任與倚重。他或許年輕，但此時此刻，他就是白宮內負責這項事務的人……我相信，他一定會很樂意與您見面。」

「總統對你高度信任可以理解，」我說，「但我還是不知道，你究竟如何成為『此時此刻，白宮內負責這項事務的人』？這肯定不是單純的巧合吧？」

「相信我，」迪克笑道，「這個『巧合』可是我一點一滴努力推動它發生的。這種事今天已經不可能再有，因為當時的白宮幕僚團隊規模比現在小得多，專業分工也沒那麼細。」

政權交接時期，迪克的主要任務是協助建立一系列針對各種問題的工作小組，為新政府上任做準備。除了柏林危機，拉丁美洲是新政府最棘手的外交問題。憑藉著精心布局、強烈的進取心，以及對總統當選人外交優先事項的敏銳洞察，迪克成功讓自己擠進了負責拉丁美洲事務的專案小組。

在小組中，他與負責人伯利（Adolf Berle）建立了深厚交情。伯利是一位舉足輕重的人物，不僅曾是小羅斯福總統傳奇「智囊團」的成員，更重要的是，還參與過小羅斯福的「睦鄰政策」（Good Neighbor Policy）。那是美國此前最後一次積極嘗試改善與拉丁美洲關係的政策，某種程度上也為後來的「爭取進步聯盟」奠定了基礎。

「我馬上就對伯利很有好感，」迪克回憶道。「他直率又不拘小節。我們意氣相投，都是特立獨行之人。」小組的其他成員大多是經濟學家或在拉丁美洲事務上經驗豐富的公務員。與他們相比，迪克的資歷顯得稍遜一籌，但他擁有兩項無可取代的優勢：一是，他在挑選這批專家時發揮了關鍵作用；二是，他能與總統當選人直接溝通。

到了一九六一年一月下旬，甘迺迪詢問迪克，能否在一個月內準備好一場重要演講，正式宣布「爭取進步聯盟」的計畫。迪克答道：「我們已經有您競選時的演講稿，小組也完成了非常出色的準備工作。現在只需要將所有內容整合起來，並讓大家達成共識就可以了。」

甘迺迪卻語帶強硬地說：「我不在乎是否所有人都同意，你知道我們的理念，你唯一需要達成的共識，就是和我。」

「我當時激動萬分，」迪克告訴我。「甘迺迪曾對我說過類似的話——『你了解我們的做事風格』——當時，他明確暗示希望我留在白宮。而現在，我覺得他賦予我重任，讓我去打破國務院長久以來，以反共為名、對獨裁者姑息遷就的積習，改為推動真正具有進步意義的計畫，為美國與拉丁美洲的關係翻開新篇章。」

接下來的幾周，迪克在白宮「魚廳」（Fish Room，因陳列小羅斯福的水族箱與釣魚紀念品而得名）主持了一系列會議。與會者包含支持改革的專案小組成員、持懷疑態度的國務院官員，以及各個負責拉美事務的政府機構代表。大家的目標只有一個，將長達一百頁的報告精煉成一場三十分鐘的演講，以正式宣示新政府的首項重大外交倡議——「爭取進步聯盟」的誕生。迪克回憶，那段時間，他幾乎每天都與甘迺迪討論此事。

隨著總統演講日期逼近，「魚廳」會議行程愈加緊湊。經過多方討論與努力，最後由迪克收尾，完成定稿。當時負責包括拉丁美洲事務在內多項工作的白宮特別助理史列辛格回憶，迪克的辦公桌被堆積如山的備忘錄、報告、文章和書籍淹沒，他埋首其中，奮筆疾書，卻頻頻被白宮幕僚與國務院官員打斷，大家直到最後一刻，仍在爭相要求他加入各種內容。

演講預定發表前兩天，迪克決定從白宮的嘈雜中抽身，回到喬治城（Georgetown）的家中專心寫稿。在這短短的兩天內，他將數周來的密集準備與研究濃縮成一篇演講稿，清晰地勾勒出美國過去、現在與未來對拉丁美洲的政策方向。

「幹得好！」甘迺迪在花了數小時仔細審閱草稿並用鉛筆修改後，讚賞道。「但是，」他指著稿中迪克特意加入的幾句西班牙語，皺著眉問：「我真的需要念這些詞嗎？」迪克解釋，專案小組成員一致認為，這會讓拉丁美洲感受到美方的尊重與誠意。

「你會說西班牙語嗎？」甘迺迪問迪克。「只會一點點，」迪克坦言。「那至少比我強，」甘迺迪笑道，「因為我根本不會。」

這兩個來自布魯克萊恩的年輕人，雖然從未擠過一滴牛奶，卻曾一起為威斯康辛州的酪農撰寫演講稿。如今，他們再度聚在一起，努力練習對他們而言既陌生又拗口的西班牙語發音。

一九六一年三月十三日

三月十三日當晚，這場重要的演講在白宮東廳（East Room）正式發表。拉丁美洲的外交使節與夫人們，以及國會兩黨領袖悉數到場，端坐在圍繞講台、呈半圓排列的金色座椅上聆聽。為了彰顯這場活動的意義，演講前，甘迺迪與第一夫人賈姬特別在紅廳（Red Room）與藍廳（Blue Room）舉辦歡迎會，親自帶領賓客參觀白宮。迪克回憶道，那晚的賈姬光彩照人，以她流利完美的西班牙語輕鬆贏得外交官們的讚賞與喜愛。

演講以革命英雄西蒙・玻利瓦（Simón Bolívar）的夢想作為開場，西蒙・玻利瓦憧憬著，美洲有朝一日將成為「全世界最偉大的地方」，這份偉大不在於幅員遼闊或財富，而在於自由。

甘迺迪坦承，美國過去在對拉丁美洲的外交政策上，犯過嚴重錯誤，但他認為現在是時候邁向「充滿希望的未來」。他號召整個拉丁美洲與美國攜手，共同實施一項「規模空前」的社會經濟改革十年計畫。他向「美洲的男男女女——田間的『campesino』（農民）、城市的『obrero』（工人）、學校的『estudiante』（學生）」呼籲，最後他激昂地總結道：

> 讓我們再次將美洲大陸變成孕育革命思想和行動的搖籃——這將是對自由男女的創造力和活力的最高致敬——並向世界證明，自由與進步可以齊頭並進。

讀完迪克撰寫的這篇演講稿，我心中湧起由衷的驕傲。一位還不到三十歲的年輕人，竟能如此巧妙地將歷史、詩意、政策與理想主義融為一體，而這種獨特的風格，也成為日後古德溫精彩演講的鮮明標誌。

當晚，甘迺迪耀眼的風采、極具感染力的演講，以及令人振奮、充滿希望的政策宣示，編織出扣人心弦的時刻，深深吸引現場二百五十位聽眾。

演講結束，會場響起熱烈掌聲，直到甘迺迪走下講台，開始與外交使節們寒暄時，掌聲才逐漸平息。迪克內心激動不已，這不只是因為演講獲得成功，更因為他堅信，美國將兌現當晚的承諾，切實改善數百萬人的生活，減輕他們的苦難。

甘迺迪與拉丁美洲外交使節交談時，不斷聽到「magnífico！（太棒了）」的讚嘆聲。人們對他的演講讚不絕口，這正是他們期待且渴望聽到的。臨走前，甘迺迪特意停在迪克身旁，低聲問：「我的西班牙語怎麼樣？」

「完美，」迪克笑著回答。

「我就知道你會這麼說，」甘迺迪大笑，輕輕拍了拍迪克的肩膀。

迪克告訴我，甘迺迪性格中最迷人的特質之一，就是他在成功時不會被讚譽沖昏頭腦，而在局勢惡化時依然能保持冷靜與幽默。不過，那個夜晚，他顯得格外興奮。

但就在隔天一早，甘迺迪又對迪克說：「好了，最簡單的部分已經過去，演說發表完畢。現在，我們要證明自己是認真的。」

於是，一場複雜的籌備工作隨即展開，目標是在南半球舉辦一場盛大的國際會議，正式啟動「爭取進步聯盟」。作為第一步，迪克安排在四月初前往里約熱內盧（Rio de Janeiro），與一群拉丁美洲頂尖經濟學家合作，擬定這場預計於夏季舉行的會議議程。然而，迪克當時絕對無法預見，「爭取進步聯盟」

的計畫很快會踩上一顆巨大的地雷——而這顆地雷，正是新政府自己埋下的。

一九六一年四月十七日

一九六一年四月十七日清晨，一支由美國中情局（CIA）秘密訓練、由一千四百名古巴流亡者組成的入侵部隊在豬玀灣登陸。美方原以為，古巴人民會將這支部隊視為解放者，隨即發動起義，推翻卡斯楚政權。然而，這場行動最終淪為徹底的災難。卡斯楚的軍隊以猛烈砲火迅速壓制登陸部隊，戰鬥不到三天便告終。超過百名突擊隊員陣亡，一千二百人遭俘，而預期的民眾起義從未發生。

整理這些文件盒時，我不時意識到，手中拿著的正是多年來我在「美國總統制度」課堂上講授的歷史事件的原始資料。每年，我的課程都會涵蓋豬玀灣事件與古巴飛彈危機（Cuban Missile Crisis），深入探討甘迺迪如何從豬玀灣事件中一連串嚴重的誤判中汲取教訓，並在後來成功化解古巴飛彈危機。

但此刻，我對這些事件的興趣早已超越純粹的學術範疇，而是出於更為私人的原因。我想了解，迪克在豬玀灣入侵行動前究竟掌握了多少訊息？他是否親眼見證了甘迺迪在行動失敗後的反應？儘管迪克並未參與決策層的內閣會議（索倫森和巴比也同樣缺席），但他顯然對這場行動有所了解，並曾多次與史列辛格討論此事。史列辛格比迪克年長十四歲，聰明又風趣，後來成為迪克一生的摯友與盟友。兩人志趣相投，不僅都熱愛美食、美酒，性格亦幽默而機智，更對歷史與文學懷有深厚的熱忱。

迪克準備啟程前往里約的那天早晨，他與史列辛格在白宮共進早餐，談到他們對這場入侵行動的憂慮。兩人都對「古巴人民會起而響應並支持這支小型入侵部隊」的假設抱持懷疑。迪克擔心，這場行動不僅會使「爭取進步聯盟」計畫脫軌，還會讓甘迺迪聲稱要與過去決裂的承諾顯得虛偽。就在兩天前，史列辛格更撰寫一份長篇備忘錄，強烈反對這項計畫。他主張，這種「霸凌式干預」不僅會削弱美國的道德權威，還會損害甘迺迪的聲譽。然而，他的意見也未受到重視，決策方向依舊沒變。

迪克與史列辛格決定再做最後一次努力，阻止這場入侵行動。他們分別拜會國務卿魯斯克，表達對計畫的深切疑慮。魯斯克耐心聆聽，似乎也對此事感到猶疑。他說：「嗯，也許我們過去太輕易接受了『這件事不可拒絕』的說法。」迪克一生都對魯斯克這種官場兩面派的作風頗為不屑。在他看來，魯斯克總是設法在有爭議的問題上同時迎合對立的雙方，卻不願真正表態。

等到迪克從里約返回華府時，入侵行動已經拍板定案。「我進入橢圓形辦公室，向甘迺迪彙報我在拉美經濟學家會議上的討論成果。甘迺迪帶著我走到俯瞰玫瑰園（Rose Garden）的法式落地窗旁，幾乎以耳語般的聲音說：『好吧，迪克，看來我們終於要實施你的古巴政策了。』」

「我當然知道，」迪克向我解釋，「他是在調侃我競選時提的『自由戰士』那句惹議的話。而現在，似乎真的要變成現實了！」

我問迪克，豬玀灣事件失敗後，白宮內的氣氛如何。迪克回憶道，那幾天籠罩在一片沮喪與壓抑中。甘迺迪仍按照既定行程工作，但神情憔悴，就像好幾夜未闔眼。

我曾讀過一篇賈姬在甘迺迪去世後接受的專訪報導，她提到，豬玀灣事件釀成災難後，甘迺迪從辦公室回到了臥房。「他開始哭泣，只在我面前」賈姬回憶道。「他把頭埋進雙手，低聲啜泣……那些人滿懷希望，相信我們會提供支援，但最終他們卻像動物一樣死於槍下，或者即將死在監牢裡。」

甘迺迪與幕僚交談時，不斷自責地問：「我怎麼會讓這種事發生？我怎麼會這麼愚蠢？我明明知道不該輕信所謂的專家，他們總有自己的盤算。我這輩子都清楚這一點，但最後卻還是盲目推進了這場行動。」

迪克清楚記得甘迺迪恢復振作的那一刻——那是在四月二十一日的早餐會議上，旨在為豬玀灣事件失敗後的首次總統記者會做準備。迪克與索倫森、史列辛格、賽林傑以及其他幾位幕僚一同參加了這場會議。當時報紙上充斥著各種揣測、指責與問責聲浪：問題出在中情局？參謀首長聯席會議（Joint Chiefs of Staff）？還是國務院？但甘迺迪在會議一開始便表明，這場災難不會淪為「尋找代罪羔羊」的遊戲，一切責任由他承擔。

甘迺迪坦言，他知道「現在整個政府裡，最開心的恐怕就是那些可以說自己對此事一無所知的人。」接著，他轉向史列辛格，自嘲道：「哦，亞瑟還特地寫了一份備忘錄給我，這肯定會成為他將來撰寫我政府回憶錄時的絕佳素材。我甚至幫他想好書名了——《甘迺迪：不凡的年代》（*Kennedy: The Only Years*）。不過，這份備忘錄最好等我死後再拿出來發表。」

在當天上午的記者會上，甘迺迪準備迎接記者關於責任歸屬的提問。他語氣堅定地說：「我是這個政府的負責人。」隨後又補充：「勝利有百位父親，而失敗卻是個孤兒。」

作為總統，他深知承擔責任是美國人民對他的期望，而甘迺迪不僅說到了，也真正做到了。令人意外的是，他的支持率非但沒有下降，還飆升至驚人的八三％。對此，甘迺迪聳聳肩地打趣道：「做得越糟，人氣反而越高呢。」

在重拾冷靜與自信後，甘迺迪以更堅定的決心投入剛起步的「爭取進步聯盟」。「我們得加快速度，」他對迪克指示道，「在別人誤以為我只是說說，或者認為我們只關心卡斯楚之前。」

迪克回報，計畫已上軌道，里約會議已就議程達成共識，安排八月初在烏拉圭召開一場邀請拉丁美洲各國參與的會議。

「真希望明天就能開始，」甘迺迪帶著幾分期待地說道。

一九六一年八月

三個月後，一九六一年八月二日，美國代表團一行三十三人登上總統專機，飛往烏拉圭的濱海度假勝地東岬（Punta del Este）。在那裡，他們將與來自拉丁美洲各國的代表會晤——包括古巴派出的卡斯楚左右手、財政部長切．格瓦拉（Che Guevara）[71]。不過他的身分是觀察員，而非正式與會代表。

會議前夕，迪克與美國代表團的幾位成員齊聚在代表團團長、財政部長狄龍的套房內討論。迪克當場直言，現在不是空談的時候了，三月十三日甘迺迪的演講雖展現了美國的立場，但並未給出具體的財

71譯註：切．格瓦拉（Che Guevara，一九二八至一九六七），是古巴革命的核心人物，也是醫生、作家、游擊隊領袖，後於玻利維亞進行革命失敗被捕處決。死後因其事蹟而廣受讚揚，並在流行文化中被視為英雄形象。

務支持；現在，美國必須提出切實的財政承諾，以履行有關土地分配和稅制改革的具體目標。「既然要求他們擔起如此沉重的挑戰，」迪克說，「我們就不能只拿出空頭支票來。」

仔細聽了討論之後，狄龍果斷宣布，美國將承諾提供十億美元資金。資深國務院官員馬丁（Ed Martin）當即強烈反對，堅稱在未經國務卿魯斯克的核可下，狄龍無權做出這般承諾。「我當然有這個權限，」狄龍反駁道，「而且我決定要給他們十億美元。」隔天會議開幕時，狄龍進一步承諾，只要拉丁美洲各國能真正推動土地與稅制改革，美國將在未來十年內提供高達二百億美元的援助。

狄龍做出財政保證之後，部分拉丁美洲代表團依然對推行具體改革持觀望態度。迪克盡心竭力地穿梭於各國代表之間，宛如忙碌的蜜蜂，不斷遊說、解釋，甚至適度施壓——他明確告訴各國，如果缺乏它們的具體改革承諾，「爭取進步聯盟」將無從談起。

迪克自一開始構想的那份全面而富有進步精神的協議，最終於議程最後一天塵埃落定——這份協議融合了社會與經濟改革，並勾勒出一個經濟發展規模可與「馬歇爾計畫」相媲美的宏大藍圖。除了古巴以外，與會的二十個國家全數簽署了《東岬憲章》（*Charter of Punta del Este*），正式確立「爭取進步聯盟」的基本架構。

通過歷史性的《東岬憲章》後，迪克沉浸在成就感之中，卻萬萬沒想到，當晚凌晨兩點，他臨時決定與切．格瓦拉會面，這看似無心的舉動，最終竟如慢性毒藥般，不僅斷送他的白宮生涯，甚至可能對「爭取進步聯盟」造成傷害。

此後多年，迪克數度提筆回憶與切．格瓦拉的會面，但我總覺得，他始終無法面對這段經歷留下的苦澀滋味。於是，事隔半世紀，我深入鑽研迪克的著作與訪談資料，試圖引導他揭開心靈深處的傷疤。透過我們之間的對話，我才真正明白，當年那封寫給索倫森的信中，關於「近乎致命的錯誤」的懺悔，正源於他對自己「缺乏經驗、知識淺薄和過於天真」的深刻反省。

就像傳說中的潘朵拉之盒，一切都始於打開一個盒子——而這次，是一個裝滿雪茄的拋光桃花心木盒。「那可是全世界最棒的雪茄，」迪克苦笑著說。

工作會議上，切．格瓦拉顯然注意到了身穿深色外交官西裝、不停點燃一根又一根劣質雪茄的迪克。切．格瓦拉只比迪克年長三歲，一身筆挺軍服，頭戴標誌性的黑色貝雷帽，目光銳利地打量著甘迺迪的年輕助手。與此同時，迪克也一直在仔細觀察這位極具魅力的革命家。

隔天，迪克在飯店房間裡收到了一盒顯然別具用意的雪茄。盒蓋上鑲嵌著色彩鮮豔的古巴徽章，外面還附著一張神秘的字條，以西班牙語寫道：「由於沒有賀卡，只能寫信。由於寫信給敵人並不容易，所以我只能伸出我的手。」

「當下，我真是費了極大的勁，才沒有立刻打開雪茄盒，抽上一支來試試，」迪克打趣道，「但我是一名忠誠的幕僚，所以我還是決定，完好無損地把它呈交給總統。」

不久後，一名中間人轉告迪克，切．格瓦拉希望與他會面。迪克向狄龍請示，狄龍起初認為，隨意聊幾句無傷大雅。然而，當切．格瓦拉臨走前語帶挑釁地抨擊「爭取進步聯盟」時，情勢發生了變化。他斷言這項計畫注定會失敗，因為「不可能指望特權階級發動革命，推翻他們自己。」狄龍聽聞後，立刻撤回了對這場會面的許可。

見面的事就此擱置，直到美國代表團返回蒙特維多（Montevideo），準備翌日飛回華盛頓。

「那晚，我本來只是打算和幾位團員在蒙特維多聚餐，」迪克告訴我。「但我被算計了。有人通知切．格瓦拉，我會出現在那裡。結果到了深夜，他帶著隨扈現身。我本可以離開的。事後回想起來，我真應該離開。」

「但你沒有離開，」我說。

「換作是你，你會怎麼做？」迪克反問道。

我試著稍作取捨，一邊是應遵守的外交規範，另一邊則是我們研究生宿舍牆上，那張燃燒著革命激情的切．格瓦拉海報。最終，我回答：「我想我不會走。但你當時為什麼願意冒這個險？」

「受到好奇心、一探究竟的渴望及他的人格魅力驅使。」迪克坦言，「我從未想過，這場最後時長四個小時的密談，會讓我付出什麼代價。」

迪克一開始便向切．格瓦拉表明，他沒有任何談判權，唯一能做的就是將談話內容回報給甘迺迪。切．格瓦拉點頭說：「很好。」於是，他們展開了徹夜的長談。

一九六一年八月十九日

八月十九日，甘迺迪在白宮草坪上舉行典禮，迎接圓滿結束「爭取進步聯盟」會議返國的代表團。他在致詞中表示，這場會議是他上任以來「最重要的」外交活動，「你們帶著我們最殷切的期盼出發，如今又帶著我們最美好的憧憬歸來。」

典禮結束後，迪克陪同總統走進白宮，匯報會議情況。他首先將切・格瓦拉贈送的那盒未拆封的高希霸（Cohibas）雪茄交給甘迺迪。甘迺迪當場打開盒子，隨手抓起一把雪茄放進辦公桌抽屜，又把幾支塞進外套口袋，接著剪掉一支雪茄的頂端，仔細點燃。

「你早該先抽第一支的！」甘迺迪一邊抽著雪茄，一邊嘀咕著，目光端詳盒蓋上色彩鮮豔的古巴徽章。當迪克回他：「現在說也來不及了啦。」他頓了一下，隨即又開心地繼續抽了起來。

迪克告訴我，他和甘迺迪都覺得，這個雪茄盒不太適合擺在橢圓形辦公室的桌上。於是，甘迺迪拿走幾支雪茄後，將盒子交給迪克留作紀念。從此，這個雪茄盒靜靜地佇立在迪克書房的書架上，一放就是五十多年。

甘迺迪對迪克與切・格瓦拉的意外會面深感興趣，並指示他「寫一份完整的報告交上來。」讀到迪克撰寫的這份機密備忘錄時，我覺得敘事風格更像一篇小說，而非官方文件。開篇生動地描繪了指揮官切・格瓦拉的形象：「身穿綠色軍裝，一貫蓬亂不羈的鬍鬚下，是一張五官柔和、甚至略帶秀氣的臉，然而散發的氣場卻極為強大。」

當晚，有兩名外交官在場擔任口譯。「切・格瓦拉的幽默感相當不錯，雙方不時來回開著玩笑。剛開始，他有些拘謹，不過很快就放鬆下來，話匣子徹底打開。儘管他對共產主義的忠誠與熱情毋庸置疑，但談話中毫無宣傳口號或浮誇的色彩。」

迪克回報說，格瓦拉劈頭即直言，美國必須認清事實，古巴革命已成定局，若以為能從內部推翻這個擁有廣泛民眾支持的政權，將是極大的錯誤。同時，他也坦率承認，古巴正面臨嚴峻的經濟挑戰。

切．格瓦拉深知，美國與古巴當時毫無展開談判的可能，但他認為，雙方或可在某些棘手議題上暫時達成共識：例如，古巴雖無法歸還被沒收的美國資產，但願意透過貿易進行補償；古巴儘管與社會主義陣營在政治和意識形態上有一定的共鳴，但承諾不會與東方集團[72]締盟；古巴歡迎世界各國的專家與訪客前來交流合作，甚至願意討論如何縮減古巴革命對其他國家內政的影響。切．格瓦拉希望，若有了這些共識，美國與古巴能找到一條和平共存的道路。

直到蒙特維多的天空漸漸泛白，密談才接近尾聲。切．格瓦拉表示，除了卡斯楚，他不會對任何人提及兩人的對話內容。迪克同樣承諾，不會將會面細節公諸於世。最終，他們沒有握手告別，而是以溫暖的西班牙式「un abrazo」（擁抱），為這場特殊會面畫下句點。

⋄✶⋄

然而，迪克返回華盛頓才過幾小時，他與切．格瓦拉會面的消息便開始不脛而走。因為這場密談從頭到尾都不是「秘密」。擔任翻譯的巴西和阿根廷外交官參與了全程，還有侍者穿梭其中，甚至有幾名熱情的粉絲索要簽名，打斷了他們的談話。此外，當晚的派對上也聚集了不少記者。

不久，零星傳聞迅速發酵成嚴重的情報外洩，錯誤報導充斥版面。原本的即興交流被誇大為「正式談判」，偶然會面被炒作成「事先安排且總統知悉的會議」。在聯邦眾議院的議事廳內，紐約共和黨議員德魯尼安（Steven Derounian）公開抨擊迪克，稱他「玩火自焚」，竟敢與「美國人民的公敵、危險的共產主義者」會面，既然如此缺乏判斷力，白宮應當「立即將其解職」。

批評聲浪愈演愈烈，奧勒岡州民主黨參議員莫斯（Wayne Morse）向迪克發出傳喚，要求八月底到參議院外交委員會下屬的拉丁美洲小組委員會作證。

出席聽證會當天，迪克收到一封署名「切．格瓦拉」的電報，內容寫道：「老戰友，祝你好運。請代我向指揮官凱普哈特（Comandante Capehart）轉達個人的熱情問候。」

我將電報遞給迪克時，他露出會心一笑：「這肯定是亞瑟．史列辛格的傑作！他假扮成切．格瓦拉，純粹是想在這艱難時刻逗我一笑。他一向如此，在我陷入困境時，開些幽默的玩笑，鼓勵我打起精神。」

「指揮官凱普哈特是誰？」我問。

「印第安納州的保守派共和黨參議員荷馬．凱普哈特（Homer Capehart），」迪克解釋，「他是拉丁美洲小組委員會的成員，一直等著要對我發難。」

迪克成功熬過了聽證會。在迪克向委員會作證後，莫斯參議員發表公開聲明，澄清迪克既未主動尋求與切．格瓦拉會面，也從未與他進行任何談判。

迪克原以為莫斯的聲明能為他平息風波，卻很快發現事情遠非如此簡單。國務院官僚早已眼紅迪克

72譯註：東方聯盟（Eastern Bloc），以蘇聯為首的社會主義陣營。

在白宮的風光，而現在，趁迪克處於最脆弱的時刻，他們發起了反擊。各種關於拉丁美洲政策混亂的報導接踵而至，有的指控權責分工模糊，有的傳出抱怨閒話，批評白宮這位年輕氣盛的幕僚竟凌駕於國務院資深官員之上。

一九六一年十一月十七日

十一月十七日下午，迪克與幾名白宮幕僚站在橢圓形辦公室外的門廊上，目送甘迺迪準備搭乘直升機，與家人前往維吉尼亞州米德堡（Middleburg）的鄉間別墅度過周末。甘迺迪瞥見迪克，向他招手示意過來。

「你知道嗎，迪克，」甘迺迪在直升機螺旋槳的轟鳴聲中提高音量說，「我覺得你在國務院能發揮更大的作用。」迪克沒有回應。甘迺迪接著說：「我打算下周宣布這個決定。」走到艙門口時，他回頭朝迪克喊道：「等我回來，我們再討論。」

就這樣，甘迺迪口中的「討論」從未發生過，他也再也沒有提起此事。迪克曾欽佩甘迺迪簡短而含蓄的指示風格，此時他才深刻體會，言語曖昧不明帶來的負面影響。「接下來的一周，」迪克告訴我，「我被趕出了白宮。」

「趕出？」我驚訝地問，「這個詞未免太嚴重了吧？」

「我是說我的感受，」迪克語氣平靜地回答。「畢竟，白宮本質上也是一個『家』。而你應該也明白，離開家，意味著什麼。」

我微微一笑。他說得沒錯，白宮確實像家一樣溫馨。在這座古老大宅裡，有沙發和溫暖的角落，鋪著地毯的小辦公室，雅緻的小會議室，以及氣氛親切的白宮餐廳（White House Mess），同事們經常在那裡一起享用早餐或午餐。和許多職員一樣，每天走進這座歷史悠久的宅邸上班，總會感到一股難以言喻的榮耀與自豪感。

而現在，迪克將前往國務院——那是一座石砌之城，剛擴建完成的龐然大物，占地整整橫跨四個街區。七層樓的辦公空間裡，大理石地板冰冷堅硬，漫長的走廊透著一絲寒意。

報紙將這次調職描述為「晉升」，迪克還被冠上「副助理國務卿」（Deputy Assistant of State）的頭銜。但當他在西廂辦公室裡收拾書籍與照片時，感受遠遠稱不上是升遷。

「很痛苦，」迪克對我說。「所有人都在看著，這是我這輩子最接近被放逐的時刻。」在白宮，迪克與每天並肩共事的同僚建立了深厚的友情。如今，他再也無法與總統不期而遇，那些偶然的碰面與交談，往往能激發新的任務和創想。他也失去了貼近權力核心所帶來的振奮與動力。雖然迪克仍能直接聯繫甘迺迪，並三度隨行總統出訪拉丁美洲，但他與總統之間，那曾因推動「爭取進步聯盟」發展的親密合作，以及幾乎每日互動建立的默契，再也無法回到從前。

調職公告於十一月二十六日正式發布。兩天後，伯利寫來了一封信——飽含先見之明，既像是警世寓言，又帶著幾分間諜小說的氛圍。伯利是真正關心迪克的人，也是最了解他即將踏入的政治環境的人。他的忠告讀起來彷彿是《君王論》（*The Prince*）的實用補充，一份關於如何在權力核心中生存的指南。開頭便直言：「國務院有些不太好的習慣。」

「指派給你的助理，可能真的是你的助理，也可能別有用意。換句話說，他或許會將你說的每一句話、做的每一件事、寫的每一份文件，通報給別人。你的秘書可能會受指示，負責監聽並記錄你的通話。若被你發現，對方會向你辯解稱，這是為了節省你的時間，讓你不必自己做筆記。然而，過不了多久，這些對話內容就會流入華盛頓的八卦專欄。」

「此外，你得遵守行事底線，總統與國務卿之間的緊密關係是最首要的。你需要謹慎維護這段關係，確保它更加穩固。但這也意味著，為了支持魯斯克的地位，你可能不得不退居次位，犧牲與總統之間曾經緊密且成功的合作。對你個人而言，恐怕是個不小的代價。」

出乎意料的是，迪克在國務院，這個後來被他稱為「野獸腹地」的地方，最初幾個月過得還算平靜。他與上司——助理國務卿伍沃德（Robert Woodward）相處融洽。外交資歷豐富的伍沃德相當支持「爭取進步聯盟」的改革目標。

「事實上，我在國務院的困境，根本是甘迺迪挑起的，」迪克說，「總統依然我行我素，直接打電話給我，下達指示或徵詢意見。但錯也在我自己。我太仗著自己與總統的交情，沒把伯利的忠告放在心上。我根本不懂如何同時侍奉兩位主子。」

一九六一年十二月，總統夫婦計畫出訪委內瑞拉首都卡拉卡斯（Caracas）與哥倫比亞首都波哥大（Bogotá）。甘迺迪要求迪克為他與賈姬撰寫演講稿，並希望迪克能夠隨行出訪。然而，國務院高層極力反對。三年前，副總統尼克森前往委內瑞拉進行友好訪問，結果他的車隊遇襲，示威者高喊反美口號，甚至搖晃尼克森的座車，砸碎車窗，直到車隊勉強抵達美國大使館才脫險。國務院官員與特勤局警告，出訪風險極高，安全無法保障。

甘迺迪親自致電迪克，詢問他的看法。迪克建議總統應該出訪，定能大獲成功，彰顯「爭取進步聯盟」如何成功扭轉拉丁美洲對美國的態度。這很可能正是甘迺迪希望聽到的回答。他最終決定成行。當專機降落在卡拉卡斯時，甘迺迪的招牌幽默立刻展現出來。他轉向身旁的年輕幕僚，淡淡地說：「聽著，迪克，如果這次行程搞砸了，你最好一路往南逃吧。」

數十萬熱情的委內瑞拉民眾沿街迎接美國首位天主教徒總統及其美麗的夫人。合眾國際社（UPI）記者形容：「這是委內瑞拉有史以來對外國訪客最盛情的歡迎。」次日，在哥倫比亞首都約一百五十萬居民中，也有近三分之一的民眾盛裝打扮，湧上街頭一睹甘迺迪伉儷的風采。這趟迪克極力推動卻遭國務院堅決反對的行程，最終締造了美國歷史性的外交勝利。

或許並非巧合，就在這段期間，匿名抹黑言論四處流傳，這些隻字片語拼湊起來，塑造出對迪克不利的形象。有人說他聰明卻傲慢無禮，有人稱他是「頭痛人物」、「身穿灰色法蘭絨西裝的神秘人物」，或是「野心過盛」、踩著他人往上爬——更甚者，還反覆提及他的「烏黑捲髮」與「黝黑」膚色。

「看來他們不喜歡我的人種，」迪克一邊翻閱報導，一邊故作感嘆地說道。

「但肯定有什麼事情觸發了這一切，」我反駁道。

「嗯，我記得當時確實惹惱了不少人，因為有篇文章引用了我的話：『唯一支持總統前往委內瑞拉和哥倫比亞的，只有兩個人，就是甘迺迪和我。』」這句話聽上去確實帶著些許傲慢，甚至有明顯挖苦、回敬的意味。「我就是忍不住嘛，」迪克坦承道。

即便迪克的傲氣與年少輕狂引發憤怒不滿，但相較於官僚體系對他的打壓手段，這些「過失」根本微不足道。一九六二年三月，伍沃德遭解職，理由是「未能管住那個小子。」接替他的人是以「難纏」著稱的馬丁（Ed Martin）。迪克很快便發現，此人早已深諳伯利當初告誡他要提防的種種官場伎倆。

迪克的秘書被要求記錄他的通話內容，監聽他與甘迺迪的對話，並將談話細節回報給馬丁。所幸，秘書對迪克忠心耿耿，拒絕執行這項指令。儘管迪克仍是總統親自任命負責拉丁美洲事務的人選，因此他們無法直接將他免職，但他在國務院的權力逐步被削弱。他不再受邀參加重要會議，決策常常在事後才告知他。高層口頭上聲稱支持他推動各種計畫，但當專案進入執行階段時，卻總是突然被撤回，讓他一次次在最後關頭功虧一簣。

例如，迪克原本獲准前往華爾街及常春藤聯盟的法學院，招募優秀的年輕人才加入「爭取進步聯盟」。他堅信，這項計畫的吸引力將超越「和平工作團」，因為若能獲得與「馬歇爾計畫」同等規模的資金支持，便有可能實現深遠的變革。在紐約舉辦的首場招募中，迪克與三十五名年輕律師及華爾街分析師會面，熱情地宣講「爭取進步聯盟」的願景，並邀請有志之士將履歷寄至華盛頓。按照計畫，聯盟將為新成員提供為期六個月的專業培訓，隨後派遣至拉丁美洲各國，擔任發展事務官。當天與會的三十五人中，竟有二十二人遞交履歷，而且每位候選人的學經歷都極為優秀，令人喜出望外。然而，此事卻不了了之。迪克來不及錄取任何一人，計畫就已悄然夭折。

「真令人受不了，」迪克回憶道。他每天都被無關緊要的瑣事纏身，而他在「爭取進步聯盟」中的職權遭到刻意削弱。這種局面，與他當初沉浸於簽署《東岬憲章》的狂喜，或是當晚興奮地決定參加深夜派對時的心情，簡直是天壤之別，完全超出他的預料。

要是當年的年輕迪克能夠看到我後來在白修德檔案中發現的一份筆記，也許一切會有所不同。那是一九六二年白修德與甘迺迪總統的對話記錄。當白修德問總統，魯斯克領導的國務院是否提出了什麼新構想時，甘迺迪嗤之以鼻地說：「唯一的好點子是迪克．古德溫提的爭取進步聯盟。現在迪克就在國務院，把那群人搞得焦頭爛額，這正是他在那裡的目的。」

我真希望，甘迺迪當時能親口將他的想法告訴迪克。如果甘迺迪的本意，是讓迪克進入國務院，推動保守官僚改變對拉丁美洲事務的態度，那麼他顯然從未向迪克表明過這一點。無論官方紀錄將這次調動視為升遷還是貶職，對迪克而言都已無關緊要。在他內心深處，只覺得自己被流放了。

⬩✱⬩

時光流轉，世事變遷。四十年後，當年導致迪克遭調離白宮的那場與切．格瓦拉的會面，竟化作一段生動有趣的故事，在哈瓦那（Havana）紀念古巴飛彈危機四十周年的國際盛會上，成為眾人矚目的焦點。

迪克與我受邀參加了這場由古巴政府主辦、為期三天的特別聚會，三十多名與會者包括來自美國、俄羅斯及古巴的歷史學者，以及當年危機中的關鍵決策者。如今，這些曾身處風暴核心的人物皆已年逾七旬甚至八旬，這次聚首或許是他們最後一次相見，為整場會議平添了幾分溫暖親切與歲月情懷。

卡斯楚當時已七十六歲，坐在長方形會議桌的一側，身旁圍繞著古巴政府官員。他不再叼著招牌雪茄，烏黑的鬍鬚轉為灰白，修剪得整整齊齊，戰鬥服也換成了西裝領帶。儘管形象有所轉變，他依然如一位記者所形容的：「真是天生的表演者，幽默風趣，情緒高漲。」還有六名白髮蒼蒼的前蘇聯軍方與情報官員，身穿卡其色軍服，與他同側就座。

與卡斯楚相對而坐的是迪克和我這一側的美國代表團，大多數成員都曾是甘迺迪政府要員。一名記者形容，這排座位彷彿「一本活生生的歷史書」——只是，比起當年在白宮的正式穿著，如今打扮顯然隨性許多。美國代表團包括八十六歲的前國防部長麥納馬拉（Robert McNamara）和七十四歲的索倫森在內，大多選擇輕便的Polo衫。索倫森前年中風，視力幾近喪失，但他對甘迺迪時代的記憶依然清晰如昨。至於八十五歲的史列辛格，身穿長袖襯衫，搭配他標誌性的蝴蝶結領帶。而迪克穿著一件純白古巴傳統襯衫（*guayabera*），在我稍帶偏愛的眼中，他無疑是這群歷史人物中最風采依舊的一位。

數十年來，世界強權的格局已發生劇變。柏林圍牆倒塌，蘇聯解體，東歐「鐵幕」大多成為歷史遺跡。現場記者觀察到，過去敵對的陣營關係似乎徹底顛覆了。美國與古巴的代表竟在會議上「相處融洽」，甚至相互擁抱，就像「曾在同一條戰壕中並肩作戰的老戰友」。相比之下，蘇聯代表團受到的待遇則冷淡得多。當年，正是蘇聯向古巴施壓，要求他們接受飛彈，卻又在未徵求古巴同意的情況下，單方面將飛彈當作「談判籌碼」撤回。

四十年後，與會者仍普遍認為，甘迺迪處理古巴飛彈危機時展現了冷靜、智慧與卓越的領導手腕。他下令對蘇聯船隻實施海上隔離，而非立即發動空襲與隨後入侵，從而爭取到寶貴時間，與蘇聯領袖赫魯雪夫達成協議，成功化解一場可能引爆核戰的危機。根據協議，蘇聯同意撤除部署在古巴鄉間、射程覆蓋佛羅里達州的核飛彈，而美國則承諾不會對古巴發動入侵。作為交換條件，甘迺迪私下保證，若所有條件均得以實現，美國將撤除部署在土耳其、威脅蘇聯安全的核飛彈。「這場危機帶來的教訓，值得我們深思，」史列辛格警告道。「這不僅是冷戰期間最危險的瞬間，更是人類歷史上最為危急的一刻。」

與會者一致認為，這場會議的核心議題應是探討如何避免重蹈覆轍，防止世界再次陷入核戰邊緣。為呼應主旨，迪克受邀分享當年與切・格瓦拉會面的經歷。經過數十年的沉澱，那場會面如今被視為美古兩國開啟對話的黃金契機，卻因各種原因而最終錯失。據國家安全檔案館（National Security Archive）館長康布盧（Peter Kornbluh）所言：「古德溫關於那場會面的備忘錄，已然成為古巴歷史上最著名的文件之一。」

迪克當晚的演說引人入勝，透過他的描述，帶領聽眾穿越時空，回到了那個夜晚。切・格瓦拉一踏入派對現場，立刻成為焦點，被女性崇拜的目光圍繞。不久後，兩名分別來自阿根廷和巴西的代表帶著切・格瓦拉走向迪克，表示有話想說，希望能找一個僻靜角落。派對的主人引領他們進入一間小房間，裡面只有一張沙發和一把休閒椅，座位僅夠三個人，但當時房內共有四人——迪克、切・格瓦拉、以及兩名擔任口譯的代表。

「切・格瓦拉立刻坐到地板上，」迪克對與會者說，「我也毫不遲疑地跟著坐下。我絕不能讓他表現得比我更『無產階級』。看到我們兩人都席地而坐，兩名口譯也跟著坐在地板上。於是，我們四人盤腿而坐，開始了整場會談——直到後來，切・格瓦拉和我都站起來，搶占了沙發和椅子。」

「『不能讓他表現得比我更無產階級』這句話，絕對是整場會議最幽默風趣的一段，」康布盧回憶道。隨著迪克繼續講述妙趣橫生的往事，記者們紛紛注意到，「頭髮微亂、眉毛濃密」的古德溫，讓整個會場的注意力集中在他身上。

雖然迪克的描述大致依循當年備忘錄的內容，但他也加入了一些官方文件未曾記載的細節。迪克說，切．格瓦拉一開場便向他「道謝」，謝的竟是豬玀灣事件。

「那時，我們對全國的控制還不夠徹底，」切．格瓦拉說，「這場入侵反倒促使人民團結在我們身後，幫助我們克服來自中產階級的反對。」

「不客氣，」迪克回應，然後補上一句：「那麼，接下來你們是不是打算入侵關達那摩（Guantánamo）？」

「絕不會，」切．格瓦拉笑著說，「我們才沒那麼愚蠢。」

迪克接著說，切．格瓦拉提出了一套兩國暫時共存方案。「坦白說，這並不是個壞主意，」迪克評價道。然而，豬玀灣事件失敗激起了美國的反共情緒，使任何與卡斯楚的對話都變得不可能。一年後，古巴飛彈危機和平化解，甘迺迪認為雙方關係出現轉機，於是派遣特使前往古巴，試圖展開對話。在迪克看來，這次對話或許本可以修補美古關係，最終卻因甘迺迪遇刺，破冰進展戛然而止。

迪克剛結束分享，卡斯楚便接連拋出追問。他表示，自己過去只從切．格瓦拉的視角了解這次會面，如今聽完迪克的敘述，他希望能了解更多細節。上午議程接近尾聲時，卡斯楚的助手遞來一張紙條，上面寫著：「卡斯楚邀請您與夫人共進午餐，會議結束後在場外會合。」

午餐在會議廳內的卡斯楚專用空間舉行。卡斯楚只簡單地享用優格，而迪克與我則品嘗了一頓全套佳餚。當迪克小心翼翼地準備點燃宴會上提供的高希霸雪茄，談話也漫無邊際地展開。最初話題圍繞在切．格瓦拉身上（蒙特維多會面四年後，他在玻利維亞遭祕密處決，時年僅三十九歲）。隨後，話題一轉，卡斯楚興致盎然地聊起了他熱愛的棒球。當天稍早，我在會議上曾提到，自己小時候透過幫父親記錄布魯克林道奇隊比賽的得分，學會了如何講故事。作為曾經的業餘棒球選手，卡斯楚對這項運動的熱情仍不減當年。話鋒再度一轉，卡斯楚開始滔滔不絕地講述古巴進行中的醫學研究，針對獄中反社會人格者的大腦結構與功能，試圖找出其中的異常之處。這個話題，他整整談了半個小時，描述得尤其細緻入微。

議程最後一天，麥納馬拉準備離開時，卡斯楚向他道別時說，希望古巴飛彈危機五十周年紀念時，他能再次回來參加聚會。「我恐怕回不來了，」麥納馬拉回答道，「除非我能從地獄趕來。」

卡斯楚笑著反駁：「你搞錯方向了，應該是從天堂下來才對。」

最後一晚的國宴隆重而優雅，卡斯楚特地拿出珍藏多年的陳年蘭姆酒款待賓客。席間，我向我們的同桌、古巴全國人民代表大會（Cuban National Assembly）主席阿拉康（Ricardo Alarcón）請教，卡斯楚究竟如何保持如此驚人的精神與活力。阿拉康立刻站起身，幾分鐘後帶著一瓶藍綠色的藥丸回到桌前。「吃這個，」他解釋道，「這是古巴自主研製的，從藻類提煉出的蛋白質膠囊。」據說，卡斯楚堅信這些膠囊搭配規律的步行運動，正是他精力充沛的祕訣。我對這些藥丸半信半疑，遲遲不敢嘗試。然而，迪克一回到住處，便毫不猶豫地吞了幾顆。至於效果如何，則不得而知。

美古雙方在這場聚會中，共同回味著往事的酸甜苦辣，心中百感交集，或許唯有馬奎斯（Gabriel

García Márquez）[73]的文筆才能細膩描繪。在我腦海中，最深刻的畫面是暮年的卡斯楚——這位古巴的大家長、獨裁者與教父，他一邊舀著優格，一邊天馬行空地聊著各種話題，雖已無法再享受招牌雪茄，但轉而衷於推薦強身膠囊。還有，他依然對棒球保有無比熱愛。

聚會的氛圍美好得令人恍惚，幾乎都要忘卻卡斯楚統治下的數十年，其實充斥殘酷鎮壓與鐵腕統治。然而，懷舊與追憶之中，總摻雜著一抹哀愁——那是對未竟的機遇、錯失的選擇，以及無數被浪費的可能性的惋惜。一切，本可以截然不同。

第五章／全能通才

「當然會累啊，」迪克某天早晨嘆了口氣，望向那一排尚未整理的檔案箱。「我現在既是八十幾歲，又是三十幾歲，簡直是一根蠟燭兩頭燒啊！」

確實，邁入八十歲後，他開始出現典型的年老症狀：需要更多睡眠，依賴心臟節律器，平衡感也大不如前。有時與他交談或提問，他遲遲沒有回應，我才發現，這並非因為他沉浸於閱讀，而是聽力開始衰退。我不斷催促他戴助聽器，直到他終於勉強同意戴上。然而，他經常將那副像耳環夾在耳朵上的裝置弄丟，導致家裡不時上演「尋寶遊戲」。我們在他看書時愛坐的扶手椅墊下找到過；在洗衣機裡發現助聽器緊貼著睡衣衣領；甚至有一次，他把它當作書籤，夾在剛放下的新小說裡，讓頁面看起來鼓鼓的。

某個午後，他在後院池塘餵錦鯉時不慎絆倒。沒多久，我在花園的長椅上找到他，膝蓋上帶著一

73譯註：馬奎斯（Gabriel García Márquez），拉丁美洲文學巨擘，諾貝爾文學獎得主，其最著名的作品為《百年孤寂》（*Cien años de soledad*）。

道小小的瘀傷。他將摔倒歸咎於碎石小徑上的一處凹陷，而我注意到他神色凝重，便輕聲問道：「還好嗎？」

「我聽見時間的戰車疾馳而來，」迪克引用馬維爾（Andrew Marvell）〈致羞怯的情人〉（*To His Coy Mistress*）來回答。他淺淺一笑，又說：「不過，也許那只是助聽器發出的嘶嘶聲。」

「可你以前告訴我，馬維爾詩中疾馳的戰車，不過是催促年輕女子與他共赴愛河的藉口。」

迪克大笑了，坦承年老確實有時讓人感到挫折與煎熬。然而，當我們談起一九六二年夏天那段難耐的國務院職場歲月時，回憶反倒成了他的消遣，讓他暫時忘卻老去的煩憂。

正如他在哈佛法學院求學時，因幽閉感壓得喘不過氣，而毅然投身軍旅；後來，他也果斷選擇離開國務院。他沒有提交辭呈，沒有請示上級，更沒有正式辭職，只是頭也不回地走出辦公室，徑直前往和平工作團總部，主動毛遂自薦。

在迪克的記憶中，從國務院步行至位於白宮附近、拉法葉公園（Lafayette Park）旁的和平工作團總部，雖然僅隔數個街區，卻彷彿橫跨了精神價值的分水嶺。新的工作環境年輕、自由，不拘泥於傳統，洋溢著浪漫理想，徹夜燈火通明。

和平工作團由施賴弗領導，他是甘迺迪總統之妹尤妮斯（Eunice）的丈夫。迪克很快就了解到，施賴弗不僅張開雙臂歡迎他，還特意為他安排一間辦公室，欣然任用他擔任助理、演講撰稿人以及多個專案的顧問。施賴弗從未追問迪克為何來到和平工作團，而國務院也從未對他的離開表現絲毫關切——至少據他所知。

當然，這個故事仍有許多未解細節。例如，他在國務院的辦公室與辦公桌始終保持原封不動，令人玩味；而更耐人尋味的是，他依然領著國務院的薪水，卻將大部分時間花在和平工作團的工作上。

一九六二年七月二日，甘迺迪從巴比那裡得知迪克轉往和平工作團後，親自致電祝福。「無論你想做什麼，我都沒問題，」甘迺迪說。但條件是，迪克仍需負責撰寫所有與「爭取進步聯盟」相關的演講稿，並隨時待命，協助特別專案或任何總統出訪拉丁美洲的行程。

歷史的真相往往難以捉摸。不同的人在不同時刻、基於不同目的，能塑造出截然不同的歷史敘事。最近，我聯繫了一位舊識，名為約瑟夫森（Bill Josephson）。自和平工作團創立之初，他便參與其中，負責人事招募工作。他的版本並未與迪克的說法相矛盾，但是意外地補充更多精妙細節，進一步揭示了國務院對迪克的離去為何採取放任態度。

「魯斯克親自打電話給我，」約瑟夫森對此事印象深刻，「畢竟，國務卿親自來電是極為罕見的，而他的怒火之盛，透過話筒都能感受得到。」

「我知道你們的人事系統由你掌控，」魯斯克說道，「我要讓古德溫離開國務院！」國務院的舊勢力長期優先維護美國在拉丁美洲的商業利益，而非當地的進步改革。迪克「那小子」的存在，每天都讓他們感到頭痛不已。在他們眼中，迪克簡直是「白宮派駐拉美事務的自由派傳教士」。

國務卿雖然憤怒，卻受到掣肘。他深知迪克與總統之間仍有直接聯繫，且迪克雖在外交界樹敵不少，但仍擁有不少盟友。此外，魯斯克一向傾向避免正面衝突，自然也希望拉丁美洲事務局能夠保持風平浪靜，而調離迪克正好能解決他的煩惱。

約瑟夫森向施賴弗轉述了魯斯克怒氣沖沖的要求，沒想到施賴弗聽完後卻笑容滿面，興奮之情溢於言表。「他熱愛與聰明絕頂的人共事，尤其喜歡能激發他思維的人，」約瑟夫森解釋道，「他已經迫不及待想迎接古德溫了。」

這一切似乎是命運的巧妙安排。迪克剛到和平工作團不久，施賴弗便召來他的副團長莫耶斯（Bill Moyers），介紹兩人認識。「我立刻覺得他很投緣，」莫耶斯不久前與我談話時回憶道。他與迪克的初次見面，猶如「兩隻離群的黑羊相遇」，「他是獨樹一幟的思想家，真正的異數。我樂此不疲地與他討論法律、法蘭克福特大法官以及電視益智節目醜聞調查。我們對彼此的世界充滿好奇，經常開玩笑說猶太人與浸信會信徒其實很合得來。而且，我們都熱愛古巴雪茄。自那天起，我們惺惺相惜，迪克成為我在華盛頓最親密的朋友。」

施賴弗賦予迪克發揮空間，參與規畫和平工作團的未來方向。不久後，迪克那充滿創意的腦袋，便開始構想各種宏大計畫，其中最具代表性的，便是他提出的「國際和平工作團」（International Peace Corps）。他的目標是鼓勵並協助其他已開發國家，依照美國和平工作團的模式建立自己的志工組織。在施賴弗的支持下，迪克更為自己創造了一個既隆重又冗長的頭銜——「國際和平工作團秘書處秘書長」（Secretary General of the International Peace Corps Secretariat）。

和平工作團大樓的十二樓特別劃出一片區域，作為秘書處，容納六名專業人員與四名秘書辦公，並設有一間雅致的接待廳，為迪克日益壯大的構想提供一個體面的據點。和平工作團汲取了美國年輕一代的熱情與理想，如同一帖振奮人心的靈藥，很快便在全球激起共鳴。

「哇，你一旦開始策畫什麼，」我忍不住揶揄迪克，「就絕不會缺少氣勢——或者該說，這氣勢未免有些浮誇？」

但事實是，短短數個月內，迪克便已走訪多個國家，激發學生與官員的熱情，成功促使六個已開發國家著手建立屬於自己的和平工作團。

迪克在華盛頓特區的一場國際學生協會（Association of International Students）會議上表示：「不久之後，美國年輕人將與荷蘭、挪威、丹麥、德國，以及許多其他國家的青年攜手合作，共同投身這場推動發展與進步的全球行動。」在演講的結尾，他對在場學生發出深沉呼籲：「沿著熟悉的道路前行，追求個人成就或財富成功，也許是最輕而易舉的選擇。但這並非歷史為我們鋪就的道路。在座的每一個人，最終都將受到公評——更重要的是，也將親自審視自己——看自己為建構新世界的社會付出了多少努力，以及自身的理想與目標對這份努力產生了多大的影響。」

⋄✶⋄

標有「賈姬與藝術一九六一至一九六三」（Jackie and the Arts 1961–1963）的厚厚備忘錄與各式文件上方，有一個透明資料袋，珍藏著精心保存的摘錄，出自史列辛格所著的《一千個日子》（*A Thousand Days*），其中寫道：

「在我看來，迪克・古德溫雖然年紀稍輕，卻堪稱典型的『新邊疆人』（New Frontiersman）。他是一位全能通才，既能處理拉丁美洲事務，又能投身拯救尼羅河畔的阿布辛貝（Abu Simbel）神殿；從民權運動轉向策畫白宮諾貝爾獎得主晚宴；從模仿梅勒的諷刺作品到起草立法條文；一會兒與最高法院大法官共進午餐，一會兒又與珍．西寶（Jean Seberg）[74]共進晚餐——而在這些成就之間，他始終保持不熄的批判性自由主義精神，以及推動變革的不懈動力。」

起初，我只將這段描述視為摯友對迪克的溢美之詞。然而，隨著我愈深入研究這些文件，便愈發意識到，史列辛格筆下那些看似「五花八門」的事蹟，實則標誌著甘迺迪政府時期的一系列文化與藝術里程碑，而迪克正是其中的關鍵推手。

「天啊，我們當時真是樂在其中，又完成了不少事，」迪克靠在椅背上，雪茄煙霧在他頭頂繚繞，憶起那繁忙而充實的歲月。彼時，他年僅三十歲，一邊奔波於世界各地，推動全球和平工作團的成立；一邊仍負責撰寫總統（及賈姬）所有的拉丁美洲演講稿。此外，他還成為賈姬的親密盟友，協助她將白宮打造成藝術、音樂、文學與文化的殿堂。正是在這幾年間，迪克與賈姬不僅攜手推動多項文化計畫，更建立一輩子的深厚友誼。

迪克書房牆上，一張攝於一九六二年四月二十九日的照片掛了超過四十年。照片中，迪克陪同賈姬出席諾貝爾獎晚宴——這是甘迺迪總統任內規模最盛大、或許也是最獨特的一場宴會。當晚，甘迺迪迎接了四十九位來自科學、醫學與文學領域的諾貝爾獎得主，還有一群傑出的作家、詩人與學者。科學與人文激情交融之中，甘迺迪妙語如珠，留下令人難忘的一句話：「這是白宮史上匯聚最多卓越人才與智識的盛會，或許唯一能與之媲美的，只有當年傑弗遜（Thomas Jefferson）獨自用餐的那一刻[75]。」

迪克書房裡的那張照片，定格了他笑容滿面、挽著賈姬的瞬間，兩人正走向國宴廳（State Dining Room），身旁是一排小提琴手與白宮的軍事社交助理。照片下方空白處，賈姬親筆題寫：「方才是幻境，抑或清醒夢？那樂聲已逝，我是醒著，還是在夢中？獻給迪克，懷著感謝與敬意。」

這張照片是賈姬在離開白宮三年後贈予迪克的禮物。她題寫的詩句，出自濟慈（John Keats）〈夜鶯頌〉（*Ode to a Nightingale*）最後幾行，不僅是對那場盛會的緬懷，更是她對整段白宮時光的回顧。那些燦爛而稍縱即逝的歲月，如今透過一層悲劇的濾鏡，顯得朦朧而不真實，彷彿夢境般遙遠。

當我問起迪克對這場晚宴的回憶時，他的表情既愉悅，又帶著幾分惘然：「當時我確信，這將是我永遠不會忘記的一晚。但酒會與晚宴間喝了太多，接著又到史列辛格家參加派對，一直從午夜待到天亮。最後，我只記得那種異常愉悅的飄然感，至於細節，早已模糊不清。」

於是，我只能從各種談話與書面記錄中拼湊出這場晚宴的細節。正如歷史學家艾斯波西托（Joseph Esposito）在《卡美洛的晚宴》（*Dinner in Camelot*）一書中所寫，一切的開端源於一九六一年十一月二十八日，迪克寫給賈姬的一封備忘錄：「為諾貝爾獎得主舉辦一場晚宴，如何？」

---

74 譯註：珍・西寶（Jean Seberg），美國知名女演員，因出演法國著名導演尚盧・高達的《斷了氣》（*À bout de souffle*），而被視為新浪潮電影的偶像。

75 譯註：湯瑪斯・傑弗遜（Thomas Jefferson），美國開國元勳，獨立宣言主要起草人，第三任美國總統。普遍被認為是歷代美國總統中最具智慧者，除政治才能外，他在農學、建築、語言、考古、教育等許多領域都成就斐然。

賈姬對這個點子十分滿意，接下來數月間，她與迪克、史列辛格以及白宮社交秘書鮑德里奇（Letitia Baldrige）共同籌畫這場盛會。史列辛格定期向總統彙報賓客名單增列情況，不斷加入科學與文學界的傑出人物。甘迺迪在親筆回覆中特別叮囑史列辛格，務必確保迪克也在受邀之列。

這場黑領結晚宴（black-tie event）[76]在宏偉的十字廳（Cross Hall）以酒會揭開序幕。「許多與會者都是第一次與來自不同領域的卓越人士相遇，彼此都流露出幾分驚嘆與敬仰，」艾斯波西托對我說道。嘉賓進場時接受隆重唱名：八十七歲桂冠詩人羅伯特·佛洛斯特（Robert Frost）、抗生素之父魏克斯曼（Selman Waksman）、諾貝爾文學獎得主賽珍珠（Pearl Buck）、太空人葛倫（John Glenn）、憑藉病毒研究促成小兒麻痺疫苗研發的免疫學家韋勒（Thomas Weller）、曼哈頓計畫（Manhattan Project）主任歐本海默（J. Robert Oppenheimer）、以及備受推崇的小說家詹姆斯·鮑德溫（James Baldwin）與威廉·史泰隆（William Styron）——總計一百七十七位貴賓及其配偶。

文學評論家黛安娜·特里林（Diana Trilling）曾在《紐約客》（*The New Yorker*）撰寫長文回憶當晚的盛況。「各種酒水如流水般傾瀉」，馬丁尼（Martini）、曼哈頓（Manhattan）、高球（Highball）等雞尾酒在賓客間流轉。甘迺迪入主白宮後重新開放吸菸，不少賓客一手端著酒杯，一手夾著香菸。特里林寫道：「甚至在我們正式排隊等候總統現身之前，大家已經興奮地彼此交談，不斷讚嘆，這真是一場美妙的晚宴！」

隨著〈向統帥致敬〉（*Hail to the Chief*）[77]樂聲響起，儀隊進場，賓客依照字母順序步入東廳，接受總統伉儷的接見。

諾貝爾獎得主鮑林（Linus Pauling）[78]走近總統時，現場一度瀰漫著許多緊張氣氛。因為就在當天下午，鮑林與妻子艾娃．海倫（Ava Helen）才剛在白宮外參加一場示威，要求立即終止核武試驗。然而，甘迺迪語帶笑意地開口：「鮑林博士，您這幾天已經常駐白宮了呢，我希望您能繼續暢所欲言。」優雅地化解了尷尬，鮑林稍後甚至與妻子即興共舞，氣氛輕鬆愉快。接待儀式結束後，賈姬輕聲邀請迪克陪同她走進晚宴會場，這一刻畫面，被永恆地定格在迪克書房牆上。

晚宴正式開始，總統在國宴廳中央的主桌就座，四周環繞著十八張圓桌；而第一夫人則在藍廳入席，周圍則設有四張餐桌。當時的社交習俗將夫妻分開入座，以促進整桌的對話交流，女性賓客的名牌多以夫姓識別，例如「特里林夫人」（Mrs. Lionel Trilling）或「魏克斯曼夫人」（Mrs. Selman Waksman）。甚至連當晚唯一的女性諾貝爾獎得主賽珍珠（Pearl Buck），她的座位名牌竟也寫著「華許夫人」（Mrs. Richard Walsh）！至於迪克，則坐在距離總統兩桌之外，主持自己的一桌賓客。

晚宴結束後，賓客移步東廳。甘迺迪在致詞中盛讚每位嘉賓卓越的成就，殷切期盼他們的榜樣，

76 譯註：西方宴會不同層級會有不同的著裝守則。白領結（White-Tie），用於非常隆重的場合，如國宴、皇室宴會、國際大型晚宴等；黑領結（Black-Tie）則通常用於晚宴、頒獎典禮等場合。再往下有雞尾酒禮服（Cocktail Attire）、商務正裝（Business Formal）、商務休閒裝（Business Casual）、半正式休閒（Smart Casual）、休閒（Casual）等。

77 譯註：〈向統帥致敬〉（Hail to the Chief），美國總統的官方進行曲。

78 譯註：鮑林（Linus Pauling），美國化學家，史上唯一兩度獨享諾貝爾獎（化學獎、和平獎）的學者。

能「激勵年輕人懷抱同樣的熱忱與渴望」，追求科學與藝術的卓越。這番話不只是外交禮節上的客套之詞，而是在這場頌揚美國文化成就的盛典上，向世界展現其實力。

夜色漸深，宴會即將落幕，迪克與總統伉儷、巴比與其妻子艾瑟（Ethel Kennedy）、施賴弗及其他幾位友人，一同前往白宮二樓私人起居區的黃色橢圓形房間（Yellow Oval Room），在小羅斯福曾小酌雞尾酒的這個空間裡，共飲香檳、品味雪茄。

「有件事我記得特別清楚，」迪克對我說道，「那就是沒有人捨得讓這個夜晚結束。」

◇✶◇

史列辛格對「全能通才」的描述中，有許多令人印象深刻的成就，其中最讓我感到不可思議的，莫過於「拯救尼羅河畔的阿布辛貝神殿」。翻閱那疊厚達十三公分（五英寸）的檔案，了解確有其事之後，我決定直接向迪克求證。

「你真的拯救了阿布辛貝神殿？」

「不是我一個人，」他笑著擺擺手，「我可沒那麼神通廣大。」

厚厚的文件夾詳實記錄了，賈姬與迪克如何攜手拯救這些古蹟。當時，尼羅河上的亞斯文（Aswan）水壩正在興建，水位不斷上升，雄偉的阿布辛貝神殿連同周圍數十座寺廟與雕像，正面臨被湖水吞沒的危機。

美國的決策從一開始便掉入冷戰政治泥淖。艾森豪政府因不滿蘇聯參與亞斯文水壩的建設，拒絕加入聯合國教科文組織（UNESCO）發起的國際保護行動，導致拯救阿布辛貝的計畫陷入僵局。如果缺乏美國的領導與私人捐助，這些珍貴的文化遺產恐將永遠沉沒湖底。

一九六二年，賈姬向總統發出一封緊急備忘錄，闡述拯救阿布辛貝神殿的重要性：「這是尼羅河上最偉大的神殿，建於公元前十三世紀。讓它被水淹沒，如同眼睜睜看著帕德嫩神殿（Parthenon）沉入水底。」甘迺迪收到備忘錄後，將其轉交給迪克，指示他「看看是否有辦法」。然而，遷移這些神殿的成本高達數千萬美元，甘迺迪也向迪克坦言，要成功爭取這筆經費幾乎是不可能的任務。他預測，當時負責撥款的布魯克林國會議員魯尼（John Rooney）肯定會斷然駁回，並吐槽：「這不過是埃及荒漠裡的幾塊石頭，而全美國連一個埃及選民都沒有。」

儘管如此，賈姬與迪克仍合力遊說美國政府，促成了美埃之間「歷代級的等價交換」。埃及政府承諾，凡出資援助的國家，皆可獲贈珍貴文物作為回報，包括雕像、陶瓶、歷史器物，甚至數座小型神殿，具體贈予內容則依捐款規模而定。這項行動今日或許會被視為文化掠奪，但當年它的核心目標正好相反，是拯救文化遺產免於毀滅。不久後，迪克精心編纂了一本大型圖冊，展示即將被淹沒的古蹟，並附上詳細說明，列舉美國若提供援助，可能獲得的「回報」。

阿布辛貝神殿的圖冊整理完畢後，迪克帶著它去見甘迺迪，試圖說服他，唯有總統親自向國會議員魯尼提出請求，才能爭取到這筆關鍵資金。翻閱圖冊後，甘迺迪回應道：「這些都很好，但你覺得當我去找魯尼，跟他要四千萬美元時，他會怎麼說？」他頓了一下，然後模仿魯尼的語氣說道：「『傑克，你瘋了吧！』」迪克早有準備，半開玩笑地奉承道：「想想，拿破崙當年只帶回一塊石碑[79]，你卻能把整座神殿搬到華盛頓。」

甘迺迪沉吟片刻，嘴角上揚：「那就試試看吧。」

「你真是個推銷高手，」我對迪克用圖冊說服甘迺迪的事讚不絕口。我告訴他，年輕時的詹森也曾用類似手法，來吸引忙碌的小羅斯福注意。「不要空談，要展示成果，」這是詹森當年爭取資金為德州荒僻的丘陵地區（Hill Country）引入電力時，所奉行的策略。他帶著照片、設計圖和地圖，生動地展示兩座新建水壩如何輸送電力，並據理力爭：如果政策不變，這些水壩產生的電力將只惠及城市富人，貧困的鄉村地區將繼續籠罩在黑暗之中。最終，說服羅斯福總統出手干預，政策得以改變。

「沒錯，」迪克點頭同意，「但別忘了，甘迺迪當時可不是在安撫我，也不是在討好選民，而是他的妻子！而且，相信我，她可是鍥而不捨的。」

與此同時，賈姬也透過私人社交圈積極尋求慈善贊助者，其中包括義大利實業家阿涅利（Giovanni Agnelli）。迪克隨即跟進，向阿涅利詳細介紹這項計畫，極力遊說他提供資助。

賈姬與迪克的聯手遊說過程中，也不乏幽默片段。賈姬曾在給迪克的一封信中寫道：「阿涅利說他整整一周都在找你，但你卻人在非洲。你一定累死了！！」當時，迪克確實正在非洲，協助推動國際和平工作團的擴展計畫。她接著補充：「無論如何，謝謝你為這一切付出的努力。誠摯感謝，賈姬。」

兩人都清楚，這場行動帶著些許唐吉訶德式的理想主義，因此在打字書信往來中，時常流露自嘲與調侃。例如，迪克在一份備忘錄的開頭寫道：「關於你推動世界文化進步的宏偉計畫，這兒有一些零零散散的想法。」

儘管魯尼仍覺得總統向國會請求資金來拯救「一堆石頭」是瘋狂之舉，他終究是位忠誠的民主黨人。「如果這是你想要的，」他告訴甘迺迪，「我會試試看。」

獲得撥款核可後，賈姬與迪克便著手挑選一座條件與美國挹注資金相符的神殿。他們諮詢了一群埃及學家，逐步篩選合適的選項。最終一致選定丹鐸神殿（Temple of Dendur）。這座神殿約建於公元前十五年，由羅馬統治埃及時期的總督奉獻給埃及女神伊西斯（Isis）。神殿原本設有直通尼羅河畔的通道，無論從建築結構或歷史意義來看，「移植」到波托馬克河畔似乎都再適合不過。

保護阿布辛貝神殿群的工程，遠比最初設想的還要複雜且耗費巨資。這些龐大的雕像與神殿必須被切割成數塊，再於較高的地勢重新組裝。直到甘迺迪去世，這項工程都尚未正式展開，最終由詹森總統接手，確保額外所需的資金順利撥款。

到一九六四年秋天，計畫必須做出最終決策時，迪克已是詹森的白宮成員。他對總統說：「這項計畫，是我應甘迺迪夫人親自請求而投入的，已歷時整整四年。由於她對此事深懷關切，在您正式宣布決定之前，也許應該先與她溝通。」

當額外的一千二百萬美元撥款到位後，迪克為詹森總統起草了一份正式聲明，回顧兩屆政府在這項計畫上的貢獻。詹森在聲明中表示：「這些神殿的建造，遠早於西方文明的誕生。跨越數個世紀，依然

79譯註：一七九九年七月十五日，拿破崙率領的法軍占領埃及期間，意外挖到一顆黑色的大石頭，是羅塞塔石碑（Rosetta Stone）。

向我們訴說著，人類創造永恆之物的能力，足以超越衝突、分歧，乃至歷史本身。我深感欣慰，我們這個世界上最年輕的國家之一，能夠為最古老的文明之一貢獻一己之力。」

賈姬原本希望，將丹鐸神殿重置於波托馬克河畔，以此紀念甘迺迪。但最終這座神殿被安放在紐約大都會藝術博物館（Metropolitan Museum of Art）特別打造的玻璃展廳之中，設置嚴格的環境控制系統，以防止侵蝕損壞。在這片靜謐的空間中，穿過一座砂岩門廊，便可進入一個小庭院，歷經了九千六百公里（六千英里）的旅程與近兩千年的滄桑，精緻優雅的丹鐸神殿巍然矗立。

⋄✶⋄

我們一起回顧迪克在和平工作團的偉大構想，以及他與賈姬在藝術與人文領域的合作時，都感到無比愉悅。然而，當話題轉向甘迺迪總統在民權問題上的退縮，特別是他任命非裔官員的遲疑與猶豫時，輕鬆的氣氛便瞬間消退。

我第一次翻出第一一〇六三號總統行政命令的簽署文件時，一度以為是弄錯了。這項旨在終結聯邦住房歧視的法令，發布日期竟是一九六二年十一月二十日。甘迺迪上任近兩年才簽署？當初的承諾明明是「一上任就立刻發布」。

這是一段充滿拖延與政治算計的故事，迪克無法置身事外。畢竟，早在一九六〇年九月九日，甘迺迪在洛杉磯聖殿劇院發表的民權演說中，迪克便親手寫下這項承諾，明確表示甘迺迪將簽署這項行政命令。

在競選期間，這項住房命令是所有民權承諾中最受矚目的。對民權領袖而言，沒有任何行政行動比這更具意義。正如馬丁・路德・金恩曾說：「正是在住房領域，非裔美國人承受著最殘酷的歧視，被迫困於貧民區，忍受過度擁擠的居住環境。」

「兩年！為什麼拖了這麼久？」我問迪克。

「可以說，」迪克解釋道，「我們那時才了解到執政與競選，根本是兩回事。」

迪克開始細數這一連串延宕背後的種種原因，我能感覺到，他自己對這些解釋也不甚認同。他對洛杉磯那場演說，懷抱難以釋懷的責任感，不僅因為那篇講稿出自他之手，更因為他堅信其中的承諾。迪克始終深信，甘迺迪會履行諾言。他原以為這項行政命令會在總統上任的第一天就簽署，當這未能成真，他又寄望於一九六一年二月十二日林肯誕辰——然而，希望依舊落空。

拖延的理由接二連三，甘迺迪的態度也日漸保守謹慎。房地產業的反對聲浪，比預期更加激烈且棘手。建商紛紛警告，白人不願與黑人為鄰的偏見早已根深蒂固，若強行推動公平住房政策，恐將重創房市，甚至引發經濟衰退。權衡之下，甘迺迪只能選擇延後簽署。

再者，甘迺迪政府正推動成立「城市事務部」（Department of Urban Affairs），並計畫任命非裔美國人羅伯特・韋弗（Robert Weaver）為部長。總統也擔憂住房行政命令可能會進一步激怒南方議員，導致這項新建部門的立法受阻，於是他仍決定暫緩簽署，待法案通過後再行處理。

不料甘迺迪的策略適得其反。不僅公平住房行政命令遲未落實，眾議院程序委員會（House Rules Committee）也拒絕讓城市事務部的法案進入表決程序，導致任命美國史上首位非裔內閣成員的機會徹底泡湯。我忍不住提醒迪克，最終真正推動這項立法、促成「住房與城市發展部」（ＨＵＤ）成立的，是詹森；而真正任命韋弗為首位非裔內閣官員的，也正是詹森。

拖延了長達兩年，甘迺迪在此期間從未動用「絕佳講壇」的影響力，向全民闡釋民權改革多麼急迫。他也未曾將言語化為行動，兌現在聖殿劇院演講中所承諾的，將民權視為「道德良知的重大問題」。

馬丁．路德．金恩對甘迺迪的評價，從第一年的滿懷期待，逐漸轉為質疑甚至悲觀。「選舉期間，為甘迺迪背書時，我印象中的他，擁有智慧、能力，以及我們長久以來期盼的道德熱忱，我相信他能夠帶領國家邁向真正的改變，完成歷任總統未竟的使命。如今，我仍相信他有足夠的理解力與政治手腕，但我擔心，他缺少的，正是那股道德熱忱。」

面對總統缺乏主動作為，民權運動領袖決定從外部施壓。既然甘迺迪曾承諾將「一筆簽下」這道行政命令，他們便發起「把墨水給傑克」（Ink for Jack）運動，將數百支鋼筆與墨水瓶送進白宮，提醒他兌現承諾。

最終，一九六二年感恩節前的周末，甘迺迪選擇以最低調的方式簽署這項命令。藉著一場主軸為外交政策的記者會，悄然發布。與競選時發下的豪言壯語大相逕庭，命令的正式內容經過大幅刪改，力度減弱。儘管如此，金恩仍稱其「朝正確方向，邁出充滿善意的一步」。

草根運動帶來了積極改變，也預言了在接下來的十年間，逐漸崛起、壯大的民意將成為塑造時代的關鍵力量。

與今時今日不同，一九六〇年代仍是政治候選人言出必行的時代。一諾千金，言詞代表承諾，承諾意味著行動。而若有人違背諾言，未來，終將迎來清算之日。

一九六三年五月三日

一九六三年五月三日這一天，被阿拉巴馬州伯明罕（Birmingham）民權運動領袖定為「雙重決戰日」（Double D-Day）。當天，為了抗議餐廳吧檯、百貨公司與其他公共場所的種族隔離政策，一群非裔兒童發動前往市政廳的和平遊行。但是，公共安全專員康納（Eugene "Bull" Connor）竟下令動用高壓水槍、放出警犬，攻擊這些手無寸鐵的孩子。當報紙、照片與新聞影片將這場「兒童十字軍」（Children's Crusade）遭受的殘酷鎮壓傳播到全國各地，數百萬美國人震驚不已。

那一天，徹底改變了我對這個國家的認知。無法相信，這一切竟會發生在我所生活的美國。風波持續延燒，我在科爾比學院的俄語教授拿出了一份《真理報》（*Pravda*）[80]，版面滿是伯明罕的殘暴畫面：消防水槍像槍口般對準兒童，高壓水柱將孩童的身體撞向磚牆，衝擊倒地；警犬撲向一名男孩，死咬住他的腹部；數十名兒童被塞進警用廂型車，押往監獄。我們輪流用俄語朗讀報導內容。當然，文章充滿了蘇聯的宣傳論調，將美國描繪成種族主義者的國度，與蘇聯塑造的「新人類」（無私奉獻於集體利益的理

80譯註：《真理報》（*Pravda*），蘇聯共產黨中央委員會的機關報。

想社會成員）形成對比。但無可否認的是，《真理報》刊登的照片千真萬確，全球都已經目睹。《紐約時報》頭版照片令甘迺迪總統「作嘔」，警察竟將一名男孩推向警犬。這是一旦見證，便無法抹去也無法忽視的歷史瞬間。「伯明罕，如同當年的康科德，」馬丁・路德・金恩說道，「一聲槍響，震動了整個世界。」然而，聯邦政府當時依舊堅持「地方抗議應由地方政府處理，而非由聯邦政府介入」，這與民意完全背道而馳。全國人民愈發意識到，地方官員的暴力鎮壓已遠遠超出必要，也有悖於我們身為美國人的責任義務。

一九六三年六月十一日

伯明罕事件引爆了南方各地的抗議浪潮，短短數周內，從納什維爾（Nashville）、格林斯伯勒到羅利（Raleigh），數十座城市都響應了，成千上萬示威者聚集在實行種族隔離的餐館、旅館與百貨公司門前。混亂場面被一一記錄下來：在和平示威現場，旁觀的白人竟向抗議者丟擲磚塊與雞蛋；非裔高中女生遭到警方揮棍擊中，當場倒地失去意識。民權運動正加速演變為一場革命，而對於甘迺迪政府懷抱善意卻始終模稜兩可的立場，人們的耐心已經耗盡。

六月十一日早晨，馬丁・路德・金恩的公開批評登上報紙：「甘迺迪總統在民權議題上做得還不夠，也尚未展現出解決這一重大問題所需的領導魄力。」

同日上午的電視直播中，阿拉巴馬州州長喬治・華萊士（George Wallace）親自站在校門口，阻擋兩名非裔學生進入阿拉巴馬大學（University of Alabama）。這一幕讓甘迺迪當場做出震驚幕僚的決斷。他打算當晚發表全國電視演說，以支持民權運動，並向外界傳達一個訊息——司法部在部長羅伯特・甘迺迪的領導下，正著手起草一項全面性的法案，確保非裔美國人在學校、餐館、百貨公司、旅館及其他公共場所享有平等權利。

除了巴比外，甘迺迪所有顧問皆持反對意見。他們認為，《民權法案》（*Civil Rights Bill*）仍在草擬階段，時機尚未成熟，而且講稿根本還沒準備好。巴比則堅持，他的兄長可以先看筆記發言，必要時即興發揮。甘迺迪也不為所動。他親自致電三大電視網高層，預訂當晚八點黃金時段的十八分鐘演說時間。隨後，他離開辦公室，去游泳、午睡，索倫森與幕僚們則手忙腳亂地趕工，試圖把總統任內最重要的一篇講稿拼湊出來，但直到攝影機開始運轉，仍未完成定稿。

於是，這場演說不僅成為甘迺迪任內最具震撼力的發言，更是風格最獨特、詞藻最質樸的一次。攝影機緊緊對準他的臉龐，他神情凝重，嚴肅而專注，時而低頭查看筆記，時而即興發揮。儘管偶爾停頓，言辭不夠流暢，甚至有些生硬，然而正是這種不加修飾的真實感，賦予這場演說前所未有的信念與力量：

> 我們所面對的主要是道德良知問題，如《聖經》般歷史久遠，如美國憲法般清晰明確。問題的核心在於：所有美國人是否都應該享有平等的權利和機會？……如果一個美國人僅僅因為膚色較深，就無法在公共餐廳用餐……無法享受我們所有人都渴望的自由與完整的生活，那麼，我們當中又有誰願意和他

交換身分，去承受同樣的待遇呢？……

下周，我將請求美國國會採取行動，兌現本世紀以來尚未真正落實的承諾，徹底消除美國社會和法律中的種族歧視。

半個世紀後再次仔細聆聽這些話，我發現，它與迪克和索倫森當年為全國記者俱樂部起草的演講一脈相承。在全國記者俱樂部，甘迺迪首次承諾將成為一位積極行動的總統。此外，這也讓我想起迪克撰寫的聖殿劇院民權演說，當時甘迺迪誓言要「善用絕佳講壇，喚醒國民對偉大道德問題的認識。」甘迺迪還引用了他與尼克森首場電視辯論中曾使用的數據。透過冰冷的統計數字，有力地揭示種族不平等如何影響黑人與白人嬰兒在受教育、完成大學學業、進入專業領域等方面的機會與發展。

「話雖雷同，」迪克點頭同意，「但重點不僅在於內容，還在於你說出口的時機、用什麼方式表達。」

我們剛剛觀看的電視演說，已不再是競選承諾，也不同於候選人在總統辯論中為爭取支持所發出的激昂言論。這標誌著序幕正式揭開，約翰・甘迺迪將以總統之名，全力推動美國百年來最全面的《民權法案》。

「這讓我想到，我曾在講稿中引用派屈克・亨利（Patrick Henry）的一句話，」迪克說道。「『不自由，毋寧死』，要是在一個繁榮安逸年代、某場商會的年會上說出口，將顯得荒唐可笑。」

伯明罕事件的震撼效應，加上全國民權運動的風起雲湧，使甘迺迪的話語更顯迫切，帶有擊中人心的力量。

「但那個夜晚，真正讓我難以忘懷的不是甘迺迪演說，」迪克說道，「而是艾佛斯（Medgar Evers）[81]在家門口遇害。當時，他的家人正等待他回家，想聽聽他對這場演說的看法。」

一九六三年八月二十八日

我與迪克曾多次身處同一個歷史現場，在同一時間、同一地點，卻始終未曾相遇。「為工作和自由向華盛頓進軍」（March on Washington for Jobs and Freedom）是其中的第一次。大遊行當天，我們的路徑沒有交會，這也不足為奇，畢竟我們只是現場二十五萬名參與者之一。

那個夏天，我即將升上科爾比學院四年級，並在國務院歐洲事務局實習。與迪克不同，我十分享受在國務院的時光。我們這批實習生約有二十人，在這座龐大建築內形成了溫暖的小圈子。雖然大家被分派到不同部門，但仍會定期共進午餐或晚餐。這場遊行，恰好發生在我即將離開華盛頓的最後一周。

我仍記得當天早晨那股緊張又興奮的心情。我與一群朋友步行至華盛頓紀念碑（Washington Monument）集合。這個星期三，所有政府僱員都放假一天——但並非為了鼓勵我們參加遊行；政府反而

81譯註：艾佛斯（Medgar Evers），非裔人權運動家，一九六三年六月十二日遭到白人至上主義者殺害。

勸告大家留在家中，稱遊行有安全疑慮。

當時二十歲的我，自然不會乖乖待在家裡。我和朋友們早在幾周前，便開始規畫參加這場遊行。我們密切關注新聞報導，看到全國各地的巴士、火車與私家車如潮水般湧向華盛頓，載著成千上萬的示威者，為支持民權運動而來。我們都堅信，這場遊行將成為這個夏天最經典的時刻。

華盛頓已進入緊急狀態。周三上午搭乘巴士和火車抵達華盛頓的遊行群眾，必須在當晚離開市區。各大醫院取消了非緊急手術，以騰出病床，預防大規模傷亡事件發生。華盛頓參議員隊[82]的棒球賽事延期，所有酒吧和酒類販賣店也暫停營業。我們得知，當局還動員了兩千五百名國民警衛隊成員，以增援整個華府警力，而波托馬克河對岸還有四千名士兵整裝待命。前一晚，父親打電話給我，他看了新聞報導，得知華盛頓對這場遊行嚴陣以待，所以打來關心我的安全。

「回頭看，你不覺得這些限制和對混亂的預期有些誇張嗎？」我問迪克。

「甘迺迪擔心的是，萬一局勢失控，不但《民權法案》可能難產，整個政府都可能陷入危機。」迪克答道。

迪克想起史列辛格對那年夏天白宮與民權領袖會議的描述。當時，馬丁・路德・金恩（Martin Luther King Jr.）、蘭道夫（A. Philip Randolph）、威爾金斯（Roy Wilkins）、惠特尼・楊（Whitney Young）[83]等人齊聚白宮內閣會議室（Cabinet Room），共同討論遊行計畫。會上，甘迺迪直言，他認為這場遊行最終可能會是一個錯誤。為了更完整還原當時的情境，我查閱了史列辛格在《日記》（*Journals*）中的記載。這本書極具參考價值——畢竟，史列辛格不僅是白宮高級幕僚，同時也是傑出的歷史學家。

「我們需要的是真正在國會取得成功，而不是在國會大廈前上演大秀。」甘迺迪說道。（最初的計畫是遊行至國會大廈。）「如今，我們已進入新的階段——立法階段，成果才是關鍵。我們應該給國會一個公平的機會，讓他們展現自己的決心。」

但蘭道夫反駁道：「黑人已經走上街頭了，現在要讓他們撤回去，恐怕已經不可能。」既然反種族隔離運動勢不可擋，「不如由民權組織來引導，使抗爭更有紀律、有方向，豈不是更好嗎？」

讀到蘭道夫這句話時，我想起林肯曾經說過，解放黑奴的大勢無法逆轉。根據林肯友人斯威特（Leonard Swett）的回憶：「他自始至終篤信，奴隸制度的動盪與抗爭終將導致其崩潰，任何試圖阻擋這股洪流的人，都將被它無情吞噬。」林肯認為，時機就是一切，真正的挑戰在於，當歷史的齒輪開始轉動時，我們是否站在正確的位置，並做出正確的選擇。

根據史列辛格的記錄，金恩在會議結束前坦承，這場遊行或許會被視為「時機不對」，但他隨即補充：「坦白說，每次我發起行動，總有人質疑時機不對。」在金恩看來，這場遊行的時機恰到好處。

---

82 譯註：美國職棒歷史上有三個華盛頓參議員隊：最早的華盛頓參議員隊於一八九二年創立，並於一九〇〇年解散；第二支存續於一九〇一年起至一九六〇年間，後搬至明尼蘇達改名雙城隊沿用至今；而自一九六一年起至一九七一年間叫華盛頓參議員隊的是如今的德州遊騎兵隊。

83 譯註：此處提及的人名均為美國重要民權領袖。金恩是牧師，主張以非暴力的公民抗爭爭取非裔美國人的權利，一九六四年獲得諾貝爾和平獎；蘭道夫領導第一個非裔美國人的工會組織——臥鋪搬運工兄弟會（BSCP），是早期美國民權運動重要推手；威爾金斯則領導全國有色人種協進會（NAACP），是許多民權運動的核心人物；惠特尼．楊則領導全國城市聯盟，致力於消除美國的就業歧視。

「活動將震撼全國，讓那些從未親眼見過種族歧視現況的人，真正意識到問題的嚴重性，進而激發更廣泛的支持。」

籌備工作持續推進。甘迺迪擔心隊伍遊行至國會大廈，會被視為對國會的「施壓」，為了緩解他的顧慮，最終決定將集會地點改至林肯紀念堂。我認為，這個安排再合適不過，一場爭取自由的遊行，理應在林肯的守護與注視下進行。

「你當時被明令禁止參加遊行嗎？」我問迪克。

「沒有明令禁止，」他回答，「但確實不鼓勵。」

「那你最後怎麼做？」

「我拉上莫耶斯，直接前往林肯紀念堂。」

就這樣，素未謀面的我們，同時身處這一歷史時刻。我是國務院實習生，迪克則是和平工作團的秘書長，我們與人海匯流，彷彿與全世界同行。從華盛頓紀念碑出發，向倒影池（Reflecting Pool）前進，沿著階梯，走向林肯紀念堂。

想要完美還原那歷史性的一天，並非易事。遊行隊伍的壯闊景象，早已成為美國文化經典的一幕。儘管我們研究了無數相關報導、紀錄片與歷史照片。但這段歷史如同一幅經歲月沉澱的畫作，不斷因應時代的詮釋與需求覆蓋上層層油彩。要剝除修飾，回溯最初的原貌，幾乎是不可能的。

那麼，對我來說，記得最清楚的是什麼？

最深刻的記憶，首先是那震撼人心的氛圍，以及當我們在華盛頓紀念碑附近集結、準備出發時，我內心翻湧的情感。我領到了一枚圓形徽章，上面寫著：「為工作和自由進軍」（March for Jobs and Freedom）。我還挑選一根手舉標語牌，上面印有：「天主教徒、新教徒與猶太人，團結奮鬥，爭取民權。」萬頭攢動，沿著倒影池緩緩前行。有人攀上樹枝觀看，有人將雙腳浸入水中，試圖在悶熱天氣裡稍作消暑。而我，別著徽章，手持標語，放聲歌唱，不僅見證歷史，也創造了歷史。邁向林肯紀念堂的路上，一股強烈的感覺占據心頭，我不再是孤立的個體，而已經與偉大的集體意志融為一體——肩並肩，共同朝向充滿美好的所在。

或許，有人會對年輕的熱情嗤之以鼻，認為不過是天真的理想主義。但當時的情感真切而深刻。遊行開始時，我還在好奇，隊伍中白人的比例是多少（後來的估計是二〇%）。但傍晚回到霧谷（Foggy Bottom）的住所時，這個問題早已被我拋在腦後。那一天，我見證並親身參與了更美好的世界，不再思考黑與白的區別。我懷著忐忑的心情踏上遊行，而當一切結束時，我的內心被眾志成城、前所未有的歸屬感深深觸動，這是我人生中最棒、最難忘的一天。

如先前所述，迪克熱愛歌唱，隨時隨地都可能即興吟誦各式民謠與敘事詩。當我問他，對於當天馬丁．路德．金恩的〈我有一個夢想〉演說，印象最深刻的部分是什麼時，他毫不猶豫地朗誦出「讓自由之聲響遍每個山崗」的那一段：

「讓自由的鐘聲響徹新罕布夏州巍峨的山巔，讓自由的鐘聲響徹紐約州雄偉的群山，讓自由的鐘聲響徹賓夕法尼亞拔地而起的亞利加尼山脈（Alleghenies），讓自由的鐘聲響徹科羅拉多州白雪皚皚的洛磯山（Rockies），讓自由的鐘聲響徹加州起伏婉轉的山坡。不僅如此，讓自由的鐘聲響徹喬治亞州的石山

（Stone Mountain），讓自由的鐘聲響徹田納西州的遠望山（Lookout Mountain），讓自由的鐘聲響徹密西西比州每一座丘陵、每一片土坡。讓自由的鐘聲從每一座山巒傳遞，讓自由的鐘聲響徹四方！」

良久，迪克低聲說道：「金恩在我們眼前鋪展出一幅全國性的自由藍圖。這場遊行使民權運動勢如破竹，從南方燎原，席捲北方，從東岸蔓延，直抵西岸，最終照亮整個美國。」

「這不是一般的演講，」迪克繼續說，「也不同於傳統的布道，儘管黑人教會式的韻律感貫穿整篇演說。這是千載難逢的時刻，理想與使命鑄就一場國家級運動的靈魂。」

遊行進入尾聲，我們所有人手牽著手，高舉雙臂，齊聲唱起：《我們一定會勝利》（We Shall Overcome）[84]。這首長久以來為民權運動抗爭者帶來勇氣與信念的歌曲，在那一刻，將我們所有人連結為一體。對迪克與我來說，是整場遊行中最震撼心靈的瞬間。

一年半後，這蕩氣迴腸的合唱，將作為精髓再度回響在迪克最重要的一篇演說之中。

一九六三年九月

回到校園，大四的我第一次對擘畫好的未來產生動搖。我已申請研究所，打算攻讀國際關係與外語，未來或許會投身外交領域。我在國務院的上司甚至提名我申請傅爾布萊特獎學金（Fulbright），前往布魯塞爾與巴黎深造。我從未踏出國門，這些未來的可能性令我興奮不已。然而，參與那場遊行之後，一種模糊卻揮之不去的念頭開始滋長。我渴望參與這片土地上的重大變革。

當年，遊行的餘波與民權運動的擴展，同樣在科爾比學院激起漣漪，引發針對兄弟、姐妹會種族歧視的改革運動。學生與教職員共同組成的「反歧視聯合委員會」向校方與董事會提交提案，要求未來兩年內，所有兄弟、姐妹會須承諾，在會員遴選上不得考量種族、宗教或國籍。這段緩衝期將使全國總會有時間修改章程與招生政策，消除內部的歧視性條款。若逾期仍不作調整，校內分會則須與全國組織脫離關係。這項提案最終獲得全體教師、校方管理層與董事會的正式支持。

同年秋天，來自田納西州納什維爾的三連德爾塔姐妹會全國會長佩瑞夫人（Mrs. J. L. Perry），致函科爾比學院校長，宣布正式終止與該校長達五十七年的合作關係。她在信中宣稱，由於「科爾比學院姐妹會的運作標準，違背我們組織的原則，」而被迫做出這項決定。這封公開信的發布是我們本地反歧視鬥爭的勝利！

「哦，對，三連德爾塔，」這場鬥爭源於我們分會錄取特納為首位非裔成員，談起這件事時，特納本人倒是才想起來。幾年前，我曾與特納及她的丈夫范．瓊斯（Vann Jones）有過一次交談。范．瓊斯是一名醫生，畢業於康乃爾（Cornell）與霍華德醫學院（Howard Medical School）。我和他們聊到了工作、孩子，以及在科爾比學院時的共同朋友，卻從未提過三連德爾塔的往事。

後來，在一次電話中，我問特納，對於我們姐妹會被全國總會除名的事，她印象最深刻的是什麼？

84 譯註：《我們一定會勝利》（We Shall Overcome），一九六三年八月二十八日「向華盛頓進軍」的主題歌，是美國民權運動的知名頌歌。

她說，起初確實感到難過與不自在。「我曾以為，新英格蘭的文理學院應該會是我的避風港，不被外界種族動盪所波及。但全國總會的勢力，終究延伸到了我們這個小小團體。當時，我擔心會不會有女孩怨恨我的加入，導致她們失去三連德爾塔的正式會員身分與社會地位。但事實上，沒有人動搖。所有人都站在同一陣線上，團結如初，最終還打造了更強大、更有歸屬感的本地姐妹會。現在，每當我講起這段往事，都會將它視為榮譽勳章。」

「榮譽勳章」這個概念——在我們畢業典禮上，兩度參選總統的美國駐聯合國大使史蒂文生，發表了一段振聾發聵的勉勵致詞，便是以它為主題。

「我們這些老人，若忽視當今的美國學生，特別是若漠視他們參與推動美國民權與人權的偉大鬥爭，終將自食其果，」史蒂文生開場時說，「如今，連入獄都不再是恥辱，而是一種值得驕傲的成就。」隨著他的話語，一幅幅鮮明的畫面浮現腦海：自由乘車運動、靜坐抗議、警犬撲咬、強力水柱鎮壓，以及伯明罕那些和平示威者被押送入獄的場景歷歷在目。

接著，他說出一句占據隔天《紐約時報》頭版頭條的話：「或許，我們將會看到，在這個熱愛法治的國度，未來競選公職的人，不再以他們清白無瑕的紀錄為豪，反而以他們曾經坐牢為榮。」這段致詞並非常見的陳腔濫調，當史蒂文生談及我們肩負參與公共事務的責任，強調「我們有責任直面這個時代最迫切的議題，並為它發聲」，我感覺這番話是正對著我說。

後來，我放棄了剛獲得的傅爾布萊特獎學金，選擇直奔哈佛攻讀美國歷史與政府，會是這個瞬間促使的嗎？還是我的決定，其實早在科爾比學院對抗三連德爾塔全國總會時，就已悄然萌生？又或者，是因為華盛頓大遊行的餘韻，始終縈繞心頭？我唯一確定的是，我想留在美國，親身參與這場史蒂文生口中的「浩大社會革命」、「推動民權與人權的偉大鬥爭」。

伯明罕事件與華盛頓大遊行之後，為國際和平工作團奔走各地的迪克，發現無論身處巴西、玻利維亞、多明尼加、非洲、以色列或英國，當地人最關心的議題莫過於美國政治、和平工作團，尤其是民權運動。在英國劍橋大學（Cambridge University），他遇見了「一群認真誠懇的學生，似乎比上一代人還要關心世界局勢」，目光緊盯著美國正在發生的一切。這讓迪克深感欣慰，並在旅途中感嘆道：「其實，世界各地的年輕人都一樣呢。」

與海外年輕人交流愈多，歸國的渴望愈發強烈。華盛頓大遊行讓迪克萌生衝動，思索是否應該離開政府體制、直接投身民權運動。在他看來，這不僅是當代最重要且最迫切的議題，更是推動深刻變革的關鍵所在。「我想要親手做出貢獻，」他告訴我，「我想回家。」

誰也沒想到，讓迪克真正回到美國的契機，源自他與賈姬、史列辛格一起籌畫諾貝爾獎晚宴、保護阿布辛貝神殿的緣分。那段時間，白宮開出了一個新職缺——總統藝術事務特別顧問（Special Consultant on the Arts）。賈姬請迪克幫忙物色適合人選。

「我認為，比起知名卻老態龍鍾的人，充滿活力的年輕人更適合擔任這個職位，」迪克在備忘錄中回覆賈姬。「這個人應該既聰明，又對藝術懷有真正的熱情，能與藝術家、博物館館長對話，並在政府內發揮實際影響力。這樣的人遠比擅長公開演說卻對體制運作一無所知的名人來得合適。」

「哇，簡直就是在形容你自己！」賈姬驚呼道。

賈姬與史列辛格確認迪克確實有意接下此職位後，便向甘迺迪提出建言。總統對於讓迪克回到白宮的主意喜出望外，便下達行政命令，成立「國家藝術委員會」（National Council on the Arts），由總統特別顧問負責管理。委員會成員將從文學、詩歌、繪畫、建築、音樂、戲劇、舞蹈與電影等藝術領域精心挑選，力求匯聚各界翹楚，達到完美平衡與互補。迪克的任命及委員會成員名單將同步公布。

「這是美國歷史上第一次，擁有專責藝術各個面向的官方政府機構。」簽署行政命令時，甘迺迪如此宣告。

甘迺迪自始自終深知，藝術是具有重大政治影響力的工具，尤其在外交政策上，能夠對外展現美國文化，並促進國際對美國的理解。他敏銳地察覺到美蘇之間的文化競爭日益激烈。當蘇聯透過精心策畫的文化外交，將芭蕾舞團與交響樂團的活動輸往拉丁美洲，美國國務院卻大幅削減了類似的文化交流活動。無庸置疑，我們正逐漸在這場「文化冷戰」中落於下風。

不過，迪克決定擔任藝術委員會特別顧問，令不少同僚費解。與國際和平工作團擁有的寬敞總部與龐大團隊相比，藝術委員會的資源與預算顯得微不足道。

「你為什麼會想接這份工作？」我問迪克，其實自己也有些納悶。

「一份工作的關鍵在於你能賦予它什麼價值。」迪克毫不遲疑地回答。

很久以前，我就聽詹森說過一模一樣的話。他曾對我談及，自己如何憑藉戰略眼光，將看似不起眼的小職位——比如大學校長的信差，或國會議員的秘書——化為影響力倍增的舞台。早年曾與詹森共事的幕僚回憶，他擁有過人的「想像力，總能想出新方法，突破既有的限制和藩籬，拓展工作職位的格局。」

「最重要的是，」迪克說道，「我想回到那個充滿魔力的圈子，回到白宮。甘迺迪賞識多才多藝、願意迎接挑戰且隨機應變的人才。那獨特的用人哲學塑造了整個政府團隊，使一切皆有可能，任何事情都可能發生。而且，距離下一場選舉，只剩一年了。」

十月，隨著藝術委員會的籌組如火如荼展開，迪克對藝術政策的構想也逐漸成形——遠遠超越單純的文化、劇院或博物館補助——他重新思考「藝術」的定義，並將其延展至更廣闊的層面，不僅包括傳統藝術，還涵蓋自然環境之美，甚至涉及城市美學的復興。

「沒多久，」迪克笑道，「藝術的概念，被拓展為一個健康社會不可或缺的核心要素。最終，在這個日益繁榮的美國，它與人類尊嚴、社會正義等基本價值緊密相連。」

十一月伊始，迪克滿懷希望與幹勁，準備重返白宮。他甚至時隔十多年，重新打開日記，記錄下一九六三年十一月底那些充實而快樂的日子。字裡行間躍動著對未來的憧憬。

一九六三年十一月二十日

星期三，總統伉儷準備前往德州展開初步競選行程的前夕，迪克來到橢圓形辦公室，與甘迺迪討論藝術委員會的最後幾位人選。甘迺迪同意他的提議，並親自增補了一位長期支持政府的重要人士，使委員會成員達到四十人。迪克在日記中提到，當天他向總統簡要分享自己對藝術政策的初步構想。「不應該只是公關手段，不該只是關心誰來白宮參加晚宴之類的事，」他進一步解釋：

藝術委員會應該關注整個社會的美學發展，涵蓋我們的城市景觀、環境美感，以及更廣義的藝術推廣。我認為，環境美學可以成為他施政的一大標誌，正如環境保護之於老羅斯福。

甘迺迪回應：「這是個好主意，就這麼辦吧。」

當天下午，迪克再次來到橢圓形辦公室，這次與史列辛格陪同一群拉丁美洲大使與知識分子與甘迺迪會談。近期，迪克與史列辛格都曾向總統提交備忘錄，指出「爭取進步聯盟」亟需更具魄力與遠見的領導，才能打破國務院內部的官僚僵局。迪克在備忘錄中寫道：「和平工作團已經證明，當海外計畫擁有足夠的創意與專業時，可以產生多麼深遠的影響。相比之下，爭取進步聯盟的規模更大、更令人振奮、更具吸引力，沒有理由不能吸引同等甚至更優秀的人才。」他們建議，應由施賴弗或巴比接掌這個項目，以強化領導力。

迪克在日記寫道，拉丁美洲大使們在會議上也表達相同擔憂，認為國務院官僚已成為推動計畫的絆腳石。當甘迺迪詢問解決之道，其中一位大使開口，強調總統應該任命一位真正有分量的人選，例如，他的兄弟。而甘迺迪如此回應：

我都快沒有兄弟人手可用了……不過，既然你們要去見巴比，何不乾脆直接問問他？後來，他們確實向巴比提議了，而巴比認真考慮後說：「我確實很想做些類似的事情……我很感興趣。」

十一月二十一日星期四

迪克即將獲得任命的消息，悄悄流傳開來。周四晚間，《紐約時報》文化記者來電，這次通話也被迪克寫在日記裡了：

他告訴我，他正在撰寫一篇報導，預計明天出刊，內容是關於我即將被任命為『藝術事務顧問』，還會附上一篇新聞人物專訪。我告訴他，他可能弄錯了，因為這件事尚未定案。但顯然，他的消息來源對此言之確鑿，所以完全不理會我的反駁，開始問一些關於我的個人問題，準備寫人物專訪。既然無法避免新聞刊登，我索性坦然回答，至少確保這篇文章能寫得好一點。

迪克隨後致電正在德州隨行總統的白宮副發言人基爾達夫（Malcolm Kilduff），通報這則突如其來的消息。幾個小時後，基爾達夫回電，當時迪克正在參加一場為拉丁美洲藝術家與知識分子舉辦的晚宴。基爾達夫轉達了總統的指示，希望他準備一份正式聲明，並於翌日發布。迪克在日記中寫道：

我答應了，然後回到晚宴，直到凌晨四點才回家休息。想著明天就不進白宮了，留在家裡補個覺（這周行程滿檔，每晚都在外），順便處理藝術委員會的事，還有草擬聲明。

十一月二十二日星期五

經歷前一晚的狂歡，迪克昏昏沉沉地起床。第一件事就是抓起《紐約時報》晨報，迫不及待地翻找「新聞人物」（Man in the News）專欄，看看自己被如何報導。

文章對我的評價相當正面，少了過去報導中時常夾帶的譏諷嘲弄。照片也拍得很好，整體基調和呈現也很到位。

這篇報導後來成為迪克的珍藏之一。內容確實對他讚譽有加，稱他是「新邊疆的青年才俊」，年僅三十二歲累積的成就，已遠超許多人一生所能及。一位華府政治觀察家評論道：「他的思維極為敏捷，能迅速洞悉要點，領悟新觀點。無論哪裡正在醞釀新思潮，他總能憑直覺走在最前沿。他也贏得了許多拉丁美洲政要的敬重與感激。」

過去，「爭議性」與「才華橫溢」這兩個詞，總是同時出現在評價迪克的報導中。但這篇專訪的重點卻不同，特別強調「迪克是總統能夠自然而然信任，並親近倚賴的人選。」

迪克對報導十分滿意，下午便全情投入工作，愉快地完成了白宮即將發布的正式聲明草稿。他還計畫補充幾位藝術委員會成員的名字，確保名單順利送達負責處理的人手中，不會被耽誤或弄錯。

於是他拿起電話，撥給白宮秘書處，告訴對方他已經準備好聲明。這時，電話那端突然傳來顫抖而哀痛的聲音：

「噢！古德溫先生，您不知道嗎？總統已經去世了。」「什麼？」我問道。她接著說：「是的，他在德州遇刺……有人開槍擊中了他……他死了。」

「政治有如萬花筒，瞬息萬變，」一九〇七年，老羅斯福在寫給姐姐安娜（Anna）的信中如此告誡。無論是回顧個人生活還是政治生涯，老羅斯福始終認為人生如同萬花筒，只需輕輕一轉，局勢便可能瞬間逆轉——或開啟機遇，或封鎖前路；或照亮前景，或讓未來陷入晦暗。

年僅二十三歲的妻子驟然離世，而母親也在同一天、同一屋簷下辭世，這場雙重打擊讓老羅斯福一度認定，自己再也無法愛人。他曾寫道：「無論是喜悅或悲傷，我的人生至此已然走到了盡頭。」沒料到，三年後，他再次墜入愛河，迎來幸福而長久的第二段婚姻。

我所研究的這些歷史人物，經歷跌宕起伏的一生，但其實他們的際遇與一般人並無二致。差別僅在於，他們的故事被放大，化為舞台上無人不曉的戲碼，且影響力不僅止於個人，更能撼動國家，乃至世界。

以老羅斯福和詹森為例，這兩位精力無限的政治人物都曾在副總統職位的束縛下感到極度壓抑，認為自身處境苦悶得幾乎無法忍受。「我什麼事也做不了，」老羅斯福坦言，「甚至覺得自己毫無存在價

一九六三年十一月二十四日，迪克在哀悼民眾和儀隊之間，見證甘迺迪總統的靈柩自白宮移靈至國會山莊。

值。」同樣地，詹森也憂心忡忡，害怕自己已走到了政治生涯的盡頭。

然而，當萬花筒發生最劇烈的一轉，束縛這兩名副總統的「牢籠」轟然炸開。在世界博覽會的歡迎隊伍中，總統麥金萊與民眾逐一握手之際，一名無政府主義者藏在手帕下的手槍伺機開火；多年後，達拉斯（Dallas）晴朗的天空下，甘迺迪總統的車隊駛過德州教科書倉庫大樓，拐進迪利廣場（Dealey Plaza）時，命運的齒輪再度轉動。

一九六三年十一月二十二日

「我不知道該怎麼辦，」迪克說道。甘迺迪遇刺當天紛亂的思緒，寫在他的日記裡。

我唯一的反應，就是穿上衣服直奔白宮。那裡一定會有人，一定有事發生，我需要了解情況。開車前往白宮時，我緊握方向盤，全神貫注地盯著前方的道路。城市一片寂靜，看不出任何異狀。我腦中思緒翻湧。賈姬、巴比、詹森繼任總統、我的未來。但在這一切思緒縫隙之間，最清楚也無可迴避的事實是，他死了。

「但當時你還沒在白宮工作，也沒有辦公室吧？」我問迪克。

「我不知道還能去哪裡，」迪克回答。「我沒有想太多，我只是需要有人陪伴，也想幫點忙。」

剛抵達白宮時，迪克原本還擔心自己的出現是否顯得唐突，但這種顧慮很快煙消雲散。正在主持喪禮籌備的施賴弗深知，在甘迺迪任內白宮最後、也最黯淡的時刻，他可以信賴迪克的協助。

施賴弗最重要的指示是實現賈姬的心願，讓甘迺迪的靈柩停放在東廳[85]，並盡可能還原百年前林肯遇刺後在白宮停靈時的陳設。短短幾分鐘內，迪克便從內閣會議室翻找出卡爾・桑德堡（Carl Sandburg）[86]撰寫的林肯傳記，找到對靈柩陳設的描寫：棺槨安放在靈柩台上，「上方覆以層層交疊的黑絲與黑紗華蓋。」

更多細節仍有待補充。迪克聯繫史列辛格，設法說服相關人員，讓已關閉的國會圖書館破例開放，以尋找記錄林肯停靈東廳的文獻與圖像。不出一小時，《弗蘭克・萊斯利新聞畫報》（*Frank Leslie's Illustrated Newspaper*）[87]與一八六五年五月六日的《哈潑周刊》（*Harper's Weekly*）送抵白宮。迪克將這些石版印刷圖稿在施賴弗與小型治喪團隊面前攤開，眾人決定，不必照搬當年圍繞林肯棺槨的維多利亞式黑紗帳篷，而以簡約擺設營造同樣莊嚴肅穆的氛圍。

這支小型團隊包括甘迺迪家族的摯友沃頓（Bill Walton）[88]和馬克漢姆（Dean Markham）[89]，迪克與他們齊心協力，在邁爾堡（Fort Myer）找到一座與林肯棺槨所用靈柩台相似的款式，緊急安排運往白宮。同時，他們挑選了更為素雅的燭台，而施賴弗則吩咐人從自己臥室取來十字架，擺放在棺木上。簡單的花卉也已安排妥當，請來曾為賈姬翻修家具的裝潢師傅協助布置。但是，正如迪克日記裡所寫：

「一切都進行得很慢。」

搭載已故總統，包含賈姬、詹森及整個總統隨行團隊的專機，預計傍晚六點降落安德魯斯空軍基地（Andrews Air Force Base）。巴比將在機場迎接賈姬，隨後陪同她前往貝塞斯達海軍醫院（Bethesda Naval Hospital）[90]，進行遺體相驗與防腐處理。等到他們深夜返回白宮時，一切必須準備就緒。

時間一分一秒逝去，靈柩台仍未送達。我致電軍方辦公室，追問下落。他們立即追蹤，派人查找，

---

85 譯註：東廳為白宮最大廳室，可容納三百位嘉賓，歷來用於舉辦大型舞會及各類國事慶典。
86 譯註：卡爾・桑德堡（Carl Sandburg），美國詩壇巨擘、歷史學家、傳記作家，曾三度榮獲普立茲獎，詩作與林肯傳記皆獲肯定。
87 譯註：《弗蘭克・萊斯利新聞畫報》（*Frank Leslie's Illustrated Newspaper*），美國插畫新聞雜誌，一八五五年創刊，一九二二年停刊。
88 譯註：沃頓（Bill Walton），記者和抽象主義畫家，一九六三年至一九七一年擔任美國美術委員會主席。
89 譯註：馬克漢姆（Dean Markham），羅伯特的朋友與美式足球隊友，當時擔任美國司法部組織犯罪司檢察官。
90 譯註：貝塞斯達海軍醫院（Bethesda Naval Hospital），位於華盛頓特區，自小羅斯福以來，因長期為美國總統提供醫療服務而享有「總統醫院」美譽。

確認靈柩台已從邁爾堡出發。我口氣嚴厲地說：「馬上就要派上用場，務必立即送達。」不久後，靈柩台終於抵達。我們將它放置在廳室的正中央。黑色基座，黑色立架，默然矗立。

隨著飛機抵達的時間迫近，布置團隊不斷擴大。「我們擔心無法及時完成，」迪克告訴我。於是，眾人紛紛自願投入——施賴弗、史列辛格、白宮管家，就連總統的馴犬師也動員起來。每個人都全力以赴，在梯子上來回攀爬，將黑色紗幔懸掛在吊燈上；嘴裡咬著圖釘，手握鐵錘，專注地在入口處、窗戶和門廊上細心裝飾黑色布幔。

東廳布置即將完成時，施賴弗、迪克及幾名助手走向白宮正門門廊。此刻，街頭已經擠滿大批民眾。然而，東廳儀式僅限親友參加，公眾須等到周末才能在國會大廈圓形大廳（Capitol Rotunda）瞻仰靈柩。在街頭守候的人們，終究無緣親眼見證，東廳內重現百年前林肯停靈的肅穆景象。

「是該讓人們留下紀念，」施賴弗若有所思地沉吟。「我知道，總統其實不會回來了，但我仍希望營造出回家的氣氛。」當時，白宮庭院一片昏暗，施賴弗想起，賈姬曾在白宮舉行宴會時，以小火盆點亮庭院。於是，團隊緊急找來一批公路警示火盆，迅速運送至白宮，並沿著車道弧形排列，溫柔地照亮通往北門廊（North Portico）的道路。

布置成果恰如其分。威廉・曼徹斯特（William Manchester）在《總統之死》（*The Death of a President*）書中形容當時的景象：「火光映照車道，黑色喪幔襯托潔白圓柱，帷幕遮掩大門。籠罩在深沉哀悼中的東廳，已準備就緒的靈柩台，靜待棺槨的到來。」

然而，仍有一個問題尚未解決。迪克在日記中寫道：

外圍護衛隊仍未抵達。施賴弗與我，皆嚴厲催促〔海軍副官〕謝潑德上尉（Captain Shepard）盡快處理。他隨即下令，從第八街與I街的海軍陸戰隊軍營[91]調遣部隊。最終，士兵們在棺槨抵達前幾分鐘趕到。

我不禁驚嘆於團隊的效率。凌晨四點三十分，一切井然就緒。總統靈柩在夜色中歸來，迎接他的是被火光溫柔照亮的府邸。這場莊嚴的回家儀式，僅為唯一的觀眾──總統遺孀──而安排。東廳，曾是甘迺迪宣示「爭取進步聯盟」、歡迎諾貝爾獎得主的華麗殿堂，如今化作一方肅穆空間，迎接遇刺殞命的總統最後一次歸來。

在這場不對外開放的私人儀式中，迪克親眼見證了那一刻。他的記述簡潔直白，卻讓人彷若置身其境。

我在白宮正門門廊等候，想親眼看到靈車駛入。它出現了，黑色車影在深夜裡浮現，車燈劃破黑暗，護衛隊開始行進。我立刻轉身，穿過後門奔回東廳，在遠遠的角落裡站定──我們事先約好要站在

91 譯註：華府海軍陸戰隊軍營（Marine Barracks Washington, D.C.），又稱「8th & I」，由傑弗遜總統於一八〇一年創立，是美國海軍陸戰隊最古老的基地，負責首都的禮儀和安全任務。

那裡。賽林傑、史列辛格、沃頓、鄧根（Ralph Dungan）[92]，所有整夜未眠的夥伴都已在場。

靈柩緩緩穿過門扉。他就在那裡，在那口棺槨裡，已然逝去。他們將棺槨安放在靈柩台上。甘迺迪夫人與巴比佇立一旁，她的目光凝望前方，神情美麗而令人心碎。

她緩步走向棺槨，跪伏於靈柩台前，側過頭，避開我們的視線，將臉頰輕輕貼上覆蓋棺槨的國旗。她的雙手撫上旗幟，停留片刻，然後起身，在巴比的攙扶下離開。我們其餘的人仍然站在原地，無聲地落淚。

清晨約莫五點十五分。我開往史列辛格家，與他對坐小酌，言談間彼此安慰。離開時，太陽已經升起，回到家時將近六點半，我匆匆躺下小憩，八點半起身，換上衣服，再度趕回白宮。

⋄✶⋄

迪克在日記中記錄了隔日上午的點滴。

周六整天忙於籌備葬禮。賈姬親自指示，移靈至葬禮現場時，所有人務必徒步送行。她還希望，屆時墓地能響起風笛聲——由空軍風笛樂隊演奏。最終，「黑衛士」（Black Watch）[93]風笛手、愛爾蘭衛隊（Irish Guard）[94]都安排前來，他們的表演將成為儀式的一環。同時，消息傳來，多國元首將會出席葬禮。據說戴高樂（Charles de Gaulle）抵達時，稱自己是應「法國小民」之請而來。

我們持續喝著不斷送來的咖啡，接著又吃了幾份三明治。我還特地去找白宮醫生特拉維爾（Janet

Travell），拿了幾顆德塞美（Dexamyl）[95]。她要我躺下休息五分鐘，我說沒時間，吞下藥丸後便倉促離開。

籌備團隊精疲力盡，幾乎被手上的任務吞噬。在整理受邀出席使徒聖馬太大教堂（Cathedral of St. Matthew）彌撒的外國領袖名單時，施賴弗頓時驚覺，他們竟遺漏了三位仍在世的美國前總統——胡佛（Herbert Hoover）、杜魯門和艾森豪。

星期天早晨，覆蓋國旗的靈柩準備抬上彈藥車[96]前往國會大廈，供民眾在圓形大廳瞻仰時，施賴弗接到一通電話，得知刺殺總統的嫌犯即將被轉移至達拉斯郡監獄（Dallas County Jail）之際，卻在達拉斯警局地下室遭到擊斃。「有人剛剛開槍殺死了涉嫌暗殺總統的歐斯華（Lee Harvey Oswald），」施賴弗向眾人宣布，卻無人作聲。「我們只是繼續忙自己的事，」迪克後來在受訪時回憶道。「即使有人告訴我

---

92 譯註：鄧根（Ralph Dungan），是甘迺迪政府與天主教會間的重要聯絡人，後於詹森政府任駐智利大使。

93 譯註：「黑衛士」（Black Watch），編制源於十八世紀的英軍蘇格蘭兵團，擁有悠久的風笛鼓樂隊傳統。

94 譯註：愛爾蘭國防軍（Defence Forces）第三十七屆軍事學院學員應賈姬之邀，出席甘迺迪總統國葬。甘迺迪一九六三年六月訪愛爾蘭時曾觀看過其閱兵儀式，讚賞這是他見過最優秀的儀隊。

95 譯註：德塞美（Dexamyl），結合了安非他命與鎮靜劑的複方藥，曾廣泛用於抗憂鬱、提神、減肥等用途，具有成癮性。

96 譯註：運送大砲與彈藥的軍用車輛，後也用於國葬儀式中載運靈柩，最早可追溯至拿破崙時期，美國自林肯以來亦沿用此傳統。

〔德州州長〕康納利（John Connally）被指控涉案，我恐怕也沒空在意。」

迪克對我說：「事後回想，那時數百萬人緊盯電視螢幕，關注槍擊後的混亂局勢，而我幾乎將外面的世界拋在腦後，甚至忘了我們已經有了新總統——詹森可不是容易被忽視的人。對我而言，當下唯一重要的事，就是設法在不到二十四小時內，將賈姬心心念念的永恆火焰安置在阿靈頓公墓（Arlington Cemetery）的總統墓地旁。」

在陪伴丈夫前往國會圓形大廳的途中，賈姬忽然想起，自己曾在巴黎凱旋門（Arc de Triomphe）無名烈士墓見過「永恆火焰」。她當即決定，要在丈夫的墓旁也設置一座相同的火焰。

施賴弗聽後頗感意外，委婉提醒：「有些人或許會認為這過於張揚。」

「那就讓他們這麼想吧，」賈姬回答。

我記得曼徹斯特在《總統之死》一書中提到，迪克正是負責安排永恆火焰的人，曼徹斯特也為此採訪過他。我翻閱至那些頁面，大聲朗讀：

迪克．古德溫被指定為永恆火焰計畫執行人。古德溫既聰明又果決，不會被繁文縟節嚇住。過去三年的經驗教會他，軍方官僚體系中最常聽到的一個詞就是「不行」。

「我們做不到，」華盛頓軍區（MDW）的一名值班軍官告訴迪克。

「為什麼？」

「我們得飛去歐洲，只有那邊的人知道怎麼弄。」

「好，」迪克冷冷地回應，「飛去歐洲只需要六個小時，去弄吧。」

電話那頭陷入尷尬的沉默。接著軍官說：「也許我們可以自己製作看看。」

「很好，那就動手吧。」

「我們接獲甘迺迪夫人的要求，」該名軍官告訴中校卡羅（Bernard Carroll），「她希望在墓地設置一座永恆火焰。」

卡羅覺得這個要求有些模稜兩可，問道：「『永恆』是什麼意思？」

「儀式前、儀式中、儀式後，都會持續燃燒的意思，」軍官迅速回答。

聽起來很簡單，卡羅心想，任何能燃燒一小時左右的煤油燈都能辦到。然而，他轉念一想，事情恐怕沒那麼簡單。他懷疑總統遺孀的構想可能不止於此，於是連番追問，讓那名軍官不得不表示需要再回電確認。

此時，迪克在西廂接聽電話，聽了一會兒，便冷冷地說：「永恆的意思就是『永遠』。」

值班軍官支吾其詞，百般推託，迪克毫不留情地逐一駁回，命令他停止找藉口，立即執行任務。

走投無路之際，軍官拋出了最後一道難題。

「她不能點燃它。」

「為什麼？」

「太危險了。火焰可能會熄滅。」

迪克回答：「聽著，既然你們連原子彈都設計得出來，那麼你們就能在那片山坡上弄出一簇小火焰，並確保她可以親手點燃。」

讀完曼徹斯特的記述後，我問迪克：「這是你印象中的對話，沒錯嗎？」

在我們回憶整個安葬總統的過程中，迪克難得露出一次笑容。「當時我累到幾乎站不住了，但我完全認同那段描寫，所以我相信每一句話！」

事實證明，軍方工程師在這場時間緊迫的行動中表現卓越。儘管適逢星期天，大多數電器賣場都未營業，仍設法找到一盞戶外派對用的燃氣裝飾燈，並設計出專門的底座。接著，他們將數瓶丙烷氣瓶運至墓園，以常青樹巧妙掩蔽，再自氣瓶處鋪設地下銅管通往總統墓地，且保持安全距離。一切準備就緒時，已接近午夜，他們隨即進行測試。點亮火炬，引燃火焰。至今，它依然熊熊燃燒。

十一月二十五日星期一

一九五六年，我和母親透過電視螢幕第一次認識約翰·甘迺迪；如今，依然是在螢幕前，我與全國人民一同沉浸在對他的哀悼與告別之中。目睹總統遇刺、凶手落網隨後又遭槍殺，我連日來深陷於創傷漩渦。

然而，那天賈桂琳·甘迺迪深深吸引我的目光。我目不轉睛地注視著，她帶領著送葬隊伍護送靈柩，從國會大廈沿著賓夕法尼亞大道，步行四公里（兩英里半）抵達使徒聖馬太大教堂。緊隨其後的是甘迺迪家族成員、新任總統詹森與第一夫人「小瓢蟲」泰勒．詹森（"Lady Bird" Taylor Johnson），以及七十二位國家元首，許多人身著軍裝。我記得，彈藥車運送覆蓋國旗的靈柩時，那匹無人駕馭的戰馬，馬鐙上倒掛的馬靴，以及三歲的小約翰．甘迺迪（John Kennedy Jr.）向靈柩敬禮的身影。最後，我記得那一刻——當賈姬將燃燒的火炬輕輕點向墓地照明裝置，永恆火焰隨之躍動。她發自內心希望，丈夫就職演說中「火炬薪傳新世代」的理念，能透過這象徵他精神與願景的火焰，永遠被世人銘記。

如今我更加明白，賈姬對秩序與禮節的堅持，以及刻意重現林肯告別式的歷史意象，用意遠比展現儀式感更加深刻。那四天裡，面對萬花筒的殘酷翻轉，她以堅毅的意志和優雅風範，向全美乃至全世界展現高尚的應對；在達拉斯的暴力、混亂與恐慌之中，撐起了國家的尊嚴與延續。

⬨✶⬨

總統職位宛如托勒密宇宙，幕僚與助理們永遠環繞名為「總統」的中心運行。如今，「新邊疆人」團隊又該圍繞何者運轉？領袖殞落後留下的空缺如何填補？這些問題，正是我與迪克翻閱他在甘迺迪遇刺後數周內的日記與相關資料時，共同思索的焦點。

隨著我們的對話深入，儘管已過去半世紀，仍無法消弭迪克心中的沉重。年輕時從白宮被調往國務院的經歷，曾讓他心碎，但甘迺迪始終是他心目中的英雄。他曾與甘迺迪共乘那架雙引擎小飛機，連續六十天在全國奔波。他親眼見證甘迺迪在壓力下日漸成長，並為此深感驕傲。他曾沉浸於甘迺迪勝選的喜悅，多次隨行訪問拉丁美洲，也珍視在西廂與總統緊密合作的時光。他原本即將回歸白宮，卻一夕之間失去了這位領袖。

甘迺迪與迪克，這兩位來自布魯克萊恩的男子，性格迥然不同。但當迪克看到甘迺迪在浴缸中，如何以獾毛刮鬍刷和馬克杯打理鬍渣，他彷彿受到感召，立即從倫敦訂購類似刷具，擺放於鐵架上，自此一生都在浴缸中以相同方式刮鬍。多年來，迪克依然敬重許多政要，並與其中不少人結下深厚情誼，然而，他再也未將任何人奉為偶像。

在那些徹夜難眠的紛亂時日裡，迪克全心投入協助甘迺迪遺體返家與喪葬籌備，因而前所未有地融入甘迺迪家族親友的核心圈子。他的內心也悄然發生改變。過去，他與這個團隊因政治理念結盟，因共同使命緊密相連，如今，他們更在創傷陰霾下彼此依靠，逐漸凝聚深摯情誼。與甘迺迪家族的友情印記將伴隨迪克一生。

巴比與艾瑟、施賴弗與尤妮斯、史列辛格與迪克，還有旺克（Paul Warnke）[97]、沃頓，偶爾還有賈姬，他們時常在餐桌上聚首，並定期前往波士頓和紐約，著手規畫甘迺迪圖書館（John Fitzgerald Kennedy Library）的成立。

在一次於愛德華．甘迺迪宅邸的晚餐聚會上，話題不斷圍繞在圖書館的選址及董事會人選。迪克提出了兩個建議：首先，我們需要賦予圖書館更深層的意義。它不該只是書籍的存放地，而應成為一座充滿活力的研究中心。這點需要認真規畫。其次，我們或許可以向拉丁美洲國家尋求資金支持。

次日下午，迪克啟程前往紐約，會見波多黎各總督路易斯．穆尼奧斯（Luis Muñoz）與墨西哥金融界大老賈理耀（Antonio Carrillo Flores）。為避免日後遭質疑美國政府施壓介入，迪克「費盡心思」向兩人保證「這純屬個人請求，與美國政府毫無關聯」，他們當場允諾出資。接下來幾周內，迪克協助從拉丁美洲募得數十萬美元，支持甘迺迪圖書館的建設。

他們頻頻聚首，舉行籌畫會議，名義上是為了確保延續甘迺迪的精神遺產；但內心深處，他們彷彿相信，只要專注於打造一座充滿生命力的紀念圖書館，便能暫時逃離命運萬花筒無情翻轉的衝擊。

然而，話題終究不可避免地轉向各自的未來。部分人（如索倫森）的政治生涯與甘迺迪緊密相連，總統之死讓他們失去繼續投身公共服務的意義；而其他人則陷入憂鬱、憤怒與不安之中，試圖釐清留在華盛頓的話，他們能扮演何種角色。

「我根本不知道自己的工作究竟是什麼，」迪克告訴我。「原本，我正等著白宮藝術顧問的任命，但這個計畫已隨著達拉斯悲劇一同破滅。我該繼續待在和平工作團嗎？而施賴弗又是否會留下？」

一天晚上，迪克與施賴弗夫婦共進晚餐。他在日記中記下，當天早報一篇專欄點名年輕又英俊的施賴弗是「副總統提名的熱門人選」。

尤妮斯說，當副總統夫人並不好玩。施賴弗越過桌子靠了過去，誠懇地試圖說服她，當副總統夫人其實會很有趣，而且能有所作為，遠超過「小瓢蟲夫人」當年的角色。我跟著附和，提醒她，以前總統

97 譯註：旺克（Paul Warnke），後來擔任詹森政府的國防部助理部長，是當時國防部中公開質疑越戰目標的最高官員。

與賈姬的光芒確實掩蓋了其他人，但以後未必如此。尤妮斯笑了笑，帶著一絲緊張，說：「看看我們在聊什麼啊。」話題隨後便被轉移了。

迪克告訴我，施賴弗確實真心想當副總統，但他最大的阻礙是巴比，因為巴比同樣在考慮競逐副總統。不久後，在另一場晚餐聚會上，迪克與尤妮斯談起巴比的未來動向，並在日記中寫下當時的對話：

尤妮斯細數巴比的可能出路：留在政府繼續任職，或另謀高就、參選副總統，抑或回到麻州競選州長或其他公職。我則建議，他可以去紐約，在那裡建立自己的政治基礎。但她說，那樣會花太長時間。我回答說，沒有捷徑了——唯一可抄的近路，已讓詹森捷足先登。

幾天後，巴比打電話給迪克。

他說，在做出任何重大決定之前，也許我們應該談一談。我感謝他的提議，隨即問他自己的打算。他微微頓了一下，這是我認識他以來，首次聽到他這樣。然後，他勉強擠出回應：「我會暫時留下，看看情勢如何發展。」語氣中透著不安與迷惘。對巴比來說，這是多麼可怕的打擊。正如麥納馬拉在那令人心碎的周末所說，巴比的哥哥是他的老師、偶像、摯友，更是生命中的恆星，巴比的一切都圍繞著哥哥運轉。

史列辛格告訴我，巴比始終相信，甘迺迪家族能如同羅斯福家族主宰二十世紀前半葉一樣，引領下半世紀的政治格局。如今，他的政治版圖急遽收縮，他真的不知道該何去何從。

讀到這段記錄時，我逐漸體會到羅伯特·甘迺迪的痛徹心扉。那傷口之深，使他無法忍受在內閣會議上，見到他人坐上哥哥曾經的位置，無法眼睜睜看著繼任者填補空缺。參加過詹森主持的首場內閣會議後，巴比便很少再出席。他甚至無法接受搭乘總統專機卻不再有哥哥相伴，因此多次婉拒詹森邀請他登上「空軍一號」同行的提議。

然而，迪克日記中的某些段落讓我深感不安。他所記錄的對話透露出，甘迺迪陣營對新總統及整個國家正面臨的重大挑戰幾乎毫無共鳴，甚至缺乏關切之意。

在一個寂靜的清晨，我試圖理清對這些紀錄的想法，特別是史列辛格、迪克和巴比在司法部長辦公室裡的一場漫長談話——他們邊喝著波本酒，邊討論的內容讓我感到不適。我反覆閱讀這段記錄，正專注思考之際，迪克在樓上以他每日例行的洪亮早安問候，瞬間打斷了我的沉思。

早餐後，我們在他書房裡坐下。我放慢語速，一字一句地將這些內容朗讀給迪克聽。事後諸葛來看，這些對話清晰呈現甘迺迪與詹森陣營日漸擴大的隔閡。雙方的裂痕影響了接下來的十年，終成我們婚姻中反覆發作的隱痛。

星期五，史列辛格和我去見巴比，商討甘迺迪圖書館的事。他就站在辦公室門口，沒穿外套，領帶鬆開，迎接我們。我開玩笑說：「十六%的代表來了。」（當天早上的蓋洛普民調顯示，十六%的民主黨基層支持巴比參選總統，而六十六%支持詹森。）

聽到我提十六%，巴比露出笑容，說道：「如果我們能再多拿一點，就能把那個混蛋拉下來。」

討論完甘迺迪圖書館後，史列辛格和迪克將話題轉向了「爭取進步聯盟」。當天早上，他們得知詹森即將任命曼恩（Tom Mann）[98]為國務院的新任拉丁美洲事務助卿。「這無疑是大開倒車，」迪克向我解釋。「在政治中，人事任命往往是政策風向標。曼恩曾在艾森豪時代任職國務院，是個活脫脫的殖民主義者。他認為美國在拉丁美洲的首要任務，是為美國大企業創造安全的商業環境，而對土地改革與社會正義的訴求毫不關心。所以我們聽聞消息時，非常沮喪。」迪克在日記中記錄了巴比的回應：

「進步聯盟」不僅對古德溫或史列辛格意義重大，對我、艾德．亨利（Ed Henry）以及許多其他人也很重要。

我還沒完全想好該如何行動，但我想關鍵在於團結行動。這裡面，有數百名身居要職的官員，我們都對詹森來說很重要。而在這之中，我的影響力最大，因為我姓甘迺迪。但如果我們所有人攜手合作，便能發揮更強大的力量。

（他站起來，雙手垂落，低著頭，努力壓抑情緒）是的，我失去了一個兄弟。其他人也曾經歷喪親之痛，像是失去妻子……（他的聲音逐漸低沉。）我失去了兄長，但這並不是重點。重點是，我們曾努力為這個國家做出改變。我們已經有了良好開端，成立委員會，研究青少年貧窮與犯罪問題。三年內或許無法完成太多事情，但若再給我們五年，能做的將遠遠超乎想像。許多人進到這座城裡工作，並非單純為了約翰·甘迺迪個人而來，而是懷抱理想，為了實現心中的抱負。我不希望他們就這麼離去。

現在，我們對詹森舉足輕重。但十一月五日之後，我們將變得無足輕重。我們就會變得什麼都不是。不過在這段時間內，他都需要我們，而我更是重中之重。我還沒和詹森談過。我現在的身心狀態都還沒準備好面對他。

副總統的位置固然重要，但它的價值不在於滿足權位野心，或僅僅為了爭取一席之地，而在於藉由職位推動一些目標。等時機成熟，我們會明確告訴他，這個職位應該屬於誰。

他對那些失業、缺乏教育機會的人究竟了解多少？對挨餓的人又有多少關心？他根本不在乎。因此，這正是我們的責任，團結一致，集體行動，才能有所作為。

記住，十一月五日之後，一切就結束了。我們不再被需要，也不再被重視。

「他以為他是誰？」我驚訝地說。「他嚴重高估了自己對副總統人選的影響力！」

「現在這麼想很容易，」迪克反駁道，「但別忘了，當年誰也沒預料到詹森的能耐，更別說他會有

98譯註：曼恩（Tom Mann），國務院資深官員，其拉美政策被稱為「曼恩主義」，相較於甘迺迪時代的進步聯盟，更強調藉由經濟與政治手段干預拉美內政和促進美國企業利益。

今日的地位。」

「可這種『我們會告訴他指定人選』的傲慢，實在讓我無法忍受。」

「我明白你的心情，」迪克回答，「可當時我們都覺得，巴比作為甘迺迪家族的代表，他出來公開配合，對於權力移轉至關重要。」

儘管如此，所謂「集體行動」在我看來，就像某種顛覆叛亂計畫。畢竟，詹森是經由美國人民選出的副總統，依憲法順位繼任總統。縱然這番結局是命運悲劇使然，他也是這個國家名正言順的最高行政首長。

「巴比當時到底在想什麼？」我問道。

「他沒在想什麼，」迪克回答。「他在發洩情緒。因為悲傷，因為需要確保『新邊疆』的目標能夠繼續推進。」

「就算我能理解這一點，但真正讓我抓狂的是，巴比對詹森那尖酸刻薄的譏諷。說他對窮人沒有同情心？即使在當時，這種說法也是大錯特錯。」

「別這麼激動，」迪克輕輕一笑。「這都已經是很久以前的事了。」

◇✶◇

巴比稱詹森對窮人缺乏同情、對挨餓的人毫不關心，仍讓我感到憤憤不平。整整一天，我埋首書房，翻閱自己整理的詹森資料。為撰寫近期一本關於領導力[99]的書，我曾深入研究甘迺迪遇刺當晚，詹森與三位核心幕僚的對話。他們並肩坐在詹森寬大的床上，目不轉睛地盯著達拉斯事件的連續報導，直到午夜過去許久；此時，新總統開口闡述了他的計畫，他決心推動甘迺迪生前在國會受阻的法案，包括老年人健保、民權法案、投票權保障及聯邦教育援助。他堅定地說：「我們要制定一項法律，確保這個國家的每個孩子，無論貧窮與否，無論膚色如何，無論來自哪個地區，都能獲得應有的教育機會。」

這並非詹森在那噩夢般的夜晚，才臨時羅列的願望清單。幫助弱勢群體的理念早在他腦海裡醞釀數十年。而這一理念承襲自平民主義父親[100]的教誨，並於「新政」[101]時期日臻成熟。現在，他不再僅代表保守的德州，而是全體美國人民的總統。

我迫不及待地想將這些反芻成果與迪克分享，以反駁巴比對詹森的偏頗之見。但在此之前，我決定先回顧我在第一本書《詹森與美國夢》（*Lyndon Johnson and the American Dream*）中與詹森的長談記錄，重溫他初入白宮的心境，以及我剛進入政府時，他向我傾訴的那些深刻記憶。

剛進白宮的頭幾個月，白天我專注於解決城市的低收入與失業問題，而我的另一項不成文的職責，則是隨時準備傾聽總統的心聲。晚上，我們常坐在橢圓形辦公室旁的小會客室裡。詹森總愛端著一杯

99 譯註：作者於二〇一八年出版的《危機領導：在體現品格與價值的時代》（*Leadership: In Turbulent Times*）。

100 譯註：詹森的父親塞繆爾（Samuel Johnson）曾任德州眾議院議員，是一位堅持平民主義的民主黨人，拒絕遊說者的賄賂，對兒子詹森的政治理念產生深遠影響。

101 譯註：詹森深受小羅斯福「新政」理念影響，其政治生涯正是始於小羅斯福時代，一九三五年曾任國家青年局德州主任，推動青年就業教育。

酒，放鬆身心，然後話匣子一開，便滔滔不絕……一談就是好久。

或許是因為我加入白宮的時間點，正值一九六八年三月三十一日詹森宣布退出總統競選後不久，我們最初的對話經常回溯至他總統生涯的起點，談起那些對他而言，最艱難、最具挑戰性，卻也最成功的時刻。「我宣誓就職，成為總統，」他向我描述了當時的情況：

「但在數百萬美國人眼中，我依然是不合法的僭越者、名不正言不順的冒牌國王，毫無總統的正統與威嚴。而德州，我的家鄉，既是兇手的家，又是兇手的兇手[102]的家。偏執之徒、分裂之輩，以及東岸的知識分子，他們磨刀霍霍，意圖在我立足未穩之際，將我擊垮。多麼令人窒息。

我們像一群迷失在泥淖中的牛群，寸步難行，只能原地打轉。我深知那種無助，也明白唯一的出路，就是必須有人策馬前行，擔當指揮重任。在甘迺迪遇刺後的日子裡，我就是那個策馬帶路的人。」

如果說迪克的日記顯示，甘迺迪團隊對於詹森當時的艱難處境幾乎毫不關心，那麼詹森與我的對話，則充分揭示他清楚知道他們的深刻不滿：

「我明白他們的感受。甘迺迪之死的影響無所不在——寫在他們臉上，流露於說話的語氣裡。他走了，而隨著他的離去，他們一定覺得一切都改變了。他們突然成了『局內的局外人』，就像過去近三年的我一樣。

所以，我決定讓他們隨時掌握情況，讓他們忙碌起來。我不斷徵詢他們的建議，請求他們的協助。」

詹森逐一懇求甘迺迪的白宮幕僚們留下，對每個人都語重心長地說：「我只想告訴你，我比甘迺迪更需要你們。為了我，也為了這個國家，我懇請你們至少再留下來一年。我希望能在這段時間裡，贏得你們的信任與支持，就像你們曾經信賴甘迺迪一樣。」

我無意將詹森描繪成比甘迺迪陣營更仁慈的聖人。事實遠比這複雜，其舉動亦非全然出於同理心。如同我們對話所揭示的，他的決策背後，也帶有冷靜而精明的考量。

「我需要那些白宮幕僚。失去他們，我就斷了與甘迺迪的連結。而沒有這層連結，我根本無法獲得媒體、東岸菁英或知識分子的認同。沒有他們的支持，我根本無法治理這個國家。」

最重要的是，這次微妙且錯綜複雜的政權過渡，在詹森敏銳而有力的政治手腕下，得到妥善處理。在公眾面前，毫無拋棄新總統的跡象。儘管不久後少數內閣官員與白宮幕僚離任，大多數人仍選擇留

102 譯註：槍殺歐斯華的兇手傑克·魯比（Jack Ruby）來自德州達拉斯。

下，哪怕隨著時間推移，詹森開始將自己的核心班底納入團隊。

回顧這些對話，我再次回想起自己與詹森在白宮及隨後在牧場共度的漫長時光，這讓我意識到，我對詹森及其處境投入的情感，絲毫不亞於迪克對甘迺迪家族悲傷與憤怒的共鳴。我開始明白，我與迪克之間的辯論，其實並非邏輯或歷史爭論，而是關於我們各自投入的青春，關於忠誠與愛的選擇。

我試圖在這道日益擴大的裂痕之間尋找平衡。我如今更能理解，為何巴比如此迫切希望詹森推遲在國會聯席會議（Joint session of the United States Congress）上的演說。他希望全國人民能有更多時間與空間，先沉澱哀思，再將目光轉向新總統。然而，我也明白，悼念的時間、空間並非詹森能決定，全國人民的需求各不相同，而詹森此刻正是這些需求的承載者。為了尊重巴比的心願，他將演講推遲了一天，但不能再多。此時的國家亟需一份安定的信念——確信我們會一起走下去；國家儘管心碎，但不會因此破碎。

晚餐後，迪克與我一同觀看詹森在國會演講的影片。我上次完整重溫這場演說，是在撰寫《危機領導》（*Leadership: In Turbulent Times*）時，深知他在巨大壓力下的非凡發揮。迪克則對此事印象極為模糊，甚至在他的日記裡毫無記載。我們打開電腦開始播放時，迪克說道，這次的心境與先前的「辯論之夜」截然不同。當時，我們一邊品著紅酒，一邊津津樂道地讚揚甘迺迪的風采，如今卻少了那份熱切的欣喜。

如我先前所說，迪克恐怕是全世界最不適合一起出席任何公開表演場合的人。他在看電影時喋喋不休的評論會讓周圍六公尺（二十英尺）內的人都不勝其擾。即便是在可以隨意交談的棒球比賽，他突如其來的喊話也會引來側目。然而此刻他只是安靜地聆聽，認真注視著林登・詹森在美國人民面前悲傷的致詞。

十一月二十七日星期三

「若能避免站在這裡，無論要付出什麼代價，我都願意。」詹森一開場，便為這場情感深沉的演說奠定基調。這既是一篇悼詞，也是一則呼籲，希望能為甘迺迪停滯的立法議程注入新的動力。他的語調柔和而緩慢，與前任總統的鋒芒畢露、果敢堅定形成鮮明對比。

「三十二年來，國會山莊一直是我的家，」他說，「今天我站在這裡，只為告訴各位，我需要你們的幫助。」他曾謙卑地懇求甘迺迪的團隊留下，如今他轉而向整個國會，甚至透過國會向全國人民懇求支持。「我們當前最緊迫的任務，就在這座國會山莊內。」

接著，談及甘迺迪的國內願景：「讓每個孩子都能接受教育的夢想，讓所有尋求工作的人都有機會就業的夢想，讓每位老年人都能獲得妥善照顧的夢想，全力攻克心理疾病、不再被忽視的夢想，而最重要的——讓所有美國人，無論種族或膚色，都享有平等權利的夢想。」

新總統明確宣示，他的首要任務是將甘迺迪的藍圖化為具體的建設，以此紀念這位擘畫者永垂不朽的功業。詹森強調：「首先，沒有任何悼詞或頌詞，能比儘早通過甘迺迪念茲在茲的《民權法案》更能深切地紀念他。我國對平等權利的討論已經夠久了，空談持續一百多年。現在是時候翻開嶄新篇章，將這些權利真正載入法律之中。」

「令人印象深刻，」迪克終於開口，抽出已被咬得變形的雪茄，若有所思地說道。「在當時這麼做，肯定得冒巨大的風險。他清楚這條路將使他與南方盟友決裂，讓他與昔日摯友漸行漸遠，甚至可能落得無功而返。但他還是義無反顧走上這條路。」

「在美國人民面前，這是一場了不起的自我介紹，」迪克總結道。

一九六四年三月九日

「能穿越數十年，如牆上的蒼蠅般偷聽這些對話，真是太妙了！」當我將一九六四年三月九日當晚總統詹森與莫耶斯的電話錄音，讀給迪克聽時，他眉飛色舞地說道。事隔六十年，耄耋之年的迪克，終於得以窺見當年促使他重返白宮的內幕（迪克之前並不知情）。甘迺迪遇刺後，迪克曾有過一段迷惘、漂泊的時期，而此刻這段意料之外的餘興節目讓他捧腹大笑。

詹森總統在電話中，劈頭就向莫耶斯抱怨，即將向國會發表的「反貧」演說講稿過於平淡乏味。他對打擊貧困的計畫充滿熱情，但對草稿深感不滿，於是催促莫耶斯去找「最能把這件事講清楚的人，不管是誰，務必要找到。」

詹森：自從索倫森離開後，我們就沒有人能寫得既有節奏又朗朗上口了。

莫耶斯：在我認識的人裡，唯一能做到這點的就是古德溫，但我有點猶豫要不要讓他參與，因為這件事目前還只限於我們的小圈子內部。

詹森：為什麼不問問他，看能不能讓這份講稿「更有魅力」？問問他，能不能加一些押韻的句子，搭配幾句像邱吉爾那樣的優美詞句，然後明天交給我們。

如果他願意，我們就用他的版本。但記得讓他保密。今晚就聯絡他，跟他說：「我想把這件事交給你處理。我手上已經有初稿，但我希望你能讓它更精彩，只要你能做到不讓這件事變成隔天報紙上的專欄。」

莫耶斯：好，我現在就打給他。

詹森：告訴他，我對他的表現印象深刻。他已經在處理拉丁美洲事務，看看他的進展如何。但最重要的是，問問他能不能讓這篇講稿「帶點音樂感」。

讀到這段對話的結尾時，迪克說，他幾乎可以在腦海中清晰地聽見詹森的聲音。驚訝之餘，他不禁感慨，原來這就是他從甘迺迪陣營核心轉而進入詹森政府高層圈子的關鍵時刻。

「林登是一位詩人啊，」迪克認真地說。（自我們相識以來，每當談及這位總統時，我們總簡單地稱他為「林登」。畢竟我們對他都極為熟悉；而且世上有許多「詹森」，但「林登」只有一個。）「押韻、魅力、音樂感、節奏，還有優美的邱吉爾式詞句，」迪克若有所思地說，「這可真是一篇高水準演講的完美配方啊。」

「私底下或在電話中一對一交談時，沒有人能與他匹敵，」我補充道。「但當他站在公眾面前，扮演國家領袖的角色時，卻往往顯得沉悶，甚至平淡無奇。」

甘迺迪陣營輕蔑地稱他為「南部鄉巴佬」，甚至還有更難聽的綽號；某種程度上，這些嘲弄的聲音似乎迴盪在他內心深處，使他對自身的身分與能力充滿不安。如果詹森能夠真正相信自己，並在公開場合展現出他私下那種真誠、生動的談吐，那麼他無疑將成為美國歷史上最偉大、最具傳奇色彩的人物之一。

我告訴迪克，我能理解莫耶斯為何「猶豫」是否將他引入詹森的「小圈子」——儘管兩人在和平工作團建立深厚友誼，但這道隔閡是雙向的：一邊是詹森的核心圈子，另一邊則是甘迺迪陣營的餘脈。而在林登眼中，迪克無疑是甘迺迪忠誠派的代表人物。他年僅三十出頭，是典型的「新邊疆人」，擁有哈佛學歷，與巴比、賈姬及甘迺迪家族關係緊密。林登需要迪克，卻始終懷疑能否完全信任他。

我問迪克，為何詹森特別叮囑莫耶斯提醒他，避免讓自己的名字出現在專欄中。

「林登最忌諱的就是內部洩密，」迪克解釋道，「哪怕只是稍微削弱他的光芒一分，都足以讓他大發雷霆。但當我讓他更加光芒萬丈，他會給我最熱烈的擁抱，最慷慨的讚美。」

◇✶◇

在第一個標上「ＬＢＪ」的盒子裡，我們發現一份莫耶斯一九六四年三月十日寫下的備忘錄，也就是他與詹森對話的翌日清晨。內容指示：「總統希望講稿篇幅在一千八百到二千字之間，類似國情咨文演說，主題是反貧困。」接下來幾天，迪克火速生出五個版本的草稿，並全部存放於一本風琴式文件夾中。

最終版本於一九六四年三月十六日在國會發表。這場「向全國貧困根源宣戰」的演講，以直白有力的事實陳述開場：

> 作為全世界歷史上最富有的國家，我們的公民締造了空前財富……
>
> 但我們始終銘記嚮往的理想：打造一個讓每位公民都能共享發展機會的美國，一個人人都能充分發揮才華天賦、提升自我福祉的美國。在通往目標的道路上，我們已有長足進展，但仍有漫漫長路要走……
>
> 為此，我向全國發出號召，對貧困宣戰。我們的目標是徹底戰勝貧窮。目前有數百萬美國人，也就是全國五分之一的人口，仍未能享有大多數人已獲得的富足果實，這些人的機會之門依然緊閉。

第二天是聖派翠克節（St. Patrick's Day），迪克前往白宮魚廳，參加與施賴弗的和平工作團會議，「碰巧」在西廂走廊遇到了詹森總統——或者說，在後來的五十年裡，迪克一直以為這是「偶然」。「迪克，能借一步說話嗎？」詹森說著，便把他引進橢圓形辦公室，輕輕將門掩上。

「這是我第一次親身體驗所謂『詹森式待遇』，」迪克告訴我。「許多人會以玩笑的口吻談論這種壓迫感，但當下我立刻就明白了，為什麼巴比會認為，在哥哥遇刺之後，他的身心狀態都無法承受與林登面對面交談。」

我請迪克詳述，這種壓迫感究竟是什麼感覺。他回答，除了詹森的高大身軀、逼近人的姿態，還有總愛打破個人空間界線的舉止之外；更重要的是，他散發強悍的意志、信念，全神貫注地鎖定你。他的眼神牢牢抓住你，就像一道看不見的氣場結界，令人無從抵抗，心生怯意。

「告訴我，迪克，」總統低聲柔和地問道，「你認為我們該怎麼處理巴拿馬問題？」

迪克知道，由於美國長期控制巴拿馬運河區，巴拿馬境內爆發了反美暴動。巴拿馬總統齊亞里（Francisco Chiari）因國內選舉在即，宣布與美國斷交，形成詹森上任後面臨的第一個外交危機。詹森反應迅速，他公開表示：「我絕不會被一個比聖路易還小的國家牽著鼻子走。」他拒絕在暴力平息前，展開任何談判。但危機並未因此停歇，反而進一步惡化。

面對總統壓倒性的氣勢，迪克一時難以理清思緒。稍作沉默後，他緩緩開口：「我們國土龐大、強盛而富裕，而巴拿馬微小、貧弱。他們深知美國可以隨心所欲奪取想要的一切，而他們毫無反抗之力。他們僅存的只有自尊。要是我們擺出威脅與施壓姿態，他們就絕不可能妥協了，否則他們將失去那最後一點尊嚴。」

「那你的建議是什麼？」詹森問道。「我們該滿足他們所有的要求嗎？」

「告訴他們，巴拿馬是偉大的國家，是我們爭取自由的盟友。我們心懷感激，珍惜彼此的友誼，更迫切希望避免因一次小小的誤解，傷及這段難能可貴的情誼。」

「你能幫我擬一份聲明嗎？」詹森接著問。

「當然可以，」迪克答道。

達到目的後，總統放鬆下來，將長長的手臂搭上迪克肩頭，領他回到走廊。首次與總統私下交談，給迪克留下最深刻印象的是，詹森要求他起草聲明之前，先主動徵詢了他的意見。迪克起草了一份措辭緩和的聲明，沖淡此前劍拔弩張的氣氛；強調兩國邦誼長久，應以協商化解歧見。之後，白宮的信使拿走了這份草稿，好幾天內迪克都沒再聽到任何消息。

一九六四年三月二十一日

四天後，三月二十一日，詹森意外出現在白宮發言人里迪（George Reedy）的例行記者會上，幾乎逐字讀出了迪克撰寫的聲明。詹森突然轉變的態度，立刻得到巴拿馬總統齊亞里的回應，緩解了巴拿馬問題的緊張局勢。

在另一段錄音中，我們發現了迪克重返白宮的最後一塊拼圖——總統突然現身記者會後，三月二十一日下午四點四十二分，他與國務卿魯斯克之間進行了這段對話。

詹森：我想讓古德溫來辦一些事。之前，我讓他幫忙寫反貧的講稿，他需要一些監督和指導，他目前雖名義上掛在你們那邊，卻實際隸屬於和平工作團。我想把他調到這邊來。

魯斯克：沒問題，我們可以辦到。

詹森：如果你能找到辦法給他加五十美元薪水，我會很樂意。即使要我從我岳母那兒「偷」也行。

魯斯克：好的。

詹森：因為我想讓他感受到，我為他做了點什麼。我想在這裡給他找個隱蔽的辦公室，讓他做一些工作。

所以，如果你不介意，星期一或者你方便的時候，打電話給他，告訴他說，總統和你談過這件事，總統相當重視這件事。而且，這邊大部分的人賺得錢都比他多，我真的不希望他拿得比別人少。但我猜，他可能已經拿到你能給的最高薪水了，這可能會讓你有些麻煩。不過，我這邊像他這樣的員工，薪水都在兩萬一千美元左右。

魯斯克：好的。我會跟克羅克特（Bill Crockett）[103]談。

詹森：我會讓他日夜不停工作，處理反貧宣言、外援事務，以及其他類似的事情。我這裡沒有其他人能勝任，而他能生出東西來。

魯斯克：明白了。

詹森：他是我們唯一的人選，所以你就給他加點薪水，告訴他總統對他在反貧以及其他事情上的表現非常滿意，總統希望他被調到這邊來。然後我們會把他安排在行政辦公大樓（EOB）[104]裡。

魯斯克：好的，先生，明白了。

不論是私下邀請或公開任命，在正式接受詹森的白宮幕僚職位之前，迪克必須先給個交代與說明。

得知迪克獲新政府徵召，巴比的情緒如激流般翻湧。迪克將他的反應記錄於日記中：

他沉思了一會兒，說，從自私的角度——偶爾可以自私一下——我希望你不要去，但我想你不得不去。畢竟，如果我們當中的任何人，能避免讓他做出炸掉哥斯大黎加之類的事情，那我們就應該這麼做。儘管任何讓他出醜的事情，似乎都會讓傑克的形象更好。

不過我想你應該去。如果你去，就必須做到最好，忠誠地工作，除此之外別無選擇。

我無法確定巴比說這番話時的語氣（或許帶有陰鬱的諷刺？），但他暗示林登的失誤將突顯他哥哥的遺志，這點實在令人反感。然而，巴比最後強調忠誠，卻是理性、真誠且正確的。對巴比的矛盾情

103 譯註：克羅克特（Bill Crockett），國務院時任行政相關事務的高級官員。

104 譯註：行政辦公大樓（ＥＯＢ），美國白宮西側的一座建築，也是美國總統、副總統行政辦公室的辦公地點。

感，再次困擾著我。

與向巴比的解釋一樣，迪克也認為有必要向賈姬說明他將加入詹森政府的原因。他在三月二十二日的一封便條中寫道：

親愛的賈姬：

這個星期天，總統來電，邀我進入白宮任職。這對我而言，是個極為艱難的抉擇，但我深信甘迺迪總統會贊同我接受。他向來以延攬人才、共襄國事為榮。我們永遠都是甘迺迪的人……若在此刻退出奮鬥，無疑是對他整個理念的背叛。

迪克與索倫森不同，後者因甘迺迪驟逝而深受打擊，彷彿人生目標與支柱瞬間崩塌；亦不同於史列辛格，這位歷史學家僅是暫時從穩定的學術生涯中抽身，進入政府工作。迪克早在遇見甘迺迪之前，便已矢志投身公共服務。

迪克雖與甘迺迪家族情誼深厚，亦因轉投詹森陣營而內心交戰，但他深知，自己真正的忠誠，既非歸於甘迺迪，亦非效忠詹森，而是獻給他的國家，以及他始終秉持的使命——盡己所能，縮短國家理想與日常生活現實之間的差距。

迪克無法想像，命運萬花筒的再次轉動，將讓他有機會親身參與改造美國社會的變革。

「林登·詹森說到做到，」迪克帶著一絲驚惶對我說，「他真的幫我在行政辦公大樓安排了一間隱蔽的辦公室，然後讓我日夜不停地工作！」

一九六四年四月七日

自迪克踏入仕途之初，記者、作家、學者及各界藝文人士，便成為他閒暇時的良伴。若非仰賴他們提供的資訊與人脈，他斷難彙整拉丁美洲各地的情報，進而促成「爭取進步聯盟」。儘管與記者友人私下的交流，使他獲益良多，但他也曾因為媒體曝光他與切．格瓦拉的「密談」而飽受抨擊。因此，剛進入行政辦公大樓為詹森效力時，對於如何應對媒體針對新職責的詢問，迪克心中自然充滿顧慮。

當時《華盛頓郵報》的一篇專欄推測，詹森總統可能面臨「大眾溝通隔閡」，幕僚中缺乏能以詹森式風格說服大眾的訊息傳遞者。該專欄分析了莫耶斯和媒宣主管瓦倫蒂（Jack Valenti）在新政府的角色後，提及總統甚至延攬「才華橫溢卻備受爭議的」古德溫，新邊疆的「頭痛人物」。

為了避免觸碰詹森的敏感神經，迪克向白宮發言人里迪尋求建議。里迪隨後致電總統，他們在四月七日的對話被錄了下來：

里迪：古德溫告訴我，埃文斯（Rowland Evans）[105]打來詢問他在這裡的工作情況，而他還沒有回電。

詹森：就說他是國務院的職員，不在這裡，不在白宮。之前巴拿馬問題，他幫了很大的忙……但這些消息不能公開。

里迪：先生，我建議與其提巴拿馬問題，不如說他參與了一些有關反貧困計畫的研究……因為他在拉丁美洲的議題上頗具爭議。

詹森：那就說他曾在和平工作團，期間也幫我們寫了些反貧法案的稿子。

里迪：當然，但現在唯一的問題是，他們已經知道他人在行政辦公大樓裡。

詹森：我不知道他們是否知道，也不知道他們是怎麼知道的。

里迪：先生，他們就是打電話到行政辦公大樓，才聯絡到他的。

迪克笑得眼眶泛淚，忍不住咳嗽了起來。顯然，年過八旬的其中一個好處，便是那些在三十歲時足以讓你沮喪和憤怒的事，如今一個個成為令你捧腹大笑的荒誕詼諧情節。

◇✶◇

任何地方都是詹森的「辦公室」。無論他身在何處，辦公桌前、臥榻之上，觀賞球賽或電影時，如廁之際、舞池中央，甚至在牧場或白宮泳池內悠游時，他都能進入工作狀態。

因此，迪克在回憶錄中描述的某個滑稽場景便不算意外。一場高層政策會議竟然在白宮泳池中舉行。當時，總統與他的兩名助手——迪克和莫耶斯——全身赤裸，一同在泳池邊游動。

當總統從泳池的一端，游到另一端，迪克與比爾也緊隨其後。詹森邊游邊侃侃而談，擘畫國家未來走向與實踐之道。最終，他停了下來，三人攀附池邊，詹森語氣強烈而急切地說：

「甘迺迪留下不少優秀計畫，卻在國會寸步難行。我必須把它們從泥潭裡拉出來。」（詹森的確功不可沒。他成功從參議員勞勃・伯德（Robert Byrd）的財政委員會中救出甘迺迪的減稅法案，並智勝程序委員會主席霍華德・史密斯（Howard Smith），將甘迺迪的《民權法案》推上眾議院表決通過，進而讓法案有機會進入參議院，與南方勢力的頑強阻撓正面對決。）

「但光是延續甘迺迪的計畫還不夠。我們必須把它當作跳板，進一步挑戰國會，號召各州邁向全新的境界，創建更強硬、更具戰鬥力的詹森計畫。可惡，我們的問題才剛要開始解決呢。」

「每個人內心深處都渴望為後代創造更好的生活，大家都希望能留下值得驕傲的功績。我是這樣，你們也是，莫耶斯，迪克。現在是你們的機會。」

迪克告訴我：「那真是難忘的一天，在泳池邊擦乾身體之前，我們就已經接到了總統的指派——清楚闡明他的國內議程。」

「現在聽著，」詹森一邊繫好浴袍的腰帶一邊說，「我來完成甘迺迪的計畫。而你們先開始籌畫一個屬於詹森的計畫，不用擔心它是否太激進，也不用管國會準備好接受了沒，這是我的工作。希望你們

105 譯註：埃文斯（Rowland Evans），時任《紐約先驅論壇報》記者。

不要覺得我自大，但我得告訴你們，在搞定國會方面，我可是比你們都要擅長。」

多年來，迪克總愛在餐桌上拿出總統裸泳的軼事，逗樂賓客。這個故事流傳數十載，也被記錄在許多歷史書籍和傳記中。事實上，那天泳池畔的對話，已被公認為當代標誌性事件，是政權更迭的先聲，也是過去七十五年最進步立法的濫觴——即將公諸於世的「偉大社會」計畫。

當我問迪克，是否還記得「偉大社會」名字的由來，他答非所問地說：「這可不像為嬰兒取名那樣。我從未站在嬰兒床邊，對著哪個龐然大物，說出『偉大社會』四個字。」

我提醒迪克，是否還記得，當初總統競選期間，他與甘迺迪團隊乘坐「卡洛琳號」飛往加州途中玩過一種遊戲——比賽看誰能流暢地列舉最多總統口號，比如「新自由」、「公平交易」、「新政」和「公平政策」等。

「這些口號深深烙印於一代人的集體記憶中，」我對迪克說。

「我只知道一件事，」迪克語氣低沉地說。「『偉大社會』，在我第一次寫下時，並不是大寫的專有名詞。它歷經時日才成為詹森政府的標誌，一個人的特徵，乃至一個時代的象徵。我在當年三月、四月的一些小演講中試用過這個詞，具體時間記不清了。再者，歷史學家是你，不是我！」

於是，這成了我的任務。我在整理資料箱時，發現了「偉大社會」一詞最早出現在演講稿中的紀錄。那是迪克為愛蓮娜．羅斯福（Eleanor Roosevelt）[106]紀念獎頒獎典禮撰寫的講稿：

現在機會到來，讓我們不僅邁向富足與強盛的社會，更邁向偉大的社會。

在《時代》記者賽迪（Hugh Sidey）所著的一本詹森傳記中，我發現他曾親眼見證迪克首次打下這句話的場景。那是某個寒冷的夜晚，賽迪來到迪克的辦公室閒聊，看到「一如往常衣衫皺巴巴的古德溫，正吞雲吐霧地抽著一支大雪茄」。當迪克快要完成講稿時，賽迪注意到，「偉大社會」這個詞「就那麼自然地」出現在迪克那台小型史密斯科羅納（Smith-Corona）打字機的紙上。當晚，這句話對賽迪來說並無特別意義，然而當它成為詹森政府施政藍圖的核心象徵時，他想起了那一幕。

根據瓦倫蒂的回憶，總統特別喜歡這篇愛蓮娜．羅斯福演講涉及的「宏大主題」，遂決定將其留待更重要的場合使用。此後數周，迪克幾乎在每篇演講稿中，都試圖融入「偉大社會」一詞。四月中旬，在蒙大拿領地（Territory of Montana）百年紀念演講中，他將這個概念延伸為跨世代的願景：

我們正致力於建設一個偉大社會，讓你們的孩子、孫子，以及後世的子子孫孫，為我們今天所做的事情感到驕傲。

白宮內部，莫耶斯與迪克為「偉大社會」極力遊說，反駁諸如「良好社會」（The Good Society）、

106譯註：愛蓮娜．羅斯福（Eleanor Roosevelt），小羅斯福總統夫人。

「更好新政」（A Better Deal）或「光輝社會」（The Glorious Society）等其他提案。歷經十餘次試探性使用，並評估各界對迪克不斷重申「偉大社會」的反應後，這個詞最終贏得詹森的青睞，亦滿足了新聞媒體於標題中使用簡潔標籤的需求。

迪克告訴我：「於是，我欣慰地看著我的『偉大社會』成形，直到它終以『偉大社會』之名問世。『偉大』從來不是指規模或數量上的大，富裕與強盛也不能構成偉大。那是歷史上第一次，我們有機會建構一個更重視生活品質、而非物質堆砌的社會。」

⬩✶⬩

詹森選擇在五月二十二日密西根大學畢業典禮上，為甘迺迪與詹森政府劃下分界——就像火箭脫離推進器，主體繼續升空，飛向更高更遠的地方。大學殿堂正是闡述新政府哲學與目標的絕佳場域。詹森也深知，即將離開校園的青年學子，往往對當前公共議題的塑造，懷有最多熱忱與期待。

和平工作團是甘迺迪政府最受推崇的政策，而詹森選擇在甘迺迪當年即席演說、開啟這項計畫的同一地點發表演講，透露出他的自信與競爭心。這份自信來自於短短不到六個月內，他便成功在美國政治版圖上留下鮮明的印記。

詹森在極端艱難的權力過渡中展現高超政治手腕，贏得新聞媒體一片讚譽。《紐約時報》的雷斯頓寫道：「華盛頓如今就像少女回到了舊愛身邊。她瘋狂迷戀波士頓英俊陌生人的日子結束了——她其實一直知道那段情緣不會長久。如今回歸現實，浪漫褪去，更顯實際；心懷些許悵然，幾分釋然，啤酒取代香檳，樸實勝於華麗；從多方面來看，更加自然，也更加耐久。熱愛風尚的人或許對新政府不甚滿意，但重視實質的人則無不稱道。」

為撰寫這篇密西根演講稿，迪克與莫耶斯廣納眾議，向政府官員、學者及各界人士徵詢卓見，同時收集大量社論、社會學研究、政治宣言與文化評論。隨著白宮籌備總統重要演說的消息傳開，四面八方的備忘錄如雪片般湧入，堆積在迪克的辦公桌上，皆盼能為這場演講添上一筆。

迪克的檔案中，有一整箱滿是這類備忘錄，大多是為特定專案遊說，希望能納入總統講詞，贏得關注。有的簡明扼要，僅以「密西根畢業典禮演講構想」為題，三言兩語點出核心建議；有的則是長篇演講草稿，直接送交白宮。而這一切資料，皆須在泳池畔「指令下達」與畢業典禮之間的六周內審閱完畢。

這項任務——彙整眾議，超越甘迺迪鋪設的既有路徑，擘畫詹森對美國未來的哲學願景，並推動足以奠定下屆選舉基調的國內政策——對我而言，幾乎是不可能的挑戰。然而，這篇演講並非出自委員會集體撰述，而是迪克獨自一人，將零散的建言與資料加以梳理、拼湊，最終編織成一套完整且連貫的思想藍圖。

「你是怎麼做到的？」我問迪克。「壓力這麼大！時間不斷倒數。」

「在準備進步聯盟演講時，」迪克說，「我必須從海量資料中提煉重點，為美國與拉丁美洲關係勾勒出一條新路。」

「但這次規模更宏大，」我說。「你要為整個國內政策規畫未來方向，並確立基調。你是如何著手的？」

「靠膽識，」迪克笑著說，「還有年輕人的體力。」

為了避免演講淪為問題清單或數據堆砌，迪克將重點收攏，聚焦於三個彼此呼應的主題：城市重建、鄉村保護與課堂發展。他後來透露，選擇這三個C——城市（Cities）、鄉村（Countryside）、課堂（Classrooms）——部分是因為，詹森認為押頭韻是甘迺迪演講的成功祕訣。再加上，這場演講的真正靈魂是宣告一個嶄新的國家藍圖，而這三個C互有關聯，與美國人的日常生活密不可分。

「城市」主題探討市中心衰敗、居住環境破舊、社區歸屬感喪失；「課堂」則直指貧困家庭子女的輟學困境；而「鄉村」則警示農田與綠地正在迅速消失，城市公園人滿為患，空氣污濁、水源堪憂。「偉大社會」的基礎信念是，美國的繁榮應當屬於每一位公民。

在莫耶斯的鼎力協助下，迪克於演講前一晚完成定稿。他整整一天半的時間，幾乎未曾闔眼。瓦倫蒂形容，這正是「古德溫模式」，「緊握演講稿到最後一刻，以防某種低等生物（比如我）擅自竄改一字一句。」事實上，迪克的目標就是在總統登台前才呈交講稿。儘管在高壓下的迪克，顯得難以相處甚至苛刻，但瓦倫蒂也承認，「最佳狀態的他，光芒四射，堪稱這領域的翹楚。」

密西根大學畢業典禮當天清晨，迪克、莫耶斯與瓦倫蒂一同將定稿遞交給總統。三人目光緊隨著總統，看他邊默讀這份二十分鐘的演講稿，邊仔細標記，卻始終未發一語。讀畢，他將稿件重新整理，輕輕撫平後，再次細讀。經過漫長的等待，他才放下稿件，輕聲說一句：「很好，孩子們，這正是我要的。」

疲憊不堪的迪克，已無力流露任何滿意情緒，只想回家好好睡一覺。他婉拒了總統一同前往密西根的邀請。直到隔日，才在白宮地下室觀看這場演講的錄影。

一九六四年五月二十二日

「今天，我從你們熱鬧的首都，來到你們寧靜的校園之中，暢談你們國家的未來，」詹森在簡短開場後，開始演講。

「我記得開頭，」迪克說道。「我寫的應該是『我們的首都，你們的校園，我們的國家』，但拿到講稿後沒多久，總統便將信念完全融入演講。我寫的每個字，都彷彿轉化為林登・詹森的肺腑之言。」

他描繪了「偉大社會」的願景：「一個人們更關注生活品質而非物質堆砌的社會。」

他揭示城市、鄉村與課堂的挑戰，並承諾：「我們從世界各地匯聚智慧結晶，為美國尋找解決之道。」

隨後，他提高音量，向體育場裡滿滿的年輕畢業生發出號召：

無論命運如何安排，你們這一代已被歷史推向風口浪尖，去迎接這些挑戰，並引領美國邁向一個新時代。你們擁有千載難逢的機會，來共同打造一個道德高尚、精神富足的國家社會。

滿場觀眾起立，高聲歡呼，掌聲雷動。

研讀詹森〈偉大社會〉演講的結尾時，我不禁想起甘迺迪當年在同一所大學的夜晚。那時，他疲憊地佇立在寒冷的夜雨中，向一群頑強的年輕學子抛出一連串提問：「你們之中，有多少人願意投身迦納奉獻所學？有多少人願意參與外國服務，走遍世界各地？」

迪克在這次演講中運用了相同的漸進式提問技巧。那個炎炎夏季的畢業日，總統號召體育場內的八萬名觀眾，要他們「共同打造一個道德高尚、精神富足的國家社會」：

> 你是否願意投身這場戰鬥，確保每位公民，不論其信仰、種族或膚色為何，都享有上帝賦予、法律保障的完全平等權利？
>
> 你是否願意投身這場戰鬥，幫助每位公民擺脫貧困的沉重枷鎖？

詹森懇請眾人「攜手奮戰，建設偉大社會」，這番話如同點燃了浸信會信仰中熾熱的激情，連迪克也深受感染。他回憶起自己在白宮地下室，情不自禁地從椅子上躍起，與大學體育場內沸騰的人群一同歡呼鼓掌，直到掌心發燙。

林登・詹森時代正式展開，偉大社會的願景就此啟航。

「來試試這瓶威士忌吧，迪克，」總統興奮地說道。畢業典禮演說的成功讓詹森欣喜若狂，他將迪克叫到自己最愛的放鬆場所——橢圓形辦公室旁的小會客室。「亨利・魯斯（Henry Luce）[107]今天早上打電話給我，老亨利親口說，光是聽完這場〈偉大社會〉演講，就足以讓他支持我了。你幫我爭取到《時代》的支持，我想讓你知道，我非常感激你自加入以來所做的一切。」

這正是詹森讓人難以抗拒的一面。迪克告訴我，他從未在甘迺迪身上感受過這樣的熱情。「你將成為我的聲音，我的分身，」詹森對迪克承諾，「就像霍普金斯之於小羅斯福。」

詹森將迪克比擬為小羅斯福的首席政策顧問霍普金斯，並承諾讓他參與政策制定時，確實觸動了迪克內心深處的渴望。讚美與承諾固然誘人，但真正吸引迪克的，是詹森對國家願景的絕對信念、那改天換地的魄力，以及那股要在美國歷史留下與其「政治父親」小羅斯福比肩，甚至超越其功績的強烈決心。

不久之後，莫耶斯與瓦倫蒂也加入了會客室。就在三個月前，莫耶斯還猶豫是否該將迪克納入他們的「小圈子」。而如今，迪克已憑藉自己的努力，在這個圍繞總統運行的核心團隊中占據一席之地。

隨著酒意漸濃，詹森情緒高昂，猶如一位身兼製作人、編劇、主演的明星，在首演告捷後，仍在表演的興頭上。他不再只是翻閱腳邊散落的報章雜誌評論，而是開始模仿起來。細數他的演講如何在短短二十分鐘內，被掌聲打斷了二十九次；並模仿李普曼（Walter Lippmann）[108]、克羅克（Arthur Krock）[109]和

107 譯註：亨利．魯斯（Henry Luce），《時代》雜誌創辦人。
108 譯註：李普曼（Walter Lippmann），美國政治評論家及傳播學重要學者。

雷斯頓的口吻，重現他們對冉冉升起的「偉大社會」的高度讚美。「詹森在上任的頭六個月內，所取得的成就超乎敵友的預期，」雷斯頓說道。「關鍵問題在於：這些高超政治手腕最終指向何方？它們的真正意義何在？在密西根大學，詹森已經給出了答案。」

於是，不可思議地，當命運的萬花筒再次轉動，將迪克帶入這個小小的白宮核心圈子時，他迎來了一個難得的機會，去親手塑造政策與話語，為他一生中最重要的進步運動奠定基礎。

第七章／詹森的十三個人格

「詹森是我所認識的人當中最複雜、難懂的，而且他不止有一個人格，而是有十三個。」莫耶斯回憶說：「你每天、或者每周都得應對他的不同面貌。有時很難弄清楚，在特定時刻的他究竟是哪個人格。」

正如我和迪克都經歷過的，詹森的性格變化，有時如閃電般劃破寧靜的藍天；有時，冷漠之中會無端湧現溫暖，而溫暖也可能毫無預警地轉趨冷淡。我們在不同時期見證了這個人的面貌——迪克認識的是六〇年代巔峰期的他，而我則在那十年的尾聲，參與了詹森總統任期的終章。在六〇年代，他徹底改變了我們的生命，以至於如今已七老八十的我們，仍在爭論、戲謔當年的經歷，試圖釐清他對我們以及這個國家所留下的深遠影響。

五月二十二日〈偉大社會〉演說後的數周內，迪克親身感受詹森如天氣般瞬息萬變的情緒。在一天之內，他可能經歷被接納、排斥、抬舉或嘲弄，直到幾乎迷失自己處在什麼位置。

109譯註：克羅克（Arthur Krock），美國著名記者，被譽為「華盛頓新聞界之父」。

一九六五年一月十七日，在德州牧場，充滿活力的詹森正向迪克生動地講述一則故事，瓦倫蒂也在一旁觀看。

然而，與許多白宮幕僚一樣，迪克逐漸發現，詹森為追求一個更好的美國所付出的全心全意，足以讓他們甘之如飴地承擔沿途的風險。

密西根大學演講餘韻猶存之際，詹森持續對迪克表達真誠的感激與讚賞，溫暖著他。凌晨時分，在紐約一場募款派對上，總統伸手拍拍迪克，關切道：「你工作得太辛苦了。」隨即盛情邀請：「今晚跟我一起去德州，在牧場度過這個（當時適逢陣亡將士紀念日）周末吧。」

這一天從華盛頓的國務宴會廳開始，以一場簡短的追思儀式緬懷甘迺迪（隔天是他的誕辰），隨後趕往阿靈頓國家公墓，在其墓前獻上花圈；接著迅速換上黑色領結禮服，飛往紐約希爾頓飯店（Hilton Hotel），在一場募款晚宴上發表演說。然後馬不停蹄地奔至美洲大飯店（Americana），向一千兩百名年輕民主黨成員發表演講，再被迅速送往麥迪遜廣場花園（Madison Square Garden）參加一場星光熠熠的募款盛會，在場名人有葛雷哥萊．畢克（Gregory Peck）、強尼．卡森（Johnny Carson）、瓊．拜雅（Joan Baez）以及瑪哈莉雅．傑克森（Mahalia Jackson）[110]，詹森總統在此強調即將到來的民權挑戰以及下屆選舉的重要性。

這一天排得滿滿的演講稿，都是由迪克協助起草和潤飾完成的。直到午夜時分，才在民主黨募款委員會主席克里姆（Arthur Krim）私人宅邸舉行的酒會上，得以稍作喘息。這個夜晚成果豐碩，籌集了巨額競選資金。「今晚跟我一起走吧。」詹森再次敦促迪克，「我會幫你聯繫你的妻子，安排她也過來。」

當迪克遲疑地表示，自己除了身上的燕尾服外，什麼都沒帶時，總統提議將身上的襯衫借給他，還會提供褲子、刮鬍工具和牙刷等任何必需品。我不禁笑著想像迪克穿上林登的襯衫，袖口垂到膝蓋的樣子。當然，迪克最終接受了邀請。凌晨兩點前，他登上了空軍一號，從紐約飛往德州。

一九六四年五月二十九至三十一日

當陽光灑落在德州丘陵地區時，迪克還穿著燕尾服。享用過早餐後，早上九點，他出現在斯通沃爾（Stonewall）小鎮的雜貨店門口——或許是該店開張以來，第一位穿著正式禮服上門的顧客。不久後，

110 譯註：此處提及的都是當時美國演藝圈知名人士，畢克是知名電影演員，曾以《梅崗城故事》拿下奧斯卡最佳男主角；卡森是知名脫口秀節目《今夜秀》主持人；拜雅是知名民謠歌手；傑克森則是知名福音歌手。

他換上了短袖襯衫、卡其褲和運動鞋（小心翼翼將燕尾服摺好裝進袋子裡，連同襯衫、皮鞋和一套新的泳裝），準備好迎接德州白宮的生活。

剛回到牧場，就被邀請與總統、瓦倫蒂夫婦以及小瓢蟲夫人的發言人卡本特（Liz Carpenter）[111]一起到泳池畔。他換上了新泳衣，並披上一件浴袍。這個周末在德州白宮，才不會上演男女混浴的瘋狂場面。

「你對牧場的第一印象是什麼？」我問迪克。

「沒有任何掩飾，或矯揉造作。」他回答說。「每個人都作為一分子，參與其中。行程日夜不停，圍繞著林登的行動和他的食慾打轉。」他形容整座牧場，包括仍在運作的養牛場，就像一個真實版的主題樂園。「而這個主題就是林登．詹森本人。」他總結道，「我在這個『林登樂園』受到了難忘的熱情款待。」

我們幸運地在檔案中找到了那個周末的文字記錄，是迪克的妻子珊卓當天午後抵達時所寫的。她帶來了一些衣物和迪克急需的雪茄。

珊卓描述了她抵達當晚的情景：總統帶著她、迪克和幾位友人前往詹森城高中（Johnson City High School）參加畢業典禮。在典禮上，高中正式更名為林登．貝恩斯．詹森高中（Lyndon Baines Johnson High School）。當年詹森畢業時，全班僅有六名學生，而如今畢業生已達三十名。來自這個小社區的觀眾「非常非常多，大家穿著棉布連衣裙和西裝，沒有華麗的珠寶或髮型。還有許多孩子。」儘管這是一個「悠閒的假期周末」，迪克仍為總統備妥兩份講稿：一份用於高中畢業典禮上的簡短致詞，另一份是隔天在德州大學（University of Texas）的畢業演講。

詹森的勉勵，觸動小鎮居民的心弦：「大約四十年前，就在今晚這樣的時刻，我把高中畢業證書一丟就踏上了前往西部的旅程，去追尋我所憧憬的美國夢——名聲與財富。然而，二十個月後，我卻空手而歸，回到了詹森城（Johnson City）。我回來，因為我終於明白，真正重要的起點，始終都在我身邊。」

珊卓特別生動地描寫了典禮結束後，小瓢蟲夫人與鎮上居民之間的互動：

「觀眾席大喊小瓢蟲、小瓢蟲，並熱烈鼓掌。她起身時，掌聲響徹全場。她說了幾句話。她的說話方式非常特別，時而停頓、聲調起伏鮮明，語句彷彿泉水般湧出。她的聲音充滿吸引力，極具魅力。」

活動氛圍溫馨，然而當他們返回牧場時，總統的情緒卻驟然轉陰，變得焦躁不安、怒容滿臉。這突如其來的怒火，原來是由於「五十九名媒體記者占據了觀眾席，而詹森城的居民卻被拒之門外。」詹森總統曾明確指示先遣團隊，只允許少量記者參與。他怒斥這是對他當地友人的不尊重，並揚言要開除任何導致這種情況的人。

111 譯註：卡本特（Liz Carpenter），作家、女性主義者、媒體顧問，也是詹森總統執政期間的高層幕僚。詹森繼任總統後，她升任第一夫人發言人，為首位擔任此職的女性。

除了這短暫的雷霆之怒，總統整個周末的心情都極為愉悅。珊卓提到：「我們和秘書們一同參與了所有活動，一切都非常民主。」詹森總統熱衷於擔任其私人世界的嚮導，他帶領珊卓和迪克參觀了出生地、就讀的小學，以及位於佩德納萊斯河（Pedernales River）旁的家族墓園，他的祖父母、父母和其他親人都在此安息。在路途中，珊卓還注意到小瓢蟲夫人「指著四處的花草樹木，細數它們的名字。」

翌日傍晚，車隊駛離牧場，前往奧斯汀體育館。儘管周末行程滿檔——與眾人巡視牛群、在泳池畔閒談、享用燒烤，還有搭乘直升機俯瞰附近農場——迪克仍在這段時間內，將密西根大學演講中「偉大社會」的核心問題進一步提煉，作為未來總統競選演說的基礎。在德州大學畢業典禮上，他叩問青年學子：「你們想留給下一代一個怎麼樣的社會？是一個人工草坪整潔，卻任憑鄉村衰敗的社會？一個商店光鮮亮麗，但學校老舊不堪的社會？一個少數人獨享富足，多數人卻困於公共設施惡劣、匱乏的社會？還是，你們願意攜手共創一個真正偉大的社會？」

◇✶◇

在德州牧場的周末，詹森盡情展現了他在私人世界的游刃有餘。然而，當他回到華盛頓，迎接他的是一場高壓政治博弈——打破美國法律種族隔離制度的、史上最冗長的辯論，即將迎來終局之戰。他必須突破這場辯論的僵局，因為這不僅攸關他的執政成效、民主黨在今年總統大選中的氣勢，更重要的是《民權法案》的成敗。

在長達十周的冗長辯論（filibuster）[112]期間，詹森展現的特質始終如一，令人驚嘆且無懈可擊。過去他常被認為性急衝動，如今卻展現了極大的耐心；過去他偶爾以強硬手段施壓，如今卻採取有條不紊且具體的說服方式；過去他似乎只渴望獨攬聚光燈，如今卻專注於幕後運籌帷幄；過去他偶爾展現愛出風頭的傾向，如今卻公開分享功勞，並呼籲為所有重要參與者的未來遺產著想。隨著辯論接近尾聲，他的策略也愈發清晰。

詹森在立法衝突中展現了他最卓越的能力。從一開始，他就承諾絕不削減甘迺迪原法案的任何部分。他斬釘截鐵地表示：「結果將是全勝或全敗，我們在這場戰鬥中，絕不妥協，絕不在拉鋸戰中讓步。」

南方勢力的領袖，也是詹森的老朋友，喬治亞州民主黨參議員理查・羅素（Richard Russell）此前相信自己能擊敗甘迺迪，「或至少迫使他作出重大讓步」。但政權交接之後，詹森拒絕損害法案完整性、毫不屈服的情況下，讓羅素的政治操作「困難了三倍」。南方勢力唯有設法阻撓表決，意即阻擋「終止辯論表決」（cloture vote）[113]發生，才能爭取勝利，否則將徹底失敗，毫無折衷餘地。

112 譯註：冗長辯論（filibuster），在美國參議院，議員擁有近乎無限的發言權。冗長辯論即是利用此一規則，透過持續發言來阻撓法案表決。發言者一旦離開議事廳或停止發言，即宣告辯論結束。然而，冗長辯論亦可透過「終止辯論表決」強制結束，當時需獲得參議院三分之二的多數票方能通過。

113 譯註：終止辯論表決（cloture vote），指提早終結辯論從而直接進行表決程序的一種議事工具，多數時候，是用來制服癱瘓議會的冗長辯論。

一九六四年六月八日

六月八日，冗長辯論已進入第七十三天，參議院議程幾乎癱瘓。支持《民權法案》的陣營意識到，是時候設定「終止辯論表決」的日期了。拖延戰術已無法奏效，聽命於理查・羅素的三個議員小組，每組六人，日復一日地癱瘓議事。參議院多數黨領袖曼斯斐（Mike Mansfield）將投票日定在六月十日，僅剩四十八小時。支持陣營尚未確保通過表決所需的六十七票（三分之二多數），但他們仍決定把握這個關鍵時刻，凝聚士氣，全力一搏。

當天早晨，詹森總統顯得焦躁不安，白宮瀰漫著山雨欲來的緊張氣氛。兩天後，也就是終止辯論提付表決之日，總統還將在麻州聖十字學院（College of the Holy Cross）的畢業典禮上發表演講。莫耶斯將撰稿任務交給了專精教育議題的白宮助理道格・卡特（Doug Cater）。迪克在日記中記錄了當時不斷加劇的高壓氛圍。

卡特沒讓我們先看過，便把演講稿呈交總統，結果差強人意。總統打電話給莫耶斯，說：「不要給我超過一千二百字的演講稿。我讓你給我一輛福特車，你卻給我一輛凱迪拉克。我要一輛凱迪拉克，你卻給我兩輛福特。如果你不照我說的做，那你乾脆實現你的美夢，回到和平工作團去吧。」

迪克回憶，此後數月，詹森多次訓斥莫耶斯和他，暗示他們仍心繫甘迺迪及和平工作團的年輕理想。同時，迪克臨危受命，負責重寫畢業典禮講稿。

一九六四年六月九日

表決前夜，詹森總統致電參議院多數黨黨鞭韓福瑞，詢問進展。「我想我們票數夠了，」韓福瑞說。「我不想知道你怎麼想，」詹森回應。「票數到底是多少？你掌握了多少票？」接下來的深入對話表明，詹森作為傳奇的「票數專家」，對每位參議員的立場——無論共和黨或民主黨——以及如何爭取他們的支持，都瞭若指掌。

聽取韓福瑞對民主黨票數的匯報後，詹森將話題轉向共和黨。詹森從一開始就明白，鑒於民主黨內部的南北分歧，「如果沒有共和黨的支持，我們絕對不可能獲得三分之二的票數。」詹森後來在和我的多場交談中，明確表示：「當時，只有一個人能幫我們贏得足夠票數」，那就是少數黨領袖竇克遜（Everett Dirksen）。

「如果拿不下竇克遜，法案就不可能通過，」他一再叮囑韓福瑞。「務必讓他參與其中，讓他保持體面。你得陪竇克遜喝酒！和竇克遜談話！傾聽竇克遜！」

當詹森問起竇克遜能拉攏多少共和黨票數時，韓福瑞回答：「竇克遜告訴我，他有二十八票。但我不這麼認為，我覺得他只有二十六票。」此外，還有幾位西部的民主黨參議員態度不明朗。他們支持民權法案，卻擔心若放棄冗長辯論，將削弱小州份在參議院的政治影響力。掛斷電話後，韓福瑞繼續全力遊說最後三名態度搖擺的民主黨參議員。

凌晨一點十五分，韓福瑞走進空蕩蕩的議事廳，與正在主席台上進行最後冗長辯論的維吉尼亞州參議員哈利．伯德（Harry Byrd）「友善地開了幾句玩笑」。這場馬拉松式演說從早上七點三十八分開始，根據規則，此輪冗長辯論必須在預定於上午十一點開始的「終止辯論表決」前結束。過去六個小時，伯德一直在朗誦詩歌與哲學。他接著朗誦一首名為〈鄰居的玫瑰〉（*My Neighbor's Roses*）的詩，獻給韓福瑞。

儘管在民權法案上立場迥異，這兩位參議員仍然是朋友。隔天清晨，韓福瑞從自家花園裡摘下一朵紅玫瑰，別在伯德的襟上。

一九六四年六月十日

早上八點，迪克與總統、莫耶斯及瓦倫蒂乘坐一架DC-6飛往麻薩諸塞州伍斯特（Worcester），也就是聖十字學院的所在地。像往常一樣，演講稿直到飛行途中仍在進行最後修改。

當飛機降落在這座民主黨票倉城市時，現場立刻響起三千名群眾的熱烈歡呼。學校特地停課，從機場通往橄欖球場的十公里（六英里）路線上，十五萬名民眾夾道歡迎，數十支學校樂隊沿途演奏，場面盛大。

總統即將在聖十字學院登台致詞之際，參議院再次召開會議，進行「終止辯論表決」前的最後發言。韓福瑞引述亨利五世（Henry V）在阿金庫爾戰役（Battle of Agincourt）[114]前對士兵的激勵喊話，稱他必將銘記「在聖克里斯平節（St. Crispin's Day）這一天並肩作戰」的榮耀，而竇克遜則引用雨果

（Victor Hugo）的一句話：「比世界上所有軍隊更強大的，是時機已到的理念。」此時，詹森總統仍端坐在舞台上，助手傳來捷報：第六十七張支持票已經記錄，這場長達數月的攻防戰，終於結束。記者捕捉到總統臉上綻放「燦爛的笑容」。這是美國歷史上首次成功對阻撓《民權法案》的冗長辯論進行終止辯論投票。儘管這違反議事規則，議場仍響起自發而熱烈的掌聲。

接著，總統站起來，開始發表演說，他偏離原定講稿，與所有人分享這個振奮人心的消息。聖十字學院的畢業生全體起立鼓掌，掌聲經久不息——不僅獻給總統、國會，更是獻給整個國家。

迪克和莫耶斯並未親眼見證總統宣布這一重大消息。當總統車隊抵達伍斯特時，兩人繞道前往了劍橋。在那裡，迪克帶著莫耶斯漫步哈佛廣場，回顧自己求學時的舊日足跡。他指著甘尼特書院（Gannett House），介紹《哈佛法律評論》的搖籃，並帶著莫耶斯遊覽他鍾愛的景點。

此次劍橋之行，並非單純的懷舊之旅。當天下午，他們出席了一場由經濟學家高伯瑞（Ken Galbraith）[115]與哈佛、麻省理工學院（MIT）教授們共同籌辦的工作午餐。這場聚會不僅是學術交流，更是一場策略會議，旨在推動具體行動，落實「偉大社會」構想中的各項計畫。

---

114 譯註：阿金庫爾戰役（Battle of Agincourt），發生於一四一五年十月二十五日，是英法百年戰爭中一場以少勝多的戰役，英格蘭出乎意料地戰勝了數量上占優勢的法軍。

115 譯註：高伯瑞（Ken Galbraith），美國二十世紀經濟學界的代表人物，擔任哈佛大學經濟學教授之際，一九六一至六三年間也是甘迺迪與詹森總統的經濟顧問。

暮色時分，他們搭機返回華盛頓，只見詹森總統神采奕奕，心情愉悅。他不僅相當樂意，還很熱切地想與促成表決的功臣們共享榮耀。巴比身為司法部長，負責與竇克遜進行日常協調，當他抵達白宮參加會議時，詹森以洪亮的聲音向他致意：「你好啊，英雄！」

在整個立法攻防期間，詹森始終與巴比及司法部緊密合作，確保政府只批准不會在實質上削弱法案的修正條款。每次與巴比對話，詹森都反覆強調：「在這項法案上，我們絕不做任何你不願意的事。」此策略奏效。最終送交參議院表決的版本，比甘迺迪總統最初的提案更加有力。

詹森曾向竇克遜承諾，只要他幫助法案通過，必定「譽望所歸」。總統信守諾言，從此對這位共和黨參議員讚譽有加。他甚至誇張地對竇克遜說：「兩百年後，我們的後世只會記得兩個名字——林肯和竇克遜。」他的讚美與肯定滔滔不絕，不僅獻給竇克遜，也獻給羅伯特、韓福瑞、曼斯斐，以及整個民權運動社群。

那天，迪克沐浴在詹森如滿月般光輝皎潔的一面，無法想像，不到二十四小時後，他將初次見證這同一輪明月，那冰冷、陰暗的另一面。

一九六四年六月十一日

若不細究時間脈絡，便難以捕捉詹森變幻莫測的情緒軌跡。〈偉大社會〉演說後數周的陣亡將士紀念日假期，迪克在牧場受到盛情款待；六月十日，總統贏得艱苦戰鬥，成功終結冗長辯論，使《民權法案》順利進入參議院表決，勝券在握。詹森政府，一時之間，乘著成就的強勁順風，銳不可當。

然而，當媒體開始追蹤迪克在詹森為他特設的「隱密辦公室」中的動向時，順風驟然轉向。一些報紙專欄開始聚焦古德溫，稱其已躍升為白宮撰稿團隊的核心人物。更有甚者寫道：「古德溫能在短時間內完成重要講稿，速度遠超甘迺迪時期的泰德·索倫森，且詹森對其文采讚譽有加。」

賽迪，這位見證「偉大社會」標籤在迪克打字機上誕生的記者好友，始終恪守與迪克的保密約定。然而，他敏銳地察覺到，此事已然走漏風聲。這對他而言，無疑是撰寫重磅報導的絕佳時機，主題就圍繞在古德溫重返白宮、〈偉大社會〉演講，以及古德溫如何身兼撰稿人與政策制定者的角色。

為進一步了解迪克的貢獻，賽迪聯繫上撰稿團隊成員巴斯比（Horace Busby）[116]。巴斯比亦是總統長年的親信，平時為人溫和低調。他坦率地向賽迪闡述了團隊的職責分工，並將〈偉大社會〉演講的功勞歸於迪克。

至此，賽迪認定自己已不受與迪克保密協議的約束。六月十一日下午三點，他找上白宮發言人里迪，告知《時代》雜誌將撰寫一篇關於古德溫的文章。當里迪向詹森匯報，賽迪人已來到白宮，總統立刻指示他將記者帶進橢圓形辦公室。在允許記者進門之前，怒不可遏的詹森先是打電話給巴斯比，但得知巴斯比不在，於是轉而質問他的秘書倪克斯（Dorothy Nichols）。倪克斯試圖為她的上司辯護，卻無濟

116 譯註：巴斯比（Horace Busby），詹森總統最親密的友人之一。一九六三年至一九六五年間擔任總統特別助理，為多場重大演講撰稿。

於事。我將這通電話的錄音逐字稿讀給迪克聽。

詹森：〔賽迪〕說他從巴斯比那裡聽到，迪克．古德溫寫了很多講稿，還特別提到了幾篇，這真是讓我心寒。克拉夫特（Joseph Kraft）[117]也這麼說，我真的無法相信巴斯比會這樣對我。

倪克斯：我不覺得他會這麼做。

詹森：巴斯比現在在哪裡？

倪克斯：哦……巴斯比去和湯姆．威克（Tom Wicker）[118]吃午餐了。

詹森：他在跟他們說些什麼，我猜他希望自己能在他們中間有些影響力，但這對我們傷害很大。我已經告訴他要小心，不要這麼做。

倪克斯：詹森先生，我知道他們一直在找他，但我不知道他是——

詹森：你看，如果他要跟他們一起吃午飯，親愛的，他肯定得說些什麼吧。卡本特剛剛給了一個大新聞，說迪克．古德溫穿著燕尾服去牧場，還把消息給了萊斯（Les，卡本特的丈夫）[119]，萊斯寫了出來。現在《時代》雜誌正在做一篇關於迪克．古德溫的特寫，根據《時代》的說法，他們的消息來自巴斯比。告訴他，如果他非得跟他們吃飯，那我來買單。

倪克斯：我想這是他第一次去參加午餐邀約……這人平時一天到晚都不吃午飯的。

詹森：我可能得炒了他，或者阻止他，或者把他關起來，總之做點什麼。我得讓我手上這些「小菜鳥」離那些記者遠一點，別讓他們把我們在做的事都說出去。

倪克斯：哦，天哪。

詹森：他們會害了他，也會害了古德溫。他們倆會是第一批倒楣的，因為他到處亂說。我覺得他可能有點不滿古德溫在幫我寫講稿，或許有點嫉妒。

倪克斯：我不這麼認為，總統先生。

詹森：該死，下午三點十分跑去吃午餐。如果他回來的話，告訴他隨時回電給我。

「真是位英勇的秘書啊。」我說道。

在賽迪被帶進橢圓形辦公室前，詹森總統的語氣變得更加冷峻，帶著難掩的怒氣。從他與里迪的簡短對話中，便可見一斑。

里迪：賽迪來了，正在問我關於古德溫的職責。

詹森：什麼職責？

117 譯註：克拉夫特（Joseph Kraft），華府資深政治新聞工作者，著名專欄作家。

118 譯註：湯姆．威克（Tom Wicker），時任《紐約時報》政治記者。

119 譯註：萊斯（Les），卡本特與她的丈夫萊斯在華盛頓共同創辦了卡本特新聞社（Carpenter News Bureau）。

里迪：擔任撰稿人，以及白宮顧問的職責。

詹森：那就告訴他，古德溫兩者都不是。不過如果這件事跟他有關，或者他感興趣的話，我很樂意跟他談談古德溫做了些什麼。

里迪：好的，總統先生。

詹森：讓他進來吧。

面對賽迪關於古德溫撰稿人身分的詢問，總統斷然否認：「古德溫沒有為我寫過任何一篇演講稿。據我所知，他跟密西根演講完全無關。他從未受邀擔任我任何政策的顧問。他所做的，只是根據研究提出建議。」

「我一時語塞，」賽迪回憶道。「我顯得茫然不解，詹森似乎察覺到了我的困惑，於是轉向里迪，問道：『是這樣的吧，里迪？』里迪發出一聲模稜兩可的聲音，既不像肯定，也不像否定，並搖了搖頭，既非向上，也非向下。」

賽迪百思不得其解。他明明親眼見過迪克撰寫演講稿，也深知迪克已成為詹森的首席文膽。然而，詹森的怒火才剛開始燃燒。他的憤怒迅速升騰，變成一場激烈的抱怨：「真是讓我反感得要命！那些局外人，那些無關緊要的邊緣人，總愛裝出一副自己很懂的樣子，實際上他們根本一無所知。」

詹森的長篇大論，顯然是在指責迪克、巴斯比，以及所有未經他許可便與媒體接觸的幕僚。他繼續怒斥：「他們的職責是埋頭苦幹，而非向《時代》雜誌解釋誰做了什麼。媒體若有疑問，自有我來解答。」

提及報紙上關於古德溫身著燕尾服在牧場度過周末，並前往斯通沃爾置裝的報導，詹森總統辯稱：「古德溫只在詹森牧場待了一天」。他並堅稱，古德溫來到牧場，純粹是為了陪同他前往德州大學發表演講。而似乎為了證明自己發火的正當性，詹森從襯衫口袋掏出一支簽字筆，在紙上忿忿地繪製了一張白宮組織架構圖給記者。在圖表底部的「其他事項」欄位，赫然出現「古德曼」（Goodman）的名字（而非古德溫），其邊緣地位昭然若揭。

「被美國總統——這個全世界最有權力的人——親口告訴你，你所知道的真相『並非如此』，是一種奇特的體驗。」賽迪回憶道。儘管詹森的總統任期才剛開始，賽迪已經感受到一面警示旗幟正在升起。「總統的話語已不再那麼可靠」，一條「可信度缺口」開始浮現，而這道缺口最終會在詹森的任期內逐步擴大，甚至惡化。

詹森先前否認迪克在行政辦公大樓有辦公室，還讓我們覺得好笑，但這件荒唐事件卻一點也不好笑。詹森公然說謊的能力之強，以及他在私下讚揚與公開貶斥之間的巨大反差，令人感到不安。更讓我感到苦惱的是，林登竟然想抹去曾與迪克、珊卓共享的家庭般時光，他們曾一起用餐、讀報、吃燒烤、拜訪親友，甚至參觀那些對他人生具有重要意義的地方。

「為一件小事，發這麼大的火，」迪克說。「他看似貶低了我，但真正形象受損的並不是我，而是他自己。在賽迪眼中，他的言行損害了他自己的形象。他斬釘截鐵地對賽迪說出他們都知道是謊言的話，是很危險的。」

「賽迪有告訴你，他採訪詹森的事情嗎？」我問。

「有，」迪克回答。「但這件事對我來說完全沒有意義，也無關緊要。當時有那麼多重大且重要的事情正在發生。畢竟，就在詹森把我降到白宮人事架構最底層的那一天，他還指定我著手撰寫歷史性的《民權法案》簽署聲明。」

「他從未對你大吼大叫過嗎？」迪克突然問我。

「沒有。如果他生氣了，」我回答，「他就會直接無視我。他會跟任何人說話，就是不跟我說話。像是把我當空氣一樣，徹底冷落我。」

「沒有怒火，只有冰凍，」迪克沉思著說。「但你知道嗎，甘迺迪最鍾愛的詩人羅伯特．佛洛斯特曾說過，論及毀滅，無論是火或是冰，都綽綽有餘。」

⋄✶⋄

執政期間，詹森總統對整個華盛頓特區的動態瞭若指掌。橢圓形辦公室是這張龐大消息網絡的核心，他對任何觸動這張網絡的事件都極為敏感。在《民權法案》冗長辯論的關鍵時期，當詹森得知已退休的最高法院大法官法蘭克福特因中風導致言語不清、行動不便，便決定親自登門拜訪這位身體抱恙的法界巨擘。他前往法蘭克福特位於麻薩諸塞大道（Massachusetts Avenue）大使館區的公寓，並特意邀請迪克同行。他清楚迪克曾是法蘭克福特的助理，對這位導師敬重不已。

善良、同理心與憐憫——這些特質在詹森身上，與他的刻薄、無情與殘酷一樣明顯。在多年研究這位複雜人物的過程中，我發現他時常刻意展現對年長者的尊重，尤其是那些已逐漸淡出公眾視線、不再受到關注的長輩。

那天下午，迪克陪同總統前往法蘭克福特家中，詹森特意流露出自己對這位大法官的需求與感激，並懇請他繼續提供指導。數十年來，法蘭克福特一直是最高法院的智慧中樞。雖然這位八十一歲的大法官因健康因素，難以參與社交活動，但詹森的來訪讓他深感欣慰，他也努力振作精神，以最好的狀態迎接這場會晤。

法蘭克福特從不諱言他對政壇人物的觀感。當年迪克加入甘迺迪競選陣營，他便深感惋惜，認為甘迺迪承襲了其父親喬身上令人反感的特質。

然而，法蘭克福特對詹森推崇備至。兩人皆是出身寒微，憑藉才幹與毅力脫穎而出；而且年輕時，都曾長期追隨小羅斯福，保持密切合作。他們都深信公共服務的價值。多年來，法蘭克福特桃李滿天下，培養了一批忠誠的助理和學生進入政府服務，這批人被稱為「法蘭克福特的快樂熱狗」。

迪克告訴我，在這場愉快的會面結束前，大法官將話題轉向了他，流露顯而易見的父輩關愛。他說：「這孩子體內流淌著政治血液。」詹森聞言，微笑點頭，表示贊同：「這就是我喜歡他的原因。這孩子重情重義，而且文筆了得。」

在往後的歲月裡，迪克經常回想起法蘭克福特大法官那句「流淌著政治血液」的評價。有時，他認為這是一種讚美；有時，他覺得這是一種對政治成癮的精闢詮釋。但更多時候，他半開玩笑地想，這是否也表明，他那「政治血液」的病灶，需要透過骨髓移植或血液透析來根治。

人們或許會認為，詹森對年長者的敬重，是為在以資歷論輩的參議院中平步青雲，所精心籌謀的手段；然而，正如詹森曾親口對我說，這其實是他自幼以來的處世之道。

「我還小的時候，常常與朋友的母親話家常，一聊就好幾個小時，告訴她們我這一天做了什麼，也關心她們的生活如何，甚至向她們請教建議。沒過多久，她們開始把我當成自己的孩子。這意味著，每當我們這群孩子想做什麼，只要有我在，父母們總會覺得沒問題。」

儘管獲得長輩緣頗有幫助，但事實上，詹森只是純粹覺得與年長者相處更自在，並且樂於與他們聊天。日後，他也將對長輩的溫情關懷，延續至提攜他職業生涯的參院前輩身上。他花了許多時間陪伴終生未婚的理查．羅素。詹森向我解釋，這是因為羅素經常感到孤單。

「參議院才是羅素心目中的家。所以每天清晨，他會早早來到國會大廈吃早餐，晚上則待到夠晚，才到街對面的餐館吃晚餐。而在這些清晨與深夜，我總想確保他不會獨自一人。我希望有個人能陪伴他，一位像他一樣長時間堅守崗位、全心投入工作的參議員。而那個陪伴他的人就是我——林登．詹森。」

「到了星期天，眾議院、參議院都空蕩蕩的，四周靜得出奇，街道上也幾乎看不見人影。對於一個政治人物來說，這是最難熬的一天，尤其是像羅素這樣形單影隻的人。我懂他的感受，因為我自己也在數著時間，等待星期一的到來。所以，每到周日，我總會邀請羅素來吃早餐、午餐，或是早午餐，甚至只是一起讀讀當天的報紙。他就像我的導師，我想好好照顧他。」

他們的關係遠不止於同僚間的相互尊重，更像是親情。在最親密、最個人的層面上，歷史性的《民權法案》冗長辯論及立法對抗，對他們而言，也成了嚴重的「家庭衝突」。只有理解這層意義，才能真正體會羅素在對抗結束後的那番話。他對莫耶斯說：「現在你去告訴林登。我早就知道，這根鞭子遲早會落到我身上。我很遺憾是他來執行，但如果這件事非得有人動手，我寧願是他，而不是別人。告訴他，當他揮下這根鞭子時，記得稍微流點眼淚。」

詹森對年長者的同理心如此深刻，以至於每當他察覺到哪位參議員的腳步開始放慢，他便會主動為他們分擔委員會的工作，甚至親自為他們準備議題的發言要點。他後來告訴我，他明白這些人正從舞台中央退去，而有一天，他自己也可能會像他們一樣。「他們害怕被忽視，渴望被關注。而當他們終於得到關注時，那感覺就像得到沙漠中的泉水般珍貴。」

◇✶◇

一九六四年六月下旬，《民權法案》即將通過，迪克將簽署聲明的最新版本交給詹森總統。《民權法案》不是一個簡單的里程碑，它將徹底改變美國的法律、政治和社會面貌，影響力超出二十世紀的任何一部法律。

由於即將到來的歷史性時刻至關重要，至少六位幕僚參與了這份簡短聲明的起草。總統瞇著眼睛審閱了一遍，隨後再次細讀。「稿子寫得很不錯，迪克。」總統說，「或許你能再添幾筆，強調我深知法律的通過，並不能瞬間改變人心。」他用建議的口吻提出了這道命令。

「我知道，許多喬治城的菁英人士認為，我擔任參議員時並非積極的民權鬥士。」詹森對迪克坦承。「他們的看法不無道理。我不是鬥士。當時我代表南方州，若我走得太超前，選民早已將我送回詹森城，屆時我將一事無成，無論是為白人或黑人。如今，我代表整個國家，我能夠推動全國上下認為正確或應當的事。」

迪克從未懷疑過詹森在民權議題上的堅定信念；在那漫長的奮鬥中，詹森展現出的頑強勇氣令他深感震撼。儘管北方的自由派人士輕視、嘲諷詹森，並給他貼上刻板印象，無論他在民權事業上取得多少建樹，他們始終對他懷有偏見與鄙夷。但最終，詹森在民權領域的卓越成就，遠遠超越了那些自由派人士的想像。

「我要成為黑人最好的朋友，」詹森對迪克說，「我希望你能幫我把這份聲明整理好。然後，我們一起來創造一點歷史。」

「創造一點歷史」這句話其實遠遠小看了即將發生的事。一旦這部法律簽署，它將終結構築南方人日常生活長達七十五年的種族隔離制度。「吉姆・克勞法」（Jim Crow laws）強制黑人不得進入只接待白人的餐廳，不得與白人共用飲水機、廁所和泳池，不得入住旅館與汽車旅館，甚至禁止在吧台、電影院、運動場館與音樂廳內與白人共處。新法一經簽署，旋即生效，開始瓦解根深蒂固的隔離制度所造成的諸多屈辱。

如何、何時、以及在哪裡舉行簽署儀式，成了詹森的首要難題。總統問他的民權顧問懷特：「你認為我們應該低調簽署，還是要大張旗鼓地宣傳？」懷特回答：「這是一項如此具有里程碑意義的法案，媲美《解放奴隸宣言》（*Emancipation Proclamation*），理應盡可能吸引所有關注。」

由於法案預計在七月二日星期四下午最終通過，有人建議延到七月四日國慶日再簽署，以彰顯歷史意義。然而，也有人擔心，將這項法案與慶祝獨立的煙火混為一談，可能會引發不必要的爭議。

「這周末簽的話會相當棘手，畢竟是假期周末，」巴比建議，「如果可能的話，延到星期一再簽，這樣就能在周間完成。」但眾議院共和黨領袖哈勒克（Charles Halleck）強烈反對延後，因為許多共和黨人周末後將前往舊金山參加黨大會，屆時可能無法出席簽署儀式。

詹森意識到，這次簽署儀式必須成為一場展現兩黨合作的公開示範。因此，他最終決定，法案一送到他手中，便立即簽署。「我們必須讓它成為一部屬於全美國的法案，」他對韓福瑞說，「而不僅僅是民主黨的法案。」

一九六四年七月二日

儘管時間倉促，白宮東廳內，金碧輝煌的場地，仍精心籌備了一場莊嚴的簽署儀式，廣邀兩百位跨黨派嘉賓、民權領袖，以及全國電視觀眾共襄盛舉。羅伯特．甘迺迪神情肅穆，端坐在第一排，與韓福瑞、眾議院議長曼斯斐、竇克遜、哈勒克及第一夫人並肩而坐，其後則是馬丁．路德．金恩、惠特尼．楊及牧師方特羅伊（Walter Fauntroy）。

《一九六四年民權法》（*Civil Rights Bill of 1964*）簽署聲明，在總統低沉而莊重的語調中宣讀。他的案前整齊擺放一排鋼筆，準備頒贈予為此奔走付出的人們。

觀看詹森總統發表聲明的錄影後，我反覆閱讀這篇講稿。最令我印象深刻的是，演講結構簡潔，卻鮮明對比美國革命與憲法揭櫫的自由理想，與當下真實生活境況：

我們信奉人人生而平等。然而，無數同胞卻遭剝奪平等待遇。

我們信奉人人皆擁有不可剝奪之權利。然而，許多美國公民卻無法享有此等權利。

我們信奉人人皆應共享自由福祉。然而，數百萬人卻被褫奪此等福祉——不是因為他們失敗，而僅僅因為他們的膚色不同。

但這種情況不能、也不會再繼續下去。

我們的憲法，這個共和國的基石，不容許它延續；道德不容許它延續。而今晚，我即將簽署的法律，將明確終結它的存在。

我再次想起八年前迪克寫給喬治．古莫的一封信。當時，他正在迪克斯堡等待退伍，在信中，他將令自己魂牽夢縈的歐洲與即將回歸的美國作比較。儘管美國仍充滿種種不平等，迪克依然認為，在這裡，人們相信自己能夠闖出一片天；而在其他國家，他未曾發現這種信念，甚至連實現真正平等的希望都不存在。最讓我動容的是，自迪克結束軍旅生涯歸國以來，他確實用自己的聲音，透過演講與法案制定，努力拆除那道將理想與現實隔離開的高牆。

在聲明結尾，詹森說道：「我們現在來到了試煉的時刻。我們絕不能失敗，我們必須徹底封閉種族毒害的惡性之源。」正如詹森對迪克的指示所表明的，沒有人比總統更清楚，法律生效不能在一夕之間改變社會現狀。詹森提到的「試煉時刻」，不僅僅是在法庭之上，更將在全美各地上演，也在每位美國人民心中反覆考驗。

掌聲響起之際，小瓢蟲夫人注意到，巴比「毫無表情的臉」，以及他的拍手力道「輕緩到甚至不會吵醒手心裡一隻安靜熟睡的蚊子」。當晚，幾則對巴比舉止的描述皆流露出他情緒低落，甚至忿忿不平。但我想，在他那沉默與恍惚的分神中，他正在承受突如其來的悲傷，為在這個歷史性時刻，他愛得勝過自己的兄長卻無緣見證。

當人群湧向總統，爭相索取簽字用的鋼筆並合影留念時，巴比只是站在一旁，被動地等待自己的機會。等到他終於走向案前的時候，詹森拿起一把鋼筆，交到他手中，象徵他與司法部團隊的貢獻。隨後，巴比將其中一支鋼筆（連同簽署儀式的照片一起裝裱）贈與他的助理司法部長多爾（John Doar）。在下方，他附了一句註記：「用於簽署甘迺迪總統《民權法案》的鋼筆。」

我與迪克討論巴比、詹森之間的激烈矛盾時，迪克坦承，巴比始終耿耿於懷的一件事：他的兄長甘迺迪執政僅僅三年，政治遺產幾乎被詹森的成就所掩蓋。「這些事情，貧窮、民權，都是我們剛開始處理的，」巴比對迪克說，「我們只是沒有足夠的時間。」

「凱撒是永垂不朽的，儘管他只當了三年多的羅馬皇帝，」迪克試圖安慰巴比的低落心情。

聞言，巴比臉上露出一絲微笑。「是啊，」他同意道，「但他可是有莎士比亞幫他寫傳記[120]呢。」

「那麼，這究竟是誰的法案？」迪克和我彼此詢問，這次我們的答案一致：若沒有甘迺迪的啟發與詹森的推動結合，這部法案絕不可能成為現實。然而，毋庸置疑，推動這部法案的最深層力量，來自於民權運動本身。正是民權運動喚醒了全國的良知，改變了輿論，最終迫使國會採取行動。

詹森簽署這項法案時，難掩心中的激動與喜悅。在慶祝的人群之中，他將準備好的鋼筆發送得一支不剩，還喊人拿來更多的筆。接著他回到辦公室，與民權領袖們進行一場非正式的會談。結束後儘管已是深夜，他依然決定與第一夫人及莫耶斯飛往牧場。「我們都因為這份冒險、年輕與解脫的感覺而興奮不已，簡直是假期的完美序幕，」小瓢蟲夫人在日記中寫道。「如此難得的夜晚，星空燦爛，讓人完全忘卻明天的煩憂，只剩下難以言喻的狂喜。」

然而，莫耶斯回憶說：「就在那個夜晚，我發現詹森躺在床上，讀著《華盛頓郵報》頭版對當日的慶頌，卻神情憂鬱。我問他發生了什麼事。」詹森回答道：「我想我們剛剛把南方拱手讓給了共和黨，而這會持續很長一段時間。」

林登・詹森安靜、深陷內省的一面出現了，在本應盡享勝利歡欣的時刻，他顯得憂鬱沉重。除了小瓢蟲夫人，極少有人見過他這樣的樣貌。

「我覺得他肯定感到極度的孤獨，」我對迪克說。「他知道，未來的路將充滿挑戰。他在南方的摯友與長期合作的盟友，會視他為叛徒。而且，別忘了，這一天，正是幾乎奪去他性命的心臟病發周年[121]。生死交錯、成就與代價，這些念頭盤旋在他心頭。」

「他還擔心法律生效後可能會引發流血叛亂，」迪克補充說。

短期內，法案的落實比任何人預料的都更為順利，這是詹森當時無法預見的。然而，從長遠來看，他對暴力與流血的預感，最終還是成為了現實。

突然，迪克臉上掠過悲傷神情。「誰能想到，我們所面對的這場試煉，竟持續了超過半個世紀，而種族毒害的惡性之泉，竟依然未能徹底封閉？」

⋄✶⋄

一九六四年的春夏之交，隨著選舉季節正式展開，詹森被白宮內部稱為「巴比難題」的抉擇困擾不已，這指的是他在即將到來的競選中，該選擇哪位搭檔。大量遊說文章與媒體報導鋪天蓋地而來，紛紛敦促他選擇巴比。最終這項抉擇成了他的執念。多年後，詹森對我坦言：

每天一早，我一打開報紙或打開電視，就能看到與巴比有關的內容。總有某個人或某個團體在說，他會成為一位多麼偉大的副總統。這一切真不公平。我為甘迺迪忠誠服務了三年。在那段時間裡，我心甘情願地留在幕後；我知道那是他的總統任期，不是我的。如果我與他有分歧，我也是私下說，而不是公開反對。

然後，甘迺迪遇刺了，我成了他政治遺囑的執行者。我成了總統。但巴比似乎完全沒有意識到這回

120 譯註：《凱撒大帝》是莎士比亞的其中一齣悲劇。
121 譯註：詹森長期患有嚴重的心臟疾病，一九五五年七月二日曾因心臟病發作險些喪命。

事。他表現得好像自己才是甘迺迪夢想的守護者，是理所當然的繼承人。

但不管怎麼樣，我都不可能讓這種事發生。如果巴比成了我的競選搭檔，我將永遠無法知道自己是否能真正憑藉自己當選。

和巴比一樣，詹森的自尊心如洋蔥皮般脆弱，記憶力卻如大象般長久，牽涉積怨時，更是如此。真正的「巴比難題」遠不僅是「誰才是正統繼承人」這麼單純。兩人矛盾的伏筆，早在甘迺迪遇刺前便已埋下，當時巴比不僅刻意冷落身為副總統的詹森，還設法將他排除在甘迺迪政府的重要決策之外，甚至令詹森認為，自己遭到巴比輕蔑且居高臨下的對待。

甘迺迪遇刺後，正如迪克的日記所記錄的，巴比對詹森的敵意更為深重，悲痛扭曲了他的判斷，使他對自身權力的評估變得不切實際。他曾自負地說：「等時機成熟，我們會明確告訴他，副總統職位應該屬於誰。」短短幾周內，在巴比眼中，詹森已不僅是令他鄙視的潛在競爭對手，更是毫無疑問的「宿敵」。

迪克在一九六四年三月的日記中，記錄了一場發生在白宮內的激烈交鋒，起因是巴比的好友保羅·柯賓（Paul Corbin）在新罕布夏州初選中，策畫為巴比寫名競選（write-in candidate）副總統的海選活動[122]。詹森得知此事後，立刻召見剛從外交任務返國的巴比，兩人的對話毫不留情。根據迪克的描述，詹森劈頭就說：「我要你把保羅·柯賓趕走。」

巴比：「他是甘迺迪總統任命的，甘迺迪認為他很優秀。」

詹森：「甘迺迪總統已經不是總統了，我才是。」

巴比：「我知道你是總統。不准再用這種語氣跟我說話。」

詹森：「我派你去遠東執行任務是幫了你一個忙。」

巴比：「幫忙？我不需要你幫我任何忙，永遠都不需要。」說完，他怒氣沖沖地走出了房間。

試圖判斷柯賓事件的對錯毫無意義，因為這場衝突牽涉的本質更為深刻。確實，兩人曾為《民權法案》攜手合作，因為這部法案對他們來說，重要性遠超過彼此間的敵意。然而，法案剛簽署成為法律，巴比便變得鬱鬱寡歡，彷彿詹森剝奪了甘迺迪應得的榮譽。

七月十六日，共和黨全國代表大會正式提名高華德（Barry Goldwater）作為總統候選人，暫時解決了詹森的「巴比難題」。自高華德獲得提名的那一刻起，詹森便不再需要巴比在民權、工會，以及甘迺迪在東北部自由派政治組織中的影響力。自由派人士對詹森的任何疑慮也自然而然地消除。畢竟，與高華德這位極右翼意識形態的代言人相比，詹森無疑是自由派唯一的選擇。

122 譯註：為非原定候選人造勢的活動。鼓勵選民可自由填寫選票上未列出的候選人姓名，表達支持。

一九六四年七月二十九日

詹森剩下的任務，是以最有效的方式，最小的政治代價，徹底排除巴比成為副總統候選人的可能。他決定親自在橢圓形辦公室，與巴比進行面對面談話。為了這場七月二十九日下午的會晤，他如處理國家大事般縝密籌備。為確保談話條理清晰，他備妥了詳細的備忘錄，列出所有關鍵論點，向巴比闡明他不適合擔任競選搭檔的原因。他力求滴水不漏，徹底消除任何疑慮，不被看出受任何個人情感左右。他也期待，巴比能夠主動宣布退選，為這場持續數月的政治角力畫下句點。

詹森排除巴比的理由，表面上是有數據支撐的選戰策略，特別是對各州版圖的分析。他根據備忘錄告知巴比，高華德的勢力集中於南部、東南部，甚至可能滲透中西部。如同當年他被選為甘迺迪的搭檔，以鞏固德州與南方選票，詹森強調，他必須尋找一位能吸引中西部與邊境州選民的搭檔，並將南方反彈影響降至最低。因此他認為，巴比並非符合上述需求的理想人選。

為了緩解巴比受到的打擊，詹森向他拋出一系列安撫性的提議，包括競選總幹事、內閣職位，或任何他希望擔任的大使職位，甚至承諾，若巴比未來打算參選總統，他將全力支持。

那兩人在橢圓形辦公室談話時，莫耶斯打電話告訴迪克：「林登正在通知巴比，他無法成為副總統候選人。」

「我並不意外，」迪克後來告訴我，「但我心情還是很沮喪。」掛斷電話後，迪克走出辦公室，來到白宮的車道上，在那裡徘徊良久，直到看到一輛黑色轎車駛出，巴比就在後座裡。

根據迪克的描述，巴比示意司機停下車，搖下車窗，卻只是靜靜地坐著，一言不發。

「很遺憾，」迪克開口。

「沒關係，」巴比回應。迪克說，當時巴比「只是看著他，嘴唇緊抿，神情難掩痛苦。」

「我想已無能為力了吧，」迪克接著說。巴比微微點了頭，隨即讓車輛駛離。

讓詹森感到懊惱的是，巴比拒絕主動向媒體宣布退出競選，堅持這項聲明應由白宮發布，而非由他本人。為了避免巴比成為唯一被排除在外的候選人，詹森想出了一個既狡猾又極端的政治手段。翌日晚間六點，他在電視上發表聲明：「我已得出結論，在大會上提名內閣成員或任何經常與內閣會面的官員，並非明智之舉。」他聲稱，這些官員的職責至關重要，希望他們能全心全意投入工作，而非捲入競選活動。

透過這番話，除了巴比，他還一舉排除了五名最被看好的人選：國防部長麥納馬拉、國務卿魯斯克、農業部長弗里曼（Orville Freeman）、和平工作團和新設立的經濟機會辦公室負責人施賴弗，以及美國駐聯合國大使史蒂文生。

聲明發布後不久，詹森立刻通知他的好友理查・羅素，告訴他自己已經排除了整個內閣及所有密切工作夥伴成為副總統候選人的可能性。羅素聽後，驚訝地脫口而出：「這一下子就排除了一大批人啊。」

詹森滿意地笑了：「其實，我只需要排除一個人。」

巴比心知肚明，那「一個人」就是他自己，「抱歉啦，我還把那麼多好人拖下水。」然而，幽默語氣掩蓋不了內心的苦澀與失望。

當詹森歡喜宣告，終於甩掉了這「該死的煩惱」，事件本應到此為止。然而，原該被視為「大師之筆」的政治操作，卻迅速演變成令人不快的醜聞。翌日，在一場午餐聚會中，詹森得意洋洋地向三名記者炫耀這場「勝利」，細數自己如何在會談中「像老鷹盯著小雞一樣」死死盯著巴比不放。他形容，當巴比得知自己無緣副總統提名時，「他的臉色變了，開始吞咽口水，看起來極不自在，喉結上下跳動，像個溜溜球。」憑藉一貫擅長的模仿技巧，詹森當場誇張地猛吸氣，形容巴比「像條胖魚在大口呼吸」。

詹森一旦開口，便停不下來。他以極盡嘲諷之能事，模仿巴比特有的語氣與神態，這讓我不禁聯想到另一位天才模仿家——林肯——曾做過的殘酷舉動。據林肯摯友赫恩登（William Herndon）所述，林肯早年曾因對民主黨人傑西．湯瑪斯（Jesse Thomas）心懷不滿，便以誇張的肢體語言和尖酸刻薄的言辭，公開嘲弄對方，甚至模仿其步態與肢體動作。在這場羞辱意味十足的表演中，林肯「激烈而尖銳的嘲諷」最終令老湯瑪斯當場落淚。事件迅速傳遍小鎮，被譏為「剝了湯瑪斯的皮」。

林肯在當晚便意識到自己的過分，親自去見湯瑪斯，誠懇道歉，這件事成了他終生遺憾、深感羞愧的回憶。相比之下，詹森加油添醋的描述，讓「剝了巴比的皮」成為華府茶餘飯後的話題。而當巴比要求詹森道歉，詹森卻從未真正低頭認錯。

⋄✶⋄

打開一系列專門收藏一九六四年黨代表大會與競選資料的檔案箱時，我不禁失笑。這看起來更像是個孩子的玩具箱，而非正式的歷史檔案。一堆競選徽章，各種大小都有——紅、白、藍相間的背景上，印著「一路支持詹森」；「詹韓配」旁邊是詹森與競選搭檔韓福瑞燦爛的笑容。還有印著「詹森與美國」的火柴簿、支持詹森與韓福瑞的汽車保險桿貼紙、折疊好的競選手冊與海報，成堆舊報紙與雜誌，票根、大會徽章、小牛仔帽，以及琳瑯滿目的競選紀念小物，全都是迪克半個世紀前收藏起來的。

「政治簡直刻進你的血液裡了！」我笑著打量這些迪克的寶藏，「就像十歲小孩迷上棒球卡一樣！」

「我認了！」迪克舉起雙手表示投降。「我就是愛這些大會的熱鬧、標語牌、遊行，還有那些精心包裝、奢華鋪張的場面。」

隨著八月大西洋城（Atlantic City）民主黨全國代表大會臨近，迪克認為，這場與高華德的競選穩操勝券，堪稱所有政治家夢寐以求，唯一的變數只有詹森的勝選幅度會有多大。然而，這種樂觀態度卻是詹森最無法容忍的。事實上，隨著大會逼近，他的焦慮與日俱增，自信心迅速崩塌，甚至悲觀到起草了一份退選聲明。

在自己的回憶錄中，詹森坦承，當時各種恐懼如影隨形，揮之不去。他擔心「這個國家無法長久團結在任何南方人背後」，因為北方對南方「根深蒂固的輕蔑——早已融入生活、深入人心」。他對「東岸大城市的媒體」充滿不信任，因而倍感壓力。此外，他還憂慮自己疲憊不堪的心臟。在起草退選聲明時，他寫道，自己會堅守總統職位至新任總統宣誓就職，然後回到德州牧場退休。

「荒唐！」當我將詹森回憶錄中的這段話讀給迪克聽時，他大聲說道。「我一點都不相信！他當時一切順風順水，怎麼可能放棄他渴望了一輩子的大位？你是說林登．詹森，他就像一輩子都夢想著結婚的新娘，卻在婚禮前一天晚上臨陣退縮？」

「是的，」我反駁道，「我認為他是認真的。」

「他在逃避什麼？」迪克問道，「繁榮、和平，還是十一月即將到來的全面勝利？」

「也許是一種不祥的預感，」我說，「直覺地對未來感到恐懼。」

小瓢蟲夫人對林登的情緒低潮並不陌生。她曾多次目睹他陷入這種狀態，尤其是在即將迎來巨大勝利或嚴峻挑戰之際。她將這種周期性的情緒低谷稱為林登的「黑豬谷」（Valley of the Black Pig），借喻葉慈（W. B. Yeats）的同名詩作，在那首詩的描述裡，瀰漫著末日預兆與毀滅夢魘。

《民權法》簽署僅兩周，哈林區（Harlem）便因一起白人警察槍殺了十五歲黑人少年的暴力事件爆發騷亂。大規模衝突期間，商店遭洗劫，百餘人受傷，百人被捕，一人喪命。這場動盪預示了北方城市貧困社區潛藏的危機。在這些地區，種族隔離並非法律明文規定使然，而是經濟壓力下的現實。

八月初，詹森希望在選舉結束前穩住越南局勢的願望破滅。北越魚雷艇攻擊了「馬多克斯號」（USS Maddox），當時這艘美國驅逐艦正在越南東京灣的國際水域巡邏。美國隨即進行了報復。隨後又發生了一起攻擊事件，然而這次真相模糊，甚至可能根本子虛烏有，卻促使《東京灣決議》（*Gulf of Tonkin Resolution*）[123]通過，授權總統採取任何他認為必要的行動，以促進東南亞的和平與安全。日後，這項決議，再加上詹森對秘密軍事行動的偏好，最終助長了葉慈詩中不祥預言的應驗。國內外動盪事件之下，隱藏更多私人層面的暗流，悄然揭示詹森情緒與行為的變化。從我對他的研究來看，每當選舉進入最後衝刺階段，病痛與無法控制的焦慮便會徹底掌控他的身體。

在首次國會議員選舉的最後關頭，詹森開始出現劇烈胃痛、大量冒汗，甚至連續數日的噁心不適。登上競選期間最大規模的造勢集會演講時，他突然昏倒在眾人面前，隨即被緊急送往醫院，接受闌尾切除手術。

「所以你認為他的闌尾炎是政治引起的嗎？」迪克問道。

無視迪克略帶戲謔的調侃，我繼續講述詹森競選參議員的故事。當時，他被高燒、寒顫與胃痛折磨，最終因腎結石必須住院。醫生解釋說，如果無法自行排出結石，就需要手術並花時間恢復。住院消息被媒體曝了光，詹森立刻決定草擬退選聲明。然而，小瓢蟲夫人勸他至少將聲明的發布延後到次日清晨。那天晚上，奇蹟似地，他成功排出腎結石，不僅免去了手術，還立即重返競選戰場。

「政治性腎結石，」迪克懷疑地笑了出來。「參議員選舉威脅他的健康，政治威脅他的生命！」

「政治就是他的生命，」我回應道。

而小瓢蟲夫人是他的定心丸。一九六四年八月二十五日，也就是民主黨預定提名總統候選人前夕，小瓢蟲夫人再次將她的丈夫拉回正軌。當她讀到林登計畫稍後發布的退選聲明稿時，她毫不猶豫地告訴他，現在退縮，絕非光榮之舉。「現在退出，對你的國家來說是錯誤的，」她堅定地說道，「而我看不出除了孤寂的荒漠外，你的未來還有什麼。」

123 譯註：《東京灣決議》（*Gulf of Tonkin Resolution*），源於一九六四年八月美軍聲稱遭北越兩次攻擊，其中第二次攻擊的真實性備受爭議。儘管如此，美國國會仍通過《東京灣決議案》，授權詹森總統擴大在東南亞的軍事行動，為美國全面介入越戰奠定基礎。

夫人的話打動了詹森。他收起退選聲明，準備迎接黨大會的到來。做出這個決定後，他迅速從情緒低谷回升到高峰，重新煥發活力。一時興起之下，他決定親自飛往大西洋城，在大會上親自介紹他的競選搭檔。詹森邀請迪克陪同，與他和尚未公布的副手韓福瑞一同前往。在此之前，迪克已經起草了詹森對韓福瑞的介紹詞，並在飛行途中繼續潤色詹森的接受提名演講。

「我從未見過他心情這麼好，」迪克回憶道。總統端起裝滿威士忌的玻璃杯，向所有人舉杯敬酒。

當詹森抵達會場，現場響起震耳欲聾的歡呼。他站在自己的巨幅肖像旁，拿起主席槌，正式宣布擁有高人氣與活力的韓福瑞是他的競選搭檔。韓福瑞獲得全場一致通過，正式被提名為副總統候選人。詹森則昂首走向場中央，這一刻讓特勤局焦急萬分，因為他就像一位搖滾巨星，興奮地衝入狂熱的支持者之中。

「這是他政治生涯的巔峰時刻，」迪克多年後寫道，「他為之奉獻三十年心血的政黨，四年前曾經拒絕過他，如今卻拜倒在他的腳下——崇拜他、服從他，甘願成為他個人意志的工具。」

空軍一號在凌晨兩點將總統一行送回華盛頓，但僅僅幾小時後，他們又啟程返回大西洋城，參加民主黨全國代表大會的閉幕式。這一天，副總統候選人韓福瑞與總統候選人詹森相繼發表接受提名演說。韓福瑞的講稿在上台前幾分鐘才由迪克進行最後潤色，而詹森的演講則是由不同撰稿人雜糅而成的委員會式共編稿。但演講的文學品質並不是重點，讓詹森倍感欣慰和喜悅的是，他的演講總共被掌聲打斷了超過五十次。大會活動結束後，真正的慶祝才剛剛開始。四千名賓客湧入裝飾華麗的舞廳，為詹森慶祝五十六歲生日。喜劇演員丹尼・湯瑪斯（Danny Thomas）與女星卡洛・香寧（Carol Channing）與數千名來賓齊聲獻唱生日快樂歌。接著，詹森舉起一把超大的刀具，切開了一個重達一百三十多公斤（三百磅）、形狀為美國地圖的巨型生日蛋糕。

這個夜晚，既是為詹森而辦的慶典，也是詹森本人的慶典。民主黨正式完成了對他的「加冕」儀式。即便是一九六〇年因支持年輕有魅力的甘迺迪而曾拒絕他的代表們，如今也熱情高昂地跟隨他的步伐，朝著勝利邁進。這場勝利似乎在全國競選尚未正式開跑前，就幾乎已成定局。

詹森走上陽台，迎接他的，是成千上萬聚集在木棧道上的人群雀躍喝采，以及數十支高中樂隊的演奏。最後，一場壯觀的煙火秀為這個夜晚畫下句點。一位目擊者形容這是「世界上最響亮的生日禮炮」。當晚，詹森抬起頭，望向大西洋城夜空，煙火綻放的紅、白、藍色光芒，在天際描繪出一幅巨大的——他自己的肖像。

一九六四年九月七日

三十二歲的迪克是競選團隊中最年輕的老將，再次展現他作為「全能通才」的靈活適應力，正如他在「新邊疆政策」時期所證明的那樣。在一個又一個的檔案盒中，我們看見了他忙碌的身影，他在這場競選中身兼多職，扮演著多功能策略家的角色。他陪同詹森出席黨大會，協助制定黨綱與競選核心主題；不僅撰寫了總統大部分的演講稿，還負責為小瓢蟲夫人南方巡迴演講的站台發言進行潤色與修訂。每天清晨，他召集西廂的幕僚小組開會，規畫競選策略，討論如何拆解高華德的攻勢。此外，他還與莫耶斯及廣告公司 DDB（Doyle Dane Bernbach）合作設計了一系列殺傷力強大的媒體廣告與平面宣傳。

我們翻閱記錄詹森競選活動的檔案，從勞動節開始起跑，這是當時的傳統，正式的全國總統競選僅為期三個月。詹森選擇在密西根州底特律的凱迪拉克廣場發表演講，為競選活動揭幕，這與甘迺迪四年前啟動競選活動的地點相同。當年，索倫森為甘迺迪撰寫了初次競選聲明，而迪克作為他的副手，僅負責撰寫甘迺迪在阿拉斯加的演講稿。如今，迪克已經成為詹森倚重的首席文膽。

總統的職權優勢使行程更為高效。一九六四年九月七日早上九點五十一分，迪克與詹森乘坐直升機從白宮南草坪出發，十分鐘後抵達安德魯斯空軍基地，隨即搭乘總統專機捷星（Jet Star），預計不到一小時便能抵達底特律。在飛行途中，詹森建議對演講稿進行微調，強調（高華德曾投票反對的）甘迺迪《禁止核試驗條約》（*Nuclear Test Ban Treaty*）如何「消弭了蔓延在我們呼吸空氣、孩子飲用牛奶中的致命污染。我們絕不容許母親們生活在恐懼裡。」

迪克立刻明白，雖然這段話似乎與繁榮、正義的國內競選主軸無關，但它的重要性不言而喻。幾周前，莫耶斯、迪克與媒體團隊批准了ＤＤＢ製作一支突破性的六十秒廣告，聚焦於核戰爭的威脅，訂於當晚首播。

當總統車隊從機場駛入底特律，迎接他的是一片人山人海。媒體記者發現，詹森此次出行的維安規格，已是密西根州與美國官方所能提供的最高等級，遠遠超過甘迺迪參議員在一九六〇年競選時的安全措施。然而，詹森一如往常，全然不顧這些安排，與民眾熱情互動，盡力握住數百隻伸向他的手，甚至跨越警戒線，迫使特勤局人員在他身後急忙追趕。

根據《總統日誌》（*The President's Daily Diary*）[124]記錄：「每個人對這次行程的反應都極為熱

烈。」當天下午三點三十分，總統一行返回華盛頓。晚間，迪克與同事們收看了「雛菊女孩」（Daisy Girl）在ＮＢＣ周一晚間電影時段的全國首播，這支廣告將成為後世經典：

廣告開場，伴隨清脆的鳥鳴聲，一片燦爛的夏日花田映入眼簾。畫面中，小女孩專注地摘著雛菊花瓣，稚嫩的嗓音輕輕數著：「一、二、三……」正當她繼續數下去時，一道嚴厲的男性聲音突然插入，開始倒數：「十、九、八、七……」鏡頭逐步拉近，對準女孩的臉龐，最終定格在她的眼睛上。當倒數到「一」時，小女孩的瞳孔中驟然浮現出核爆蘑菇雲翻騰的影像。隨後，詹森的聲音響起：「我們必須彼此相愛，否則只能走向滅亡。」最後，旁白沉穩地宣告：「十一月三日，投票給詹森總統。這次賭注太高了，您不能袖手旁觀。」

儘管「雛菊女孩」廣告從未直接點名高華德，但觀眾早已對這位候選人在核武議題上的魯莽言論耳熟能詳。他曾主張，應賦予前線將軍動用戰術性核武[125]的權限，甚至開玩笑地建議，應該往克里姆林宮的男士洗手間扔一顆核彈。更重要的是，他確實投票反對《禁止核試驗條約》。

124 譯註：《總統日誌》（*The President's Daily Diary*），由多方資訊彙整而成，包括特勤局日誌、總統行程表、總統幕僚追蹤記錄，以及國家檔案館職員（非白宮員工）所撰寫的總統日記。其內容詳實記錄總統每日行蹤、會見對象、會面時間長短及停留地點等資訊，旨在完整呈現總統在任期間的活動軌跡。

125 譯註：指相對於戰略核武而言，射程較短、爆炸當量較低的核武器，在冷戰期間占據核武庫中的相當比例，主要用途多為戰場層級的核威懾與有限打擊。

高華德陣營對「雛菊女孩」廣告的抗議迅速而激烈。「我們早就知道這會掀起爭議，」迪克告訴我，「所以廣告第一晚就全面占據了電視網。」當批評聲浪指責詹森競選團隊「打了下三濫的手段」時，詹森總統隨即做出戲劇化的反應，憤慨地下令撤掉廣告（雖然那正是在他授意下製作的）。不過，廣告目的已經達成，高華德陣營始終無法從競選首日就發動的協同攻勢中恢復元氣。對這位來自亞利桑那的魯莽候選人的恐懼與焦慮，自東岸迅速蔓延至西岸。

迪克得意地向我回憶，隨後他們推出了一系列更巧妙、但批評力度較為溫和的廣告。針對高華德倡議將社會安全制度私有化，其中一支廣告呈現一隻手將社會安全卡剪成碎片的畫面。而當高華德戲謔地提議「要將美國東岸從國土上移除」時，另一則廣告描繪東海岸被鋸下，漂向大西洋的場景。「這支廣告，」迪克後來寫道，「其實只能在阿帕拉契山脈以東的地區播放，因為我們都知道，要是在西部的酒吧播出，肯定會贏得一片喝采。」

回想甘迺迪競選時期，迪克還是那個「挑夫」，負責隨身攜帶「尼克森百科全書」——這是一本由白宮助手費爾德曼整理的大型黑色資料夾，裡面詳細編列尼克森的各種言論與失言，供甘迺迪在辯論和回應中使用。如今，負面競選的手法已比當年更加精緻。

事實上，一九六四年大選根本沒有舉行總統辯論，也因此不再需要熬夜準備，將複雜議題濃縮為簡潔、易記、易理解的一疊疊卡片。早在競選初期，迪克便極力勸說詹森不要參加辯論。他在備忘錄中寫道：「參加辯論對我們沒有好處。」

「辯論對甘迺迪幫助很大，並非因為他的表現特別出色，而是因為辯論為他帶來了關鍵的曝光機會。

當時共和黨對他的主要攻擊是，甘迺迪是個不成熟、沒什麼見識的年輕花花公子，而辯論打破了觀眾對他的這種印象。對於知名度較低的候選人而言，除非在電視上的表現完全慘不忍睹，否則辯論通常都是有利的。因此，即便你的表現遠勝對手兩倍，他仍能藉由與你同台，提升形象、知名度與政治聲望。」

詹森接受了這一建議，堅決不參加辯論，儘管高華德提出強烈要求，記者們也不斷施壓。事實上，後來出於類似考量，總統辯論曾長期中止，直至一九七六年，福特（Gerald Ford）接受卡特（Jimmy Carter）的辯論挑戰，卻在電視轉播中遭遇重大失利，這才確立了往後大選舉辦電視辯論會的傳統。

⋄✶⋄

九月初，巴比決定競選紐約州參議員，並因此辭去詹森內閣職務。這場選戰注定艱難，因為巴比非紐約本地人，在當地被視為「外來者」，而他的對手則是共和黨現任參議員基廷（Kenneth Keating），擁有極高人氣。儘管林登與巴比彼此厭惡已是不爭的事實，政治現實仍迫使他們得在公開場合展現有效且友好的合作。尤其，這對雙方都有利。雖然巴比極不願向詹森尋求幫助，但他需要總統的影響力以及在紐約的政治組織運作。同樣地，儘管詹森或許更樂見巴比競選失利，他的首要任務仍是推動「偉大社會」計畫，確保自由派民主黨人在國會維持多數優勢。

在這場公開和解中，迪克扮演了關鍵角色。他為極度厭惡巴比的總統起草了一封語氣溫暖的支持信：

親愛的巴比：

我懷著深深的遺憾收到你的辭呈。但這份遺憾因得知你將繼續在為國服務的卓越事業中發光發熱，而稍得慰藉。

信中接著盛讚：「無論在世界舞台或在國內，你都是理想主義、冒險精神與堅定道德信念的最佳典範，這些特質正是美國形象中最耀眼的光輝。」

信末，則流露出這僅是暫別的意味，並帶著一絲期盼寫道：「你很快將重返華盛頓，屆時我希望能再次向你請益。」

「這不尷尬嗎？」我問迪克。「他們之間的敵意那麼強烈，而你卻用林登的口吻給巴比寫信。林登向來擔心分歧的忠誠，而你始終在他的懷疑名單上。」

「我只是履行職責，」迪克答道。「相信我，如果林登要我代筆，為自己的辭職寫封信，我也能寫出一篇極盡讚美之能事的傑作！」

然而，很快就看得出來，林登與巴比的公開合作，包括聯手競選，並未延伸到白宮允許幕僚抽時間協助巴比。史列辛格曾致信巴比：「古德溫和費爾德曼都非常希望幫忙，但卻受到林登的限制。」事實上，詹森甚至威脅開除任何擅離職守，私下為巴比提供協助或建議的人。儘管如此，我們仍在迪克的檔案中發現了一份標題為「辯論準備（基於一九六〇年的經驗）」的長篇備忘錄，內容為巴比提供與基廷參議員辯論的策略建議。迪克對我說：「我知道如果林登發現了，他會氣得發狂，但我始終認為我們是一個團隊，而且巴比是我的朋友。」

這份備忘錄為巴比及其團隊提供了一系列建議：

「你的目標不是贏得辯論，也不是計算得分，而是讓人們願意投票給你。」

「候選人的能力與個人魅力是最關鍵的要素。記住，當對方發言時，鏡頭可能會對準你。務必全神貫注地聆聽。如果對方說了什麼有趣的話——雖然通常可能是針對你的——記得微笑。如果他說了什麼荒謬的話——也記得微笑。此外，別忘了偶爾自然地微笑一下。」

「別急著回應問題，稍作停頓，展現出你經過思考，而不是急切或魯莽地作答。」

「發言應簡潔且易懂，不要堆砌過多數據。一兩個例子足以證明你掌握議題重點。然後，以肯定而清晰的語氣發言一分鐘，明確傳達你的立場。」

儘管巴比與基廷的辯論最終因雙方爭執未果而未能成行，我認為迪克的這些簡單建議對後來的候選人依然適用。例如，一九九二年老布希（George H. W. Bush）與柯林頓（Bill Clinton）的市民大會辯論中，老布希在觀眾提問時低頭看錶，流露出不耐與挫敗，而柯林頓則展現出同理心，形成鮮明對比。再如二〇〇〇年，高爾（Al Gore）被小布希（George W. Bush）的回答激怒時，他不僅翻了白眼，還大聲嘆了口氣，盡顯幼稚傲慢的態度。

⬩✶⬩

「在林登的競選中，雖然我擁有更多權力，」迪克某天若有所思地說，「但卻少了許多樂趣。」

「樂趣？」我驚訝地回應。「用這個詞來形容辛苦的競選馬拉松，真是奇怪。」

「一九六〇年那時，我們人手很少，」他解釋道。「我們是弱勢的一方。我們在一架小飛機上日夜同行，持續了六十多天。選舉競爭極為激烈，任何一個錯誤都可能功虧一簣。但那是我一生中最偉大、最唐吉訶德式的冒險。」

「你把它說得這麼浪漫！」

「日復一日，周而復始地，睡眠不足、不健康飲食、菸酒不離手、沒完沒了的討論與工作，在巨大壓力下寫稿。這樣的生活，只有回首時才顯得迷人，當然，前提是你贏了。」

「在林登的競選中，選舉結果沒有那麼懸念重重。壓力是不是少了一些？」我問。

「競選壓力確實少了，但工作量卻加倍，日常的壓力更大。」迪克補充道，「別忘了，林登是總統。我們不僅要忙選戰，還得兼顧他的總統職責。在全國奔走造勢的同時，他還要推廣他的『偉大社會』計畫。」

除了競選工作，迪克還是「偉大社會」少數幾個專案小組的聯絡官之一，負責城市發展與自然景觀保護。他的任務是在選舉勝利後，提交一份詳細報告，確保能盡快向國會提交立法提案。

「一天的時間根本不夠用，」迪克說。「最可怕的是，林登要求你每分每秒都全力以赴，精確到秒的時間都要貢獻出來。」

後來我也深刻體會，為林登效力幾乎等同於簽下契約，徹底放棄個人生活。我翻閱競選檔案時，意外找到的一張便條紙，正巧印證了這種感受。便條內容是打字的，但簽名卻以鉛筆寫下「林登」，筆跡與我們熟悉的總統簽名如出一轍。上面寫道：

小迪克寶貝：

今天下午我來找你，你卻不在——太不像話了！我讓你走出幕後、公開露面時，我記得交代過，你絕不能離開你的辦公室小窩。

從現在起，請聯絡我的私人機要秘書胡安妮塔・羅伯茨女士（Mrs. Juanita Roberts），取得許可才能外出。若她不在，你可以向我的貼身侍從提出申請。

致上我最深切的關懷與仰慕

你摯愛的友人林登

附註：我可不想看到這封信出現在《埃文斯與諾瓦克》（*Evans & Novak*）[126]專欄中。

「莫耶斯！」迪克笑著喊道，邊笑邊咳嗽，讓人分不清他究竟是在發笑，還是被嗆到了。「莫耶斯這個惡作劇高手，比我更清楚林登帶來的壓力與緊張感。他是這次競選的主要操盤手，同時負責專案小組的工作。而這，就是我們的紓壓方式，我們的娛樂消遣。」

聽完迪克對這兩場競選的回憶，我感覺甘迺迪的競選更像是在摸索中前進，而詹森的競選則是一台有組織條理的巨型機器。兩場競選的風格，如同兩位領袖的個性一般截然不同。甘迺迪冷靜內斂，詹森

126 譯註：埃文斯與諾瓦克（Robert Novak）是美國二十世紀最知名且合作時間最長久的記者搭檔。自一九六三年起，他們共同撰寫專欄「內幕報導」（Inside Report）。之後，他們成功轉戰電視圈，最為人熟知的節目是CNN頻道的《埃文斯與諾瓦克》。

熱情張揚；甘迺迪的領導風格帶著幾分幽默挖苦與超然姿態，而詹森則強勢、親切，卻也帶著殘酷。兩人都以驚人的精力投入工作，也都能激發核心團隊對自己的信任與忠誠。但若說甘迺迪在迪克的描述中是自持而從容的，那麼詹森則更像一位苛刻的任務指揮官，既容易焦慮，又更顯人性。

翻閱迪克為詹森競選撰寫的演講稿草稿時，我問他，如何成功地駕馭兩種截然不同的寫作風格，為甘迺迪與詹森撰稿。

「就像裁縫一樣，」迪克答道。「如果你無法準確掌握一個人的身形尺寸，衣服就不會合身、不會舒適，也不會好看。」

迪克剛加入詹森團隊時，曾向負責監督講稿的瓦倫蒂展示一份樣稿，文風「簡潔直白、不加修飾」。他在日記中記錄道：「瓦倫蒂說，這正是他尋找的風格」，一種他形容為「簡單中帶著些許優雅」的語調。兩人都認為，詹森的演講風格「更接近小羅斯福，而非甘迺迪」。

甘迺迪的語言風格更為正式，慣用倒裝與排比等經典修辭，營造出更具演說張力的戲劇效果，而這樣的風格並不適合詹森。甘迺迪的言辭擅長啟發靈感，詹森則更訴諸具體願景，貼近民生施政。

詹森的演說風格更為口語化。當他信任自己的臨場發揮時，往往以簡短有力的句子構築演講，語調激昂，卻依然保有對話般的親切感，能直擊美國中產階級的內心。這種風格在選戰後期尤為顯著，而他的話語之所以格外動人，在於他講述的故事與政策緊密相連。他說，普通工薪階層其實「要求不多」——只不過想多放點假、能請些病假、有點醫療保障，地板上鋪張小地毯，牆上能掛幅畫，家裡有點音樂就好。他反覆強調，儘管仍有少數人對他說「不」，但絕大多數人都對他的政策說「好」——最低工資、工人權益、為年輕人提供更好的教育、為老年人提供醫療服務、打擊貧困，賦予所有人平等的權利。我常想，若能親眼見證詹森在選戰尾聲掀起的熱潮，該是何等震撼。迪克向我描述過，詹森所到之處充滿狂熱，群眾反應幾乎是壓倒性的，甘迺迪即便是在他自己的東北家鄉，也從未見過如此沸騰的場面。

這樣的詹森，是我過去未曾熟悉的一面。一位從群眾的熱情與喧囂中汲取能量，隨著人潮的沸騰回應而愈發自信、強大與激情的領袖。這樣的形象，與後來人們在電視上看到的那位總統大相逕庭。電視上的詹森，聲音遲疑，梳著油亮的髮型，看起來像是一位比他實際年齡五十六歲更顯蒼老的傳教士。

很難想像那樣充滿生命力的詹森。他毫不遲疑地伸出雙手，迎接每一位渴望與他握手的支持者，任憑群眾的指甲在掌上留下刮痕。之後，他興高采烈地向迪克展示自己紅腫、遍布抓痕的雙手。「他簡直神采飛揚，」迪克向我描述道，「他攤開雙手讓大家看時，就像是在炫耀一枚象徵勇氣的紅色勳章。」

⬧✶⬧

隨著選舉日進入倒數，我更深刻地感受到，若迪克體內「流淌著政治血液」，那麼詹森就是叢林中最兇猛的政治動物。曾經斬釘截鐵宣稱寧可退選也不會選巴比為副手的他，後來卻毫不猶豫地表示：「如果我需要巴比，我就會選他。我會選任何能讓我當選的人。我只想當選。我就這麼務實。」

這兩位政壇宿敵在十月中旬至月底攜手踏遍紐約州全境，進行競選活動。這不是簡單的表面功夫，而是務實的政治合作，展現了政治運作的核心本質。他們在哈林區穿越近兩公尺（六英尺）的人牆，抵達華爾道夫飯店（Waldorf-Astoria）時，廣場上人潮洶湧，擁擠到讓總統當場決定，指示司機再繞行一圈，好讓更多人能親眼見證他與巴比並肩現身。

《紐約時報》形容，總統「無論是在字面上還是象徵性地，都實在地攬住了這位民主黨參議員候選人」。而巴比也做出適時回應，當被問及兩人曾有激烈分歧時，巴比斷然反駁，稱他們倆關係「非常溫暖，非常親近」。隔日，在羅徹斯特（Rochester）一場熱烈沸騰的集會上，他更公開宣稱詹森「已經是美國歷史上最偉大的總統之一」。

經歷數周馬不停蹄的競選行程後，這位精力無窮的總統從新英格蘭輾轉至中西部，再一路奔赴西岸，最後於十月三十一日星期六返回紐約，與巴比展開最後一日的同台造勢，為即將到來的周二選舉號召動員。透明車頂座車駛過街頭，歡呼的人潮將他們簇擁其中，場面彷彿已是一場勝選遊行。當晚，麥迪遜廣場花園內洋溢著勝利的氛圍，場內座無虛席的群眾起立鼓掌長達十分鐘，此起彼落地高喊：「我們要林登！我們要林登！」

待熱鬧終於平息下來，詹森向觀眾說，在競選最後關頭，他來到這裡，是為了請求大家支持他連任總統，也支持巴比當選參議員。「我無需向你們介紹巴比的才華、他的精力，或他的偉大愛國精神，」詹森說道。「他所說的，所做的，早已超越我有限詞彙所能形容。」在這場演講中，他也詳述對「偉大社會」的願景，總共被掌聲打斷了五十四次（詹森總是想知道確切數字）。

⬦✶⬦

詹森在這場選戰中傾注全力，淋漓盡致地展現了他那令人目眩的複雜與矛盾性格：精於算計與恣意衝動、嚴謹自律與莽撞冒險、仁慈寬厚與殘酷無情、抑鬱寡歡與狂熱奔放、慷慨大方與尖酸刻薄、自信滿滿與焦慮不安、深藏不露與坦率直言、虛偽狡詐與勇氣過人。他似乎為了贏得勝利而不擇手段，儘管他向來擅長妥協和偽裝，但關鍵時刻，他亦能豁出去，展現破釜沉舟的決心——如同當年力推《民權法案》時，他願將一切賭注押在信念之上。

選舉日，詹森回到德州等待結果，靜候壓倒性勝利的喜悅浸潤身心。他囊括了來自共和黨與民主黨的選票，不分老少、城鄉地區的選民，皆投下支持他的一票。他先是在州長官邸參加熱鬧的慶祝派對，隨後和興高采烈的競選基層團隊共度咖啡時光，接著回到德里斯基爾飯店（Driskill Hotel）的套房，與親友一同收看開票轉播。與此同時，在華盛頓，迪克與同事們則聚集在西廂地下室的白宮餐廳舉行慶祝派對。四周掛滿海報和彩帶，大家度過了輕鬆愉快的夜晚，邊聊天、邊喝酒、分享故事。這種悠哉氛圍，唯有勝券在握才可能出現。當電視畫面轉播至巴比的勝選派對時，眾人紛紛圍到螢幕前觀看。巴比以超過七十萬票的優勢勝出，而他的高票當選，很大程度上得益於詹森在當地以二百七十萬票壓倒性領先所帶來的助力。據說，當時巴比的反應是：「如果我哥哥還在世，我就不會站在這裡。我寧願是那樣。」

⬩✶⬩

「你必須明白，」詹森曾說過，「一個政治家，一個優秀的政治家，是一種奇怪的存在。他必須定期跪下來，懇求選民用選票證明他們愛他，這真的是一種病。試著把我看作一位重病纏身的親友吧，他需要所有的關心、同情、安慰和愛，才能康復。」

如今，他終於痊癒，也徹底康復。他以驚人的一千五百萬票數差距勝出，拿下百分之六十一的選票，獲得了他渴望已久的民意授權，得以建設「偉大社會」。

而且這一次，他得到的不僅僅是選票。按照他自己的說法，他贏得了一樣比選舉結果更珍貴的東西。「真是我畢生難忘的夜晚，」詹森後來告訴我。「成千百萬人，在選票上親手勾選我的名字，每個人都希望我成為他們的總統。那是我一生中，第一次真切感受到美國人民的愛。」

第八章／

「我們一定會勝利」

在我們共同參與偉大冒險的歲月裡，迪克與我就像共享電話線的兩位愛管閒事的鄰居，偷聽著詹森秘密錄音系統所捕捉的對話。這段經歷整體而言充滿樂趣，讓我們捧腹大笑，有時也讓我們困惑不解，甚至揭露許多原本不知道的內情。即使偶爾有內容讓我們惱怒或失望，這些錄音與已出版的文字記錄，是我們進一步反思與討論的依據。

一九六四年十一月四日清晨，經歷了一夜的慶祝後，僅睡了幾個小時的詹森撥出勝選後的第一通電話，打給特別助理莫耶斯。

兩人先是興奮地回顧各州選舉結果，隨後話題轉向白宮人事調整：誰該留下，誰該離開，還有哪些人可能被延攬。而就在這時，迪克成為對話的焦點。

一九六四年十一月四日

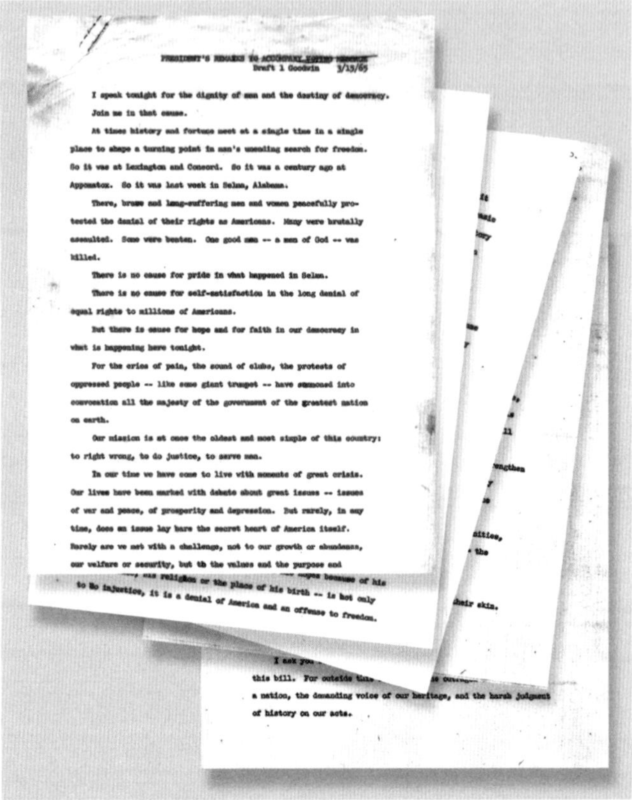
PRESIDENT'S REMARKS TO ACCOMPANY VOTING MESSAGE
Draft 1 Goodwin 3/15/65

I speak tonight for the dignity of man and the destiny of democracy. Join me in that cause.

At times history and fortune meet at a single time in a single place to shape a turning point in man's unending search for freedom. So it was at Lexington and Concord. So it was a century ago at Appomattox. So it was last week in Selma, Alabama.

There, brave and long-suffering men and women peacefully protested the denial of their rights as Americans. Many were brutally assaulted. Some were beaten. One good man -- a man of God -- was killed.

There is no cause for pride in what happened in Selma.

There is no cause for self-satisfaction in the long denial of equal rights to millions of Americans.

But there is cause for hope and for faith in our democracy in what is happening here tonight.

For the cries of pain, the sound of clubs, the protests of oppressed people -- like some giant trumpet -- have summoned into convocation all the majesty of the government of the greatest nation on earth.

Our mission is at once the oldest and most simple of this country: to right wrong, to do justice, to serve man.

In our time we have come to live with moments of great crisis. Our lives have been marked with debate about great issues -- issues of war and peace, of prosperity and depression. But rarely, in any time, does an issue lay bare the secret heart of America itself. Rarely are we met with a challenge, not to our growth or abundance, our welfare or security, but to the values and the purpose and

to No injustice, it is a denial of America and an offense to freedom.

this bill. For outside this
a nation, the demanding voice of our heritage, and the harsh judgment of history on our acts.

一九六五年三月十五日，迪克在國會聯席會議前，為詹森撰寫的〈我們一定會勝利〉演講稿。

莫耶斯：老實說，讓我最擔心的一件事就是講稿撰寫，不只是完成而已，而是要寫得能在歷史上留下印記。因此，我強烈主張，不管怎樣都要設法留住那位已經收到其他工作邀約的人，也就是迪克・古德溫。我知道迪克有他的缺點，但另一方面，這座城市裡沒有第二個人能——

詹森：他的缺點是什麼？

「缺點！」我彷彿能想像迪克猛然放下晨報，打斷對話，大聲抗議：「什麼缺點？」

莫耶斯：他在三、四年前，因為過於積極進取，讓自己陷入了麻煩。

詹森：嗯，對我來說，他可一點麻煩都沒有，這點毫無疑問。

我繼續讀下去，心中充滿了喜悅和自豪。

這場電話對話發生在詹森位於德州的臥室與白宮之間，而當國家安全顧問邦迪加入談話後，情節變得更加耐人尋味。

邦迪：迪克是個獨行俠，他……他很有抱負，也很自負。但他表現非常出色——

詹森：我認為他值得擔任我們能給的最高職位，領最高薪水。即使他是個獨行俠，我們也不能——

邦迪：不能失去他。

莫耶斯：不能失去他，總統先生。您可以失去我，但絕不能失去古德溫。

邦迪：你們兩個都不能失去。我認為最關鍵的是，迪克需要明確知道他的職責範圍，該向誰報告。

莫耶斯提到，從迪克的一位好友那裡得知，只要莫耶斯自己能「以私交為由請迪克留下」，迪克就會答應。

詹森：那就這麼辦吧，用私交處理一下，趕快解決。

獨行俠……過有抱負……積極進取……自負……非常出色。多年來，我聽過無數對迪克性格與行事風格的極端評價，這些都是他留給他人的鮮明印象。瓦倫蒂曾一方面形容他「像一隻可愛的陰鬱豪豬」，但另一方面，也承認迪克「光芒四射，堪稱翹楚……是政治演說這門即將消失的藝術，最精湛的在世實踐者」。關於他的評價，不論好壞，總是很少有中庸之詞。即使多年過去，讀到負面評論仍讓我感覺，自己就像中學家長會上極力為孩子辯護的母親。

人們長久以來對迪克獨特的外貌津津樂道——從不離手、煙霧繚繞的雪茄，總是皺巴巴的西裝，雜亂無章的眉毛，以及那雙自我們初見時便令我無法移開視線的銳利目光。對不熟悉他的人而言，他的諷刺被視為刻薄，他的羞怯常被誤解為冷漠或傲慢。他始終難以被歸類——是知識分子，卻非學者；是精通文學的律師，卻從未執業；時而滔滔不絕，時而沉默寡言；難以否認聰明絕頂，但偶爾也會在社交場合顯得笨拙。他既不是典型的官僚，也不是循規蹈矩的企業職員；經常無聲無息地消失數日，沒人知道他去了哪裡，也無從得知何時會回來。然而，在接下來的一年裡，他的才華卻成為詹森不可或缺的資產。

當莫耶斯提到迪克「已經收到其他工作邀約」時，我想起衛斯理大學（Wesleyan University）早已邀請他擔任駐校作家，他原計畫在大選結束後展開駐校研究。在康乃狄克州密德鎮（Middletown）這座寧靜的大學城裡，迪克希望回歸最初的夢想——成為一名全職作家，同時也期待彌補長年沉浸於政治世界所帶來的種種損害，包括對他個人、婚姻及傳統家庭生活的影響。

最終，在莫耶斯與總統一再懇求他至少留下來度過新政府的「奠基時期」後，迪克答應了。他回憶說，自己一同意留任，白宮便立即發布官方公告，宣布擢升他為總統特別助理。我在迪克的檔案中找到這份公告的副本，他特意用塑膠封套小心保存。

當我將這份塵封已久的公告遞給迪克，他興奮地揮舞著紙張，笑道：「終於不用被藏在行政辦公大樓裡，從國務院的名下轉回白宮，回到我當年因與切．格瓦拉會面而被趕出來的那間辦公室，甚至還被允許光明正大地向媒體談論我的工作！」

對能夠重返二一二號辦公室，迪克的開心溢於言表，而我們對即將展開的旅程也充滿期待。回顧那充滿奇蹟的一年，第八十九屆國會通過了我們這一生中前所未見、最具影響力的進步立法。

「開始工作吧！」迪克說著，朝我們尚未整理的檔案箱揮了揮手。「是時候打造『偉大社會』了。」他微笑著補上一句，「希望我能勝任這項使命。」

◇✶◇

根據迪克的回憶，「偉大社會」的實際規畫早在詹森連任前六個月便已展開。先前五月分的時候，總統已在密西根大學發表演說，承諾「邁向偉大社會」，並召集全國各界「匯聚智慧結晶」，組建工作小組，專門應對國家面臨的重大挑戰。

而正如詹森在其回憶錄中所解釋，他多年來觀察到，制定立法提案的「標準模式」主要仰賴政府機構的構想，不過問題在於，這種內部提案模式容易扼殺創新思維，因為政府官僚體系往往「致力於維護現狀」，難以推動真正的變革。

雖然甘迺迪執政期間曾廣納外部意見，但在詹森看來，前任政府的專案小組過於依賴學者，導致缺乏具體可行的方案。因此，他指示自己的專案小組必須兼容「行動家」與「思想家」，除了學者與專家，還納入政治家、慈善家、商界領袖及基層行動者。整個過程在立法提案報告完成前皆嚴格保密，以避免外界過度揣測，並確保討論能夠更加廣泛、迅速且富有創意。相比傳統的「標準模式」，這種做法更加靈活高效。

這一策略也讓詹森的專案小組，成功破解了長久以來阻礙甘迺迪立法進程的難題。例如，甘迺迪政府始終無法解決聯邦教育資助是否應涵蓋教會學校的爭議，而詹森的教育專案小組則巧妙設計出一種方案，將資助對象從學校轉向貧困學區，從而避開「政教分離」的敏感議題。同樣地，在《聯邦醫療保險法案》（*Medicare*）送交國會前，醫療專案小組也成功解決了醫師費用的爭議，使該法案更具可行性。

詹森指派莫耶斯負責整合並協調各個專案小組，推動規模龐大的立法計畫。即便過去了五十年，莫耶斯仍認為，自己在一九六五年協助制定並協調的這項立法議程，是他整個公職生涯中「最重要」且「最振奮人心」的經歷。

每個專案小組都配有一名白宮助手擔任聯絡官，而迪克負責的領域涵蓋城市發展、環境保護與藝術。他負責起草提交國會的提案訊息，將這些專案小組提出的見解轉化為具體立法方針。同時，其他白宮助手也正同步推動十多個專案小組的立法提案與報告。

整體而言，這些專案小組的運作如一座高效「立法工廠」，致力研究並制定一系列影響深遠的法案，包含醫療照護、經濟機會、教育、環境保護、城市發展、移民政策、住房與都市規畫，以及藝術與文化等領域，徹底改變了美國的社會、經濟與政治格局。

詹森明確指示，各專案小組「寧可將目標訂得過高，也不能過低」。所有報告必須在大選日前後送達他的辦公桌，以確保政府能在勝選首日立刻展開行動——這一切的提前部署規畫，皆以詹森將成功連任為前提。

詹森勝選兩周後，迪克向總統提交了「城市發展專案小組」的報告：「這份報告提出了全新的視角與創新方案，標誌著美國歷史上首次有總統正面迎戰國內最棘手的問題。這將成為改善城市居住環境的關鍵起點，進而提升廣大美國人民的生活品質。」

迪克指出，城市所面臨的各種重大問題，相互關聯、錯綜複雜，因此相關立法必須跨足住宅、公共教育、貧困、就業、交通、犯罪與青少年犯罪等多個領域。現行政策無法真正觸及城市貧困人口，都市內的貧民被「繁華富裕的屏障包圍，使學校種族融合淪為空談，更在物理上加劇種族隔離，將無數人推向絕望與墮落的深淵。」問題已嚴重到必須在政府最高層級設立專責機構，這正是促成「住房與城市發展部」構想的起點。

同樣地，環境保護專案小組的視野也超越了傳統對國家公園與野生動物保護區的關注範圍，進一步擴展至各種環境議題。報告建議推動新立法，管制水與空氣污染、整治河川、規範農藥製造，並拯救城鄉免受現代工業廢棄物侵害。

憶及「偉大社會」籌備歷程，迪克語氣中難掩激動。「當時的白宮充滿了興奮與活力，」他回憶道，「這是我前所未有的感受，不只是我，所有人都是如此。我們不只是想要——不，應該說我們堅信自己即將徹底改變這個國家，從上到下，使它變得更美好。那是一個令人驚嘆、令人陶醉的時代。」

一九六五年一月四日

我們翻閱了大量競相納入詹森一九六五年國情咨文的備忘錄與提案，最終，我們翻到迪克為此準備的一系列草稿，並找出總統實際發表的版本：

站在這座曾是我家園的國會山莊，與舊友重逢，讓我內心激動不已。

行政部門與國會之間，難免意見相左，但彼此尊重至關重要。

我為能與國會同仁們共事而感到自豪，你們的忠誠不僅是對職責的承諾，更是對國家的赤誠。

今晚的新科議員們，我深知你們此刻的心情。二十八年前，我也曾有和你們一樣的感受。但很快，你們將會發現，自己身處於一群將國家視為摯愛的伙伴之中，他們每天努力不懈，盡己所能，去實踐認為正確的事。

「這開場白可真特別，」我對迪克說，「充滿感情與懷舊，甚至極盡地讚美在座的國會議員。」

迪克嘴角浮現一抹笑意，嚴肅的神情中透著幾分狡黠：「針對這場演說，詹森提出的諸多建議當中，最重要的其實是他要向國會『求婚』。他告訴我，他想對國會表達愛意，就像他對小瓢蟲夫人表達愛意一樣。」

我忍不住笑了，這句話已經不需要多做任何解釋。

在這場演說中，幾乎每一個段落都在呼籲國會攜手採取行動。詹森提出一系列政策，包括提供聯邦教育資助，確保每位兒童，從學前教育到大學，都能充分發展潛能；為年長者與弱勢群體建立聯邦醫療保險計畫；推動全國性城市改造計畫，提升居住品質；制定環境保護政策，杜絕河川與空氣污染；成立國家藝術基金會，支持文化藝術發展；推動立法，消除選舉投票權的障礙；以及大幅改革過於嚴苛的移民法規。

但在超過四千字的演說中，詹森僅用一百三十二字的篇幅提及越南戰爭。他著重於強調，美國正「處於人類史上前所未見的經濟強勁成長時期」，而擺在總統與國會面前的挑戰，是如何善用這筆財富，讓全體美國人民的日常生活受惠。

詹森對國會全力「求愛」，並非單純為了拉攏黨派、鞏固老同事情誼，或者緬懷從政歲月，他這麼做，是基於對政治運作的深刻洞悉。而這正是他的黃金車票，讓他得以搭上即將改寫歷史的這趟「第八十九屆國會」快車。

「偉大社會」不再是八個月前詹森在密西根大學提出的雛形，而到了真正付諸實行的時刻。卡車、手推車、磚塊與灰泥已就位，工程準備啟動。

與詹森共同撰寫回憶錄中關於國會的章節時，他向我回顧了一切的開端。他邊走邊講，帶著我在牧場巡視他的海福特牛（Hereford cattle）；開著他的林肯大陸敞篷車（Lincoln Continental），行駛在他鍾愛的丘陵地區，一路談個不停；我們坐在游泳池畔聊，吃烤肉時聊，他幾乎從未停下來！當時的我還未完全意識到，這對我而言是何等珍貴的機會。我不過二十多歲，剛取得政府學博士學位、開課教授總統學，竟能日日與這位真正的「政治實踐者」相伴，向二十世紀下半葉最擅長立法運作的總統學習。畢竟，詹森的從政經驗，可是橫跨國家青年局（National Youth Administration）德州主任、國會議員、參議員、多數黨領袖、副總統乃至總統。論政府服務資歷，無人能出其右，他無疑是我遇過最出色的政府學導師。

「總統與國會的關係，」他一邊解釋，一邊用手指重重敲著桌面強調，「只能用一個方法來維持——那就是持續不斷、無時無刻、毫不停歇地經營。如果真的要讓這段關係運作起來，總統與國會之間得幾乎『親密無間』。總統必須比國會議員更了解他們自己，然後，基於這份了解，建立一個從頭到尾、一氣呵成的制度，確保法案從正式提出的那一刻起，便能順利推進，直到最終成為國家法律。」

若沒有這般緊密合作、全盤推動，「偉大社會」絕無實現可能。從始至終，詹森都讓國會深度參與，甚至徵詢他們的意見，決定專案小組應該優先處理哪些問題。不僅專案小組最後完成的報告納入了國會議員的貢獻，更特別的是，總統正式向國會提交相關立法資料之前，也先詢問過他們的看法。

我問詹森，決定何時處理哪些法案，不是國會的職權嗎？他點頭表示同意，但接著解釋，總統可以透過調整向國會遞交訊息的順序與節奏，來影響立法議程。

「法案必須在恰到好處的時機送交國會，而這個時機取決於三個因素：第一，推動的動能；第二，是否能在適當的時間與地點找到合適的提案人；第三，是否有機會化解反對勢力。時機，就是一切。」

「推動法案的動能，並不是什麼神秘難馴的情婦，它是政治運作中可以掌控的現實，而掌控的關鍵，無非就是充分的準備。」

詹森向幕僚們解釋，立法推進的節奏必須拿捏得當：「這就像喝波本威士忌，一杯一杯慢慢喝，沒問題。但如果一個晚上灌下一整瓶，你就麻煩大了。我打算一口一口慢慢享受。」

因此，他決定精心調整立法訊息的發布節奏，每周遞交一到兩項法案，以免施壓過度，導致國會這頭「敏感的野獸」產生反彈，甚至與他對立。他選定每周二與周四向國會提交法案，並在周一與周三晚間舉辦簡報會，邀請國會的重要成員參加。簡報會通常在西廂地下室的小餐廳舉行，刻意營造輕鬆的社交氛圍，讓議員們能夠搶先了解即將提交的立法內容，並直接向內閣官員與白宮幕僚提問。「這些晚宴聽起來或許微不足道，」他告訴我，「但事實上，它們才是真正的關鍵。」

事前簡報機制讓與會的國會議員在圖表、數據與問題的詳細解答之間，深入理解這些往往極為複雜的立法內容。當翌日記者與攝影機迎面而來，他們面對追問時，便能夠條理分明地回應，發言成為晚間六點新聞的最佳評論，在選民面前展現出專業與見識，而這也會極大地影響他們對法案的態度與支持力度。

國情咨文發表後不久，總統旋即召集核心團隊於魚廳內擬定立法推動計畫，務求即刻執行。此時，詹森憑藉直覺與政治敏銳度做出決策。據白宮幕僚高德曼（Eric Goldman）的記錄，首批送交國會的法案是醫療照護、教育改革，這「兩項立法極具影響力，長期積累支持，有極高機率能順利通過」。等到這兩項法案開始推進，隨即送出另外兩項提案，然後陸續再提出更多議案。迪克回憶，詹森當時說，每一條新法案都將為「偉大社會」的骨幹增添血肉。

但詹森提醒團隊，千萬不可因勝選而自滿。儘管他以超過一千五百萬張票數差距勝出，創下美國史上最大普選票差紀錄，但到了翌年一月，他已清楚感受到自己的政治資本正在流失：「僅僅因為人們的熱情開始冷卻，以及當初被高華德嚇壞的恐懼逐漸消退，我恐怕已經流失了約兩百萬選民，現在大概剩下一千三百萬。如果我與國會發生衝突，可能會再失去幾百萬；如果我不得不派遣更多士兵前往越南，到夏天結束時，支持者恐怕只剩八百萬。」

他解釋，政治資本的消耗，即總統職位的本質：「總統的權力，就是不斷消耗政治資本。」這番減法計算，其實是對團隊的催促與動員。詹森說：「所以，我希望你們馬上行動，全力以赴，在我頭上的光環與光輝消失之前，盡快讓我的所有立法計畫通過。」

一九六五年一月十五日

「原來，他們從一開始就是聯手行動的，」迪克一邊研究一月十五日詹森與馬丁．路德．金恩的通話記錄，一邊驚呼。

那天午後，總統致電金恩，祝他生日快樂。「那時他才三十六歲，」我說，「而你，剛滿三十三歲。真是驚人。」

「是啊，」迪克若有所思地回答。

這段政治家與民運領袖的對話內容極具啟發性。雙方對彼此的需求與壓力了然於心，以至於立場交融，幾乎難以分辨。

詹森在多數談話中皆主導話語權，這次亦不例外。在接受金恩對「偉大社會」國情咨文的讚揚後，詹森請求金恩支持已送交國會的首批法案，並具體說明如何互相助力：

詹森：我們必須動用手上所有的力量，我是說所有的力量，來推動教育法案，使年收入低於兩千美元的人能夠受惠。還有這項十五億美元的反貧法案，以及醫療法案，這些都必須趕快通過，否則惡勢力將會聯合起來阻撓它們……

你的支持者們應該密切關注城市地區、對你友好的國會委員會成員，確保這些法案順利通過，因為你無法想像——對你來說可能會感到震驚——這些法案將為這些選民帶來多大的利益。

詹森私下表示，他並沒有公開強調這些法案對非裔族群的特別助益，因為他不想失去白人選民的支持。但他知道金恩明白，年收入低於兩千美元的人，主要都是哪些群體。

當時，金恩身在阿拉巴馬州，正全力推動他的首要任務——組織全國性的非裔選民登記運動。然而，在這通電話中，他並未主動提及選舉權問題，因為他了解詹森的立場——總統認為，應該稍後再處理選舉權議題，以免影響南方對聯邦教育補助、聯邦醫療保險、貧困救助與城市發展計畫的支持。此外，政府內部也有許多人認為，在徹底廢除公共設施的種族隔離制度後，應該先留一段「緩衝期」，避免立即投入另一場激烈的種族政治鬥爭。

金恩深知詹森的立法議程，因此他一開口便提出，希望總統能先任命首位非裔內閣成員。他認為，這樣的開創性舉措將「為數百萬徬徨無助的非裔青年，帶來尊嚴與自信」，同時也能促進「我們整個民主體制的健全發展」。詹森深表贊同，並強烈暗示，如果他成立「住房與城市發展部」的法案順利通過，很可能會任命韋弗為部長。

接下來，讓金恩驚喜的是，詹森主動將話題轉向選舉權的話題。

詹森：然而，博士，沒有什麼比促成全民投票更具影響力的了。選票能夠傳達的訊息，是再多雄辯之詞都無法達成的。如果大家都能投票，那些政客就會主動來找你，而不是你去求他們。

詹森闡述了選舉權至關重要的理由後，兩人的角色出現了微妙的轉換。金恩開始強調，若非裔選民的投票率提高，詹森將獲得強大的政治優勢，而詹森則提供策略建議，指導如何推進並加速民權運動的發展。

金恩：總統先生，這一點非常值得注意，您在南方唯一未能勝選的州……（指五個南方州）當地的非裔選民登記率都不到百分之四十……在南方大規模推動非裔選民登記相當重要。唯有將非裔選票與溫和派白人選票的聯合起來，才能真正締造「新南方」。

這場對話的關鍵時刻，出現在詹森建議金恩，應當發起行動，讓公眾親眼目睹南方各州如何利用極端手段與歧視性政策，持續阻撓非裔選民行使投票權。

詹森：我認為，你與你的領袖們可以發揮極大作用，透過一些最簡單、最明顯的歧視案例來說明問題。例如，一個人居然得背誦朗費羅（Longfellow）的詩作，或必須完整背出《權利法案》前十條修正案，甚至回答美國憲法第十五、十六、十七條修正案的內容，才能夠獲得投票資格……

如果你能找出在阿拉巴馬、密西西比、路易斯安那或南卡羅萊納最糟糕的情況，然後將這些案例帶上廣播、電視、教堂講道、社區集會，無論能觸及哪裡都儘量傳播，很快地，那些只是日復一日開著拖拉機耕作的人也會說：「這不對，這不公平。」如此一來，這將有助於我們最終要推動的立法。

金恩：是的，您完全正確。

詹森：如果我們能做到這一點……這將是歷史上最重要的突破……帶來的改變甚至超越《一九六四年民權法》。

金恩：沒錯……

詹森：我們還要在前九十天內，推動醫療、教育和反貧計畫。

金恩：是的……請放心，您絕對可以指望我們全力支持。

簡而言之，詹森對金恩的建議可歸納如下：總統將在聯邦政府內部運作，指示司法部全力推動選舉權法案；而金恩則需將這場運動直接帶到全美民眾的眼前。

儘管並非正式合作關係，但這段對話清楚展現，政治家與民權領袖的理想與目標，從一開始便緊密相連。

⋄✶⋄

一九六五年二月九日，馬丁・路德・金恩再次造訪白宮會見詹森時，他已經花了一個月的時間，在阿拉巴馬州各地組織街頭遊行與示威。他將塞爾瑪（Selma）視為「深南方頑強抵抗民權運動的象徵」，並選定這座城市作為主戰場，同時也是激發社會同情心的最佳舞台。正如迪克常言：「在民主社會裡，街頭運動是馬，政府則是馬車。」

當時，塞爾瑪超過五分之三的人口是非裔，然而，選民登記率卻不到百分之二。非裔居民每個月僅有兩天可以申請登記，而當局對登記者設下的各種刁難手段與測試，不僅困難重重、荒謬可笑，甚至帶有侮辱性。例如，申請人可能會被問到：「一塊肥皂裡有多少個泡泡？」「一顆西瓜裡有多少顆種子？」

透過不懈的組織與街頭抗議，金恩決心「徹底顛覆塞爾瑪，使它回歸正道」。

當天與詹森的會面時間短暫，因為總統的心思並不完全在這場談話上。越南問題逐漸升溫，三天前，越共游擊隊襲擊了駐紮在越南波來古的美軍顧問兵營，造成八名美軍士兵死亡，數十人受傷。在與國務院、國防部及軍方高層開會後，詹森決定以空襲回應，針對北越的軍事目標展開報復性攻擊。

儘管如此，在會面結束前，詹森仍向金恩表達了對示威遊行的默許及支持。然而，兩人都憂心忡忡，擔憂阿拉巴馬州日益加劇的報復與暴力氛圍。

隨著遊行日復一日地持續，緊張局勢不斷升級。在這場已然熊熊燃燒的抗爭之火中，又添上一把助燃劑——克拉克（Jim Clark）警長。他是一名徹頭徹尾的種族主義者，宛如從種族壓迫的劇本中走出的典型角色，以殘暴手段鎮壓示威者，手法如同當年伯明罕治安專員康納一般。

二月十八日夜晚，在阿拉巴馬州馬里昂（Marion），警長克拉克率領二十名揮舞警棍的州警隊，對參加選舉權遊行的和平示威者發動殘暴攻擊。示威者四處逃竄，包括年輕的吉米．李．傑克森（Jimmie Lee Jackson）、他的母親以及八十二歲的祖父。一家人在驚恐中尋找庇護，卻遭州警窮追不捨，被逼入一間咖啡館。奮力保護母親的吉米遭到毒打，連挨兩槍，子彈擊中腹部，隨後整個人被拖到街上。八天後，他傷重不治。自滿二十一歲以來，吉米曾五度申請選民登記，卻屢屢碰壁。最終，這位深信「選舉權與自由密不可分」的年輕人，在二十六歲時為此般信念殞命，成為民權運動的烈士。

這場在南方早已司空見慣的野蠻暴行，催生出歷史性的遊行構想：從塞爾瑪徒步八十七公里（五十四英里）至阿拉巴馬州首府蒙哥馬利，向州長華萊士要求終結暴力與對非裔選民的壓迫。號召發出後，六百名示威者響應集結。三月七日星期天，隊伍自塞爾瑪的布朗教堂（Brown Chapel）出發，準備跨越愛德蒙佩特斯橋（Edmund Pettus Bridge），踏上前往蒙哥馬利的抗爭之路。

一九六五年三月七日星期天

一九六五年三月七日星期天，我剛滿二十二歲，與幾位哈佛大學朋友聚在一起觀看《星期日晚間電影》（*The Sunday Night Movie*），當晚正是納粹戰爭罪行電影《紐倫堡大審》（*Judgment at Nuremberg*）的電視首播。然而，電影才剛開始，ABC電視台便罕見地中斷播出，插播一則特別報導：當天下午，在阿拉巴馬州塞爾瑪的愛德蒙佩特斯橋，發生暴力衝突。這段緊急剪輯、連夜送回紐約的新聞畫面，播放了近十五分鐘，隨後，節目切換回《紐倫堡大審》，宛如無言的諷刺。

與數千萬名美國人一樣，我們透過電視，目睹一支和平遊行的隊伍緩步向前。隊伍由民權領袖約翰．路易斯（John Lewis）與郝西．威廉斯（Hosea Williams）帶領，他們都是馬丁．路德．金恩的親密戰友。當群眾抵達橋頂，一排戴頭盔的州警赫然擋在前方，他們全副武裝，戴上防毒面具，組成嚴密防線。而在他們身後，還有一整排騎警蓄勢待發。

正如我回憶自己參與華盛頓大遊行時所體悟，經歷這類標誌性歷史事件後，個人記憶總與日後從報章、電視及無數史料中汲取的資訊交織難分。然而，我仍清晰記得，親眼目睹被稱為「血腥星期天」（Bloody Sunday）的慘劇時，內心的震撼與悲慟。

我知道，當時警笛聲尖銳劃破空氣，擴音器傳來森冷的命令：「即刻解散，不得繼續前進。」

「我們可以談一談嗎？」郝西．威廉斯向帶頭的州警請求。「沒什麼好談的，」對方冷漠地回應。當警察告知群眾，他們只有兩分鐘的時間解散，隊伍依舊靜默不動。

然後，一聲突如其來的命令響起：「州警，前進！」排成一線的藍色制服警察猛然衝向遊行隊伍，警棍與鞭子如狂風驟雨般落下，將手無寸鐵的示威者擊倒在地。催淚瓦斯迅速瀰漫，騎警策馬沖鋒，馬蹄無情踐踏倒地的民權運動者，警棍接連揮下，砸向驚恐後撤的人群。在示威者的尖叫與哭喊聲中，響起了旁觀白人群眾瘋狂的吶喊與歡呼，他們揮舞著南方邦聯旗幟，為這場血腥暴力喝采。

在我的人生中，極少有公共事件能夠如此動搖人心，如同海水突然抽走腳下的沙粒，讓人瞬間失去平衡。「血腥星期天」之後，我們得知，數十名示威者因顱骨、手臂與腿骨骨折而住院，更多人則在現場接受緊急治療。當晚，我們反覆談論著在黑白螢幕上目睹的一切，也不斷思索：我們能做些什麼？

兩天後，我們聽聞波士頓一名白人牧師詹姆斯・里布（James Reeb）遭到殘暴毆打。他響應金恩在「血腥星期天」後的緊急號召，與不同宗派的牧師一同趕赴塞爾瑪，加入示威行列。然而，抵達當晚，里布與兩位同伴走在街上時，遭遇四名白人男子高喊「黑鬼的同路人」並持棍襲擊。里布被其中一人揮舞長達一公尺（三英尺）的棍棒重創頭部，他的同伴則受到拳打腳踢。暴徒行兇後迅速遁入小巷，三位牧師踉蹌返回布朗教堂，里布隨即陷入昏迷。他的頭部腫起巨大血塊，緊急送往伯明罕醫院進行腦部手術。

這起襲擊事件迅速成為全國焦點，渲染力超過年輕非裔運動者吉米・李・傑克森遭追殺致死的報導。詹森總統親自致電里布的妻子瑪麗（Marie），安排專機送她前往伯明罕。全國上下關心里布的傷勢，也在幾天之內，深刻認識了這位三十八歲牧師。他育有四個孩子，曾舉家遷至多徹斯特（Dorchester）以非裔為主的貧困社區，發起改善都市貧民住房的運動。他不僅投身服務，更選擇與他幫助的社區共同生活，讓自己的孩子就讀當地的公立學校。

三月十一日星期四，里布牧師去世，舉國為這名民權運動烈士哀悼。報紙刊登他的生平事蹟，全美各地教堂與猶太會堂舉行祈禱集會，悼念他的犧牲。

星期六下午，我與三千人一同走上波士頓公園（Boston Common）。跟著人潮從哈佛廣場出發，沿途與來自周邊郊區的隊伍匯合。沒有口號，沒有高唱自由之歌，唯有沉默的哀悼與省思。眾人佩戴黑臂章，靜靜聆聽里布的同伴講述他的生平與貢獻。

然而，隨著追悼會進入尾聲，人群逐漸從沉重的哀傷中走出，將悲慟化為行動的號召。我們高聲疾呼，要求聯邦軍隊護送決心重返遊行的勇者，確保他們能徒步抵達蒙哥馬利，完成這場抗爭。當提到加速選舉權立法，確保人人享有投票權時，歡呼聲變得更加響亮。在行動的召喚下，人心重新振奮，憤怒與決心超越悲痛，所有目光皆聚焦於眼前的迫切使命——推動變革，刻不容緩。

⋄✶⋄

動盪時期，迪克進出西廂時，敏銳地察覺到白宮內外的氛圍已然改變。全國各地的祈禱會與抗議行動，迅速蔓延至華府。數百名示威者在白宮前集結，隨後人數激增至數千，齊聲要求詹森派遣聯邦軍隊，直接介入塞爾瑪。拉法葉公園日夜皆有守夜抗議，示威人潮擠滿街頭，高峰時段的交通幾乎癱瘓，人群憤怒高喊：「詹森，走著瞧，一九六八年會讓你付出代價！」白宮內部亦然，十餘名年輕的非裔與白人示威者在例行導覽後，拒絕離去，發起靜坐抗議，要求政府立即派軍進駐塞爾瑪。

迪克清楚感受緊張情勢升級，也看出這股壓力開始影響幕僚，甚至動搖詹森本人。在一次幕僚會議上，詹森道出他的困境：「如果我派遣聯邦軍隊前往阿拉巴馬州，讓士兵穿著黑長靴、扛著步槍進駐，場面就會像是『重建時期』（Reconstruction）[127]重演。我不僅將失去阿拉巴馬溫和派的支持，整個南方的

127譯註：重建時期（Reconstruction），南北戰爭結束後，為解決南方邦聯瓦解與奴隸制度廢除所遺留問題的關鍵時期，在美國社會引發了激烈的種族衝突。

支持都會土崩瓦解。而且，如果這讓人們覺得南北內戰重演，那麼極端勢力將會趁勢而起，並將州長華萊士塑造成殉道者。」

詹森希望「為黑人爭取實質勝利，而非僅達成北方人心理上的勝利」。因此，他下令司法部長卡心白（Nicholas Katzenbach）「晝夜不休」地研究，運用法律與憲法框架，設計一部聯邦法案，以徹底剷除南方各州剝奪非裔選舉權的種種限制。但民權運動者「立即派遣聯邦軍隊前往塞爾瑪」的迫切訴求，讓詹森無比擔憂，因為這麼做恐斷送爭取通過全面性《選舉權法案》（*Voting Rights Bill*）的機會。

身為總統情緒最敏銳的觀察者，第一夫人在日記中寫道，詹森陷入「憂鬱陰霾」，在「毫不作為」與「行為過當」的兩難之中，動彈不得。她形容籠罩在其丈夫身上的陰霾「濃稠得足以用刀切開」。

然而，一道曙光終於穿透這片低迷而來。阿拉巴馬州州長喬治・華萊士緊急求見總統。詹森深知華萊士的處境：如果州政府的暴力鎮壓持續下去，華萊士的全國政治聲望也將墜落谷底。因此，倘若提出解決方案，說服華萊士履行州長職責，派遣州警保護和平遊行隊伍，並確保他不會因此失去核心支持者，將對雙方都有利。與華萊士的會談結果，將決定民權運動與白宮未來是繼續攜手，抑或分道揚鑣。雙方必須緊密合作，因為他們共同的敵人，正是那個高舉「州權至上」大旗，實則死守種族隔離制度的華萊士。

迪克從相當獨特的角度見證了阿拉巴馬州州長與總統之間長達三小時的經典會談。先是透過他自身的理解、莫耶斯的事後轉述，再加上詹森本人後來繪聲繪影、戲劇性十足的描述，讓他拼湊出了整場會談的全貌。詹森甚至常在敘述時一人分飾兩角，模仿自己與進退維谷的華萊士，使這段故事精彩得足以載入無數歷史書。

儘管事關重大，壓力如山，詹森依舊展現了他作為總統級「舞台設計師」的精準布局，確保每個細節皆恰到好處。他特意安排華萊士坐在壁爐旁一張低矮、軟墊深陷的沙發上，讓他整個人幾乎被吞沒其中。隨後，詹森拖來自己的搖椅，刻意靠得極近。他那一九三公分（六呎四吋）的魁梧身軀，猶如巨鍾高懸在身高僅一七〇公分（五呎七吋）的華萊士頭頂，氣勢逼人。

會談開始十五分鐘，華萊士照本宣科，背誦他準備好的說詞，反覆強調「州權至上」、反對聯邦政府干預等陳詞濫調。詹森全程紋風不動，緊盯著他的臉。終於，總統開口了：

詹森：好了，州長，我知道你跟我一樣，都不認同暴力行為。

華萊士：當然，總統先生，但他們只是盡自己的職責而已。

詹森抬手示意，隨即有人遞上一份報紙，刊登著塞爾瑪橋上的衝突照片：州警正狠踹一名蜷縮在地的非裔男子。

詹森：好，但這就叫做暴力，不是嗎？

華萊士：是的，但他們只是想……

詹森：州長，你對憲法應該相當熟悉吧？我讀過你的演講稿，很少有人像你這樣頻繁引用憲法條文呢。

華萊士：謝謝總統先生，憲法是一部偉大的文件，是各州唯一的保障。

詹森：那麼，憲法裡是不是有提到，非裔有投票的權利，對吧，州長？

華萊士：他們可以投票。

詹森：如果他們能完成選民登記的話。

華萊士：白人也需要登記啊。

詹森：問題就在這裡，喬治。你們阿拉巴馬州的官員就是不願意讓非裔登記投票。你知道嗎？前幾天有個人來找我，他不僅是大學畢業生，還拿了博士學位，但你們的人卻說，他的讀寫能力不夠，不符合阿拉巴馬州的投票資格。喬治，你們州的白人選民，難道全都有博士學位嗎？

華萊士：這些是由各郡選民登記官負責的，不是我能決定的。

詹森：那麼，喬治，你為什麼不乾脆告訴這些登記官，讓非裔完成登記？

華萊士：我沒有這個權力，總統先生，根據阿拉巴馬州法律……

詹森：別謙虛了，喬治，你可是連美國總統的名字都能從選票上刪掉的人。（一九六四年，民主黨候選人詹森被排除在阿拉巴馬州的總統選票[128]之外。）你怎麼可能沒有權力告訴幾個小小的郡登記官該怎麼做？

華萊士：我真的沒有這個權力，在阿拉巴馬州，這些登記官是獨立運作的。

詹森：那好吧，喬治，你為什麼不試著說服他們呢？

華萊士：我不認為這件事會那麼容易。

詹森：別跟我扯什麼說服不了人這一套，喬治。今天早上我還在電視上看到你……你大肆攻擊我。你知道嗎？你講得太有說服力了，害我不得不關掉電視機！

「我曾見過總統如何用近乎臉貼臉、鼻子對鼻子的氣勢壓迫對手，」迪克搖著頭對我說，「但這次，他的說服手法簡直是傑作。他完全看透了華萊士，在會談結束前，華萊士已經被逼得毫無招架之力。」

在談話的最後階段，詹森已脫離政治較量，轉而談論未來、歷史遺產，以及華萊士死後將如何被世人記住：

你我都將迎來離開這個世界的一天，喬治。你們阿拉巴馬州有那麼多窮人，有那麼多沒受過教育的人，你可以為他們做很多事，喬治。你的總統會幫助你。你希望自己死後留下什麼樣的遺產？你想要一座巍峨的大理石紀念碑，上面刻著「喬治．華萊士——他建設了這片土地」？還是，你只想要一塊簡陋的松木牌，橫躺在乾裂的石灰岩土壤上，上面寫著「喬治．華萊士——他滿懷仇恨」？

128 譯註：一九六四年，華萊士曾參加民主黨總統初選但未能勝出。作為堅決反對民權改革的州長，他設法阻止民主黨正式提名的總統候選人詹森出現在當年十一月阿拉巴馬州的選票上。

會談結束後，兩人達成了一項微妙的協議。詹森巧妙地讓華萊士在記者會上做出表態，華萊士說：「我向總統先生說明了阿拉巴馬州的困境，以及我所擔憂的問題，我也表達了希望他能協助結束這些示威活動的期望。而總統則告訴我，我們真正的問題是……必須解決導致這些示威的根本原因。」

華萊士同意，如果地方當局因為保護遊行者的龐大開支而無法正常運作，聯邦政府將全面承擔其責任。換句話說，聯邦軍隊不會以「入侵」之姿進駐阿拉巴馬州，而是由州政府正式請求聯邦協助維護和平與法律秩序。事後，詹森總結道：「這個結果讓局勢都不一樣了。」

會後，華萊士私下對媒體抱怨道：「見鬼了，要是我再待久一點，他恐怕會讓我直接站出來支持民權運動。」

迪克回憶這場會談，搖了搖頭：「我知道被『詹森式待遇』壓迫的感覺是什麼樣子，甚至差點對這個小個子的華萊士生出一絲同情。」他看著我，帶著嘲諷的笑容補充道：「但也只是差點而已。」

◇✱◇

詹森迅速從鬱鬱寡歡中振作起來，他的轉變令人驚訝，卻也真實可見。第一夫人再次見到她那堅忍不拔的丈夫時，籠罩在他身上那股「黑豬谷」般的陰鬱已然消散，取而代之的是一位沉著穩健、掌控大局的決策者。如今，阿拉巴馬州派兵的難題已解決，他得以全心投入《選舉權法案》的推動，並準備於三月十五日星期一向國會發表重要演說。

三月十四日星期天下午晚些時候，詹森在內閣會議室召集了一場跨黨派會議，與副總統韓福瑞以及國會參眾兩院領袖會談。表面上，他是在徵詢他們的意見，討論應該以何種方式向國會提出法案——按照傳統以書面形式提交，還是罕見地親自赴國會發表演說？近二十年前，杜魯門是最後一位親自前往國會為法案發聲的總統。

但其實詹森早已決定親自發表演說。他仍讓會議自由進行，唯希望在討論結束時，能獲得與會者的共識，並確保自己收到前往國會的正式邀請。

根據瓦倫蒂的會議紀錄，討論一開始的氣氛並不順利。共和黨參議院少數黨領袖竇克遜強烈主張應該遵循傳統，以書面形式提交訊息。他告誡詹森：「現在可別慌了，這是個慎重運作的政府，別讓外界覺得『我們把總統嚇得不得不這麼做。』」

民主黨籍的眾議院議長麥科馬克（John McCormack）持相反意見，他強烈建議總統應親自出席國會聯席會議，親口闡述推動法案背後的理由。韓福瑞也支持公開演說。（當天早上，詹森邀請副總統一同上教堂，並共進午餐。）韓福瑞對曼斯斐及竇克遜說：「你們的觀點確實符合邏輯，但此刻情緒高漲，政府現在需要的，是向公眾傳遞清楚明確的訊息，讓人民知道我們正在做什麼。」

最終，所有人都接受了詹森早已決定的做法——在國會聯席會議上發表電視直播演說。這不僅能讓他向國會發聲，也能同時向全國人民傳達訊息。儘管他深知推動《選舉權法案》可能會打亂自己精心規畫的「偉大社會」立法進程，但這個風險，他願意承擔。

正如他與華萊士會談的關鍵在於，聯邦軍隊是強行介入還是受邀進駐，這場跨黨派會議的核心也在於形式與正當性。詹森接受國會的正式邀請，得以親自前往國會山莊發表演說，而非繞過國會，直接透過電視向民眾發表演說。會議結束後，白宮隨即發布聲明：

今日下午，國會領袖正式邀請總統於星期一晚間向國會聯席會議發表演說，闡述總統對《選舉權法案》的看法與其他重要議題。

總統已接受邀請，並將於三月十五日星期一晚間九點，在眾議院發表演說。

隨後，詹森致電民權運動領袖惠特尼．楊、威爾金斯和馬丁．路德．金恩，邀請他們作為特別嘉賓，出席國會演說。金恩當下欣然應允，但旋即發現，當天下午他已安排於塞爾瑪為詹姆斯．里布牧師主持追悼儀式，結束後恐難趕上任何能及時飛抵華府的航班。他立即致電總統，並發送電報：「請容我表達最誠摯的遺憾。我原盼能與您一同出席。我將以無比的關注與感激之情，聆聽您的演講。」

此時，時間已進入倒數。在不到二十四小時內，國會五百三十五名議員，以及全國民眾的目光都將聚焦在總統身上，而演說稿卻尚未動筆。小瓢蟲夫人形容這種情境：「就像坐在家庭野餐的草地上，突然決定要去攀登聖母峰。」

當晚，迪克受邀參加歷史學家史列辛格舉辦的晚宴。派對即將結束時，賓客們才聽說總統將於隔日晚間在國會發表重要演說。然而，迪克此前完全沒收到任何相關訊息，他立刻打電話回白宮詢問是否有給他留話，結果什麼訊息都沒有。

「我當時感到困惑又失望，」迪克後來對我說，「我心想，一定是有別人在寫這篇演說了。於是我們又喝了幾杯，決定就這樣結束這一天。」

一九六五年三月十五日星期一

三月十五日早晨，迪克一踏進白宮西廂，便感受到不同尋常的騷動與緊張氣氛。而就在他位於二樓的辦公室外，瓦倫蒂正在焦躁地來回踱步。平時總是滿臉笑容、充滿活力的瓦倫蒂，這次還沒等迪克打開辦公室的門，就急忙撲上來說：「總統要你馬上寫演說稿。」

「我來寫?!」迪克驚訝地回應，「那為什麼昨天不告訴我?我整整浪費了一個晚上。」

「這是個錯誤，我的錯。」瓦倫蒂承認道。

「可憐的瓦倫蒂，那時候幾乎要崩潰了，」迪克對我說。「因為總統一早見到他，開口的第一句話就是：『迪克的演說稿寫得怎麼樣了?』當瓦倫蒂坦承，昨晚他把這個任務交給了留守辦公室的巴斯比時，詹森瞬間爆炸了，大吼道：『你開什麼玩笑?!難道你不知道，自由派猶太人最能掌握美國的脈動嗎?讓迪克來寫，立刻!馬上!』」

焦頭爛額的瓦倫蒂遞給迪克一疊文件，裡面是他昨晚與總統談話的筆記，以及準備隨法案一同提交給國會的書面訊息草稿。他告訴迪克，演說必須在當天下午六點前完成，才能提前輸入提詞機，以便總統在晚間電視直播時使用。瓦倫蒂焦急地問：「有什麼東西——任何東西——是我可以幫你準備的?」

迪克回憶道，他只回了瓦倫蒂一個詞：「平靜。」

「平靜？」瓦倫蒂困惑地問。

「給我一個完全不受打擾的環境。」迪克回答，「我不想有人來問進度，如果想知道，就去問我的秘書。」

迪克低頭看了一眼手錶——距離演說開始，只剩九小時！

「我不想去想時間的流逝，」迪克告訴我。「我點燃了一根雪茄，看了看手錶，然後把手錶摘下來，放在打字機旁邊。又吸了一口煙，想著乾脆把手錶收進抽屜。」

「如果是我，這種壓力早就把我壓垮了，」我說。「我從沒有當個出色撰稿人或記者的天分，畢竟歷史是可以慢慢寫的。」

迪克笑了：「但要是錯過了演說截止時間，寫好的頁面就只是廢紙而已。」

迪克仔細檢視瓦倫蒂的筆記。詹森要求這篇演說必須立場鮮明，不容絲毫含糊。他不想再爭論州權與聯邦權的對立，也不想讓南北方的分歧成為焦點。他要傳達的訊息簡單而有力：剝奪美國公民的投票權，就是錯誤的，毫無爭議的錯誤。這場演說必須充滿積極希望。他即將向國會提交保障全民投票權的法案，而這場演說，則要推動並加速公眾輿論的響應與支持。

自迪克進入白宮以來，短短一年間，他已聆聽了詹森數百小時的談話——無論是在飛機上、車內、行政官邸（Executive Mansion）的餐桌旁、牧場、泳池畔，抑或深夜酒酣之際。他深諳詹森總統對民權的堅定信念，也熟稔其語調與節奏。迪克認為，演說撰稿人的職責，在於提煉、強化並潤飾講者內心的信念，使講稿符合講者獨有的語言風格與自然韻律。唯有語氣真實，情感方能觸動人心。我深知，迪克在撰寫演說或文章時，總會力求一個震撼人心的開場。這一次，他顯然做到了。

今晚，我發聲，是為了人類的尊嚴，也是為了民主的命運。

接著，他試圖將我們身處的關鍵時刻，置於宏大的美國歷史背景之中。

歷史與命運有時會在同一個時間、同一個地點交會，塑造人類爭取自由的不朽轉捩點。列星頓和康科德（Lexington and Concord）[129]是如此。一百年前的阿波馬托克斯（Appomattox）[130]是如此。上周的塞爾瑪也是如此。

迪克向我解釋：「這篇演說的核心概念，就是政府的本質既是受人民所召喚，也被人民所推動，而我們現在，必須回應這份民意的力量與壓力。」

129 譯註：指一七七五年的列星頓和康科德戰役，這場英國陸軍與北美民兵之間的武裝衝突，被視為美國獨立戰爭的首場戰鬥。
130 譯註：指一八六五年，南方聯軍總司令羅伯特·李將軍（Robert E. Lee）在維吉尼亞的阿波馬托克斯鎮向聯邦軍投降，使南北戰爭得以結束。

對塞爾瑪發生的一切，我們沒有理由感到驕傲。但今晚在這裡發生的事情，卻讓我們有理由對民主抱持希望與信念。因為，那些痛苦的呼喊聲、警棍的擊打聲、受壓迫者的抗議聲，就像一把響亮的號角，召喚這個世界上最偉大國家的政府，讓它以最莊嚴的姿態，回應這場呼喚。

迪克剛從打字機上抽出一頁稿紙交給秘書，瓦倫蒂便立刻出現，像個神經緊繃的信使，急切地親自將這些頁面送到總統焦急的手中。詹森一邊等著下一部分的演說稿，一邊將修改意見與手寫註記直接加到文本中，並且對身邊所有人發火——唯獨沒有對迪克發脾氣。

很快地，這篇演說展現出它的格局，不僅僅是一份律師的辯護狀，不僅僅是論證法案優劣的辯詞，而是一份信仰宣言，深刻闡述美國立國精神的本質，以及美國人的民族身分認同。此刻，美國正被民權運動的基層鬥士推動著，站在重新定義歷史的關鍵時刻。

這場抗爭的真正英雄，是美國的非裔人民。他們的行動與抗議，他們不畏危險，甚至不惜犧牲生命，喚醒了整個國家的良知。

他們提醒我們兌現美國的承諾。試問，我們之中有誰能否認，若不是因為他們堅定不移的勇氣與對美國民主的信仰，我們今日能走到這一步？

當天下午，當迪克的演說稿在白宮與總統之間來回傳遞之際，馬丁·路德·金恩正在塞爾瑪的布朗教堂的講壇上，為詹姆斯．里布牧師發表悼詞。他向會眾提問：「是誰殺了詹姆斯．里布？」然後，他改問了一個更加沉重的問題：

「是什麼殺了詹姆斯．里布？」當我們不再只問是「誰」，而問是「什麼」時，責任便不再局限於幾個人的行為，而變成整體社會的問題。

教會的無關痛癢殺死了詹姆斯．里布。當社會充滿邪惡時，教會卻置身事外，成為微弱的尾燈，而非指引方向的前燈；成為一聲回音，而非堅定的呼聲。政客的煽動言論也殺死了他。那些迎合選民的政客，將仇恨當作變質的麵包、將種族主義當作腐壞的肉，餵食給支持者。

然而，金恩相信，即便在這樣的黑暗與邪惡之中，善良仍會萌芽。

有一天，當這個偉大的社會變革時代的歷史被完整書寫時，我們的國家將認識到誰才是真正的英雄。那正是成千上萬懷抱崇高信念、無私奉獻的男男女女。

當這部輝煌的歷史被記錄時，詹姆斯．里布的名字，將成為最崇高人格的象徵。

讀著這些文字，我突然意識到，幾乎在同一時間，迪克在演說中讚揚南方非裔民權運動者的英勇，而馬丁．路德．金恩則在悼詞中歌頌來自北方的年輕白人牧師響應號召，為了非裔的選舉權與自由奉獻生命。

房間裡的光線悄然變化，迪克這才察覺時間正迅速流逝。他拉開抽屜，看了一眼手錶，深吸一口氣，隨即迅速關上。這一天以來，他終於第一次走出辦公室，呼吸一口新鮮空氣，讓思緒稍作喘息。

遠方隱約傳來吟唱、歌聲與示威者的呼喊。迪克倏然驚覺午後時光飛逝，匆忙返回辦公室。但他總覺得，那些漸行漸遠的聲音，透著一絲悲涼與絕望，與一年半前華盛頓大遊行的盛況形成對比。當時，他聽見激昂歡騰的《我們一定會勝利》，那首歌曾為民權運動注入無比的勇氣、目標與希望。於是，意識到自己努力在文稿中尋覓的，正是那股堅定不移的勇氣與精神，清晰嘹亮的歌聲再次在迪克腦海中迴盪：「我們一定能勝利。」

三月的夜色悄然降臨，寒意漸濃。迪克辦公室的電話響起，這是這一天內的第一次。時間已過晚上六點，演說稿的所有頁面本該送入提詞機，現在已經超過最後期限。然而，電話另一端的聲音卻出奇地「平靜、溫和、從容」，讓迪克一時難以辨認，這竟然是總統的聲音。

「我從沒聽過林登如此溫柔的語氣。」迪克對我說道。

「迪克，你還記得吧，」詹森幾近呢喃道，「我大學畢業後最初的幾份工作之一，是在德州科圖拉教那些墨西哥裔的孩子。我在牧場時跟你提過。你也許可以在演說裡提提這段經歷。」迪克回憶起詹森當時的話。

詹森想讓他記住的，是那些科圖拉的孩子一無所有，生活極其艱難。「該死的，」他對迪克說，「我把薪水的一半都拿去買學校的體育器材了。」

不到二十分鐘，電話第二次響起。這一次，詹森仍在回憶科圖拉時光。「那已經是很久以前的事了，」詹森說，「但那些孩子現在也有了自己的孩子。所以，該是我們採取行動的時候了。」

不到四分鐘，電話第三次響起。「差點忘了，迪克，今晚我想讓你和我一起去國會山莊。」

「當我完成最後一句時，」迪克回憶道，「腦中已經一片空白。一切都結束了，這篇演說已經無法再修改。外面天已黑，我低頭想看手錶，卻想起自己把它藏了起來，於是打開抽屜，把手錶重新戴上。」

他已無事可做，只能刮個鬍子，隨便吃個三明治，然後慢慢走向行政官邸。在那裡，瓦倫蒂滿懷感激地迎接他，但迪克已經累得懶得多說話。不知不覺間，他已經和瓦倫蒂及巴斯比一起坐進總統專車。周圍特勤人員忙碌穿梭，車門打開，詹森沒有任何寒暄，直接進到後座。

當總統專車駛出白宮大門，外頭示威者依舊聚集，抗議政府對當前局勢的消極應對。警察與特勤局的摩托車隊滑過車窗外，護送車隊駛入已清空的街道，朝國會大廈前進。

車內，一盞閱讀燈照亮了總統膝上的黑色皮革活頁夾，裡面夾著他今晚即將發表的演說稿。迪克回憶起車內的沉默，詹森那份近乎入定般的專注，他聚精會神，緊盯著眼前的頁面。

「可怕的專注力，」迪克說。「沒有分心，沒有閒聊，一點交談都沒有。」詹森神情沉著而嚴肅，彷彿要將整天的思緒與情緒，全都傾注在膝上的這份演講詞上。

當車隊抵達國會大廈，總統在眾議院議長辦公室與迎接他的議員會面。而迪克與同伴被引導至眾議院講台前方，這片小小的空間已經擠滿了人。整個議場更是座無虛席，美國政府的最高層都來了，包含國會議員、內閣成員、最高法院法官、外交使團代表。而觀禮席上有家屬與貴賓，自樓座俯瞰歷史性的一刻。

總統開口之際，議場鴉雀無聲。迪克回憶道：「這場演講從一開始，就不是口才或修辭技巧的展示，而是情感、信念和真心的發言。」詹森將塞爾瑪發生的事件，與美國歷史上的關鍵時刻並列——列星頓與康科德之戰，標誌著美國獨立戰爭的開端；阿波馬托克斯的休戰，宣告南北戰爭的結束；而八天前，塞爾瑪發生的血腥衝突震撼全美，促使今晚這場演說得以展開，讓所有人齊聚於這座議事廳內。

「演說開始後，你就能稍微放鬆了嗎？」我問道。

「那種氣氛很奇特。剛開始沒有任何掌聲，唯有一片詭譎的沉默，大家都屏氣凝神。站在那裡，我又累又僵持難安。整個議場彷彿都凝固了。」迪克回憶道。隨著議場氣氛愈發肅穆，總統以緩慢而堅定的語調開口：

> 極少有議題能夠如此赤裸地揭示美國的核心本質。極少有挑戰，不是關乎我們的經濟成長，不是關乎我們的富裕、福祉或安全，而是關乎我們的價值、目標與國家的真正意義。非裔美國人民的平等權利，就是這樣的一個議題。

觀禮席上，一人率先鼓掌，接著更多人跟進，掌聲逐漸擴散，席捲整個議場。這是演說中的第一波掌聲，詹森因此稍作停頓。而在接下來的三十分鐘內，這樣的中斷共發生了三十六次。

坐在前排的迪克，被詹森演講中澎湃的情感張力深深震撼。他們僅用一天時間準備這場演說，但詹森那嚴肅、迫切且堅定的語調，已使這次演講超越了大師級的高度。他所流露的堅定信念與真摯情感，也超出迪克對他的既有認識。

這不只是非裔人民的問題，不只是南方的問題，也不只是北方的問題。這是美國的問題。今天，我們齊聚於此，不是作為民主黨人或共和黨人，而是作為美國人，要共同解決這個問題。

掌聲再次響起，如潮水般一波接一波。

民權議題中，有許多複雜而棘手的問題。但有一件事無庸置疑，也不應有任何爭議。那就是每一位美國公民，都必須擁有平等的投票權……

星期三，我將向國會提交一項法案，徹底消除一切非法阻礙投票權的障礙。

這不是憲法問題，因為憲法的命令已經十分明確。這也不是道德問題，因為剝奪任何一位美國公民的投票權，絕對是錯誤，嚴重的錯誤。這也不涉及州權與聯邦權的爭論，這只是對基本人權的爭取。

這一次，這個議題上，不容再有遲疑，不容再有猶豫，不容再有任何妥協。

但即使這項法案通過，這場戰鬥仍不會結束。民權運動已在全國各地開花，塞爾瑪事件只是這場非裔美國人民爭取完整公民權運動中的一部分。他們的訴求，應當是我們所有人的訴求。因為這不只是非裔的問題，而是關乎我們每一個人的問題。我們必須共同克服，所有種族歧視與不公正所留下的沉重歷史包袱。

我們……一定會……勝利。

詹森說出這句話時，字字鏗鏘，如洪鐘般敲擊著每個人的心扉，然後他頓了頓。「議場陷入短暫的寂靜，」迪克說，「隨後，人們漸漸意識到，總統竟然將象徵黑人民權抗爭的歌曲，那首曾在無數遊行中迴盪的聖歌，當作自己的口號。」參議員、眾議員、將軍和外交官紛紛起立，爆發震耳欲聾的掌聲與歡呼，甚至有人跺腳表達激動之情。詹森後來回憶：「這一刻，我永生難忘。」

在阿拉巴馬州蒙哥馬利，馬丁．路德．金恩與好友、同伴們齊聚一堂，觀看總統的演講。在那激昂時刻，約翰．路易斯清楚看見金恩的眼淚滑落——他從未見過這名戰友潸然淚下。那一刻，他不僅看到金恩前所未見的脆弱，也對詹森有了全新認識。他第一次不再只是將詹森視為政客，而把他看作「真心誠意之人，一位政治家，一位詩人。」

「《選舉權法案》一定會通過的，」金恩篤定地說。他立刻明白，詹森的演講已經達成了什麼。運動的動力原本來自民間，而現在，總統將這股力量引向國會，推向全國。

那一周，我的研究所朋友們無不關注如火如荼的民權運動。許多人與我一起走進波士頓公園，向遇害的詹姆斯．里布牧師致敬。這天晚上，我們再次聚在一起，觀看國會聯席會議演講。聽見詹森說出「我們一定會勝利」的瞬間，一股震顫自我心底襲來，喜悅與自豪化為盈眶熱淚，為我的總統，為我的政府，也為我的國家。我不是唯一有這種感受的人。與眾人肩並肩站立，圍繞著電視機，那一刻，我彷彿回到了華盛頓大遊行，再次感受到團結與希望。直到今天，每當我重溫這篇已讀過、聽過無數次的演講，依然能感受到當初的震撼與感動。

詹森深知，這些話對於南方的國會同僚來說，無疑是一道重擊，許多南方議員依舊靜坐原地，動也不動。因此，他不願讓指責的矛頭僅指向南方，而是試圖將問題提升至整個美國的層面，以彌合全國分歧。

我們任何一個地方的人，都不應該自以為正義，對鄰州的問題或鄰人的困境抱持優越感。事實上，美國沒有任何一個地方真正兌現了平等的承諾。無論是水牛城（Buffalo）還是伯明罕，費城還是塞爾瑪，美國人民都仍在為自由的果實奮鬥。

正是從這一刻，他開始訴諸自己的親身經歷，講述那個他在幾個小時前才對迪克提起的影響他一生的故事。

大學畢業後，我的第一份工作是在德州科圖拉的一所墨西哥裔學校當老師。他們幾乎不會說英語，而我的西班牙語也很糟糕。我的學生們家境貧困，常常沒吃早餐就來上課，餓著肚子。他們年紀尚小，卻已經嚐到了偏見的痛苦。他們從來搞不清楚，為什麼有些人討厭他們。但他們知道這是真的，因為我從他們的眼神裡看到了。每天放學後，我在黃昏時分獨自走回家，常常心裡想著，我是不是還能做得更多……

當你在一個理應充滿希望的孩子臉上，看見貧窮與仇恨留下的傷痕，那種感覺，是一輩子都無法忘記的。在一九二八年的時候，我從沒想過，有一天，在一九六五年的美國，我會站在這裡。即使是在最天真的夢想中，我也未曾想，自己竟有機會去幫助那些學生的子女，去幫助這片土地上無數和他們一樣的人。

但現在，我確實擁有這個機會——而且，我告訴你們一個秘密，我打算善加利用它。

我希望，你們也能和我一起，把握這個機會。

隨著詹森在演講中真情流露，分享對民權運動的承諾，並回憶起年輕時教書的經歷，現場觀眾深受感動，全體起立，爆發出當晚最熱烈的掌聲。他將國會講台轉化為一座「絕佳講壇」，以前所未有的力度激勵、喚起並凝聚全美國的民意。一位在塞爾瑪布朗教堂現場見證演說反應的人回憶道：「房間裡，每個人都在哭——無論是男人、女人，年輕人、老人，黑人或白人。」

演說結束後，總統走出議場，隨即被激動的同僚團團圍住。他們爭相與他握手、拍著他的肩膀，而詹森的心思依然惦記著推動法案的時機。他大聲地對眾議院司法委員會主席伊曼紐爾．塞勒（Emanuel Celler）喊道：「曼尼，今晚就開始舉行聽證會！」

至於迪克，他告訴我，演說結束後，他興奮到幾乎不記得如何回到白宮的。「我只知道，那些連日來高舉標語、抗議詹森的示威者，已經消失無蹤。」

白宮客廳裡，聚集一小群人。電話鈴聲此起彼落，祝賀不斷湧入這個小房間。迪克形容這是「我和總統度過最愉快的其中一個夜晚。」直到將近午夜，大家才終於坐下來享用晚餐，暫時卸下壓力。酒杯碰撞、談笑風生，直到詹森起身告辭，才結束這個誰也不願結束的夜晚。

回到十一月四日，莫耶斯極力向總統推薦迪克的那一天，他堅信迪克作為演講撰稿人，定能在歷史上留下印記。如今，詹森的〈我們一定會勝利〉演說正是最佳證明。隔天，馬丁·路德·金恩特地發電報給詹森：「您的演說，是美國歷任總統所發表過，最感人、最具說服力、最無保留、最充滿熱情的人權呼告。」

「這樣的稱讚真令人欣慰，」迪克對我說，「不過演說最重要的不是詞藻，而是它所促成的行動。」這場演講為《選舉權法案》帶來了強大推動力，而總統的情感投入，使這項法案在歷史上，以及人們心中，都留下更深遠的影響。

我告訴迪克，我讀過的一篇報導提到，後來有人問詹森，這篇演說是誰寫的？當時，詹森拿出一張他二十歲時的老照片。照片中，年輕的詹森站在一群墨西哥裔學童之間，那是他在德州科圖拉任教時的學生。他指道：「是他們寫的。」

「你知道嗎，」迪克微笑道，「從最深層的意義上來說，這是事實。」

「科圖拉啊，」迪克感慨地說，「我的人生清單所剩不多，但德州科圖拉始終還在上面。總有一天，我們要一起去。」我輕拍他的膝蓋，承諾道：「我們一定會去的。」

「天啊，那個夜晚，我是多麼敬愛林登．詹森，」迪克回憶道。「當時簡直無法想像，兩年後，我會和當晚聆聽他演說的許多人一樣，走上街頭，反對他。」

那晚，我與學校的朋友們興奮地談論到深夜，滿懷信心地相信，美國正迎來一股嶄新的潮流。當時的我，怎麼也不會想到，短短幾年後，我會在這位發表演說的總統手下工作。更不會想到，十年後，我會嫁給撰寫這篇演說的人。

第九章／無盡的辭職風暴

「我在一九六五年秋天試圖離開白宮的經過，以及詹森阻止我離職的手段，既黑暗又荒誕，簡直就是黑色喜劇。」迪克對我說，「就像一隻被困在黏膠紙上的蒼蠅，想掙脫可沒那麼容易。」

一九六五年春末，迪克寫了一封信給總統，告知他自己計畫在九月離開白宮，赴衛斯理大學展開延宕已久的研究獎助計畫。選舉剛結束時，他曾承諾會留任直到立法議程順利步入正軌，如今，他已履行承諾。「偉大社會」在國會以驚人速度推動，許多人擔心塞爾瑪事件及其後續影響會拖累詹森的施政步調，但結果恰恰相反，這場風暴反而成了催化劑，推動一連串立法，讓第八十九屆國會的首個會期成為美國史上改革最劇烈的一段時期。迪克認為，這正是他離開的最佳時機。

然而，決定離開政府是一回事，真正從詹森的掌控中脫身，卻是另一回事。迪克遞交辭職信後，立刻察覺到「離職」絕非易事。總統對這封信毫無回應，彷彿它從未存在過，甚至連曾經看過的跡象都沒有流露。迪克數次試圖在會議中提起此事，但每次不是因為突發要務而被打斷，就是因為房間裡還有其他人在場，讓他無法深入談論。

一九六五年八月六日，詹森將簽署《選舉權法》的鋼筆贈予迪克。

終於，在五月底的一個清晨，總統召見迪克到橢圓形辦公室旁的小型會客室會面。迪克做好了心理準備，迎接這場勢必不會輕鬆的對話。他已經在腦海中整理好一長串理由，準備向總統闡述自己為何必須離開。然而，他很快發現，詹森今天召見他的目的，與他的生涯規畫毫無關聯。

在迪克剛踏進門時，詹森便脫口說：「現在選舉權固然重要，但這只是豬的尾巴，我們應該要抓住整頭豬才對。」

「我們坐擁世界上最有影響力的『絕佳講壇』，」他繼續說道，「我們應該好好利用它來宣揚理念。你去想想能怎麼做吧。」

「尾巴、整頭豬，」我對迪克說道，思索著這句令人費解的指示，「你怎麼知道他到底在說什麼？這些農場比喻雖然生動，但——」

「不，」迪克打斷我，「這是標準的『詹森語』。他把《一九六四年民權法》視為豬的脊梁，而選舉權則是尾巴、心臟與頭部。他要我關注處理整頭豬，也就是種族偏見在經濟與社會層面的影響。」

「唉，光是有權利保障有什麼用？」詹森曾問迪克，「如果你沒有像樣的房子，或者生病時沒有人照顧你，那權利又能幫上什麼忙？現在我們得想辦法，讓黑人至少有機會獲得大多數白人已經擁有的東西。」

「所以你看，這根本不是什麼農場隱喻，我完全明白他的意思，」迪克說，「不過，說到農場，你應該知道，詹森在橢圓形辦公室介紹你未來的丈夫時，曾不只一次稱我是他的『種鴨』（Stud Duck）[131]。」

「這到底是稱讚還是侮辱？」我憋住笑意問道。

「看來你對鴨子的了解，還不如對豬呢，」迪克假裝不滿地回道。

橢圓形辦公室會談結束後幾天，迪克暫時擱置離職的話題，轉而與莫耶斯、瓦倫蒂和勞工部助理部長莫伊尼漢（Daniel Patrick Moynihan）商討發表一場針對種族正義的演講。莫伊尼漢最近剛完成一份報告，揭露從教育程度到房屋擁有率等所有成就的統計指標上，非裔美國人都遠遠落後於白人。

迪克多次在與詹森一起用餐時，深入探討這場演說的內容。詹森深知，沒有像伯明罕或塞爾瑪這類震撼事件作為引爆點，要喚起全國的良知將更加困難。然而，在他看來，此刻的重點已不僅是回應問

131 譯註：種鴨（Stud Duck），美國南方俚語，通常用來形容自信、強勢、具領導力，或自認了不起的人，有時帶點幽默或諷刺意味，類似於「領頭人物」或「大人物」。在某些情境下，這個詞可能用來形容愛出風頭、喜歡展現權威，但未必真正有實力的人。

題，而是要主動引領變革。他希望善用自己的「絕佳講壇」，直指種族偏見帶來的毀滅性影響，並論證「偉大社會」計畫本身仍不足夠，必須進一步提供經濟與教育支持，才能真正打開機會的大門，讓非裔美國人得以平等參與社會。

「每次討論結束後，我都感到震撼，」迪克對我說，「震撼於詹森的勇氣，他敢於直視種族偏見的問題核心，那正是導致黑人遭遇重重困境的根源。」

然而，詹森對問題的洞察，並未讓迪克找到簡單的解決方案，反而帶來了一連串更艱難的叩問：如何讓被剝奪公平機會的黑人在經濟上獲得正義？如果歷史自一開始就讓這場競賽的賽道對黑人不利，那麼社會應該如何補償？是否應該在天平上加上一點砝碼，以加速這場期待已久的公平正義？

同時，幕僚們正在斟酌演講的地點與時間。密西根大學是鋪陳「偉大社會」哲學理念的起點，因此，若能在另一場校園畢業典禮上，發表總統對民權運動新階段的未來願景，將再適合不過。

迪克的檔案中，有一份五月二十五日瓦倫蒂致詹森的備忘錄，寫道：「您是否希望在六月四日（星期五）前往霍華德大學（Howard University）發表演說？如果確定的話，我們必須立即開始準備。」備忘錄下方附有「是」或「否」的選項，詹森在「是」的方框上打了勾。

事實上，早在三月初，詹森曾婉拒霍華德大學校長詹姆斯・納布里特（James Nabrit Jr.）的邀請，未打算在畢業典禮上演講。這次，當瓦倫蒂再度聯繫納布里特時，帶來不同的消息——總統最終決定出席，並選擇這所歷史悠久的非裔大學，作為他發表重要演說的舞台。

一九六五年六月四日

六月四日清晨六點半，迪克將完成好的講稿呈交總統。他附註道：「這將是一場具有開創性的演說，不僅回應當前的發展趨勢，更將引領未來的方向。」迪克還提到，瓦倫蒂和莫伊尼漢已經審閱過講稿，他甚至還特地聯繫身在德州的莫耶斯，並完整地向他朗讀了一遍。

詹森收到演講稿後，立刻把迪克叫到他的臥室——這間房間經常兼作辦公室。迪克站在床尾，看著詹森用鉛筆修改稿件。當他試探性地詢問總統，是否應該提前讓民權領袖們知悉演講內容，詹森回答：「如果你願意的話。」迪克心知肚明，這場演講的內容，已傳達了總統內心堅定不移的信息。

回到辦公室後，迪克花了數小時向馬丁・路德・金恩、威爾金斯、惠特尼・楊以及蘭道夫朗讀演講的關鍵段落。所有人都興奮地表示支持。當天下午，迪克陪同詹森前往華府西北區的霍華德大學校園，現場已有五千名觀眾等候。

演講地點位於以道格拉斯（Frederick Douglass）[132]命名的大樓前，俯瞰著擠滿學生與來賓的大學廣場。也是在這場演講中，「平權行動」（affirmative action）的概念首次被明確表達出來。

多年後，當我與詹森回顧這場霍華德大學演講，為他的回憶錄整理資料時，他告訴我，這是他最引

132 譯註：道格拉斯（Frederick Douglass），十九世紀美國廢奴運動的代表人物。

以為傲的其中一場演講。然而，他未提及我未來丈夫的貢獻。事實上，我們談論〈我們一定會勝利〉這篇向國會發表的重要演說時，他同樣對迪克的參與隻字未提。當時的我並不知道，在這兩個影響詹森政治生涯並推動國家進步的關鍵時刻，迪克都扮演了舉足輕重的角色。但在詹森的記憶中，迪克的存在似乎已被完全抹去。

我仍能清晰記起林登當時的模樣。銀白色的頭髮在頸後微微捲曲，濃密的鬢角，曬得黝黑的臉龐。我問他，霍華德大學演講的哪段話至今仍留在他的腦海裡？他翻找桌上一疊文件，很快找到一份講稿，隨手翻閱幾頁，又點燃了一根他早被禁止抽的香菸。戴上眼鏡，靠回椅背，將牛仔靴擱在桌上，隨後以沉穩悠緩的聲音讀出了，在「《選舉權法案》即將通過，自由的障礙終將倒塌」這句開場白之後，緊接著的這段話：

但自由本身是不夠的。你不能光是說「現在你已經自由了，去你想去的地方，做你想做的事，選擇你想要的領袖吧」，就以為過去幾個世紀留下的傷痕能夠一筆勾銷。

對一個多年來被鐐銬束縛的人，你不能在解開鎖鏈的瞬間，便將他推上競賽的起跑線，對他說「現在你可以自由地與所有人競爭了」，還認為這稱得上「公平」。

單單打開機會之門是不夠的，必須要讓所有的公民都擁有穿越這道門的能力。

這便是民權運動的下一個階段，它的影響力將更深遠，也更加關鍵。

我向迪克問起，四十年前我曾問詹森的同一道問題：演講的哪段話至今仍留在他的腦海裡？年逾八十的迪克沉思片刻，然後拿起雪茄，輕輕地在指尖滾動，拿火柴點燃後，緩緩吸氣，讓火焰均勻地燃燒。他首先選擇與詹森相同的競賽起跑線比喻，這並不讓人意外。接著，他又朗讀了一段，聲音依舊低沉而富有磁性：

所有種族的男女，與生俱來皆擁有無限潛能。但潛能並非僅僅取決於天賦。家庭、居住的社區、就讀的學校，以及環境的貧富，都會影響一個人的發展，使潛能得以發揮，或遭受抑制。一個嬰兒的能力，從誕生起就受到無數看不見的力量塑造，這些力量的影響從童年開始，最終決定他成為怎樣的大人。

隨著談話繼續，我察覺迪克的語氣聽起來，帶著幾分愉悅。

「為什麼這麼快樂？這場演講的重點，分明揭示種族之間日益擴大的鴻溝。」我問道。

「因為當時我們仍然深信，大規模的變革是可能發生的。」迪克回答，「我們相信，只要能夠清楚描述問題，就一定能找到解決辦法。我們覺得，未來的世界不僅可能改變，而且一定會變得比我們當時所處的社會更加公正、美好。」

我們收拾資料，把成堆的文件歸位時，我發現了一袋信封，裡面裝有馬丁．路德．金恩在演講後寄給詹森的電報。有時，親手觸摸歷史原件，能激起一種難以言喻的感動。電報中寫道：「從未有一位總統，能如此深刻有力地闡述種族正義的本質與範疇。」輿論的反應也與金恩的讚譽如出一轍。《紐約時報》的湯姆．威克評論道，詹森的演說「在美國總統歷史上、乃至整個民權運動中，寫下極為重要的一頁。」

但在一片好評之中，夾雜著對未來影響深遠的反彈聲音。一封自波士頓的來信猛烈抨擊詹森「將過去兩百年來黑人群體的所有問題，幾乎歸咎於白人」。而維吉尼亞的州眾議員哈里森．曼恩（C. Harrison Mann）在信中譴責詹森「煽動仇恨與種族對立」，並警告：「若持續執迷不悟，必將引發全面性的信任危機。」

迪克一直對歐尼爾（Eugene O'Neill）[133]筆下《長夜漫漫路迢迢》（*Long Day's Journey into Night*）中的一句台詞深感共鳴。劇中瑪麗．泰隆（Mary Tyrone）所說的話，道出他對歷史的理解：「過去就是現在，不是嗎？它也是未來。我們總試圖欺騙自己，以逃避這個事實，但人生不會允許我們這麼做。」

一九六五年六月十四日

關於詹森是否收到了迪克的辭呈並認真考慮過，這個疑問在六月十四日午夜獲得了答案。當時，莫耶斯神色不安地走進迪克位於白宮西廂的辦公室。他剛從橢圓形辦公室出來，經歷了與總統長達兩小時的緊張對話，討論的不僅有迪克的辭職計畫，還有莫耶斯自己希望在年底離開白宮、回到和平工作團的打算。

詹森向來對莫耶斯（這位與他同為德州人的助手）展現如父親般的關愛；而對於迪克（這位來自哈佛、曾在甘迺迪時期任職的幕僚）則保持著既有距離、又帶著敬意的「繼父式」態度。然而，當怒火中燒時，總統只覺得這兩名助手竟選在他最需要的時刻棄他而去。

迪克的日記詳細記錄了莫耶斯對這場激烈對話的轉述。在憤怒與挫敗之下，詹森甚至將兩人的辭職計畫混為一談，彷彿他們準備結伴私奔到衛斯理大學當室友。

「是我把你們從無名之輩提拔起來！是我成就了你們！」詹森怒斥莫耶斯，「現在你卻想在這個關鍵時刻離開我，拋下我不管？」

「我喜歡那個小子（指迪克），我為他做了不少事，而他也幫了我很多。我把他當作另外一個自己，我的聲音，我的思想。而現在，他卻想離開我，跑去某個康乃狄克的學院討生活。」

（對莫耶斯說）「你是我最重要的助手，但這三個月來，我對我們的關係很不滿意。你變得冷淡、疏遠，彷彿抽離了一般。我邀請你來見面，你卻總是有保母的問題要處理。你是我的頭號助手，我希望每當我走出辦公室時，你就站在門外。但你從來不在場。你表現得好像寧願是個第四號助手，甚至根本不想當助手。」

133譯註：尤金·歐尼爾（*Eugene O'Neill*），美國知名劇作家，一九三六年諾貝爾文學獎得主，並四度獲得普立茲戲劇獎。

然後，他又轉回對迪克的話題：他去了那裡之後能幹什麼……你跟迪克會寫一本關於我的書，是不是？

一九六五年六月十五日

隔天起，迪克不再需要透過莫耶斯的轉述來揣測詹森的想法，因為總統親自邀請他與莫耶斯共進午餐。從那一刻起，迪克的「脫身之戰」正式打響，這場來回攻防長達數月，一開始便劍拔弩張，讓人難以分辨其中的威脅究竟是真是假，或夾帶幾分幽默成分。如同迪克在日記中所記錄的，「脫身之戰」自開局便轟轟烈烈。

> 從辦公室走過來時，他對我說，要嘛你留下來，要嘛就去五角大廈領你的黑色軍靴。
>
> 這句話暗示著他可能會送我入伍。他提到有一條法律——麥納馬拉和范斯（Cyrus Vance）[134]還特地把法條送到我辦公桌上——規定政府可以保留或徵召對國家利益至關重要的專家。國防部就是用這個辦法來留住哈羅德·布朗（Harold Brown）（這位核物理學家原本想要回到私人企業工作）。
>
> 我問他：「那你會讓我當將軍嗎？」
>
> 「你可不想當將軍，」他說，「將軍是戰場上最先掉腦袋的，你應該當個二等兵。」稍後，他再次提起這個話題時，我提醒他，我曾經當過下士。

「那你就要被降級了，」他回道。

我在閱讀日記時，忍不住插話問道：「他這些話是開玩笑的吧？」「一開始，我也以為他是在開玩笑，」迪克說，「但他的眼神突然變得銳利無比，讓我不禁心生警惕。當天下午，我立刻打電話給麥納馬拉，問他這件事是不是真的可能發生。麥納馬拉的回答有些閃爍其詞，讓我開始擔心——天啊，難道這可能成真嗎！」

午餐過後，迪克和莫耶斯陪同詹森回房休息。一路上，總統喋喋不休，從未停頓。回到臥室後，他慢條斯理地脫下外衣，換上睡衣。行程允許的話，他總愛每天下午小睡四十五分鐘。「唯一能真正放鬆的方法，就是脫掉所有衣服，假裝自己準備要上床睡覺了，」詹森說道。

閉上雙眼、讓兩位幕僚離開之前，詹森特意對迪克說，有「重要的事」要與他討論。他的語氣不再咄咄逼人，而聽起來疲憊而哀傷。根據迪克的日記記載，詹森不帶怨氣地與他商量：

「你不能走。我無法沒有你——美國總統不能沒有你。我需要你留下來，所以你不能走。」

我回答：「但你以前沒有我，也沒事啊。」他說，才不是那樣，接著又問：「你打算什麼時候上去？」

134 譯註：范斯（Cyrus Vance），時任國防部副部長。

我說，下個秋季學期開始。

「那你最好趕快打電話給他們，提前通知，因為你不能走，也不會走。這是你的責任，我需要你。」

這時我已經緊張得直冒汗。我說我仍然可以負責撰寫重要的演講稿。

「如果你想住在那邊，每周回來工作四十個小時，那也可以。」

「如果你想通勤……」他問我：「你想住在鄉下嗎？」（我一度以為他是要送我一棟鄉間別墅。）

「還是你錢會不夠用？」

我說，錢不是問題。

那不完全是真話。錢確實是個問題，而詹森或許也有所察覺。當時，迪克身為白宮的特別助理，年薪為二萬八千五百美元；而在衛斯理大學追尋作家夢，年薪僅為一萬五千美元，雖然獎助計畫提供了一間免租金的房子、一間辦公室，還有秘書協助，但整體收入仍將近砍半。為了進一步挽留他，詹森後來告訴迪克，除了白宮的固定薪資，他還可以從「詹森基金會」（Johnson Foundation）獲得額外補助。然而，這些誘惑對迪克來說毫無吸引力。他一生從不煩惱錢的問題——即便有時候應該擔心。在收買無效後，詹森轉而訴諸責任感，強調他有對國家應盡的義務。

「你得幫我度過這場危機，」他說，「你不能在這種時候拋下我不管。」（指的是惡化的越南局勢」他說，「莫耶斯和你是我唯一能夠依靠的人。」

即使所有手段都不奏效，詹森仍不斷尋找可能說服迪克留下的方法。其中一項策略，出現在六月十七日他與麥納馬拉的一段錄音對話中。當時，兩人剛談完越戰情勢，麥納馬拉順口提到，當晚打算在紐約與賈桂琳共進晚餐，不知總統是否批准。詹森對此毫無異議，反而覺得這頓晚餐或許可以幫助他挽留迪克。他壓低聲音說道：「等你喝到第二杯酒，覺得時機差不多的時候，我希望你試著說服她，讓她告訴迪克留下來幫我們。我覺得他正受到一些鼓動，想要離開。」

「我不喜歡『受到鼓動而離開』這種說法，」迪克說道，即使多年過去，語氣中仍相當不滿。「我從來沒有受到任何外界的影響。林登一定是認為巴比在敦促我離開。他一直對巴比充滿戒心。」

「對我來說，更奇怪的是，」我對迪克說，「麥納馬拉居然覺得，和賈姬吃頓飯，需要獲得詹森的允許。而且，詹森怎麼會知道，你和賈姬在她搬到紐約後，仍然保持著良好交情呢？」

「你忘了嗎？詹森什麼都知道，」迪克提醒道，「要不是靠他自己的情報網絡，就是看了FBI局長胡佛精心蒐集的各種檔案。反正，胡佛對這種事一向樂此不疲。」

從白宮「脫身」的漫長過程，讓迪克徹底見識到詹森施展威逼利誘的能耐。某些日子裡，結束與總統的私人會面後，迪克離開時，脖子上會多出一條總統的新領帶，口袋裡會裝滿叮噹作響的袖扣，以及印有總統徽章與詹森簽名的芝寶（Zippo）打火機。但大概不到一天內，這般慷慨大度轉變為冷漠對待，或因自憐自艾而鬧彆扭。隨後，莫名其妙地，怨氣又煙消雲散，冰冷的態度隨之融化。

「有時候，我感覺無論怎麼努力，都無法真正推進離開政府的計畫，」迪克說道，「林登似乎完全忘了這回事。」

◇✱◇

然而，意識到迪克堅持離職決定後，詹森對他的敵意漸深。他對莫耶斯說：「好吧，古德溫要走也無所謂，反正他已經和另一群人混在一起了。」他強調自己沒有迪克也能應付一切，甚至語出驚人地說：「要不乾脆別再發表全國性演說了。」

詹森心存芥蒂下，迪克開始被排除在白宮重要議程之外。他還聽說，詹森在幕僚間散布消息，指稱他要離開是「變節之舉」，甚至暗示迪克已經決定「把未來押在甘迺迪家族身上」。

「變節」的暗示最終演變成讓迪克惱火的中傷風波。據迪克聽說，詹森本人甚至散播謠言，聲稱他曾與蘇聯大使杜布萊寧（Anatoly Dobrynin）密會，商討總統即將於六月下旬在舊金山發表的紀念聯合國成立二十周年演說。

這次「密會」據稱是在哈里曼大使[135]家中進行的。

「為什麼像『杜布萊寧事件』這樣荒謬的事，過了半個世紀還能讓我耿耿於懷？」迪克自言自語道。「當時我真的氣炸了。」

「有些傷口，總會留下痕跡，提醒你曾經受過的傷，」我說。「想想你和切．格瓦拉那次短暫會面，導致整個右翼陣營開始抨擊你的年輕過往、你的品格，甚至你的忠誠。」

「這正是『杜布萊寧事件』最讓我憤怒的地方，」迪克說。「一開始，只是個玩笑，結果林登抓住不放，把它編造成我辭職風波中最荒誕的一場惡夢。」

我們在箱子裡，找到了迪克寫給詹森的備忘錄，內容正是他怒氣沖沖地反駁總統散播的謠言：

哈里曼邀請我星期天下午五點到他家游泳。由於前一天晚上我為了演講稿工作到凌晨三點，接著又在星期天忙了一整天，我覺得這正好是個稍作喘息的機會。

當時在場的有哈里曼夫婦、我和我的妻子、史列辛格夫婦……以及四、五位其他賓客。大約半小時後，蘇聯大使和他的夫人也到了。

我們五、六個人坐在泳池邊的桌子旁，哈里曼開玩笑地對大使說：「好啦，大使先生，現在你有機會對美國政府提供意見了。」（哈里曼知道我正在、或者即將開始撰寫這篇演講稿，儘管我從未主動提及此事。）

杜布萊寧和我都笑了，我說：「如果這真發生了，那可真是歷史性的時刻。」杜布萊寧接話道：「也許你可以先把講稿寄給我審核一下？」我回應：「那不如你先給我一份（蘇聯駐聯合國代表）費德連科（Nicolay Federenko）的演講稿？」

135 譯註：哈里曼（Averell Harriman），曾任美國駐蘇聯大使，長期以來擔任民主黨總統的重要外交政策顧問。於詹森總統任內，深度參與越戰，擔任無任所大使。

話題很快轉向其他內容——從人造魚子醬、黑海度假勝地，到一些政治話題。但重點是，我沒有透露任何與您的演講內容有關的想法。

我絕不可能會去和蘇聯大使討論您的演講內容，這種指控簡直荒謬至極。

如果有人向您暗示過相反的說法，那麼他們要不是出於無知，魯莽地散播錯誤訊息，就是在公然撒謊、無恥至極。

如果有任何人做出這樣的暗示，我非常樂意當著您的面對質，並且對他們說出這份備忘錄上所寫的內容。

在這份打字備忘錄的底部，迪克還手寫了一條附註——我重讀了這份備忘錄，發現根本沒能表達出我內心一半的心情。

哈里曼也寄給總統一份備忘錄，證實迪克的說法。他承認，確實是他向蘇聯大使杜布萊寧提及迪克正在撰寫聯合國演講稿的事。他也坦言，自己曾開玩笑地說：「這或許是個好機會，可以告訴迪克你希望他在演講中說些什麼。」然而，哈里曼特別強調：「迪克當然避開了這個話題。」

但聯合國演講的風波並未就此落幕。在撰寫這篇講稿時，迪克事先與總統及外交政策團隊討論並獲得同意，利用這次周年紀念的機會提出嚴肅的核武管制建議。詹森原先對草稿「非常滿意」，並指示「準備在六月二十五日發表」。然而，就在總統啟程前往舊金山的兩天前，巴比首次在參議院發表演說，主題正是核武管制的迫切性。

詹森立刻召迪克到橢圓形辦公室，嚴厲下令：「把演講裡所有關於核武的內容刪掉。我不希望裡面有任何一句話，讓人覺得我是在抄襲巴比．甘迺迪。」迪克極力說服總統，這兩篇演說根本無法相提並論。巴比的發言只是一名新科參議員的個人意見，而總統的演講則是美國領袖對全球核威脅提出的具體方案，無疑將吸引全世界的關注。然而，詹森態度堅決不變。結果，原本有機會推動核軍控談判的演說，被削弱成了一篇平淡無奇的聯合國生日賀詞。

迪克既憂慮又沮喪，他懷疑詹森的反應是刻意打壓他。然而，更讓他擔心的，是總統的個人情緒已然影響到國事決策。隨著情況愈來愈糟，迪克簡直一刻都不想待在白宮了。

⋄✶⋄

就在迪克確信這段關係已經無可挽回，彼此再也無法互相信任時，詹森卻突然改變態度，重新對他展現溫暖與親切的樣子，像玩溜溜球般，將迪克重新拉回他的掌控之中。於是，離職的問題再度被擱置。

七月九日，眾議院剛剛通過《選舉權法案》後不久，興高采烈的詹森打電話給迪克，命他為眾議院議員起草一份賀詞。這項法案此前已獲參議院表決通過，接下來將進入兩院聯席委員會（Joint House/Senate Conference Committee）進行最後修訂。詹森正準備前往安德魯空軍基地，搭乘空軍一號回到德州牧場過周末，他愉快地告訴迪克：「或許在我登機前，你就能準備好，或者等我上了飛機後再打給我。」

當迪克撥通電話到空軍一號，朗讀完成的講稿時，總統已經在飛往德州的途中。這一天的立法成果讓詹森欣喜若狂。除了《選舉權法案》之外，《聯邦醫療保險法案》也剛剛在參議院通過，並將送往聯席委員會進行最後調整。在興奮之餘，詹森突然邀請迪克到牧場共度周末。他告訴迪克，總統專屬的「里爾噴射機」（Learjet）正在安德魯空軍基地加油，預計凌晨四點準備就緒，可以載著他和幾組客人飛往德州，享受游泳、燒烤與輕鬆的假期。

迪克匆忙打包行李，隨即與瓦倫蒂夫婦、卡利法諾夫婦一起登上專機。卡利法諾（Joe Califano）是來自布魯克林的年輕律師，近期剛剛決定離開國防部長麥納馬拉的團隊，轉任白宮幕僚。

他們抵達時，正好趕上早餐上桌，享用炒蛋與香辣鹿肉香腸。餐後，眾人便跳入游泳池裡消暑。迪克回憶，整個周末，他目睹卡利法諾經歷了與自己初次造訪牧場時如出一轍的「入門儀式」。這一次，在牧場裡顛簸穿梭時，新進幕僚獲得了坐在總統白色林肯敞篷車前座的殊榮；這回，總統的說故事對象也換成了卡利法諾。接著，他們參觀詹森的出生地與兒時故居，乘船遊湖，並照慣例拜訪了他最喜愛的表親貝利（Oriole Bailey）。

「我感覺自己像個老兵，看著新兵入伍，」迪克說。「我為他感到高興，卻也清楚未來會有多少複雜的挑戰等著他。林登對我表現得無比親切，讚譽有加，溢美之詞不斷。他對我的態度轉變之大，改變速度之快，就像『杜布萊寧事件』只是一場惡夢，醒來就煙消雲散。」

詹森帶來了一疊每日更新的圖表，詳細標示「偉大社會」計畫中各項法案的立法進度——哪些仍在小組委員會或委員會審議？哪些正準備修訂？哪些即將進入正式辯論？又有哪些終於排入表決日程？雖然他重要的《中小學教育法》（*Elementary and Secondary Education Act*）已於春季簽署通過，但仍有許多法案還在立法過程中，包括城市發展、環境保護、藝術推廣與移民改革等議題。

「那些圖表，真的打到我心裡了。」迪克對我說。詹森當然清楚這一點。「從一開始，你就在這些計畫裡扮演了重要角色，」詹森對迪克說，他又開始藉由讚美挽留迪克。「你見證了『偉大社會』的誕生，陪我走過整場選舉，負責工作小組，替我起草國會報告。現在，這些法案正走向立法的終點，這正是我們努力的目的。你不能在現在離開，你得堅持到最後。」他繼續勸說道，「總有一天，你會驕傲地對你的孩子和孫子說，你從頭到尾參與了這一切。」

「我動搖了，」迪克坦承。「沒有任何挽留的話語比這更具說服力。」

回到華盛頓，迪克再度受邀參與各項會議。幾天後的白宮幕僚會議上，詹森特意繞過桌子，走到他身邊，親切地交談。詹森說，自己無論走到哪裡，逢人便稱讚迪克．古德溫「做得簡直太棒了。」

然而，話音剛落，詹森的情緒突然一變，語氣沉重了起來：「越南就像一架四個引擎全都失靈的飛機，而且沒有降落傘。如果你跳出去，會馬上被摔得粉身碎骨；如果留在機上，最終可能墜毀，葬身火海。這就是我們現在的處境。」哪怕只是一個糟糕的念頭閃過，也能讓他整個人的氛圍都變調。

⋄✶⋄

到了一九六五年七月中旬，詹森總統的任期走到關鍵十字路口。他向妻子坦承：「越南情勢每天都在惡化。我只有兩種選擇——要嘛派遣更多軍隊，承受大量傷亡；要嘛撤軍，承受極大恥辱。」儘管美國已經展開「滾雷行動」（Operation Rolling Thunder）[136]，並派遣七萬五千名美軍駐紮南越，越共仍掌握著戰場主導權，持續發動猛烈攻勢，重創南越軍隊。南越的文人政府分崩離析，經濟也雪崩式衰退。美國對南越的承諾到了必須做出重大抉擇的時刻。

「我從一開始就知道，」詹森在一九七〇年對我說，「無論怎麼選擇，我都會被釘上十字架。」

「若棄我真正熱愛的『偉大社會』於不顧，轉而陷入這場遠在世界另一頭的爛仗，那會毀了我在國內的一切。所有的政策、所有的希望……所有的夢想……但若我選擇退出戰爭，讓共產勢力掌控南越，那麼我將被當成膽小鬼，而我的國家也將被看作軟柿子。」

迪克回憶，一九六五年夏初，詹森焦慮不安到近乎崩潰。「我早已習慣林登情緒的劇烈起伏，上一秒還興高采烈，下一秒就陰沉著臉。但那個夏天，他的火氣更大，憂鬱也比以往嚴重。」莫耶斯同樣記得，詹森深陷抑鬱的日子。「他會突然變得沉默寡言，把自己封閉起來，消失不見。陷入憂傷、自憐與憤怒的情緒裡，飽受精神折磨。」等他再度出現，就會把怒氣和猜忌，一股腦地發洩在批評他的人身上——自由派、知識份子、專欄作家，還有國務院裡效忠甘迺迪家族的官員們。「他們想搞垮我，」他對莫耶斯說。而且他說這話的時候「聲音壓得極低，語氣偏激，這便是他失心瘋時會有的表現」。

七月二十日，越南局勢來到臨界點[137]，國防部長麥納馬拉向詹森提交了一份歷史性備忘錄[138]，直言「若要避免戰敗」，美國必須大幅擴大駐軍規模，將南越美軍人數增加至三十七萬五千人。與大多數軍事顧問的看法一致，麥納馬拉建議總統發布緊急狀態，動員二十三萬五千名後備軍人，擴大徵兵規模，並推動戰爭稅來應對不斷攀升的軍事開支。

詹森聽從了麥納馬拉的建議，認為必須果斷且迅速行動，以「避免戰敗」。然而，這也讓美國對南越的軍事投入，走上一條無法回頭的路，越戰徹底變成「美國的戰爭」。詹森同時決定，不宣布緊急狀態，不動員後備軍人，也不向國會要求徵收戰時稅；而是以增加徵兵人數、延長服役時間的方式擴充軍力，透過預算調整籌集資金，並且只對公眾透露他認為「必要」公開的資訊。他特意在大白天召開記者會，面對擠得水洩不通的記者，正式宣布增強軍隊戰鬥力的決定，並在發言中強調，儘管這項決策是為了回應前線指揮官的需求，但他隨時準備好「從戰場轉向談判桌」。

五年後，退休回到德州牧場的詹森，在和我回顧越戰決策的關鍵時刻時，試圖用「偉大社會」願景，來合理化自己向美國人民隱瞞戰爭真相的行為。那年夏末秋初，他過去一整年的努力即將迎來收穫時刻，數十項法案經過層層立法程序，正準備陸續通過國會審議，最終由他簽署成法。

「我年輕時的夢想近在咫尺。我立志要超越小羅斯福等其他人，讓更多人生活得更好，而當時一切

136 譯註：滾雷行動（Operation Rolling Thunder），一九六五年三月二日至一九六八年十一月一日，美國在越戰期間對北越實施的戰略轟炸行動。

137 譯註：一九六五年五月爆發的巴嘉戰役中，越共對南越武裝部隊造成沉重打擊，並取得初步軍事勝利。這使詹森認為，南越無法獨自對付日益壯大的共產勢力。

138 譯註：一九六五年七月二十日，麥納馬拉向詹森總統提交備忘錄，提出三項對越戰的軍事選項：一，全面撤軍；二，維持現有軍力（約七．五萬人）；三，大幅增兵。七月二十八日記者會上，詹森宣布選擇增兵，將美軍兵力增至十二．五萬人，此舉標誌著越戰「美國化」，北越此後亦增兵回應，使戰事升級。

觸手可及，就要實現了。」詹森進一步解釋道：

我下定決心，不能讓這場戰爭葬送這個夢想，這意味著我別無選擇，必須讓外交政策暫時退居次要。我了解國會，就像我了解小瓢蟲一樣，我很清楚，一旦國會將戰爭問題搬上檯面，引爆激烈論戰，那將是「偉大社會」計畫走向終結的開始。

如今的我，比當時更能看清全貌。時間證明，在這個關鍵時刻，總統未能坦誠地向美國人民說明戰爭真相，最終釀成悲劇性的後果。不僅讓公眾對他的領導能力產生懷疑，也削弱了總統職位甚至整個政府的公信力——直至今日，這份對聯邦政府的不信任仍深植人心。

然而，就短期而言，詹森的政治算計確實奏效了。《紐約時報》頭版報導這項決策時，將「不動員後備軍人的決定」解讀為，總統試圖「以盡可能避免挑釁的方式」滿足軍方的兵力需求，並為外交談判保留空間。一位如釋重負的參議員評論道，這顯示了「總統對和平的渴望」。

隨著七月二十八日這項決策的確立，詹森的心情豁然開朗，就像剛避開一場席捲而來的驚天雷暴，終於得以稍稍放鬆那根緊繃的神經。他始終擔心，擴大戰爭將毀掉「偉大社會」計畫，而他暫時找到了一個折衷方案，至少在短期內如此——他要同時走上兩條道路：一條是光明正大推動「偉大社會」改革，另一條則是暗地裡擴大越南地面戰。

一九六五年七月三十日

沒有什麼比《聯邦醫療保險法》在國會兩院通過後，詹森興高采烈的反應更能體現他從憂鬱、失眠深淵中重新振作的強烈反差。小瓢蟲夫人將他這種低落狀態形容為「黑豬谷」，而就在他為越南問題做出痛苦抉擇的短短兩天後，他看起來就像久病初癒般，重新煥發生機。

《聯邦醫療保險法》簽署儀式原計畫在白宮玫瑰園舉行，邀請大批國會議員共同見證。然而，詹森突然靈機一動，決定安排更具戲劇性、也更富個人意義的儀式。他要將所有貴賓帶到密蘇里州獨立市（Independence），在前總統杜魯門親自見證下正式簽署。他希望藉此提醒全國人民，美國爭取全民醫療保險的歷程，最早正是從第三十三位總統杜魯門[139]開始的。

國會領袖與內閣官員，包括衛教福利部（Health, Education and Welfare）副部長科恩（Wilbur Cohen），都為這場向身體抱恙的杜魯門致敬的倉促安排而頭疼。要在最後一刻，動員政府大半高層長途跋涉橫越全國，勢必會引發混亂。

「科恩，你難道不明白嗎？」詹森解釋道，「我這麼做是為了杜魯門。他年紀大了，累了，而且一直被世人遺忘。我希望讓他知道，這個國家沒有忘記他……我不知道，將來是否會有人為我做同樣的

139譯註：杜魯門一九四五年呼籲實行全民醫療保險計畫。

事。」

七月三十日清晨，詹森打出的第一通電話是給迪克。「他希望我幫他潤飾《聯邦醫療保險法》的簽署聲明，」迪克回憶道。「當天稍晚，我見到了林登，令我震驚的是，他眼神中的陰鬱已經完全消退，整個人神采奕奕，就像剛剛歷劫歸來，喜獲重生。」

「我第二天就要去瑪莎葡萄園（Martha's Vineyard）度假，」迪克回憶道，「我也很需要逃離現實，換個環境喘口氣。臨別時，詹森搭住我的肩膀，友善地拍了一下，依舊隻字未提我的辭職計畫。」

根據一名白宮秘書記述：「總統登上飛機時，特地穿過客艙向在座的每位眾議員和參議員問候，微笑握手致意，也向個別議員致謝，並與昔日國會友人開玩笑。」總統伉儷從堪薩斯市（Kansas City）前往獨立市時，沿途已經可以看到迎接的群眾聚集。「這天，溫暖晴朗，」秘書筆記中寫道，「每個人的心情都非常愉快。」

在擠滿了賓客的杜魯門圖書館（Truman Library）禮堂，總統發言道：「詹森政府能在任內達成這項成就，我個人無比自豪。但真正播下這顆關懷與責任種子的人，是來自密蘇里州的杜魯門。今天，這顆種子終於開花結果，讓病患得到應有的照顧，讓恐懼不安的人們從此獲得安心。因此，我們回到他的家鄉，來完成當年由他開創的事業，是再合適不過了。」這場活動不只是象徵性的致敬，詹森還特別頒發了聯邦醫保計畫的第一張卡給八十一歲的杜魯門，第二張則頒給他的妻子貝絲（Bess）。

杜魯門的聲音因激動而顫抖：「今天你們來到這裡，讓我深感榮幸，也讓我非常非常幸福。這等榮耀，我已經很久沒有感受過了。」

一九六五年八月六日

一九六五年八月六日清晨，迪克駕駛著他的帆船，在瑪莎葡萄園附近海域航行。在還沒有手機的時代，他終於能拋開一切，真正地放鬆心情，遠離總統的影響範圍。他為期一個月的假期剛剛開始，儘管就在放假前一天，他還忙著撰寫《選舉權法》簽署聲明，並透過電話口述講稿內容給白宮的秘書。

在海上乘風破浪，迪克感受到前所未有的自由。他也很享受與島上文學社群的交流，那裡聚集了海爾曼（Lillian Hellman）、羅斯（Philip Roth）、朱爾斯．菲佛（Jules Feiffer）、約翰．厄普戴克（John Updike）、威廉．史泰隆[140]等人。這個文學圈子，讓他對自己長久以來的寫作興趣，以及未來想要探索的方向，有了更清晰的認識。隨著心情逐漸放鬆，他離開華盛頓的渴望也愈來愈強烈。

這天早上，迪克駕船出航，心情舒暢無比——直到他發現遠方海平面上，有大船快速逼近。很快地，一艘約十八公尺長的美國海巡艇，對他的小帆船「旗魚號」（Sailfish）發出訊號。對方攔下迪克後，竟告知他，美國總統要求他立即返回白宮。

這成為後來迪克最愛講述的故事。「我知道，只要林登想要找到某個人，就會不擇手段找到對

140 譯註：這裡提及的均為美國重要作家，海爾曼為劇作家與電影編劇；羅斯是小說家，曾獲美國國家圖書獎；菲佛為多產的漫畫家、作家，入選美國漫畫名人堂；厄普戴克是小說家，獲美國國家圖書獎、普立茲獎、歐亨利獎等；史泰隆是小說家與散文家，第一本長篇小說就獲得美國藝術與文學學院大獎，最著名的作品為《蘇菲的抉擇》（*Sophie's Choice*）。

方，」迪克說，「但這次未免太誇張，就算他是林登，這手段也太霸道了。這件事成了瑪莎葡萄園島上的熱門話題，流傳好多年。」

迪克匆忙趕回在葡萄園港（Vineyard Haven）租住的小屋，並臨時決定邀請他的鄰居、小說家史泰隆一同前往華府。「他們派副總統的捷星專機來接我們，」史泰隆在寫給小說家詹姆斯．瓊斯（James Jones）的信中提到，「只花五十分鐘就把我們送回華盛頓。」

抵達安德魯空軍基地後，一輛白宮禮車將他們接往白宮，讓迪克對演講稿進行最後潤飾。隨後，他與史泰隆一同前往國會山莊，加入總統的車隊。然而，在最後一刻，總統邀請迪克與他同乘總統座車前往簽署儀式，史泰隆則被留在原本的車上。「當時我簡直嚇得半死，」史泰隆在信中寫道。「沒有迪克作證，我是整個車隊中唯一一個特勤局完全不認識的人。」車隊抵達國會並停下時，他試圖跟隨隊伍進入圓形大廳，結果差點被逮捕。幸好，迪克在半小時前介紹他認識的衛教福利部新任部長約翰．加德納（John Gardner）適時出面，才讓他順利脫困。

此時，迪克已經與總統一同坐在總統座車中，車內氣氛激動，同行的包括總統女兒露西（Luci Johnson）以及白宮幕僚卡利法諾、馬文．華生（Marvin Watson）。卡利法諾後來回憶道，「極少見到如此快樂」的總統。詹森表示，這是「一個嶄新的時代」的開始，非裔美國人終於能夠像白人一樣自由登記與投票。

選擇在國會圓形大廳，而非傳統的白宮，完成投票權運動的最後一哩路，顯示了詹森對立法程序每個細節的深思熟慮。他希望以此向被他多次稱讚的第八十九屆「卓越國會」表達感謝，因此決定恢復過去多位總統，從林肯到胡佛，都曾實行的傳統——親自前往國會大廈簽署法案，不僅象徵行政部門對立法部門的深厚謝意，也突顯這一歷史時刻的重大意義。

站在國會大廈雄偉的圓頂下，詹森的身旁是林肯的雕像，背後則是特朗布爾（John Trumbull）[141]所繪康沃利斯侯爵（Lord Cornwallis）在約克鎮（Yorktown）向華盛頓（George Washington）投降的畫作。緊接著，他發表了一篇簡潔而富有詩意的演講，其風格、意象與深刻內涵，與〈我們一定會勝利〉演講及霍華德大學演講，一脈相承：

> 今天，自由迎來了一場偉大勝利，它與美國史上任何戰場的凱旋一樣輝煌。
>
> 而若要真正理解這一天的意義，我們必須回溯那段更幽暗的歲月。
>
> 三個半世紀前，首批黑人抵達詹姆士敦（Jamestown）。
>
> 他們並非為了尋找自由的樂土，乘著勇敢的船隻而來……
>
> 而是身負枷鎖，在黑暗中來到這片土地，……
>
> 今天，黑人與美國的歷史終於交融在一起。
>
> 但我們必須銘記，過去並非如此。

141譯註：美國畫家特朗布爾一八二〇年描繪獨立戰爭結束的油畫作品《康沃利斯侯爵投降》。

美國建國的故事與美國黑人的故事，就像兩條奔流不息的大河。它們從詹姆士敦那涓涓細流湧出，沿著迥異的河道，各自流淌了幾個世紀……

直至一個世紀前的阿波馬托克斯，美國迎來的勝利，同屬於黑人的勝利。自此，兩條河流——一條閃耀著希望之光，另一條浸透著壓迫的陰影——終於開始向彼此匯聚。

然而，近一個世紀以來，那一天的承諾始終未曾完全兌現。

而今天，將成為時代的里程碑，宣告我們這一代人實現這份承諾。

在我們的時代，這兩條河流匯聚成同一條浩瀚江河，一起奔向那尚未到來，但充滿無限可能與奇蹟的美國……

卡利法諾回憶，詹森「幾乎是被群眾推擠著」進入參議院議場旁的總統室。那裡已經聚集一百位受邀嘉賓，準備見證《選舉權法》簽署公布。就如圓形大廳的演說那樣簡明扼要地追溯了美國歷史，簽署儀式的每一個細節也都經過精心設計，以喚起深厚的歷史象徵意義。

這間總統室裝潢華麗，曾是歷任總統在國會會期結束時簽署法案的場所。詹森特別指示幕僚尋找一張「具有歷史意義的桌子」，他希望日後人們提起這張桌子時，會說：「這就是詹森簽署《選舉權法》的桌子。」最終，他們找到的是林肯在一百零四年前簽署《沒收法》的那張桌子。當年這條法律賦予了聯邦政府權力，可以沒收所有被南方邦聯軍隊徵用的財產，包括被迫參戰的奴隸。這些奴隸一旦落入聯邦之手，便獲得了自由。

「爭搶簽字筆的場面異常激烈，」卡利法諾回憶道，「總統不只用不同的筆簽下名字的每個字母，甚至連一個字母的不同部分都用不同的筆。」他將第一支筆交給韓福瑞，接著遞給寶克遜，然後伸手將筆遞給馬丁・路德・金恩、約翰・路易斯和威爾金斯。白宮的日記記錄顯示：「由於現場要求簽字筆的人數太多，總統多次坐回桌前重新簽名，以滿足眾人需求。」在這場喜悅而熱烈的混亂中，詹森突然問道：「迪克・古德溫在哪？」當迪克趕到時，總統親手遞給他一支簽字筆，一旁的眾議院議長麥科馬克、惠特尼・楊、韓福瑞和其他貴賓也共同見證。

攝影師完美捕捉了這瞬間——在金色吊燈的照耀下，迪克與總統彼此目光交匯，右手緊緊相握，周遭彷彿只剩他們兩人。詹森左手遞出一支半透明的簽字筆給他。而這支筆後來鑲嵌在這張照片的下方，共同裝裱，成為迪克辦公室牆上永遠的驕傲。

◇✱◇

《選舉權法》簽署生效那一天，我是一名二十二歲的國會實習生。在一九六五年夏天，這部法律宛如民權運動皇冠上的璀璨寶石。我們在我的上司、紐約長島選區民主黨籍眾議員坦澤（Herbert Tenzer）辦公室內慶祝這一歷史時刻。坦澤原是熱心公益的企業家，去年在詹森壓倒性勝選的帶動下，成功當選國會議員。當時，我們幾乎每周都在慶祝新的立法成就誕生。到了第八十九屆國會第一會期結束時，共有八十四項總統推動的主要法案成為法律。即便過去半個多世紀，這般立法成績依然令人驚嘆。

讓我們興奮的，不僅是通過了許多法案，還有詹森總統的國內政策確實與我們日常生活息息相關。

例如，「啟蒙計畫」（Head Start）將為低收入家庭的學齡前兒童提供營養餐，幫助他們更有機會完成高中學業。政府學貸、獎學金及「工讀計畫」（Work-Study Program）將讓數百萬家庭的子女第一次有機會上大學。還有空氣和水污染治理，將改善我們呼吸的空氣和飲用的水源。

「聯邦醫療保險計畫」、「聯邦醫療補助計畫」（Medicaid）將有助於延長國民壽命，降低嬰兒死亡率。此外隨著政府明確規定，凡申請醫療保險資金的醫院必須遵守《一九六四年民權法》中的反歧視條款，南方各州的種族隔離醫院將因此逐步消失。而劃時代的移民法規改革，廢除了長期以來偏袒歐洲白人的歧視性配額制度，讓來自拉丁美洲、亞洲和非洲的人們，有了更公平的機會移民美國，從而大幅提升美國的族群多元性。

至於外交政策，特別是越戰，我們當時並未過多關注。我們的全部注意力都集中在眼前的立法進程上，沉浸於這場徹底革新國內政策的立法運動之中。我們當時所做的一切，就是努力讓人們的生活變得更好。

這種想法是否過於天真？或許吧。但這正是我在研究所第一年結束後所經歷的「奇蹟時刻」。當時的我還年輕，在政府部門工作，感到一切都充滿希望與魔力。

一九六五年八月十一日

但就在詹森簽署《選舉權法》，為「與美國史上任何戰場的凱旋一樣輝煌」的勝利大肆慶祝的短短五天後，洛杉磯華茲（Watts）社區爆發大規模暴動。從此，華茲不再只是洛杉磯的一個非裔社區，而是暴亂的代名詞。

幾名白人警察以酒駕嫌疑逮捕了一名年輕黑人男子，瞬間將當地社群的怒火推向頂點。持續六天的暴動，造成令人震驚的毀滅性後果：三十四人死亡、超過一千人受傷，還有數百座建築被洗劫一空、縱火、徹底付之一炬。

詹森在德州牧場收到這一消息時，深受打擊，幾天內都不願與外界聯繫。「怎麼可能？」他困惑地喃喃自語，「我們已經做了這麼多，怎麼還會發生這種事？」人在白宮的卡利法諾幾乎無法聯絡上他。

與詹森一樣，馬丁．路德．金恩也非常震驚，如此猛烈的怒火與破壞，與他堅持的非暴力抗爭理念完全背道而馳。華茲暴動的發生，讓兩位改革領袖的樂觀願景被陰影籠罩，變得黯淡無光。

「華茲事件令人心碎，」迪克對我說，「但它發生的原因不難理解，事實上，原因再清楚不過了。這正是我在霍華德大學的總統演講中強調的重點，也是我先前針對城市議題所提出的訊息主軸。美國市中心的住房、教育與長期失業等錯綜複雜的問題，共同形成了這場危機的根源。」

當詹森終於從他的精神堡壘中走出來時，他不再沉溺於自憐，開始轉而積極應對當前緊迫的局勢。城市暴力如同瘟疫般蔓延，使他不得不正視這場危機的嚴重性。「我們社會中隨時可能爆炸的火藥桶，恐多達十幾處，」他對前中情局長麥康（John McCone）說道：

「你無法想像這些人的憤怒有多深。他們幾乎沒有任何活下去的希望，失業率高達百分之四十。這些年輕人與老鼠為伍，沒有地方可住。我們必須找到方法徹底消除這些貧民窟，提供適當的住房，並確保他們有工作可做。」

播放暴動者縱火焚燒整個社區的畫面，針對詹森及其政策的社會反對聲浪開始升溫。洛杉磯警察局長毫不留情地指責，稱這場駭人的暴力是因為「你們告訴這些人他們受到不公平對待，並且教導他們不用尊重法律」，無疑是在影射詹森民權立法計畫的核心。

而先前在霍華德大學演講後曾對詹森發出警告的維吉尼亞州眾議員曼恩，如今又寫來一封「你看吧」的信，譏諷地表示：「煽動性的危險演說，終讓你自食其果。」

詹森再次尋找迪克，要他撰寫一篇關於華茲暴動的正式聲明。而迪克正在瑪莎葡萄園度假，當詹森發現一時無法聯繫上迪克時，他的情緒徹底失控，對卡利法諾怒吼道：「我們乾脆把那該死的島炸掉算了！」

詹森從奧斯汀發表這份聲明，試圖在華茲事件引發的爭議中找到平衡點。一方面，他點出：「訴諸恐怖與暴力的行為，已然侵犯了每位公民在家庭、商店和街道上的基本安全權利。」另一方面，他也承認：「我們必須同時解決造成騷亂的不平等現象，貧民窟年輕人在困苦環境中成長，正是引發騷亂的根源。」

小瓢蟲夫人以她一貫獨特的觀察，點出了在「法律與秩序」與「社會正義」之間取得平衡的艱難。「我希望能有很多人可以聽進他的話，因為最後他肯定會被指責讓黑人走得太快、太遠。我認為他足夠強韌，能夠同時承受兩方的壓力，儘管現在他確實處於風口浪尖。」

「看著華茲日復一日地陷入火海，我感到無比痛心，」迪克對我說。「我知道這對林登而言是沉重打擊，因為這場動盪正好衝擊了他最渴望完成的目標。」

「那你有因此改變九月離開的決定嗎？」我問他。

「沒有，」迪克回憶道。「我知道自己每天每夜沉浸在政治、政策與演講稿中的日子已經快要結束了。在林登的白宮，你必須全身心投入，每時每刻都要準備應對危機。但對他來說，危機是永無止境的。」

度假回到白宮後，迪克發現詹森已經委託莫耶斯展開新一輪遊說，希望他留下來。莫耶斯原本也計畫離職，但最終還是屈服於詹森的強大壓力，接下了白宮發言人的職務——這或許是詹森政府最具挑戰性的職位。

「他知道你和莫耶斯非常要好，」我說。「如果有人能說服你留下，那一定是莫耶斯。」

「莫耶斯確實極力勸說我留下，」迪克承認。「但我知道，他自己內心其實並不認同。不過我當時實在太煩了，最後我坐下來，寫一份長長的備忘錄給莫耶斯，列出我必須離開的所有理由。」

這份備忘錄裝在一本藍色文件夾中，標題既顯眼又特別，全以大寫字母書寫——「為何迪克．古德溫堅持必須離職」。

在一些生命的關鍵時刻，迪克常用第三人稱來書寫，似乎是在試圖與內心情感保持距離，從而更冷靜、理性地整理思緒，就像在為一場辯論精心準備論點：

「讓我在一兩個月前認定必須離開的所有個人因素，如今依然存在，毫無改變。唯一不同的是，我所面對的壓力變得更大了，而屈服於這種壓力，是不值得的。」

「我擁有一些才能與能力，我渴望發揮它們。如果現在不去實現，恐怕就太遲了。我內心的傾向，甚至可說是最強烈的渴望，都在驅使我追求一種能夠真正表達自我、發展自我的生活，而這絕非留在白宮所能實現的。」

「我無法再忍受這一切了。如果我這次留下來，等到未來再次提出辭職，他〔詹森〕對我的不滿與厭惡只會比現在更甚。」

「唯一讓我猶豫的理由，是我不願讓你幾近孤軍奮戰。但我會在外面，與你保持聯繫，盡我所能支持你。」

「這種感受很難用言語解釋，即便對自己也難以言明。某種程度上，我的品格——或者說，我對真正完整自我的追求——正在面臨考驗。」

「我知道辭職可能會對我的職涯產生不利影響，我也知道這可能會讓詹森成為我的敵人。我希望這些事情不會發生。但無論如何，我還是必須這麼做。」

在迪克的備忘錄底部，莫耶斯草草寫下一段情緒激昂的回覆：

「我的品格，我僅存的那一點操守，同樣正面臨考驗。而且，還有一件更重要的事也面臨考驗，那就是我和你那比親兄弟還要親密的友情。所以——我只能說，我完全同意你的決定！！」

「這一切或許對你來說顯得有些誇張，」迪克對我說。「但當時，我們的個人生活、抱負，甚至我們彼此的關係，都承受著極大的壓力——我對離開充滿不安，莫耶斯則對留下感到非常遲疑。」

九月中旬，迪克正式遞交了辭呈。然而，在詹森批准之前，他答應詹森，將於一九六六年總統的國情咨文演說時回來協助撰稿。這個承諾，日後讓迪克後悔莫及。

我們在檔案中發現了迪克與詹森之間的書信往來，信中充斥著熱情與不得不客套的辭別用語。我將這封已有五十年歷史的信遞給迪克，讓他自己讀一讀。他默默掃視內容，皺著眉頭搖搖頭。

在我所認識的人當中，從未有人對我如此親切、溫暖……這段關係將永遠是我一生中最珍視的……離開一位我如此敬仰的人，對我而言，是極為痛苦的決定……

「這年輕的古德溫也太會拍馬屁了！」迪克抗議道，隨即將信遞還給我。「千萬別叫我讀完它！」

我順應了迪克的要求，隨即拿出詹森的回覆信，念給他聽：

親愛的迪克：

我一生收到的信件中，極少有能像你的來信這樣深深觸動我的……我知道，這些年裡為國家服務，對你而言是一種莫大的恩典，因為這讓你有機會運用你的卓越才華，來解決困擾世人的問題。但這些年，對我們國家而言，同樣是一種恩賜——在政府的高層會議中，你以極大的力量與說服力，為人類對正義的渴望，以及對更美好生活的期盼發聲。

迪克聽完後，雖然不願承認，但還是被這封信打動了。「這寫得還不錯，」他說。

「你覺得會是莫耶斯寫的嗎？」我問。

「很可能是，」迪克答道。「但如果我還在白宮，林登八成會叫我親自寫這封信，來讚頌我自己的離去！」

「不可能吧！」我忍不住笑道。

「不，我是認真的。當時我一天要寫好幾十封信——給剛去世的參議員遺孀的慰問信，給大法官法蘭克福特的問候信，祝賀某位市長剛剛迎來一窩小獵犬……既然都這樣了，為什麼他不會命令我寫一封完美的告別信，來紀念我的離去呢？」

幾天後，在莫耶斯的主持下，白宮新聞辦公室公開發表了這封總統給迪克的讚譽信，其中部分節錄甚至被《巴爾的摩太陽報》（*Baltimore Sun*）刊登。

詹森得知後勃然大怒，他原以為這封信應保持私密。「我學到教訓了，」他憤憤地說，帶著他一貫誇張的語氣。「我再也不給任何人寫信了！」

多年來，我閱讀過無數評價迪克公職生涯的文章，有的充滿讚譽，有的則相當苛刻。迪克自己也收藏了一疊這些評論，無論好壞都收錄其中。其中一篇讓他感到特別開心、甚至覺得有趣的，是《時代》雜誌記者賽迪撰寫的評論。我大聲朗讀給他聽：

「在白宮，幾乎沒有人比古德溫更能將詹森強烈的情感轉化為優雅而充滿希望的『偉大社會』理念。可以說，在詹森總統的最初兩年裡，古德溫幾乎獨力塑造了最鼓舞人心的時刻。」

「古德溫是那種偶爾會在美國政府中出現的彗星級人物。他們極為罕見，儘管有時帶來的更多是短暫光輝，而非長久影響，但在他們燃燒的時刻，卻能夠照亮黑暗的角落。在甘迺迪和詹森兩位總統任內，他的頭腦絕對是政府中最敏捷、最卓越的。」

對我來說，比起詹森那封措辭精心的讚譽信，或賽迪的「彗星」比喻更讓人動容的稱讚，是迪克自己從未聽過的一段話。它來自一份最近公開的錄音對話記錄，錄製於一九六五年十一月一日，正好是迪克離職兩個月後。詹森與全國有色人種促進會（NAACP）主席威爾金斯通話時，這樣說道：

「有個年輕人——我不知道你對他了解多少，」詹森說。「他曾是我手下最優秀的民權事務專家，這個年輕人名叫，古德溫。」

第十章／友情、忠誠與職責

二〇一六年春天的一個早晨，我發現迪克一邊嘟囔著，一邊沿著他的兩層紙箱收藏翻找。「看看我們還剩多少箱子，」他喊道，嘴裡叼著一支咬得殘破但未點燃的雪茄，揮舞著指向那些箱子。「瞧，這裡有賈姬和巴比，還有更多林登、暴動與抗議、麥卡錫（Eugene McCarthy）[142]、反戰遊行、刺殺事件。看看這些！既是寶箱，也是潘朵拉的盒子。」

「看來我們得加快速度了，」我回應道。

「你比我年輕多了，」迪克說，「多給我們這輛老火車添點煤，繼續前進吧！」

隨著年歲逼近八十五，他的奮進決心似乎愈發堅定。儘管氣喘與咳嗽不時發作，他仍不以為意，堅稱只是過敏和春天的花粉作祟。爬樓梯時，他氣喘吁吁地放慢腳步，偶爾需要停下來稍作休息。最近，他欣賞迎春花時，又在碎石小徑上摔倒了一次，起身時還堅稱這不算摔跤，只是稍微滑了一下，正如拳擊手向裁判辯稱那不算被擊倒一般。

「猜猜看哪個會先了結？」有天晚上臨睡前，他問我，語氣裡並沒有特別悲觀。「是我的生命，還是這些箱子？」

每次去看心臟科醫生時，迪克都出奇地淡然，交由我來詢問他的氣喘、步伐不穩，以及令人擔憂的檢查結果。我靠知識和研究來抵禦焦慮與恐懼，詳細記錄每次看病紀錄，也在筆記本裡寫下每日對他的觀察，希望記下的細節能對醫生有所幫助。

迪克和我恰恰相反。他對自己的健康狀況並不好奇，這使他能夠保持樂觀、甚至有些漫不經心的態度。他不想知道細節，只要我知道就好。後來，心臟科醫生告訴我，每當與迪克獨自交談時，他總會迅速結束話題。「我信任桃莉絲，」迪克向醫生解釋，「她信任你，所以我信任你。就這麼簡單——信任的流轉。」

他唯一想要的，就只有好起來而已。他抗拒「充血性心臟衰竭」這個詞，但當醫生告訴我們，透過適當藥物治療，疾病本身沒有它聽起來那麼可怕，他便安心不少。在強效地高辛（digoxin）[143]和各種藥物的作用下，他的心臟泵血功能已經有顯著改善。

他不想知道自己被開了哪些藥，或為什麼需要服用。每當我坐在餐桌前整理他每周的藥盒時，他

142 譯註：尤金．麥卡錫（Eugene McCarthy，一九一六至二〇〇五），美國民主黨政治家，曾任聯邦眾議員與參議員，五度參選總統大選，但均未獲民主黨提名，最著名的一次即是本書後述的一九六八年與羅伯特．甘迺迪競爭提名資格。與麥卡錫主義的共和黨參議員約瑟夫．麥卡錫（Joseph McCarthy）並非同一人。

143 譯註：地高辛（digoxin），可以增加心臟收縮力，幫助維持心臟正常節律的藥物。

總會從報紙後探出頭來，故意逗弄我：「你知道自己在做什麼嗎？」他打趣道，「你能把這些藥分清楚嗎？」然而，他服藥時卻像個乖孩子，毫不抗拒。他嚴格遵循醫生的運動及飲食指示，只在兩件事上堅不讓步：他的雪茄，以及每天晚上必喝的琴酒加苦艾酒，再配上一顆醃漬洋蔥。

我們彼此互補，恰到好處。

帶著更堅定的決心和全新的努力，我們回到一九六五年的秋天，回到迪克離開白宮後的時光，此後他與賈姬、巴比的情誼日漸深厚。

詹森錯誤地認定，迪克在白宮任期間暗中與甘迺迪家族往來密切，對他不夠忠誠。但關於迪克「倒戈」的流言並不屬實，他的日記和與莫耶斯的信件都能證實，他的離職與甘迺迪家族無關，也非為了個人政治前途。然而，在詹森看來，迪克從一開始就站在甘迺迪那邊，離職後又與賈桂琳維持友好關係，這讓他永遠無法完全信任這位「新邊疆」的年輕人。

對詹森而言，迪克辭職後與巴比建立的友誼，更進一步印證了他原本的不信任——就像認定未來事件真能證明他過去的懷疑一樣。在迪克與巴比的友誼尚未萌芽之前，詹森便已斷定他不忠。

事實上，迪克與賈姬的友情比他與巴比的關係更早。在白宮服務期間，他與賈姬是許多專案上的盟友。迪克向我述說的賈桂琳形象，與公眾普遍所見的截然不同。她工作非常投入，用溫柔卻不失鋒芒的方式，捍衛關注的議題。外界所謂嗓音溫柔和姿態嬌媚的賈桂琳，和他認識的那個真誠、有趣、毒舌、愛書成癡、菸不離手的摯友，根本對不上號。她只是想在公寓的安全空間內，尋求一份寧靜，遠離名人身分在外引起的喧囂。

在迪克眾多關於羅伯特·甘迺迪的個人回憶中，他最愛講的一起故事發生在一九六五年秋天，當時他人正造訪賈姬位於第五大道（Fifth Avenue）的公寓。

每次當大樓門房認出我，向我點頭示意，然後讓我穿過第五大道一千零四十號的入口，直奔電梯時，我總會感到一絲愉悅。電梯操作員微笑著向我打招呼，毫不詢問目的地，便直接將我送往第十四層，來到賈桂琳的公寓門前。我按下象牙白的小門鈴，不久後，門打開了。

並肩坐在公寓的客廳裡，坐在一張鋪著布面的沙發上。這裡是我們在夜晚放鬆時最愛待的地方，比起隔壁的書房更加自在……她把所有的書都按照顏色排列，紅色書皮的書整齊地擺放在沙發對面的書架上。

她走進廚房，隨後拿著一瓶香檳回來。這是她最愛的晚間飲品，還帶來了一桶冰塊。她倒好香檳後，放了幾顆冰塊進酒杯，以保持冰涼。

這種輕鬆的夜晚，漸漸變成了我們偶爾的習慣。她會從一張古董桌的抽屜裡拿出一支波爾·拉臘尼亞加（Por Larrañaga）雪茄，遞給我。有一次，當她摁滅一支菸，準備點燃另一支時，突然問道：「你為什麼喜歡這種東西？」

「試試看，」我回應，把點燃的雪茄遞給她。她用食指和拇指小心翼翼地夾住，輕輕吸了一口。

「別吸進去，」我提醒道。

「這味道還挺真實的，」她說，然後把雪茄遞還給我。

「嗯，這就是我們喜歡它的原因，」我笑著回答。

她偶爾會吸上幾口我的雪茄，然後繼續抽她的菸。我估算，從詹森擔任總統開始的那些年間，她累積抽掉的雪茄，可能相當於一整支。但我從未點破一個顯而易見的事實——她的古巴雪茄很可能是非法取得的。

在那個「溜冰鬧劇」的夜晚，我聽見公寓的門開了又關。片刻後，那個人出現在書房門口，身上穿著一件半開拉鍊的棕色皮夾克。

「喔，原來是巴比啊，」她說。

「我們不是約好要去溜冰嗎，」巴比說，停頓了一下，「走吧。」

「我不會溜冰，」我坦白道。

「沒關係，」巴比笑著回應，「大家一起去就好。」我們便一同起身。

他們兩人各自帶著自己的冰鞋，當我們快到溜冰場時，巴比對我說：「你可以在這裡租冰鞋。」幾分鐘內，他們已經穿好冰鞋，輕盈地滑上了冰面。我則走向租借冰鞋的小亭子，有些不情願地坐下，等著工作人員測量我的腳，再拿來合適的冰鞋。

我完全不知道該怎麼開始。但我還是勉強穿上冰鞋，蹣跚地走向冰場，一把抓住環繞冰面的木製欄杆，靠著它勉強前進。偶爾，我會試著放開欄杆往前滑，但總是趕緊再抓回去，勉強維持不摔倒。在我看來，我簡直像個滑稽、笨拙的小丑，跌跌撞撞，而且腳踝已開始隱隱作痛。

幸好，我聽見他從冰面上喊道：「我們走吧。」不久之後，我們三人便朝著廣場飯店（Plaza Hotel）

走去。進入飯店中央公園（Central Park）一側的酒吧後，迎面而來的暖氣讓人放鬆，我邊點酒邊搓著手掌，試圖把手上的寒意揉去。

巴比開始熱切地談論他新發現的天文知識，彷彿剛剛開啟全新世界的大門。自從他的兄長去世後，他的閱讀量明顯增加，涉獵的書籍也更多；以前的他似乎只關注政治、公共事務與天主教教義。而現在的他，興奮地向我們描述星星與星系的龐大數量——各有數十億之多。他聽起來就像個第一次參觀天文館的孩子。「你知道嗎？」他問道，「有些星體正以超越光速的速度遠離我們。」

「啊哈，」我心想，暗自竊喜，「這次逮到他了。」

「不可能，」我說。

「你是什麼意思？」他的語氣中帶著一絲不悅，似乎對我的打斷感到不耐煩。

「沒有任何東西能以超越光速的速度移動，」我說，「這是不可能的。」

「當然可以，」他堅持。

「絕對不可能，」我反駁道，「在那種速度下，物體的質量會趨近無限大，這就違背相對論了。」

雖然我對這個話題並不是特別精通，但至少比他多懂一點。

「那我們打個賭吧，」我笑著說，「輸的人請一箱香檳。」

賈桂琳坐在我對面，身旁是她的小叔，她注視著這場男人間的辯論攻防。

第二天，我打電話給甘迺迪總統的前科學顧問威斯納（Jerome Wiesner），並安排了一場與巴比的電話會議。我向威斯納提出這個問題，他顯然對於被夾在真相與羅伯特・甘迺迪之間感到不自在，猶豫了一下，還是確認了我的說法是正確的。

「那場辯論的戰利品我從沒拿到，」迪克說完這個故事，「但我得到比香檳更珍貴的東西。那一周還沒過完，我便收到了巴比的邀請，問我是否願意與他和幾名親友一起前往南美旅行，所有開銷全包，還說：『你什麼事都不用做，就來享受旅程吧。』」

「說來不可思議，那趟旅行成了改變我整個六〇年代的重要轉折點，」迪克說道。隨後，他沉思片刻，補充道：「事實上，它改變了我的一生。」

一九六五年十一月十日至三十日

「你難道沒懷疑，這次邀請可能不只是單純的好友出遊嗎？」我問道，「他可能是希望你幫忙當隨行撰稿人？畢竟他知道你曾經隨甘迺迪總統遊歷拉丁美洲，一路撰寫演講稿。」

「在這次旅行中，我沒有為巴比寫下任何文字，」迪克回答說，「他也從未有過這樣的要求。」

迪克參與此行純粹是為了冒險，同行者包括巴比的妻子艾瑟、參議院幕僚瓦林斯基（Adam Walinsky）與約翰斯頓（Tom Johnston）、巴比的幾位朋友，以及一小批特別挑選的記者。當被問及他在這群人當中的角色時，迪克始終堅稱，他既沒有為巴比工作，也沒有為他撰寫任何內容。他剛從白宮離職幾周，已經因拋下詹森、前往衛斯理大學而遭受批評，如果此時轉為巴比效力，無疑會被視為背叛。

巴比同樣不希望這趟旅程被解讀為與總統漸行漸遠，或是對總統發起挑戰。飛機從邁阿密飛往秘魯之前，巴比對記者表示：「我沒有考慮競選總統。我非常尊敬詹森總統，他一直對我很友善。我支持他在一九六八年競選連任，並且非常希望能為他的競選活動助陣。」

儘管做足防範，但這場由私人資助的行程，自飛機降落秘魯首都利馬開始，便充滿競選氛圍。從秘魯到智利、阿根廷、巴西，再到委內瑞拉，巴比所到之處，都是熱情人群，高喊「甘迺迪萬歲，甘迺迪萬歲」。約翰・甘迺迪去世後，人們對他的熱愛似乎有增無減，但這道光環轉移到了他弟弟身上。迪克說，群眾對巴比的激情歡呼，一度使他「驀然停步，彷彿某條神經被切斷一般。這等熱烈的呼喊，我到底在多少地方、多少次聽過？」

在這趟為期三周的旅程中，不僅有約翰・甘迺迪的幽魂、甘迺迪家族所喚起的群眾熱情相伴，還有詹森那如影隨形的監視。總統全程緊盯這趟行程，而巴比與迪克卻渾然不知。有神秘的消息來源——極可能是時任保守派助卿托馬斯・曼恩（Thomas Mann）的手下——不斷向白宮提供帶有偏見的「觀察報告」，聲稱巴比正在展開一場周全的總統競選，並「顯然受到新任南美顧問古德溫的精心指導」。迪克被安上了一個讓人誤會的頭銜，詹森對此耿耿於懷，永遠不會原諒，也不會忘記。

同一消息來源還告訴詹森，在某場記者會上，巴比「特意花時間介紹古德溫給大家，稱他是『爭取進步聯盟』的幕後推手。古德溫站在房間的後方，雙臂交叉，面帶意味深長的微笑。他的頭髮顯然需要修剪，當然，巴比也該剪了。」

專欄作家埃文斯與諾瓦克報導稱，國務院保守派對巴比的拉美之旅感到「擔憂」，他們害怕「充滿浪漫情懷的拉丁美洲人，會把巴比當成是『流亡政府』，認為他能給予托馬斯・曼恩無法提供的好處」。專欄進一步指出，令這些保守派更加擔憂的是「古德溫的同行」，他那激進的經濟改革與社會正義觀點，對偏好私營經濟與維持現狀的國務院舊勢力而言，簡直是「異端」。

迪克後來得知，詹森竟仔細分析了巴比在當地演講的電報稿，還特別挑出幾句「只能出自古德溫之手」的句子，其中一段尤其令他警惕──巴比對一群秘魯年輕學生演講時說：「我們這個時代的責任，無非是一場革命，如果我們足夠睿智，這場革命將是和平的；如果我們足夠關懷，它將是人道的；如果我們足夠幸運，它將是成功的。但不論我們是否願意，革命都將到來。」

「這聽起來確實像你寫的，」我說。

「這句話確實精彩，」迪克回答，「但可惜不是我寫的，而是他的年輕撰稿人瓦林斯基。」

迪克告訴我，從南美之行的第一天起，他就意識到這趟旅程並非他所預期的「回憶之旅」。巴比與他那位更為高冷、帶著王者風範的兄長截然不同，他的風格更加熱情奔放、直接可親。他真情流露並非為了謀取政治上的好處，而純粹出於當下真實的反應。在利馬擁擠不堪、污水橫流的貧民窟裡，巴比主動與孩子們踢足球，這也不是在作秀，而出自他的衝動與真誠。他對孩子們的親切態度深深吸引了迪克的注意。當他們離開那簡陋破敗的環境後，巴比轉身對迪克說：「我們的援助資金到底去哪了？錢都流向了哪裡？如果你住在這種地方，你不會變成共產主義者嗎？」最後，他直截了當地補上一句：「我想我會的。」

隨著旅程的深入，約翰・甘迺迪那帶有諷刺幽默與內斂風格的形象，在迪克眼中逐漸模糊，而巴比的形象鮮明地浮現。迪克發現，曾經那個在他眼中，自信滿滿、甚至略帶好鬥的巴比，現在變得更加溫和且富有同情心，甚至開始深信某種悲觀的宿命。

迪克想起某個夜晚，在智利康賽普西翁大學（University of Concepción），巴比展現了他過人的勇敢與開放心態。當天下午，巴比得知一群馬克思主義學生計畫在晚上干擾他的演講。於是，他花了數小時耐心傾聽他們對資本主義與共產主義的論述，試圖化解對立，並與他們對話。討論結束時，這群共產主義學生領袖坦言：「我們不針對你個人，但我們反對你，因為你代表的是一個雙手沾滿鮮血的政府。」他們仍堅持要阻止他發言。

當晚，體育館內擠滿了三千名觀眾，其中有超過一百名抗議學生早已在場，等待巴比的出現。「他們就站在講台上方的看台區，」迪克回憶道，「接著雞蛋、番茄，甚至石塊開始朝我們飛來。」然而，巴比卻神奇地絲毫未被擊中。他低聲對身邊的同伴開玩笑：「如果這些年輕人真想當革命家，他們得先練好準頭。」

學生的抗議聲幾乎完全蓋過了巴比的演講，但他仍用盡全力以最大的音量堅持說完。演講結束後，他走向那群位在看台區的共產主義學生，站上一把椅子，伸手與那位下午見過的學生領袖握手。領袖旁邊的另一名學生卻突然向巴比臉上吐了口水，隨即迅速被同伴拉走。當天，巴比離開體育館時，場內爆發出熱烈的掌聲，向這位不屈不撓的甘迺迪致敬。

隨著巴比在南美的旅程推進，他所到之處吸引人群的熱情和規模，也日益壯大。當一行人抵達巴西東部港口城市納塔爾（Natal）時，竟有超過十萬人湧上街頭歡迎。他站在一輛卡車的車頂上，拿出比以往更加自信和激昂的語氣高喊：「每個孩子都應該接受教育！每個家庭都應擁有合適的住房！每個人都應有工作！」

「聽起來像林登的政見宣傳，」我說，「教育……住房……就業，都是『偉大社會』計畫的核心。」

「這倒是沒錯，」迪克回應，「其實我一直不明白，為什麼『爭取進步聯盟』從沒能吸引林登的興趣。或許是因為，這個計畫是甘迺迪的，而不是他的。林登把美國以南地區的決策權，交給了保守反動的國務院。」

十一月二十二日，剛過完四十歲生日兩天後，巴比在薩爾瓦多參加彌撒，追悼兄長遇刺兩周年。他刻意缺席美國的正式追悼儀式，而這趟南美之行幾乎把所有人都累垮了，但再怎麼忙碌，仍無法讓他擺脫內心的悲痛。迪克曾目睹數次巴比下意識的防禦反應，彷彿這種警戒已經深深烙印在他的神經系統。有一次，一串鞭炮在他們的車輛下方炸響，還有一次，附近車輛的排氣管突然逆火，他本能地縮著身子，雙手摀臉。「遲早的，」他低聲說，「遲早會發生。」

在迪克的建議與安排下，這群人決定從緊湊的行程中抽出時間，來場放鬆的小旅行。透過迪克在「爭取進步聯盟」時期結識的一位巴西朋友，他們包下一架飛機，飛往亞馬遜雨林深處的港口城市馬瑙斯（Manaus）。在那裡，他們登上一艘外輪船，沿著河流深入叢林。

整個旅程中最難忘的一天即將來臨。迪克成功說服巴比和幾位同行者，乘坐一架老式單引擎水上飛機深入更偏遠的雨林。「我一定是瘋了才會上這架飛機，」巴比在登機前，向妻子艾瑟吻別。

這趟飛行令人心驚膽戰。迪克回憶起自己曾經在雙引擎飛機「卡洛琳號」上遇到劇烈亂流，於是轉頭對巴比說：「每次跟你哥哥一起旅行，我都不會擔心，只要看他一眼，我就覺得自己很安全。」

「那現在呢？」巴比咧嘴一笑，飛機在綠色的樹海上顛簸不已，「還覺得有保護嗎？」

「我想我們會沒事的，」迪克勉強說，「畢竟，我和你在一起。」

「嗯，別抱太大希望，」他大笑道，「但關於你那『甘迺迪保護理論』，我想你在我和傑克身上都搞錯了。」

最終，水上飛機平安降落在亞馬遜河支流雅曼達河（Nhamundá River）之上。附近有一個原住民村落，村中數百座茅草屋錯落有致。在一對傳教士夫婦的翻譯下，巴比向村民詢問，他和迪克是否可以加入兩名當地漁民，在下游的獨木舟上垂釣。

「那一天，我們展開了一場偉大的亞馬遜探險，」迪克懷念地說，「我看到了巴比完全不同的一面。我們划著獨木舟穿越河面時，巴比大聲喊道：『你知道嗎？我敢打賭這裡一定有食人魚。要不要下水試試？』」

迪克毫不猶豫地縱身一躍，濺起一片水花，巴比緊跟著跳進水裡。兩人漂浮在水面上踩水時，巴比刻意模仿著名電視主播克朗凱（Walter Cronkite）的聲音，誇張地宣布：「雖然無法確定他決定競選總統的確切時間與地點，但這個念頭似乎是在他游過亞馬遜的雅曼達河時悄然萌生的，當時他正警惕地留意著周圍是否有食人魚。」

巴比接著補充：「聽說，食人魚從未咬過美國參議員。」

「可我又不是參議員，」迪克回應道，「所以我要趕快上岸了。」

他們游回獨木舟時，巴比笑著說：「這肯定事後回想起來，會超級有趣的。」

確實如此。後來，我們發現了同行旅伴製作的亞馬遜探險剪貼簿，這成了迪克與我最愛的娛樂。裡面有巴比與村民會面、與孩子們嬉戲的照片，還有迪克在接力隊伍中，用籃子將獨木舟上的補給品卸下的身影，甚至迪克與巴比在湍流中用魚叉捕魚的場景。他們戲謔地將這次叢林探險當成一場選戰來玩耍，但當然這趟旅程跟拉票一點關係也沒有。當地村民根本沒聽過巴比，連他過世的哥哥也不認識。這趟旅行就是純粹的玩樂，簡單又開心。

回到美國後，迪克重返衛斯理大學繼續他的研究工作。他寫信給他的大學老友喬治，談到了羅伯特．甘迺迪：

他是個了不起的人，有相當機會能成為總統；如果真的當選，他也很可能成為一位傑出的總統。

迪克從未改變過他對巴比的評價與想法。他說，這趟亞馬遜之旅與他們共度的冒險，不僅加深了他與羅伯特．甘迺迪之間的友誼，更讓他明白，這段友誼將持續「直到我們剩餘的時光走到盡頭」。

一九六六年一月十二日

從與巴比備受矚目的南美之行返國後，迪克擔心自己回到白宮，肯定不會受到詹森的熱情款待。儘管如此，他仍決定依約回到白宮，準備撰寫預定於一九六六年一月十二日發表的國情咨文。

迪克當時並不知道，瓦倫蒂與（在莫耶斯手下工作的）卡利法諾早在十二月初便請示總統，是否允許迪克開始撰寫演講稿。然而，詹森的回應是斬釘截鐵的「不行」。

十二月七日，迪克三十四歲生日那天，瓦倫蒂告訴當時已擢升為總統首席國內政策顧問的卡利法諾，詹森仍舊態度強硬。他說：「（總統）明確反對讓我們之前討論過的那個人參與這份演講稿的撰寫。我打算很快再提出建議，但他現在完全不允許那個人參與草稿工作。」

多年後，迪克讀到當年的這份總統指示，冷嘲道：「嗯，這就當作林登送給我的生日祝福吧。」

在那年十二月底前，雖然詹森的心意未必改變，但他的想法卻有了轉變。之前送到他手上的所有初稿，沒有一份能令他滿意。最終，他悄悄地向瓦倫蒂與卡利法諾透露，可以召迪克回華盛頓。

一月四日，迪克抵達白宮，卻被安排在西廂一間空蕩蕩的辦公室裡。總統沒有任何迎接，甚至連正式的會面或電話都沒有。在接下來的幾天裡，詹森也從未主動聯繫他。迪克日夜操勞，幾乎不曾闔眼，只偶爾回到海亞當斯飯店（Hay-Adams）打個小盹。他與瓦倫蒂、卡利法諾及莫耶斯一起來回修改演講稿，但這三人只是中間人，總統依舊堅決不見迪克。這讓他感覺，自己像是被勉強邀請參加了一場宴會，卻根本不被允許入座。

「這哪裡像是在撰寫重大演講啊，」迪克對我說。

以前，每當迪克要為詹森總統準備重要演講時，他們總會花上好幾個小時，一起吃飯、喝酒、聊到深夜，深入討論總統想傳達的訊息。透過這些相處，迪克對詹森的想法和情緒瞭若指掌。即便是在極端壓力下，比如短短九、十個小時內趕出〈我們一定會勝利〉演講稿，迪克也能從他對詹森的深刻理解中汲取靈感，精準捕捉到總統想表達的重點和故事。隨著時間過去，這位來自德州的總統和曾是「新邊疆」陣營的幕僚之間，建立起一種難得的情感、思想與語言上的合作關係。

但曾促成兩人緊密合作的信任氛圍，已蕩然無存。詹森認定迪克已經「叛逃」，為他的政敵巴比撰寫講稿，這摧毀了他們之間的關係。

然而，這份國情咨文最大的難題，並不是詹森總統對前首席文膽的不信任。真正的問題是，白宮內部對演講焦點的激烈爭論：如何在「偉大社會」的持續推進與它的對立面——殘酷且日益擴大的越南戰爭——之間找到平衡。兩派人馬為了在演講中爭取更多篇幅和關注，爭執得難以收場，畢竟這不僅是一場爭論，它關乎國家的未來方向。

一九六五年夏天，詹森已嘗試採用「雙軌政策」來處理困境。而透過這次國情咨文，他的目標是說服美國人民，同時支持國內社會改革與越南戰爭。他希望兩邊平衡兼顧，結果演說卻形成矛盾的綜合體，也就是後來為人所知的「槍炮與奶油」（Guns and Butter）。

第一夫人在日記中寫道，國情咨文的撰寫「總是如同首演之夜般充滿緊張」。回憶起一九六五年國情咨文的「振奮之情」，她不禁將那輝煌時刻與當前的沉悶緊繃氣氛對比。「當時，我們正站在十一月選舉的輝煌勝利之巔，信心滿滿，確信人民支持我們。而現在，來到了一九六六年，我們卻跌入低谷，眼見支持度流失，挫折不斷。」

迪克起草的演講稿，試圖在「偉大社會」與越南戰爭的僵局之間，找到自信、奠定基調的開場白：

「這個國家足夠強大，這個社會足夠健康，這群人民足夠堅韌，因此我們能夠在世界其他地方推動我們的目標，同時仍然在國內建設一個偉大社會。」接著，他設計了一段對國會議員的呼籲，要求他們自問：「身為世界上最富裕國家的民意代表，身為一個生活在無與倫比豐饒之地的人民所選出的公僕，我們是否要犧牲那些需要受教育的孩子？是否要放棄那些需要醫療照護的病患？是否要無視那些仍然生活在骯髒貧困中的家庭？」

迪克一遍又一遍地撰寫關於國內議題振興的段落，然而每次這些內容被送回來時，總是夾帶著「應刪減」或「需修改」的註記。他已經連續工作了將近三十六個小時，卻仍未完成講稿。而當演講預定發表的日子來臨，凌晨一點，他終於意識到自己已經筋疲力竭，無以為繼。他的腦海一片空白，所有的靈感都耗盡。

絕望之際，迪克撥通了白宮醫生的電話。「我只需要再撐幾個小時，」他懇求著。不久後，白宮醫生趕來，從醫療包中取出一支裝著紫紅色液體的針筒，隨即將其注射進迪克的肩膀。迪克後來告訴我，無論那是什麼藥物，都讓他有了力氣撐過最後關頭，順利交出稿子。演講結尾不可避免地提到，「今晚，美國人正懷著不安的心情踏上戰場」，儘管越南戰爭與過往的戰爭有所不同，「但最終，戰爭總是一樣的：它奪走年輕人的生命，迫使正值壯年的他們，試圖殺害自己並不真正了解或憎恨的人。因此，認識戰爭，就是認識到這個世界仍然存在瘋狂。」

「今晚，許多人與我一同承受這份沉重的認知。但不同的是，最終，我才是那個必須下令開火的人，即便這與我內心深處的渴望背道而馳。然而，我們有孩子需要教育，我們有病人需要治癒，我們有受壓迫的人需要解放。我們有貧困的人必須扶持，我們有城市需要建設，我們還有世界需要幫助。」

「凌晨四點左右，也就是演講發表當日清晨，」卡利法諾回憶道，「趁總統還在熟睡時，我們悄悄將我們認為是最終版本的講稿，塞進他的臥室門縫下。我在自己辦公室的沙發睡下，而古德溫則回到飯店，完全累倒了。」

詹森一醒來，便立刻讀了講稿，並召見瓦倫蒂、卡利法諾與莫耶斯到他的臥室——明顯地將迪克排除在外。他告訴三人，「這份講稿已經差不多了」，但仍然過長，「要刪減三分之一」。他指示瓦倫蒂與卡利法諾負責修訂，並在稍後召來兩位老友——最高法院大法官方特斯（Abe Fortas）與國防情報顧問委員會主席克利福德（Clark Clifford），加快編輯過程。

整個上午直到下午，這篇演講稿經過反覆刪減，硬生生被削去三分之一的篇幅。這是自迪克撰寫〈偉大社會〉演說以來，第一次失去對最終版本的掌控。他原本的草稿雖仍保留部分內容，但整體架構已被打亂，變成經過多方妥協、缺乏統一風格的文本，也就是典型的「委員會式共編稿」。

白宮日記記載了當天上午與下午，總統曾短暫致電迪克在西廂的辦公室。我詢問他是否對這些通話有所印象，他只是聳了聳肩說：「沒什麼特別的，只記得他似乎想要釐清一些事情。」

當天下午約五點，迪克搖搖晃晃地回到海亞當斯飯店的房間，穿著西裝外套與長褲便直接倒在床上，沉沉睡去。當床頭電話的鈴聲將他從睡夢中驚醒時，他一時間還以為自己處於奇怪的夢境中。電話是白宮打來的。詹森的秘書告知，總統——這整整一周以來，他從未見過面的總統——希望迪克能一起搭車前往國會山莊，陪同他發表國情咨文。

對於突如其來的邀請，迪克感到不思其解，含糊地回應說稍後回電。他憶起過去數次與總統一同前往國會時，那種激動與充滿希望的心情；但隨即，這段日子的失望與憤怒也一併湧上心頭。詹森拒絕與他見面，而不斷湧來的講稿修改工作，把他徹底淹沒。「這一切，實在太過分了，」他後來對卡利法諾坦言，「我無法再忍受。我太累了，也對自己被如此對待感到厭惡。」於是，他打電話給飯店總機，請求擋掉所有來電，然後把外套和長褲丟到椅子上，重新鑽回棉被裡。

當晚，國情咨文演說及相關儀式結束後很久，第一夫人在日記中坦白寫道：「現場的觀眾顯得冷漠且呆滯。」她還注意到，在演講後的議長辦公室聚會中，雖然大家都來與總統握手致意，但「本應洋溢的友善氛圍卻不見了」。

媒體對這場演說的評價也透出不安與矛盾，就像整場演說當中，有些事情不太對勁。自由派報紙仍讚許詹森承諾繼續擴大「偉大社會」的政策，但對他堅定保證「無論任何代價、面對任何挑戰，我們都將為我們的戰士提供一切所需——每一把槍、每一分錢、每一項決策」感到擔憂。

卡利法諾坦言，在最後階段，這份演講稿被過多人手修改與修飾，最終呈現的是一篇「內容平淡無奇，主要聚焦於外交政策的講詞」。

迪克後來想想，認為這場演講真正的問題，在於「槍炮與奶油」概念本身的謬誤。他告訴我，那時他根本無法逼自己讀完這篇最終版的演講，而現在他也拒絕讓我讀給他聽。整件事令他感到憤怒又屈辱。他被忽視、被輕視、被懲罰，僅僅因為一場根本不存在的「背叛」。

隔天回到康乃狄克州時，一封信已經送達，它至今仍躺在迪克的個人檔案中。

親愛的迪克：

你離開華盛頓得如此匆忙，我甚至沒有機會與你談談。據我所知，昨晚你最終還是被疲憊擊垮，未能與我同行。

我很清楚，這一周以來，是無止盡的工時與無數個不眠之夜與你相伴。但對於你的才華與卓越文筆，我深懷感激。

誠摯敬上，

林登

「什麼場面屁話！」迪克怒道，「這很明顯是我朋友莫耶斯插手補救過的，畢竟他對整件事的發展感到很不安。」

回顧這整段往事，想起迪克與詹森曾經合作取得的成就，我備感傷懷。他們或許從未成為真正的朋友，但曾是彼此了不起的盟友。這起傷透心的事件，成為他們最後一次共事。自此之後，迪克再也沒有見過林登．詹森。

⬩✶⬩

「恐怕，我再也無法用白宮的信紙和信封，來驚艷朋友們的郵差了，」一九六六年二月初，迪克用衛斯理大學高等研究中心（Wesleyan's Center for Advanced Study）的信箋寫信給摯友喬治。

我正在慢慢從七年的政治生涯中抽離。適應現在的生活花了不少時間。我一點都不懷念做決策或置身權力核心的感覺。真正讓我感到困難的，是缺乏外界約束——沒有辦公室可去，沒有作息安排，沒有截止期限，沒有壓力——一切都得靠自律。對你來說，或許是再熟悉不過，但對我而言，卻是全新體驗。

這陣子，我睡了很多、讀了很多書、開始蒐集唱片、頻繁往返紐約的派對，但工作進展不多。不過這種狀況正在慢慢改善，我的生活漸漸穩定下來，對未來也充滿希望。

我在寫作——仍在玩味各種想法。

「一個人在國家這艘巨輪上航行了這麼久，要如何重新適應陸地的生活？」我問迪克。畢竟，自從法學院畢業以來，他就一直在華盛頓從事公職。如今，他必須自己規畫時間，不再需要每天精雕細琢法官的判決書、意見書、不同意見書；為國會委員會解讀繁雜文件；或為風格迥異的甘迺迪和詹森設計政策、撰寫講稿。回到陸地，需要找回自己的聲音。

迪克告訴喬治，國情咨文的經歷「徹底治癒」了他對講稿撰寫與政治的狂熱。但正如大法官法蘭克福特曾評價迪克「流淌政治血液」，這種「痼疾」可沒那麼容易根治。

事實證明，迪克試圖逃離政治與華盛頓的生活很快就結束了。二月中旬的某個早晨，他剛寫稿到三點鐘，還沒睡多久，便在七點前被電話鈴聲吵醒。他忽略了第一通電話，但幾分鐘後鈴聲再次響起。到了第三次，他終於接了起來。電話那頭是巴比，問道：「你有在關注傅爾布萊特聽證會嗎？」

「就是這樣，一切又重新開始了，」迪克坦白地說。

「看來你的『政治絕緣體質』並沒有維持太久，」我笑道，「這復發速度可真快！」

迪克認真地說：「你知道嗎？有時候，私人生活會被捲入公共辯論之中。而這，就是那個時代的開始。」

當然，迪克一直關注著參議院外交關係委員會主席威廉・傅爾布萊特（William Fulbright）二月初發起的電視聽證會。這場聽證會旨在討論越戰的決策與合理性，召開的時機點，正逢政府在暫停轟炸六周後恢復空襲，因而引發全國關注，收視率極高。直到此刻，巴比仍在猶豫是否應公開表達對越戰的疑慮。他知道自己的動機必將遭到質疑，任何發言都可能被解讀為，出於個人野心和對詹森總統的敵意，甚至被指控藉機炒作。然而，如今，他覺得自己必須站出來發聲。

「你覺得我能提供什麼有建設性的觀點嗎？」巴比問迪克。

上午晚些時候，迪克回電給巴比，提出了一道建議。

「現在，不管是政府還是其他人，都聲稱談判解決是唯一的選項，」迪克說，「但沒有人真正說清楚，這個談判具體應該是什麼樣的，或者哪些條件是可以接受的。」

當天下午，迪克再次打電話給巴比，讀了一份初步起草的聲明給他聽。巴比提出一些增補與修改建議，然後請迪克儘快將修訂後的版本寄往華盛頓。

一九六六年二月十九日

「胡志甘迺迪，」《芝加哥論壇報》在標題上如此寫道：「他才不是什麼紐約的菜鳥參議員，而是來自共產北越的資深參議員——胡志明埋伏在美國參議院的特洛伊木馬。他的無知與政治野心，已經令他背叛了對美國的忠誠。」《水牛城晚報》（*Buffalo Evening News*）則指責：「在所有白白送給詹森總統的越戰建議中，很難想像有比這更荒謬的。」

針對迪克與巴比的首次重大合作，當我看到這些猛烈批評的頭條和社論時，幾乎不敢相信自己的眼睛。奇怪的是這些報刊，迪克竟保存了一大包，翻開來猶如一堆有毒的書評。

根據《洛杉磯時報》（*Los Angeles Times*）報導，巴比發表這項聲明的記者會，簡直是「總統級記者會的排場」，現場有「超過三十名記者、強烈的燈光、電視攝影機以及十幾支麥克風」，場面浩大。

迪克把聲明初稿寄給巴比的時候，提醒過他，這份聲明已經很接近「政治風險的邊緣」，因為任何跟詹森政府不同調的發言，都可能被解讀為別有用心。所以，聲明的一開頭就先打預防針：「我們都是美國人。攻擊那些對我們現行政策表達關切的人的動機，質疑他們公開發言的權利，實際上是在動搖我們的民主根基——而我們的同胞們，現在正在用生命保護這些價值。」

在聲明中，巴比重申詹森政府希望透過談判解決戰爭的立場，但隨後提出了一個偏離政府一貫政策的建議，主張應該讓越共「在談判桌上擁有一定的權力與責任」。他指出：「雙方都必須在一些關鍵問題上做出讓步，以維護那些真正不可妥協的核心立場。」他承認，這樣的談判結果，大概只能促成「一個雙方都不完全滿意的聯合政府」，但他也強調：「如果我們的目標是談判，那麼拒絕妥協只會讓衝突擴大，帶來更嚴重的破壞與災難。」

記者會後，巴比便與家人前往滑雪度假，他身後卻捲起鋪天蓋地的嘲諷與批評。正如迪克後來所寫：「天都塌下來了。」雖然詹森保持沉默，但他指派手下全力圍攻巴比，刀刀見血。副總統韓福瑞率先發難，指責巴比的聯合政府提議「就像把狐狸放進雞舍，或讓縱火犯去當消防員」。邦迪則批評巴比過於天真，甚至用他哥哥過去的話來告誡他，帶有一絲高高在上的語氣：「跟共產黨搞聯合政府，就像騎老虎一樣，遲早會被反咬。」

巴比匆忙返回華盛頓，試圖平息這場風波並「澄清」自己的立場。然而，儘管他未完全放棄最初的提案，卻試圖附加各種條件與修正，這反而使情況更加混亂。他在立場上的搖擺不定，進一步加劇了危機。

「這件事讓我非常沮喪，」迪克回憶道，「這是我第一次為巴比撰寫聲明，結果卻似乎損害——或恐怕直接毀掉——他的政治生涯。我一心想做對的事，卻被友誼、忠誠和責任感搞得左右為難。」

我很好奇巴比對這整件事的看法，特別是他對迪克的態度。我想起，迪克寫的「自由戰士」聲明，曾被許多人視為魯莽且煽動的錯誤，甚至差點害甘迺迪在一九六〇年競選的最後關頭翻船。面對那次危機，甘迺迪只是淡淡地對迪克和索倫森說：「如果我贏了這次選舉，那是我的功勞，但如果我輸了，那就是你們搞砸的。」這種帶點酸味的責備，反而讓迪克更崇拜他。

迪克與巴比的關係，從一開始就與對甘迺迪的崇拜不同。他們的年齡相近（僅相差六歲，而不像與甘迺迪那樣有十四歲的差距）。他們很快就成為了好朋友。迪克告訴我，巴比曾安慰他說不用擔心。「這些話，每一個字我都和你共同斟酌過，」巴比說，「我也做了修改與增補，最後是我親自發表的。真正的問題不在於聲明本身，而是我事後的處理方式。」

然而，這件事仍讓迪克耿耿於懷。等風波稍微平息後，他寫了一封長長的信給巴比，試圖釐清自己的思緒與情緒。

對於發聲是否「值得」，我很難下定論，因為我自己也要為你捲入這場風波承擔部分責任，我不希望這聽起來像是在替自己辯解。

但我已經盡可能拋開個人情緒，以更冷靜、客觀的角度來看待這一切。

越南戰爭絕對是當今最核心的議題。它不僅涉及目前的戰事和無數人的生命，還可能引發更大規模的戰爭。在這樣的時刻，像你這樣有見識、有地位的人，站出來發聲，無疑是正確的選擇。

認為美國人熱衷於在亞洲，或世界其他地方發動戰爭是一個誤解。美國人不想要戰爭，這就是為什麼他們選擇艾森豪當總統。而反戰情緒，如今比過去更強烈，是因為人們生活美滿，不願意失去安定。而且，別忘了，全國有一半的人口年齡在二十五歲以下。隨著戰爭規模擴大，那些叫囂著要繼續打下去的人，遲早會陷入困境。

會有很多人告訴你，或者在報上寫文章說，你這次的發言傷害了自己的政治前途……一想到自己可能也助長了這場風波，我便感到無比痛苦。但你說的是實話，是出於對國家的關心。在如此重大的危機時刻，除了說實話，別無他法——否則只剩欺騙或沉默。而我相信，歷史與政治終將回報這份勇氣。

過去，我被社論圍剿的時候，法蘭克福特大法官曾對我說，從政生涯中，存在兩種痛苦。一種是深刻而持續的痛楚，像是嚴重的情感打擊。另一種則是眼前的爭議，就像牙痛一樣，當下雖讓人難以忍受，但一旦處理好，一會兒就忘掉了。你已經嚐過第一種痛苦，而這一次，是第二種。

一九六六年六月六日

儘管迪克在與巴比的首次合作後感嘆「天都塌了」，但兩人接下來的合作卻產生深遠影響，他們的演說詞句激勵全球無數人，最終更被刻在羅伯特・甘迺迪早逝的墓碑上。

這場經典演講的開端，其實不太順利。巴比受南非反種族歧視組織「全國學生聯合會」（NUSAS）會長羅伯遜（Ian Robertson）之邀，來擔任他們「肯定日」（Day of Affirmation）活動的主講人。當時，南非黑人受到少數白人殘酷統治。這些學生每年舉辦活動，就是為了抗議南非的種族隔離制度。

南非政府拖延了五個月才發放巴比的簽證。NUSAS原本想邀請的是馬丁・路德・金恩，但遭到南非政府直接拒絕。最終，儘管南非政府不願讓民權運動領袖入境，也不得不考慮到巴比的身分——美國總統的弟弟，且可能成為未來總統——因此，他們勉強批准了為期四天、僅限四人的簽證，並禁止任何美國記者隨行。

演講的第一份草稿由瓦林斯基所寫，他曾在司法部任職，是一位才華橫溢的撰稿人。巴比的所有演講和聲明，包括南美之行期間的演講，都是由他負責的。迪克在那次旅行中也與瓦林斯基結識，非常欣賞他的才能。後來，迪克更成了瓦林斯基的良師益友。

根據瓦林斯基的回憶，這場演講的撰寫「非常非常困難」。巴比的先遣人約翰斯頓已事先回報，參議員在南非恐面臨「極端敏感的民間反應，和政府的全面反對……這趟旅行很可能成為他政治生涯的一大災難」。這也使得，瓦林斯基在寫稿的時候，深感必須謹慎處理種族議題，不能「完全激怒」南非反共當局。由於黑人根本沒有投票權，南非政權擁有選民壓倒性的支持。

出發前兩天，剛從南非返國的政治活動家洛溫斯坦（Allard Lowenstein）造訪巴比辦公室，分享他的見聞。瓦林斯基向他展示了草稿，洛溫斯坦當場激動地反應：「糟透了，完全錯了！」如果巴比照著這樣不痛不癢的語氣發表演講，那麼根本沒必要去南非。隨即，巴比與瓦林斯基決定重新改寫。瓦林斯基記得，他當時鬆了一口氣，因為這份「小心翼翼、不具革命性的」草稿終於「愉快地被人遺棄了」。

就在前往非洲的前一天，巴比打電話給迪克尋求幫助。瓦林斯基回憶說，迪克竟在一夜之間完成了精彩無比的改寫。「那真是太棒了，是他（迪克）最好的作品。」儘管瓦林斯基負責最終版本的整理，但在為甘迺迪圖書館進行的口述歷史中，他慷慨地承認所有「真正精彩的修辭」——那些激勵年輕人為正義站出來、能產生影響的詞句——「全都來自迪克」。

當我問迪克，如何能如此迅速且精緻地完成這項工作時，他只是說：「真的很有趣。我工作了一整個晚上，結果就這樣出來了。就像創作一首歌一樣。你可能會為某件事苦思冥想了好幾周、好幾個月，卻一無所獲。但有一天早上你去洗澡，還沒擦乾身體，靈感就這麼湧現了。」

前往南非途中，巴比先在倫敦作短暫停留，會見他的好友、普立茲獎得主兼《紐約時報》記者安東尼・路易士（Anthony Lewis）。路易士曾在甘迺迪擔任司法部長期間報導司法部的新聞，後來更領導《紐約時報》的倫敦分社。由於該分社也負責南非報導，巴比因此能向他詳細討教，了解自己即將面對的複雜局勢。

在認識迪克之前，我就已經認識安東尼了。一九七三年我在哈佛教書時，我跟安東尼曾一起參加前往俄羅斯的代表團。後來，安東尼與南非裔的瑪格麗特・馬歇爾（Margaret Marshall）結婚，迪克和我多次在晚宴及各類活動上碰見這對夫婦。但這些年來，無論是迪克還是我，都未曾想到巴比與瑪格麗特之間竟有聯繫。直到不久前我才發現，原來她在巴比訪問南非期間扮演了關鍵角色。

最近，我在與瑪格麗特的深入交談中得知，迪克撰寫的這則演講，影響了這對夫婦的一生——要是迪克知道，肯定會很欣慰。瑪格麗特已經退休，她曾任麻州最高上訴法院首席法官，也是該法院的第一位歸化美國公民職員。

一九六六年，當時二十歲的瑪格麗特是NUSAS副會長。在巴比抵達前，南非政府對學生組織發起報復，會長羅伯遜遭到「禁足」處分，被限制在家中長達五年，不僅禁止參與任何政治活動，甚至連與超過一人交談都不被允許。瑪格麗特臨危受命，作為羅伯遜的代理人，前往機場迎接巴比，並全程陪同他完成訪問行程。

「當局對羅伯遜下達禁足令，讓我非常害怕。」瑪格麗特坦言，局勢也讓巴比感到不安，他不斷詢問：「這會對任何人造成傷害嗎？我可以這樣做，但會有人因我而付出代價嗎？」他擔心光是自己出現，便會讓瑪格麗特和其他學生領袖面臨風險。儘管瑪格麗特盡力安撫巴比，不過她確實有理由害怕深夜的敲門聲。她清楚知道，如果政府對她發出「禁足令」或逮捕她，將沒有任何法庭能保護她免於失去自由、學業和護照。

超過一千五百名不同種族的民眾齊聚機場，引頸期盼巴比的到來。雖有少數幾個挑釁者高喊著「美國佬回家」和「把他趕走」，但隨著歡呼聲和熱烈的尖叫聲響起，刺耳的辱罵都被瞬間蓋過。而開普敦大學（University of Cape Town）禮堂座無虛席，擠滿了一千多名學生，還有更多學生在這寒冷冬夜，甘願待在禮堂外，透過擴音器聆聽演講。即便南非安全部隊切斷了傳輸線，試圖阻撓演講的廣播，學生們仍舊在禮堂外苦等三個小時，只為一睹巴比的風采。

當巴比走上講台，禮堂內頓時瀰漫著既期待又緊張的氣氛。數十名身著制服或便衣的南非安全警察全程盯場，目的顯然是為了恐嚇學生、拍照錄音，以便日後追究責任。局勢焦慮緊繃之下，甘迺迪仍以一段直指南非動盪歷史的開場白，開始他的演講：

> 我今晚來到這裡，是基於我對這片土地深深的關注與熱愛。這片土地在十七世紀中期由荷蘭人開墾，後來被英國人接管，最終實現獨立；這片土地的原住民最初遭到征服，但至今國家與他們的關係仍充滿爭議；……這片土地通過積極運用現代技術，開發了豐富的自然資源；這片土地曾是奴隸的進口國，現在必須努力抹去那昔日的奴役陰影。

瑪格麗特當時坐在講台上，身邊特意留了一張空椅子象徵著無法出席的羅伯遜。「所有人都惴惴不安，如坐針氈，」她告訴我，然後巴比說：

我指的，當然是，美利堅合眾國。

「當觀眾意識到他說了什麼時，」瑪格麗特回憶道，「隨即爆發出笑聲，感到徹底鬆一口氣。那一刻真是太精彩了。」

隨著演講進入核心部分，甘迺迪的聲音變得更加有力，他勉勵年輕人，要他們對抗「危險的無力感」，也就是「那種以為一個人獨自對抗世界的重重病灶，將注定徒勞無功的想法。」

為了反駁這種絕望感，迪克引用了阿基米德具啟發性的名言：「給我一個支點，我將撬動全世界」：

能扭轉歷史走向的偉大人物，終究只是少數。但若我們每個人都願意盡力改變身邊一小部分的事件，這些微小行動的總和，也將共同塑造出我們這一代的歷史。數以千計的和平工作團志工，正默默在數十個國家的偏遠村莊和城市貧民窟中，改變著當地人們的生活。數以千計的無名英雄，在歐洲抵抗納粹的占領，他們縱使犧牲了寶貴生命，卻也因此壯大了國家的最終力量與自由。正是這些無數平凡人的勇氣與行動，共同譜寫了人類的歷史。

每當有人為了理想挺身而出，為了他人的福祉奔走，或是為了抵抗不公不義而挺身，他便激起了一絲希望的漣漪。這些漣漪從百萬個不同的能量與勇氣中心交織擴散，最終將匯聚成一股洪流，足以沖垮最堅固的壓迫與抵抗之牆……

因此，即使我們即將分別，我回到我的國家，而你們留下來。我們——如果年屆四十歲還能這麼說的話——仍同屬於世界上人數最龐大的年輕世代。我們雖各自肩負著不同使命，而我知道有時你們可能會感到非常孤單，獨自面對自己的問題和困難。但我想告訴你們，你們所代表的一切，以及你們所付出的努力，深深感動我；而且這話，不僅代表我個人，也代表全世界男男女女的心聲。

演講結束後，會場一度陷入了令人不安的寂靜中。瑪格麗特記得，巴比還回頭看向講台上的學生領袖，彷彿在詢問：「我的演講表現如何？」隨後，雷鳴般的掌聲突然爆發，緊接著是持續不斷地起立鼓掌。這番話語深深觸動了在場每一個人的心靈。

就在幾個月前，瑪格麗特和她的同學們還曾懷疑，他們所有的抗議與示威，反對南非種族隔離政府的種種努力，是否都只是徒勞無功。政府的壓迫力量已經達到了令人膽寒的地步。公民權利蕩然無存，他們毫無保障，隨時可能被逮捕、遭受酷刑或監禁。一旦入獄，便與外界隔絕，無法接觸律師。反對種族隔離的領袖，包括曼德拉（Nelson Mandela），已被判處叛國罪，終身監禁。反對黨遭到取締，書籍被查禁，電視也被封鎖。瑪格麗特告訴我：「那就像一隻沉重的鐵靴，狠狠地踩下來，摧毀了一切。」

但瑪格麗特說，巴比的話語突然「讓我們——也讓我——意識到我們並不孤單。我們繼承偉大高尚的傳統，我們正在為人類的尊嚴發聲。他讓我們重新找回歷史的脈動。就算只是小小的改變，也能累積成巨大能量。他像是重新幫我們調整了內心的道德羅盤，沒有對種族隔離的直接抨擊，而是用最簡單的話講述正義、自由和尊嚴——這些我們似乎已經久違的詞彙與價值。」

南非小說家艾倫・派頓（Alan Paton）是《哭泣吧，心愛的國度》（*Cry, the Beloved Country*）的作者，這本書在他自己的祖國被禁。他評論說，巴比的訪問是非凡的歷史時刻：「就如同外界的一陣新鮮空氣，讓我們重新認識到『思想的自由不是罪過，追求變革不是背叛』……使我們再度覺得自己是世界的一分子。」

巴比在南非的旅程持續進行，令人驚訝的景象隨之展開。起初，他的聽眾以學生為主，但很快地，成千上萬的其他民眾也湧上街頭，為他歡呼、喝采，爭相伸手觸碰他。

這場演講，在天時地利人和的絕佳時刻，從美國與南非歷史的共鳴點出發，最終激起了示威浪潮，印證了言語的力量，如同人一般，能夠改變世界。言語，亦能燃燒人心。

對瑪格麗特而言，那晚在南非點燃的希望之火，至今仍在她的心中熊熊燃燒。她來到美國，在耶魯大學先後取得教育碩士和法學學位，積極投身反戰運動、女性運動，也為了對南非實施制裁奔走呼籲，直到種族隔離制度被廢除。

瑪格麗特成為美國公民後，南非種族隔離政府拒絕核發簽證，阻止她返回故土。於是，她在美國——這個接納她的第二故鄉——成為哈佛大學的總法律顧問及副校長，隨後更榮膺麻州最高上訴法院首位女性首席法官。

一九八四年，瑪格麗特與安東尼步入禮堂時，將那段提及「希望漣漪」的演講稿，融入了婚禮誓詞。直到一九九六年，瑪格麗特才終於再次聽到巴比當年開普敦演講的錄音——這是自她二十歲那年以來，首次得以親耳重溫。「我從不知道這份錄音的存在，」她告訴我，「一位崇拜巴比的粉絲寄給了我。我在上班途中聆聽，那感動與震撼如此強烈，讓我不得不將車停靠在紀念大道（Memorial Drive）旁，眼淚不自覺地流了下來。」

作為首席法官，瑪格麗特二〇〇三年撰寫了古德里奇訴公共衛生部門案（Goodridge v. Department of Public Health）的判決書，使麻州成為全美首個同性婚姻合法化的州。當問及在南非成長的她，是如何做出這項開創性決定時，她告訴我：「我以前完全沒意識到，我的決定與南非背景之間有任何關聯。但後來，被問及這個問題時，我想到：如果你像我一樣，在我曾經反抗的政府下成長，這個政府毫無根據地宣稱南非的黑人無法接受高等教育，無法成為工程師或醫生，或從事其他職業。那麼，在古德里奇案中，當州政府同樣無憑無據地聲稱同性伴侶無法成為好父母，會對孩子造成傷害等，這些論點根本經不起推敲，特別是我們法院之前早有批准同性伴侶領養孩子的案例。」

反覆閱讀這篇南非演講，還有迪克參與草擬的其他幾篇成為歷史里程碑的演講，我愈發確信，文字即是迪克行動的化身。雖然他總是謙遜地淡化自己文字的重要性，說演講的影響力取決於發表的時間與地點。但他也真是頻繁地在對的時刻，現身於對的地點。他所傳遞的，不只是漂亮詞句，而是更深層的信念。為巴比撰寫了南非肯定日演講的這位年輕人，他也身體力行地捍衛了理想、反抗不公，並激起希望的漣漪。這些漣漪，將在未來的時空裡，持續地改變人們的命運。

一九六六年九月十七日

「我感覺自己，就像是從林登的國家巨船，走向了跳板，」回憶起準備在九月美國民主行動（ＡＤＡ）理事會上，首次公開反對越戰聲明的那段經歷時，迪克對我說，他知道一旦自己公開反對越戰，就再也無法回頭了。

整個夏天，每一場對話都離不開越南，這讓迪克陷入了掙扎，他不知該如何表達對這場逐漸失控的戰爭的看法。一九六三年底，美軍在越南的人數為二萬三千人，到了一九六六年七月，已激增至三十五萬人。

迪克現在認為，他早前為《紐約客》撰寫的越南議題文章過於保守了。當時，他仍相信「詹森總統希望透過政治手段結束戰爭」。然而如今，他和摯友史列辛格都深信，詹森已「選擇了全面升級戰爭的道路」。他們擔憂，總統已接受了國務卿魯斯克的骨牌理論，認為「若在越南這條防線失守，我們將在全球開發中國家面臨一連串的『民族解放戰爭』。」

情勢已惡化至覆水難收的地步，以至於享受悠閒的夏季假期，彷彿成了遙不可及的奢望。「要是等到核彈在北京或華盛頓引爆，」迪克語氣誇張地對史列辛格說，「我們才來懊悔一九六六年的夏天，只顧著在海灘上虛度光陰，那該是何等的可悲！」

七月末，與巴比共進晚餐時，迪克和史列辛格向他表明，他們決定公開反對戰事擴大——迪克將於ＡＤＡ發表演說，亞瑟則將在《紐約時報雜誌》（*The New York Times Magazine*）上發表一篇長篇評論。

「你的行動計畫是什麼？」巴比問迪克。

「唯一能讓詹森總統聽進去的方法，」迪克回答，「就是透過積極的政治反對。」他詳細說明了他們的計畫：集結由知名人士組成的全國聯盟，共同反對戰爭升級。以詹森總統一九六四年的競選口號「不再擴大戰爭」（No Wider War）作為基礎訴求，希望能夠聯合曾公開質疑戰爭政策的前將軍、大學校長、科學家，以及前內閣官員共同發聲。他們計畫聯絡前將軍詹姆斯·加文（James Gavin）和李奇威（Matthew Ridgway），還有前財政部長狄龍。不過，迪克告訴巴比，他擔心狄龍可能會為了爭取國務卿一職，而對公開發聲有所遲疑。

「不會的，」巴比立刻反駁，「狄龍會做他認為對的事。他是我的朋友。」迪克立刻明白，正如他在日記中所記錄的，對巴比而言，「朋友的正直不容置疑，尤其是曾為甘迺迪效力過的人們。」

「那麼，參議員，你打算怎麼做？」迪克問向這位朋友，希望能找到一些實質的合作基礎。「你的行動計畫是什麼？」

巴比笑了笑，帶著自嘲的語氣說：「我嘛，就發表演講，這是參議員的本分。我可能還會寫本書。這樣他們就會明白了。」

至於對反戰聯盟的建議，巴比認為，一個成功的運動必須要有領袖人物的帶領，而不僅僅是一個空泛的概念。他話說到這裡，便戛然而止。他並不打算考慮一九六八年的總統大選，儘管當時的民調顯示，他「不僅在民主黨選民中的支持度遠遠領先詹森，在與各共和黨候選人的對比中，也占據優勢。」

迪克待在巴比的紐約公寓裡，談話、飲酒，直到凌晨二點半。隨後在日記中寫道：「我們討論了所有正在流逝的重大機遇，人民對領導的渴望，以及，這個國家命懸一線的關鍵時刻。」

因此，籌組一個有影響力的團體，並尋覓一位堅定的領導者，這便是迪克九月十七日在ADA發表演講的背景。

回憶起當時的緊張心情，迪克告訴我：「我向來扮演代言人，戴著面具，習慣於代表他人發聲。但這次，我是為自己而戰，我赤裸裸地站在舞台上。倒不是說我有多重要，而是我曾身處詹森政府的核心，如今卻要公開反對他日益激進的越南政策。」

我們各自重讀了這份ADA演講稿，迪克搖頭嘆息，這令我感到有些意外。

「這不算是個好演講，」他喃喃自語，語氣中帶著不滿，「太過於保守了。」

「即使ADA因此而支持你的提案，籌組全國聯盟反對戰爭升級，並承諾提供資源協助？」我問。

「總的來說，這只是一個相當溫和的提案，」他堅持道。

「但從結果來看，」我翻閱著一疊當時的報章報導，告訴迪克，這場演講確實產生了影響。《紐約時報》的頭條寫道：「前詹森幕僚痛批越南戰爭政策。」一位專欄作家更稱這場演講為「一位前甘迺迪和詹森白宮官員，對越南現行政策所做出的最有力、最明確的批判。」

「前任捉刀人反戈一擊，詹森總統如坐針氈，」《華盛頓郵報》專欄作家瑪麗．麥克羅里（Mary McGrory）寫道。「古德溫，曾將千言萬語放進詹森總統的發言裡，如今他反過來，拿這些修辭對付他的前老闆。」她指出，迪克對轟炸北越的成效提出了「令人折服的論證」。而最鏗鏘有力的，莫過於他指責政府在描述戰事進展時「刻意說謊、扭曲事實」，並以一段辛辣的算式為例：「若將我們宣稱擊斃的敵人數量、投降人數、傷者數量，全加起來……我們會發現我們每年幾乎都消滅了一整支越南軍隊。這實在使得越共的持續抵抗成為世界奇蹟之一。除非這些數字是錯的，當然，錯了。」

最後，他疾呼：

一些人以愛國主義和國家利益為名，呼籲我們壓制或扼殺異議。這種論調是對美國民主的本質、運作方式，以及其最大力量的嚴重誤解。身為愛國者的權利與義務，是當我們認為國家的偉大與人民的福祉受到威脅時，無論何時，都能挺身而出，透過寫作、發言、組織，反對任何總統、任何政黨、任何政策。而此刻，正是這樣的關鍵時刻。

即便迪克自認這場演講稱不上佳作，但無疑是他個人異議之路上的重大突破。白宮始終保持緘默，未做出任何回應，但迪克心知肚明，他與政府之間的橋梁已然斷裂。

「我並不覺得特別開心，」迪克後來寫道。「或許感到一絲解脫，但更多的是悲傷——因為我失去了一段極其重要的關係；因為我知道，我所做的、認為是正直的行為，將在很長一段時間內讓人質疑我的信念是否只為了私利。但做都做了，而且做得對。」迪克唯一後悔的是，他沒有呼籲更激進的行動。

「當然，這對詹森來說，無疑是難以饒恕的，」我在閱讀了相關報導和訪談後對迪克說。「你是第一個從內部發聲反對越戰的人。他自然會感到背叛。」

當記者直接問詹森總統，有關迪克在ADA的演講時，詹森用尖酸挖苦的語氣迴避了這個問題：

「這就像被自己養的狗咬了一口。」

就在一年前，某個風平浪靜的時刻，迪克曾向詹森總統遞交一份備忘錄，建議進行一項寫作計畫，以記錄「偉大社會」的輝煌成就：

「總統先生，」迪克寫道，「我認為出版一本書籍，收錄您就任總統以來的演講和文告，將會很有意義。」迪克建議，首次出版可涵蓋前兩年的政績，之後每年出版一本。

「我們可以委請一位專業編輯來操刀，或許再邀請一位知名的歷史學家撰寫序言。我已與麥格勞希爾（McGraw Hill）出版社的人員洽談過，他們目前正在出版您母親的著作，相信他們非常樂意接下這項任務。」

「我是否可以著手進行？」

詹森毫不猶豫地勾選了「是」，並指示迪克聯繫方特斯，將版稅捐贈給詹森基金會。

迪克不僅一手促成了出版合約，更親自挑選出最能代表「偉大社會」範疇和影響力的公開文告。他並遵照詹森總統的指示，撰寫了序言，隨後更仔細審閱整本書的排版。

然而，在迪克公開反對越戰後，出版社悄悄接獲白宮來函，要求他們不僅要將迪克的名字從序言中刪除，還要將他從整本書中徹底剔除。在經歷了迪克被他視為「背叛」的行為後，詹森總統認為，再讓迪克的名字與「偉大社會」的成就產生任何關聯，已不合時宜。

由於迪克負責編輯這本書並撰寫了序言和評論，出版社認為別無選擇，只能婉拒白宮的要求。因此，詹森決定撤回這本書的出版，並退還所有預付款和費用。整個事件也令我遺憾不已。我能理解詹森為何對迪克如此震怒。畢竟，曾任職白宮的幕僚，公開指責政府蓄意撒謊、欺瞞大眾。然而，迪克究竟該對誰盡忠呢？迪克在日後發表的文章〈忠誠的責任〉（*The Duty of Loyalty*）中，寫道，所謂的背叛指控，「源自於錯誤的假設，認為曾為總統效力的人，就應該對他的政策始終如一地保持忠誠；一旦為總統效命，就不得在公共議題上發表異見，除非他恰巧認同政府的立場。」對迪克而言，至高的忠誠乃是可以表達異議的忠誠。他效忠的對象，並非詹森總統或詹森政府，而是美國，以及他認為對國家有利的一切。而這場戰爭，正為他和總統都最為珍視的國內改革議程，投下長長的陰影。

⋄✶⋄

一個星期六早晨，我埋首於整理一九六六年的書信檔案，迪克則專注地閱讀西塞羅的《論友誼》（*On Friendship*）。他有個習慣，總愛與我分享及解釋各種天馬行空的主題，不論是哲學、植物學、物理學，或任何其他能引起這位博學而求知若渴的讀者興趣的事物。例如，晚餐時他常會問我，「你怎麼形容這個東西的味道？那個東西的氣味呢？你覺得，形容味覺的語言和形容嗅覺的語言相比，哪個更精確？」

今天早晨的談話中，他談起了西塞羅對不同類型友誼的區分：實用的朋友，即與我們有交易關係的朋友；有趣的朋友，與我們共享樂趣和遊戲；以及「另一個自己」，是我們能分享靈魂深處秘密和感情的難得朋友。在闡述了這些友誼類型後，迪克將西塞羅的書放在腿上，說道：「你知道，我敢打賭，我聽甘迺迪總統說過這句話不下二十次：『在政治中，沒有朋友，只有盟友。』」突然間，他開始輕聲哼哼，似乎有什麼念頭纏著他，然後說道：「他在這點上，錯了。」

他回憶起與莫耶斯的友誼，源於在白宮的漫長日夜中，為「偉大社會」並肩作戰，分享靈感、幽默與建言。至於甘迺迪總統，迪克對他的忠誠近乎崇拜，不過他們並未共度太多休閒或社交時光。與林登相處，雖然不乏慶祝宴飲的場合，但林登的生活其實難有閒暇娛樂時光。不過，這兩人即便不能稱為朋友，也無疑曾是有力盟友，共享深厚信念。在林登之後，迪克未曾再遇見如此令人敬畏又驚嘆的懾人氣勢。而迪克離開政府後，與巴比和賈姬所建立的友誼，則為他帶來了建言、陪伴、情感上的支持，以及深厚的互信。

一封格外醒目的信件，讓我們關於友誼的閒聊更加熱絡。這封信是賈姬寫給迪克的，被他珍而重之地保存在檔案中，也揭示了他們兩人的真摯友誼。我小心翼翼地展開這張宣紙，信紙左側邊緣，點綴著水墨勾畫的竹枝，郵戳顯示日期為一九六六年七月十三日，寄自夏威夷。

親愛的迪克，

我用中國書法課的宣紙來寫信給你，如你所見，我畫的竹葉還不太成熟。很高興收到你的來信。我心頭有思緒萬千，但就像中國畫一樣，有些意境，還是留在心底就好。我花了很長時間才開解自己，然後在無所事事又美麗的日子裡，發現自己能享受簡單的事物。我讀到很多人在這裡找到了平靜，他們都是相當複雜的靈魂：羅伯特．路易士．史蒂文森（Robert Louis Stevenson）、傑克．倫敦（Jack London）、馬克．吐溫（Mark Twain）和高更（Gauguin）。我已讀完他們的所有回憶錄，偶然間還發現了穆爾黑德（Alan Moorehead）的書。

對於文明人來說，最難做到的，或許就是安靜地生活——儘管腦子裡會想很多，但仍把日子過得很簡單。不過，一旦你試著讓日子變得那樣，你就不想回到過去的狀態了。

過去一年裡，有三個地方讓我流連忘返。阿根廷、西班牙和這裡。因為這三個地方都提供了一種全新的生活方式、全新的思想、值得學習的全新文明，還有大自然能讓你迷失其中。現在我知道這就是我必須做的，我希望最終能夠搞明白如何做，因為我真的沒有足夠的力量回到以前的世界，那裡充滿了會把你拖回過去的回憶，而回憶會讓你陷入那再也不能重現的日子裡。你會在絕望中掙扎，一點一滴地失敗，然後選擇離開，重新振作，再次開始。我在這裡戒煙了，這意味著也會開始戒酒，因為酒會讓你想抽煙，我現在每天早早就寢，我希望能一直保持下去。或許，我已經做出的這些決定，都只是懦弱的表現。

我在這裡閱讀希臘哲學，來抵消所有東方文化的影響。希臘人會面對生活，而東方人則在生活變得無法承受時，選擇逃避——儘管這也不失為一個好主意。你是唯一一個我想傾訴這些心事的人，因為你也是一個迷失的靈魂，我知道你對越南和一切的看法，我想你必須做你該做的事。感謝上帝，還有巴比。

我對這封信最難忘的，是賈姬那句坦率而脆弱的話：「你是唯一一個我想傾訴這些的人，因為你也是一個迷失的靈魂。」當賈姬訴說著她與絕望的搏鬥，以及努力重拾自我的過程；同一時期的迪克，也深感自己在尋求內心平衡的道路上，屢屢受挫。在這個過渡期，他一邊努力尋找屬於自己的寫作風格，一邊仍舊在迷茫中徘徊。

雖然他當年獲得了衛斯理大學的寫作獎學金，並與其他作家一同在瑪莎葡萄園島度過夏天，他始終無法擁有足夠的內在紀律或心靈上的平靜，以推進構思已久的鴻篇巨著。除了慣性拖延，他飲酒的頻率也過於頻繁。在一九六六年的那個夏天，他向摯友喬治坦承：

我現在就處在文學社群中。我右邊是海爾曼，左邊鄰居是拉夫（Philip Rahv），史泰隆住在離我三棟房子的距離。羅斯和布魯斯坦（Robert Brustein）住在同一條路上。其他作家也不時經過。結果卻與預期完全相反。這裡無法寫作，時常豪飲到凌晨四點，幾乎無法做任何事。

一次與友人出航歸來後，迪克在日記中透露，深藏於內心的沮喪和恐懼。

真是諷刺，你一邊想著可能會溺水，或是船隻沉沒，一邊望著那美麗、陽光燦爛日子——寧靜且綠意盎然的美景——覺得一切似乎沒有災難的預兆。然而，誰又能預知，一兩天後，一切是否會驟然改變，你是否會在汪洋中掙扎求生？災難總是猝不及防，不分時間，不分地點，它突如其來地降臨，將陽光轉為黑暗。而我，卻總是反覆地被這些病態的念頭纏繞。

一九六六年秋天，迪克與賈姬和巴比的友誼捲進了公眾輿論漩渦。事件起因於傳記作家威廉・曼徹斯特即將出版有關甘迺迪刺殺事件的書籍，甘迺迪家族親自委託他操刀，卻引爆一場持久且傷人的風波。

甘迺迪總統遇刺四個月後，曼徹斯特簽下的合約規定，非經賈姬與巴比點頭，書稿不得面世。賈姬曾與曼徹斯特兩次進行長達五小時的深度訪談。巴比也親自會見過作者，並請求數十位甘迺迪家族成員和同事提供協助。兩年後，當曼徹斯特將手稿提交給巴比和賈姬時，那段椎心刺骨的回憶，仍讓他們不忍卒讀。因此，審閱的重責大任，便交給了巴比的兩位長期助手，古斯曼（Ed Guthman）和席根塔勒（John Seigenthaler）。

迪克當年春天也拜讀過這份手稿，但並非以甘迺迪家族代表的身分，而是作為曼徹斯特在衛斯理大學相識的朋友和同事。「這又是一部大師鉅作，」迪克輕鬆地告訴他的鄰居，並建議他將書名從《蘭瑟之死》（Lancer是CIA給甘迺迪的代號）改為《總統之死》。曼徹斯特對迪克的意見和新書名相當滿意。

古斯曼和席根塔勒提出了上百處的潤飾與刪減，大多旨在抹去對詹森總統的刻薄之詞，以及刪除賈姬曾向作者吐露的私密心事。曼徹斯特接受了大部分的修改意見，並在七月收到了來自巴比的電報。即便尚未親自翻閱書稿，巴比表示「甘迺迪家族不會對本書的出版設下任何障礙，」並強調，若書籍出售連載版權，「期盼書中情節不會遭到斷章取義，或以任何形式扭曲。」

曼徹斯特的出版商「哈潑與羅」（Harper & Row）認定已無後顧之憂，遂將手稿交由各家雜誌社競標連載權。最終，《展望》（*Look*）雜誌以六十六萬五千美元（相當於今天的六百六十萬美元）天價，搶下七期連載權，創下當時連載權交易的最高紀錄。當巴比把消息告訴剛從夏威夷歸來的賈姬時，她頓時感到天旋地轉。「我原以為，它會被裝幀成黑色封皮，靜靜地躺在陰暗的圖書館書架上，」她後來說道。連載權引發的瘋狂競標，讓她恐懼不已。她意識到，每一期連載都將成為頭版頭條，而她將被迫日復一日，赤裸裸地重溫那段她竭力想要抹去的惡夢。

她恨不得一切都能消失：雜誌連載權，甚至是那本書本身。但除非訴諸法律阻止出版，否則這個願望無法實現。巴比起初同意這一做法，儘管他意識到訴訟將掀起鋪天蓋地的輿論爭議。最終，他決定，眼下之計，唯有先刪除最可能引起爭議的段落；如果這樣仍無法阻止風波，他們可以「發表一份措辭強烈的聲明，與此書徹底切割。」

就在雙方僵持不下之際，迪克正式踏進了這個困局。受甘迺迪家族委託擔任「文學經紀人」，迪克負責與曼徹斯特進一步斡旋與修改。「這麼做不無道理，」曼徹斯特後來寫道。「我和他在密德鎮的家相距不遠，賈姬對他信任有加，而他對巴比的仕途，更是全心全意地支持。」

「在與賈姬的衝突開始後，」威爾斯（Garry Wills）[144]後來寫道，「威廉・曼徹斯特無法確定迪克是站在他這一邊，還是賈姬那一邊。」

「我真希望我從未捲入這場紛爭，」迪克坦承道。「我與賈姬的友誼，她的極度痛苦，讓我進退失據。」作為曼徹斯特的鄰居和同為作家的朋友，他希望能對作者本人保持公平。他完全理解，移除這裡的一些字、那裡的一句話，都將動搖整本書的根基。「像疊積木的遊戲一樣，一次移走一塊積木，」他強調，「搖搖欲墜的積木堆，隨時可能崩塌。」然而，賈姬仍是他最牽掛與關心的。

《展望》雜誌勉強同意將七期連載減少為四期，並將出版日期推遲至隔年一月，以便給迪克和曼徹斯特足夠的時間進行修改。「但是，我們什麼事都做不了。」迪克在他的日記中寫道。曼徹斯特與《展望》簽訂的合約，並未賦予他額外修改的空間，任何修改皆須雜誌首肯。然而，雜誌方面對於許多修改意見「寸步不讓」。

席根塔勒和古斯曼在長篇手稿中處理的兩大問題——對詹森總統的刻薄之詞，以及賈姬曾向作者吐露的私密心事——在雜誌的短篇連載中被進一步放大。每一句具有冒犯性的字眼都更加突出，這正是巴比在衡量連載權問題時就預見的風險。若只單獨看某段摘錄文字，恐將扭曲整體敘事的本質。迪克在日記中描述了此時的掙扎：

> 我們希望刪除關於賈姬極其私密且不得體的個人情事。她在刺殺事件後長時間與曼徹斯特交談，那段時間的傾訴，對她而言是一種療癒方式，毫無保留分享了許多細節，包括他們共同生活的親密點滴——如《摩登銀幕》（*Modern Screen*）[145]風格的內容。

144 譯註：威爾斯（Garry Wills），美國著名作家、歷史學家，著有《甘迺迪監禁：權力的沉思》（*The Kennedy Imprisonment: A Meditation on Power*）。

145 譯註：《摩登銀幕》是一本美國影迷雜誌，內容涵蓋明星專訪、寫真及相關報導。

我們還希望去除諸多針對詹森總統的事件、評論與引述。我認為這些無益於任何人，因為它會留下負面觀感，認為甘迺迪家族一開始就看不起詹森，不曾給予他公平執政的機會，旋即對他產生敵意。

我們已決定擱置政治層面的修改——這些爭議終將浮上檯面，造成傷害——但我們將竭盡所能，刪除一切對賈姬不利、侵犯其隱私的內容。

到了一九六六年十二月初，迪克成功說服曼徹斯特和《展望》雜誌，移除許多賈姬提供的敏感內容。曼徹斯特認為，他已盡量在不損毀手稿完整性的前提下，做出最大讓步。「哈潑與羅」及《展望》皆向賈姬發送函件，表示儘管了解她本人可能仍對某些細節不盡滿意，但他們已經「力求在公平、細心地考量各方感受，並保持事實準確之間取得平衡。」故此，他們決意按原計畫出版。

賈姬閱讀這些信後，立刻致電她長期合作的律師里夫金（Sy Rifkin），指示遞交訴狀。巴比拒絕參與訴訟，認為這「實屬可怕的錯誤」。然而，在公開場合中，他仍舊力挺賈姬。

我問迪克，是否曾試圖勸她改變決定。「沒有，」他說，「她已經下定決心。她當時狀況非常糟糕，隨著巴比的疏遠，她感覺自己被遺棄。為了她，我別無選擇，只能支持她提起訴訟。」

如同巴比所預測，這場訴訟頓時成為全國輿論焦點。大多數社論強烈批評賈姬提起訴訟。《紐約時報》社論寫道：「歷史屬於所有人，而不僅僅是參與者；她已做出了最初的決定，終須承擔其後果。」電視媒體包圍曼徹斯特的住所，在他門前的街道上紮營。排山倒海的壓力，使曼徹斯特因重症肺炎倒下。

巴比與賈姬成為眾矢之的。哈里斯民意調查（Harris poll）顯示，五分之一的人因為這場爭議「對巴比好感度降低」，三分之一的人因此「對賈姬好感度降低」。這場醜聞首度在公眾面前，為賈姬的完美形象留下污點。

如果這場災難中有人得以脫身，那便是詹森，他在曼徹斯特書中被描繪成愚昧粗鄙之輩。而這輕蔑形象，多半源自賈姬的評論。經小瓢蟲夫人的明智提醒，詹森親自寫信，主動向賈姬表達關懷：「小瓢蟲和我讀到您對曼徹斯特書籍的不滿，感到十分難過。一些報導將您的憂慮歸因於書中批評或誹謗我們的段落。若果真如此，請您相信，我們始終感念您的善良與體貼。我們希望您不要因為我們的緣故，而承受任何不適或困擾。誹謗永遠無法習慣，但我們已學會與之共處。無論如何，您的內心安寧勝過一切，我們不希望您因為我們而有任何不快。」

訴訟公告後不久，雙方展開和解協商。《展望》雜誌同意額外刪除書中七頁，共計一千六百字的內容。曼徹斯特與賈姬的所有錄音訪談，將封存於甘迺迪圖書館，直至二〇六七年才得解密。訴訟宣告撤銷。《新聞日報》（*Newsday*）以大字標題宣告「賈姬在書籍爭議中大獲全勝」，「出版商證實雜誌社同意修改。」倫敦《每日快報》（*London Daily Express*）一篇社論指出：「我們現在面對的，不再是那位獻身於文化事業，低聲細語、嬌柔害羞的妻子，而是一位意志如鋼鐵般堅定的女性，不惜置身於轟動法庭戰，也要保護她的家庭秘密。」

然而，賈姬並未感受到絲毫勝意。在雜誌競標期間，原始的七月手稿副本已經被流傳出去。迪克和曼徹斯特一起努力編輯的段落，最終仍被媒體取得，引發更大波瀾。

「看到這場可怕風波帶給所有人的不幸，我無比心痛，」賈姬在回覆詹森總統關懷的信件時說。「我所為之事，只能帶來痛苦，」她寫道，「如今，我感到心力交瘁，彷彿已失去所有情感。」

即使賈姬在聖誕節後前往加勒比海的安帝卡島（Antigua）躲避紛擾，這場風波依然如影隨形。她在一篇文章中讀到，曼徹斯特在書中聲稱，她反對總統稱呼她為「親愛的」，這促使她再次向詹森寫信。

「我極力壓抑、試圖遺忘的怒火，因此再度燃起。」她指出，只有真正的朋友才會稱她為「親愛的」，並且她希望總統能再次這樣稱呼她。她寫這封信的目的，僅僅是為了表達「無論發生什麼事，無論您對我的想法如何轉變，我對您的友愛永不變。一旦我決定關心某個人——便沒有什麼能夠改變我。」

這場風波在迪克心中留下難以抹滅的陰影，回想起來，仍令他如鯁在喉。出於友誼與忠誠，他與賈姬站在同一陣線，但未能反對她提起訴訟，來保護她免受風波影響。他也始終為代表甘迺迪家族，以「文學經紀人」身分向曼徹斯特施壓，要求刪除手稿的字詞、句子和整段內容，而深感懊悔。他使自己身陷兩難，正如威爾斯所言，落入試圖兩面討好的境地。

儘管如此，正因為這場爭議，這本書成為轟動一時的話題。第一期的連載單是在時代廣場一地，短短數小時內便售出超過四千冊。精裝本《總統之死》更在第一年內銷量突破一百萬本。根據合約規定，曼徹斯特應將首次印刷後的版稅歸甘迺迪圖書館所有。當出版商在第一年後收到七十五萬美元的支票時，曼徹斯特諷刺地成為甘迺迪圖書館的最大捐贈者。

一九六七年一月

究竟該怎麼做？該站在哪一邊？一九六七年初，關於越戰的辯論與分歧，已蔓延至全美各地的家庭、世代、市政廳、學校、教堂和猶太會堂。在這場已然成為美國泥淖的戰爭中，我們該如何抉擇、採取何種立場，已是迫在眉睫的問題。

我們從單純支援南越，轉而對北越展開規模日益擴大的戰爭。駐越美軍人數來到四十三萬五千。美國對北越的轟炸量，超過了二次大戰期間對日本投下的炸彈數量，甚至超越整個韓戰期間的總和。然而，沒有跡象顯示，這般轟炸能有效削弱北越的戰鬥能力。

戰爭持續消磨「偉大社會」計畫在國內的推動力。一九六六年十一月的期中選舉，民主黨一次丟失眾議院四十七席，超過了一九六四年詹森大勝時所贏得的席位。詹森力推的第三部主要民權法案——禁止房屋租售歧視——遭到參議院冗長辯論阻撓，最終投票結果差距懸殊。他積極爭取反貧困計畫經費，也屢屢受挫。公眾對過去兩年進步立法成就的關注和熱情已大幅減退。

自從一九六六年九月在ADA會議上與政府決裂以來，迪克對越戰的批評日趨尖銳，他當時便認定政府鑄下了「美國外交政策史上代價最高的錯誤」。他開始撰寫一系列演講和文章，猛烈抨擊「政府對國家幾乎毫無誠信，總是隨著形勢和當前政治需求，隨時竄改事實真相」，政府「釋放出滔天謊言，幾乎麻痺了我們分辨真偽、現實與幻想的能力」。

迪克在他撰寫的〈忠誠的責任〉一文中坦言：「公開批評一位總統的政策並非易事，特別是當這位總統曾提供你從事重要公職的機會（如我自己的情況）。這不僅會引起爭議，引發他人對異議者忠誠度的質疑，也同時帶來個人層面的困擾與不安。然而，對詹森總統和我們來說，不幸的是，越戰正是迫使人們必須作出這般艱難抉擇的議題。」

迪克的批評未曾直接攻擊詹森本人，但他對總統的憤怒與日俱增。他悲痛地眼見，自己曾熱情推動的「偉大社會」計畫逐漸衰退。在私下對話中，他對詹森的人格抨擊愈發激烈，有時甚至會將詹森說成諷刺漫畫裡的滑稽角色。隨著戰爭持續，在迪克心中，那位他過去朝夕相處、性格複雜的詹森逐漸消失了。他在一九六六年秋天的日記中寫道：「這個國家現在落在歷史上最危險的一雙手中。」

迪克開始構思一個沒有詹森的政治未來。在同一篇日記中，他預測詹森可能在一九六八年大選中落敗。「對他最不利的，不是戰爭或通貨膨脹，而是人民不再信任和喜愛他。他永遠擺脫不了這個困境。我曾向巴比簡短提及一九六八年的選情，他不願多談，但我們一致認為，他現在除了繼續做好手上的事，沒有別的選擇——反叛的種子早已埋下，最好的辦法就是靜觀其變，等待一場真正的黨內反叛到來。」

迪克收藏的一九六七年越戰文章和演講資料，展現了當年日益嚴峻的緊張對立情勢。唯獨一篇採訪他的文章，令我倆不禁莞爾。採訪者引用《倫敦觀察家報》（*London Observer*）報導，暗示迪克是密謀詆毀詹森越戰政策的核心人物，並將他與史列辛格、高伯瑞列為同謀。證據竟是：這三名「流亡政府」的「正式成員」在曼哈頓一家靜謐餐廳共進午餐。史列辛格在給編輯的信中否認了這項陰謀，指出有時午餐真的只是午餐而已。「我不認為我們擅長搞陰謀，」迪克對訪問者說，「我們都太愛說話了。」他補充道，如果他們真的是流亡政府的一員，「那這肯定是史上最不起眼的流亡政府。它既不做決策，也沒有任何實權。如果你的意思是，有許多無權之人渴望掌權，那倒是真的。但這本來就是常態。」

然而，在巴比位於山核桃莊園（Hickory Hill）[146]的晚宴上，輕鬆的諷刺氛圍蕩然無存。平時，在這樣的場合，禮儀與文明往往主導一切，但此時卻截然不同。社交面具已被摘下。在公開與私下場合，政府官員開始針對反對其立場的人，發動針對背後動機、忠誠與愛國情操的攻擊。

「當哈里曼在巴比家中對我發難時，我完全愣住了，」迪克告訴我。

「『你和史列辛格都是殺人兇手，』他直截了當地指責我，『你們正在害死美國的年輕人。』」

「我試圖冷靜地解釋給他聽，事實正好相反。我們是想阻止這種殺戮。」

「『你們這麼做只會讓河內更有信心，』哈里曼指控道，語氣愈來愈尖銳，『國內所有的抗議，只會讓他們認為我們即將放棄。』」

迪克用一種令我感到不安的嚴肅語氣告訴我：「要是在以前，我真的會跟他決鬥。」

當聽到魯斯克指責稱「曾在甘迺迪和詹森政府任職的偽知識分子，如今卻對越南問題提出異議」，迪克變得更加憤怒。諸如「叛徒」、「不愛國」和「不忠」等字眼開始甚囂塵上。迪克於是撰寫一篇關

146 譯註：山核桃莊園（Hickory Hill），位於美國維吉尼亞州，是一棟大型磚砌住宅，長期為甘迺迪家族所有。

於忠誠的文章作為反駁。對迪克來說，「該站在哪一邊」的問題已不再重要，現在他關心的是該怎麼做、如何去做：

美國政府並非私人俱樂部或大學兄弟會。政府的政策也不是私人誓約或商業機密。顯然，一個人擔任公職是為了服務國家。每位高級官員，不論他是民選或政治任命產生的，他所宣誓的誓言都是支持並捍衛美國憲法，而非效忠於某個政府、政黨或個人。

異議者有時會被指責貶損了總統。總統職位理應受到尊重。然而，其尊嚴並非來自於個人特權、頭銜，或其擁有者，而是源自於其乃美國人民所選出。總統屬於全體美國人民，若人民或部分人民認為總統職權遭到濫用，那麼他們就有責任挺身而出。

一九六七年三月二日

對於羅伯特．甘迺迪參議員來說，越南問題上究竟「該站在哪一邊」，權衡考量極為複雜。一九六六年十二月，他告訴友人、《村聲》（*Village Voice*）專欄作家紐菲爾德（Jack Newfield）：「如果再表態一次，能有所幫助，我明天就會登台。但我上次發聲，不僅對政策毫無影響，反而遭受嚴重政治攻擊。我擔心發聲只會促使詹森做出相反的決定。」他所指的，便是迪克協助起草的一九六六年二月聲明。

但隨著轟炸行動升級、國內分歧加劇，巴比認為美國已經來到「關鍵轉捩點」。他決意別無選擇，只能冒險發聲。但包括他的兄弟愛德華．甘迺迪參議員、索倫森和范登．休維爾在內，數名至親好友皆力勸他保持緘默。而年輕幕僚與盟友們，如瓦林斯基、格林菲爾德（Jeff Greenfield）、洛溫斯坦、史列辛格及迪克，則力促他對越戰採取明確且果斷的立場。

巴比宣布將於三月二日在參議院發表重要演講，讓全國引頸期盼。這並非第一次有參議員公開反戰，但巴比不僅是民主黨二號人物，更是讓詹森最為頭痛的對手。在迪克、史列辛格及瓦林斯基的協助下，演講稿在二月幾周內逐漸成形。巴比計畫提出一個停止轟炸的方案，建議美國在一周內宣布準備啟動和平談判，並與共產黨達成一項協議，在談判進行期間，雙方皆不得擴大戰事。

巴比與迪克、瓦林斯基繼續為演講稿努力，直至演講當日凌晨三點半。蓋洛普民調顯示，僅有百分之二十四的民眾支持停止轟炸。巴比相當清楚這一點，當天下樓吃早餐時，他告訴眾人，愛德華．甘迺迪剛打來電話關心，「務必強調是來自紐約的甘迺迪發言。」

紐菲爾德回憶，在擠滿人群的議事廳裡，來自紐約的年輕參議員從後方的座位站起身，以「平靜卻略帶緊張的語調」發言。為了避免被認為針對詹森，巴比選擇將矛頭指向多方，同時也審慎地承認自己在其中所應負的責任。他坦言，在越南問題上，近三任美國總統——艾森豪、甘迺迪與詹森——都有所行動，「如果需要追究錯誤或責任，那麼每個人，包括我自己，都應該承擔起責任。」根據《事實檔案》（*The Facts on File*）年鑑記載，這番坦白使他成為當時民主黨政府中「唯一公開承認自己在越南問題上有過失的主要官員」。

接著，他談及戰爭的「恐懼」，炸彈的陰影，籠罩整個夜空，「摧毀了昨日關於家庭、土地和家園的承諾。」他表示，這種恐懼是我們每個人親手造成的。「是我們這些生活在富裕中的人，把年輕人送上前線去送死。是我們的化學品灼傷了孩子們，是我們的炸彈夷平了村莊。我們每一個人都是共犯。」

演講一結束，媒體上立刻出現反擊。正如巴比所料，多數人認為這是他和詹森之間的私人恩怨和政治鬥爭。一連串彷彿事先安排好的報復行動展開：參議員亨利・傑克遜（Henry Jackson）宣讀總統來信，堅稱「轟炸行動有效，且將持續進行。」將軍魏摩蘭（William Westmoreland）[147]隨後強調，轟炸對「美國戰略至關重要，能減少我方傷亡。」他並堅決表示，不願為任何停止轟炸的提案，付出哪怕「一滴血」的代價。參議員竇克遜指控，巴比的和平提案會壞了我們的戰事。而重返政壇的共和黨候選人尼克森斷言：「詹森是對的，巴比錯了。」尼克森還說，巴比的表態「等於是鼓勵敵人，把戰爭時間拖得更久。」

儘管短期內可能對巴比的政治聲望造成傷害，但誠如紐菲爾德所言，此時正是「分水嶺」，「關於越南問題，巴比在心理和思想上終於從束縛中解脫出來。」

「他從此成為反戰運動的領軍人物，」迪克回憶道。「再也無法回頭。」

一九六七年四月十五日

那年春季，讓迪克與巴比都頭疼的越戰問題，作為重大公共議題，也如潮水般湧進哈佛大學的日常生活。當時，我作為二十四歲的研究生，正忙於撰寫博士論文，同時也擔任美國政府與總統課程的講師。然而，實際上，越南戰爭才是那段時間大家的主修課。

我的學生忙著簽署請願書、發放傳單、策畫遊行與示威，並分析「國家機器」如何運作，我反而從他們身上學習良多。迪克在反對越戰和詹森的立場上，比巴比更為激進，而我當時的態度，則比他們兩人都更為保守。我明確反對越戰，但卻不像對民權運動或「偉大社會」計畫那般熱情與堅定。與迪克和巴比不同的是，我仍舊相信並期盼，詹森正尋求讓北越重返談判桌的途徑，且外部壓力或許能加速此目標的實現。

全國各地的抗議與示威活動，逐漸匯聚成一場全面性的反戰運動。關於越戰歷史與本質的校園辯論，從密西根大學蔓延至包括哈佛在內的多所大學。關於戰爭的道德性、學生緩召的公平性、應徵入伍或抵抗徵召等議題，激烈辯論此起彼落。我的學生面對迫在眉睫的抉擇。一項民調顯示，哈佛有三分之一的畢業生將拒絕參戰。

我所在的鄧斯特樓（Dunster House），到處都在熱烈辯論越戰，有時是學生自己辦的，有時是教職員或特邀講者來主持。令我記憶深刻的某一夜，激進自由派活動家洛溫斯坦發表慷慨激昂的反戰演講，之後還和學生們討論好幾個小時。那時我才隱約知道，洛溫斯坦正在校園內組織「倒詹森（Dump Johnson）」運動，並尋求能在總統初選中挑戰詹森地位的人選。我還清楚記得，當時洛溫斯坦戴著厚眼

147 譯註：魏摩蘭（William Westmoreland），一九六四年至一九六八年越戰期間的駐越美軍最高指揮官。

鏡、穿著皺皺的西裝，盤腿坐在地毯上，被一群研究生和大學生圍繞。他鼓勵所有人四月十五日前往紐約，參加預估是史以來最大規模的反戰遊行——「春季動員反戰大遊行」。

之後，我和研究生同學兼好友桑迪・列文森（Sanford "Sandy" Levinson）聊了許久，決定結伴參加遊行。桑迪比我大兩歲，在杜克大學（Duke University，當時是全白人學校）念書時就積極投入民權運動。他是校內全國有色人種促進會的創始成員，同時擔任學生會幹部，曾邀請莫爾豪斯學院（Morehouse College）[148]校長梅斯（Benjamin Mays）到校演講，使梅斯成為首位在杜克大學發表演說的非裔美國人。一九六四年夏天，桑迪與一群致力於民權運動的黑人與白人駛往阿拉巴馬州蒙哥馬利，在詹森總統簽署民權法案當天，他們是假日旅館（Holiday Inn）實現種族融合用餐的第一批顧客。過去在民權問題上，桑迪是詹森總統的堅定支持者，但到了一九六七年，他認為政府對反戰聲浪置若罔聞，期盼齊聚紐約的抗議群眾，能引起白宮的重視。

四月十五日一大早，我與桑迪、他的妻子兼衛斯理大學四年級生辛西亞（Cynthia），以及我們的歷史博士生朋友韋德（Simeon Wade），一同驅車前往紐約。我們滿心期待能聽到主講人馬丁・路德・金恩的發言，但他是否出席卻成了變數。幾天前，金恩在紐約河濱教堂（Riverside Church）首次公開反戰聲明。所有高級顧問都勸阻他不要這麼做，認為偏離官方外交政策立場是災難性的錯誤。但金恩堅持認為是時候發聲了。他在開場白中宣告「我的良心不容許我有其他選擇」，接著對這場「瘋狂」、不光彩的戰爭發出猛烈譴責，稱它正在毒害「美國的靈魂」。

金恩博士的演講，在民權團體間掀起「猛烈的批評聲浪」。全國有色人種促進會理事會通過決議，譴責金恩犯下「重大戰術錯誤」。《華盛頓郵報》指出：「諷刺的是，為糾正古老錯誤而付出最大努力的政府，卻成遭受最猛烈譴責的對象。」據報導，詹森總統「深受打擊」。

前往紐約的路上，我們一路熱烈地聊著。從越戰和政治，聊到這十年兩大運動（民權運動和反戰運動）之間的碰撞，還有友誼、忠誠，以及我們人生的意義和方向。

正如洛溫斯坦所預料，這場遊行確實是史上規模最大的反戰盛會。抵達中央公園附近的目的地時，映入眼簾的是十二萬五千人所構成的美國社會縮影，宛如一幅巨大的馬賽克拼圖：背著嬰兒的母親、額頭繪有黃水仙的女孩、頭戴串珠頭帶的男孩、支持黑人權力（Black Power）的倡議者、來自南達科他州的美洲原住民代表、背著行囊與睡袋的東岸與中西部大學生、教授、研究生、高舉黑旗的無政府主義者，以及和平工作團的志工。

皮特・西格（Pete Seeger）還有彼得、保羅和瑪麗（Peter, Paul and Mary）[149]帶領我們高唱一首又一首民歌。橫幅上寫著「做愛，不作戰」，還有的標語直言「去他的山姆大叔」。現場氣氛喧囂而混亂，彷彿隨時可能失控。七十名康乃爾大學的學生焚燒了徵兵卡，並公開簽署承諾書，誓言抵抗徵兵。一面美國國旗在現場遭到燒毀，建築工人朝遊行者投擲釘子，而麵粉、雞蛋與紅色油漆則從窗戶灑落而下。

148 譯註：莫爾豪斯學院（Morehouse College），位於美國喬治亞州亞特蘭大的私立文理學院，為傳統非裔男子學院。

149 譯註：皮特・西格（Pete Seeger）有美國現代民歌之父的美譽，對美國民歌復興影響深遠；彼得、保羅和瑪麗（Peter, Paul and Mary）則是活躍於六〇年代的三重唱組合；兩組音樂人都常現身於各種抗議活動場合。

我們站得太遠，聽不清演講內容，但隔天在報紙上看到照片和報導，得知馬丁・路德・金恩、貝拉方堤（Harry Belafonte）[150]、卡邁克爾（Stokely Carmichael）[151]和斯波克醫生（Dr. Benjamin Spock）[152]肩並肩從中央公園走向聯合國廣場（United Nations Plaza）講台。金恩率先發言，措辭已不如數日前那場引發軒然大波的演說般激烈。他表示，今日前來，不是出於憤怒，而是懷著哀痛。談及「偉大社會」時，他流露出幾分感慨，並未直接對詹森總統發難。他的言辭明顯柔和許多，僅單純呼籲停止轟炸。然而，河濱教堂的演說早已造成無可挽回的影響，金恩與詹森，這十年間最具影響力的兩位領袖永遠決裂，此後再未相見。

離開紐約時，我們對這一天所目睹的憤怒與暴力情緒深感不安。一名反戰示威者在之前的一場遊行中哀嘆：「我們在電視上出現幾分鐘，結果整個國家對『跟著詹森贏』（Win with LBJ）變得更加狂熱了。」

在返回劍橋的路上，桑迪和我決定共同撰寫一份聲明，想辦法「將這場遊行所展現的廣大民意，轉化為有意義的政治訴求。」我們提議建立第三政黨，為沒有被兩大政黨真正照顧到的群體發聲，包含對戰爭不滿的學生、城市貧困階層、被邊緣化的農民和體力勞動者。

我們主張「第三政黨的候選人未必需要獲勝。」畢竟，第三政黨的傳統角色在於「凸顯選民群體的存在，使主要政黨不得不爭取他們的支持。」我們自問，遊行與抗議究竟如何才能真正影響決策？體制外的社會運動與體制內的政治權力之間，最具實質效益的關係是什麼？

多年後，我們重讀這篇文章時，迪克指出這在政治上不太實際。然而，這篇文章的動機與迪克在

ADA演講時的訴求如出一轍——促使國家機器對戰爭踩下剎車。在洛溫斯坦的幫助下，我們將文章投稿到《新共和》（*The New Republic*），靜待回音。

等待期間，我得知自己進入白宮學者計畫（White House Fellows）[153]決選名單。我去年一月申請的這項無黨派獎學金計畫，旨在提供年輕人為總統及內閣成員擔任一年特別助理的機會。每位入選學者可選擇兩到三個志願部門，錄取後再行分配。若能順利入選，我希望能被分派到勞工部或衛教福利部，以便能在國內政策議題上有所貢獻。

經過隆重安排，三十名決選者周末齊聚維吉尼亞州一間會議中心，接受由政府官員、法官及記者組成的評審團面試。結束後，我們一同返回華盛頓的辦公室，眼前的圓桌上擺放三十袋信封，當中約有一半是錄取通知。我拆開信封，確認自己就是那十六人之一，腦子瞬間一片空白。

隔天晚上，我們受邀前往白宮，參加慶祝入選學者的盛大招待會。我們先在玫瑰園集合，與總統合影，這是我生平第一次親眼見到總統。接著與詹森一同步入東廳，他發表致詞後，逐一向現場來賓介紹

150 譯註：貝拉方提（Harry Belafonte），牙買加裔美國歌手、演員與民權運動家，擁有三座葛萊美獎、一座艾美獎、一座東尼獎，亦是金恩博士的重要知己。

151 譯註：卡邁克爾（Stokely Carmichael），民權運動領袖人物，以倡導「黑人權力」運動聞名。

152 譯註：斯波克醫生（Dr. Benjamin Spock），美國兒科權威。

153 譯註：白宮學者計畫（White House Fellows），詹森在一九六四年十月創立的計畫，旨在提供優秀青年為期一年的全職帶薪見習機會，擔任總統或內閣成員的特別助理，並參與政策制定討論。

我們。隨後，雞尾酒會與晚宴開始，音樂響起，舞池隨之熱鬧起來。

輪到我與總統共舞時——他與我們這屆三位女性學者都跳了一支舞——我印象最深刻的是，他以出奇流暢、優雅的姿態帶我在場上旋轉。此刻的他，與我近幾個月來在電視上看到的形象截然不同。不是那瞇著眼睛、嚴肅談論戰爭的呆板身影，也不是哈佛校園或反戰示威中，那些批評海報上的模樣。整個宴會廳裡，參議員、眾議員、內閣官員、白宮幕僚和記者雲集，但他的存在感依舊壓倒全場。

「你們哈佛的男生會跳舞嗎？」他開玩笑道。在我們跳舞的整個過程中，他的話都沒停過。

「當然會。」我回答。

「胡扯，」他說，「我知道那裡什麼情況。」如果說，我和我的同輩一樣，曾對他抱持一種簡化的刻板印象，那麼他對我也不例外——在他眼中，我就是個「哈佛人」。

與這位健談的總統結束共舞時，他壓低嗓門但試圖大聲地對我說，我到白宮之後，將直接到他手下工作。

沒多久，我在《新共和》上發表的第一篇文章刊登出來了。但當我看見雜誌封面上，編輯所下的文章標題時，心底的興奮瞬間轉為恐懼。

「如何在一九六八年讓詹森下台」。

◇✶◇

恐慌迅速蔓延。我感覺自己已經辜負了所有新科白宮學者，我焦慮地猜想，恐怕不僅會丟掉職位，還可能連累整個計畫，甚至毀掉它。

這並非杞人憂天。多年後，我才得知那篇《新共和》文章曾在白宮幕僚間引發不小騷動。早在五月八日，也就是白宮招待學者過後一周，總統從德州返回華盛頓期間，這篇未公開文章的副本，竟已透過白宮專用於傳遞緊急文件的加密通訊系統，送到了空軍一號上。一名年輕的空軍軍官從印表機取出文件，交給白宮助理新聞秘書湯姆・詹森（Tom Johnson），他是白宮學者計畫的首屆成員。「這份文件還是由你親自交給總統比較好，」年輕軍官對他說。

「我懷著極大不安，將文件遞給了詹森總統，」多年後，我與湯姆回顧這整起事件時，他告訴我：「我當時真的很擔心，這篇文章會讓白宮學者計畫徹底玩完。但令我驚訝的是，他只是默默讀完，一句話也沒說。」

根據白宮日記的記載，那天晚上八點三十三分，總統致電公務員委員會（Civil Service Commission）主席梅西（John Macy），詢問「剛被任命的白宮學者桃莉絲・基恩斯，她的文章將刊登在五月十三日的《新共和》上。」他還要求調閱我的ＦＢＩ背景調查報告。同時，我陸續接到幾位白宮幕僚來電，希望我進一步說明文章內容。我的應對稱不上光彩。我極力強調，是雜誌編輯所選的標題——〈如何在一九六八年讓詹森下台〉，給這篇文章帶來意想不到的聳動效果。這點所言不假。但我也試圖撇清與一九六八年選舉相關段落的關係，聲稱我的主要貢獻是探討第三政黨如何代表不滿現狀的選民。然而，事實上，這篇文章從頭到尾都是桑迪和我共同撰寫的，並沒有明確的分工。

近年來，我到大學校園演講時，經常有人問我：如果能回到過去，會對年輕時的自己說些什麼？

「有些事經得起時間考驗，」我會這樣回答。但若是談及這場風波，以及自己令人失望的應對方式，我或許會補充一句：「但羞愧與悔意，即便過了五十年，依然會刺痛人心。」

撰寫這段回憶時，我致電給桑迪。他現在是德州大學法學院教授，也恰巧在哈佛授課，開設憲法學研討課程。我們相約吃晚餐，先是閒話家常，接著我問他，對我五十年前的應對表現有何感想。他說，身為朋友，他當時最擔心的，是我可能因此失去白宮學者的資格。當我告訴他，這些年來我一直為此感到內疚時，他說：「我沒有權力赦免任何人，但如果可以，我一定會赦免你！」

在查閱白宮日記的記錄時，我進一步發現，這件事當時被極為嚴肅地看待，不僅總統與第一夫人曾討論過，還經由核心幕僚研議，甚至涉及情報機構的調查與背景審查面談。

總統讀完文章的第四天，我尷尬地再次被置於放大鏡下檢視。根據總統每日行程記錄，五月十二日晚上十點二十分，總統伉儷、參議員羅素以及白宮演講撰稿人麥克弗森（Harry McPherson）在橢圓形辦公室旁的小休息室，討論了這件事：

總統和參議員羅素正在討論桃莉絲．基恩斯，總統請夫人閱讀她的FBI檔案。當總統向羅素參議員講述她的選拔過程時，第一夫人看完文件，交還給總統。這時，總統說：「我認為她被陷害了。」就在此時，總統接過來自特別助理卡特的晚間簡報，其中包含桃莉絲．基恩斯對整起事件的解釋。總統安靜地讀完後，遞給麥克弗森，並吩咐他仔細研究她的說法與FBI檔案。

當晚，羅素留下來共進晚餐，話題逐漸轉向嚴峻的國際局勢，從越戰擴大轟炸到政治情勢，最終演變成針對新聞媒體的憤怒抨擊。這場長篇謾罵愈演愈烈，眼看就要持續到深夜，直到羅素參議員站起來，宣布：「總統先生，已經午夜了。我得上床睡覺，因為我是個老人；而你也該睡了，因為你是美國總統。」

全面審閱所有檔案後，詹森最終裁定讓我保留白宮學者的資格，並於九月與同屆學者一起報到。白宮隨後統籌一份簡單而正面的說法來回應媒體。湯姆．詹森告訴記者：「基恩斯女士能夠獲選，是基於她的能力，而非她的政治立場。」就連《新共和》執行總編輯坎貝爾（Alex Campbell）也跳出來平息風波，表示：「我實在看不出這篇文章與她在白宮工作有何關聯。」

報紙對總統的決定大肆報導，標題充滿諷刺，例如：「她狠狠批評詹森，卻照樣保住工作」、「詹森選中的助理，竟策畫他的敗選」、「金髮美女批評詹森，仍贏得白宮職位」。

最終真正重要且算數的，只有詹森總統的一句話。他對白宮幕僚說：「讓她來這裡待一年，如果連我都沒辦法說服她，那就沒有人能說服她了。」

此後，再也沒有人談論我將為詹森工作的事。事實上，我甚至不確定是否還有哪位內閣成員願意錄用我。不過，風波平息後不久，勞工部長維爾茨（Willard Wirtz）便打電話請我到華盛頓面試。儘管我的公職生涯以戲劇性的方式開場，但現在我終於有機會進入勞工部——我原本最想去的地方。

面試前，我盡可能閱讀所有能找到的資料，深入了解維爾茨這位在勞工史上影響深遠的人物。維爾茨的職業生涯橫跨二戰至今，是直言不諱的自由派人士，曾在史蒂文生兩次競選總統期間，擔任他的主要顧問、法律合夥人及主要演講撰稿人。身為甘迺迪與詹森兩任總統的勞工部長，維爾茨被公認為窮人與失業群體最堅定的擁護者。

走進他的辦公室時，我對即將發生的事毫無頭緒。沒一會，這位留著一頭泛白平頭髮型、身材高大、溫文儒雅且幽默風趣的長者，親切地引領我到小型會客區。他詢問我為何想投身政府工作，接著從口袋裡掏出菸斗，專注地聆聽我講述華盛頓大遊行，以及史蒂文生在科爾比學院畢業典禮上的民權演講。當時，史蒂文生談論到民權運動的自由鬥士，預言未來競選公職的人，將以曾身陷囹圄為榮。不到一小時，這位在法律、公共演說、勞工史研究領域皆有深厚造詣，並為勞工權益奮鬥的學者型官員，輕輕將菸斗從口中取下，微笑著對我說：「歡迎加入，我希望你成為我的白宮學者。」

一九六七年秋季

我與迪克初次見面時，他曾質疑我為何想在勞工部工作，或是為何願意加入詹森政府的任何部門。他對詹森的憤怒如此強烈又徹底，以至於他認為「偉大社會」已名存實亡，戰爭也已占據每個部門、每個機構的核心位置。然而，他錯了。儘管軍費開支增加，導致國內計畫預算縮減，但「偉大社會」的活力依舊在勞工部及整個政府內部持續運行。

而維爾茨部長則被證明是「偉大社會」最堅定的擁護者，也是二十四歲的我所能遇到的最佳導師。他指派給我一系列極具挑戰性的任務，並隨時提供諮詢與建議。

一九六七年九月，我才剛到勞工部報到，維爾茨部長便指派我負責監督一項針對弱勢非裔青年的技能培訓與閱讀補救計畫。他派遣我前往就業辦公室克里夫蘭分部，喬裝成待業人士，親身體驗求職者所受到的待遇。在他的指導下，我也參與籌備華盛頓卡多佐社區（Cardozo）的公立戒毒中途之家，我們計畫在設施內提供就業機會，並融入當時最先進的成癮治療理論。偶爾，他還會請我協助撰寫演講稿，儘管他其實並不太需要協助——他本人文筆極佳，素有內閣最佳寫手之稱。

與他共事也充滿樂趣。他時常用自己多年來收集的「近音詞口誤」梗，幽默地調劑嚴肅場合。我剛開始還沒搞清楚狀況，有一次他對我說：「對於聰明的人，一句話就不夠（deficient）了。」

「您是說『就夠了（sufficient）』嗎？」我脫口而出。

「如果你喜歡這樣說也行。」他笑著回應。

習慣了部長的文字遊戲後，我只會無奈地搖頭，帶著笑意接受他玩梗。

我常想起維爾茨的小幽默，每當迪克沒完沒了地引用尤吉．貝拉（Yogi Berra）[154]的經典語錄——像是「沒完就還沒完（It ain't over till it's over）」或「現在的未來不再是過去的未來（The future ain't what it used to be）」。迪克也有自己一套文字幽默，幾乎總能用一句話結束我們之間的小吵小鬧：「記住，我永遠對你念念不『窗』（I a-window-you），心『門』怒放（I a-door-you），懂嗎？」我便再也無法對他生氣了，真是讓人又氣又好笑。

154 譯註：尤吉．貝拉（Yogi Berra），前美國職棒大聯盟捕手，說過許多有趣的言論，被稱為尤吉語錄（Yogi-isms）。

雖然投身於治理都市貧困的工作，暫時讓我得以遠離國際局勢，但戰爭的陰影無所不在。越戰問題滲透到每個角落，包括總統與勞工部長之間的關係。多年後，維爾茨向記者回憶道：「曾有兩三年的時間，我與詹森關係很密切。但大約在一九六六或一九六七年，我開始覺得他的越南政策毫無道理，應該停止，於是寫信告訴他。從那一刻起，我們的良好交情就結束了。」

那年秋天，學者計畫成員數次受邀前往白宮，與總統會面或參加招待會。有一次，我們圍坐在一張橢圓桌前，詹森向我們闡述越戰的重要性。完畢，他表示剩餘時間只夠回答一兩個提問，然後指著我說：「你。」被點名的瞬間，我大吃一驚，只能說出在他發言時腦海中浮現的想法。我問他是否能夠理解，年輕人對戰爭的深切反對。

我幾乎不記得自己還說了什麼，但我的同屆學者提姆．沃思（Tim Wirth）清楚記得那尷尬的一刻。「你義憤填膺地發表對戰爭的看法。詹森那麼高大魁梧，看起來像是半起身朝你逼近，場面令人膽戰心驚。但接著，他只是用低沉的聲音看著你，說：『然後呢？』」換句話說，他在問我：「那你打算怎麼辦？接下來怎麼走？」這句話在提姆．沃思心中留下深刻印象。此後，在他漫長的從政生涯中，身為科羅拉多州眾議員與參議員，每當有人慷慨激昂地對他提出挑戰時，詹森的話語總會在他腦海中迴響：「然後呢？」

第十一章／風雲變色

迪克深知前方有什麼在等待。懷著愈來愈沉重的心情，我們開始翻閱裝滿檔案的箱子，裡頭記錄著一九六七年底到一九六八年間，那段充滿劇變與災難的歲月。

他似乎極不願回顧那段時期，他的抗拒強烈到，某個夜晚他竟拿起赫爾曼．梅爾維爾（Herman Melville）的《陽台故事集》（*The Piazza Tales*），用他的男中音開始朗讀〈貝尼托．塞雷諾〉（*Benito Cereno*）開頭的段落。我起初以為他是在刻意轉移注意力，好逃避不願面對的過去。但事實並非如此。他以沉穩而緩慢的語調，讀著恐怖暴風雨來臨前的凶兆：

「騷動的灰色水鳥，在翻湧的灰濛霧靄間盤旋，忽隱忽現，貼水疾掠，如暴雨前，原野上不安振翅的燕群。陰影中，孕育出更深的陰影，即將降臨。」

「多麼壯觀而不祥的開場，正好作為一九六八年地獄般歲月的引子。」迪克說道，整個人癱坐在椅子上，陷入沉默。「但那即將來襲的暴風雨會有多猛烈，我當時完全無法想像。」

一九六八年十月二十九日，在白宮研究員組織的活動上，桃莉絲・基恩斯低聲對詹森總統說話。

一九六七年秋天，迪克剛結束在衛斯理大學的獎學金計畫，前往麻省理工學院擔任客座教授。但他對那段時間最深刻的記憶是，因巴比是否該在一九六八年挑戰詹森而反覆拉鋸的漫長爭論，所帶來的強烈挫折感。

就在一年前，當迪克詢問巴比有何終戰計畫時，巴比還帶著自嘲的語氣回應：「我不過是一名參議員，當然只能發表演講。」然而一年過去，殘酷的現實證明，無論是演講、文章，還是遍布全國各大城市與大學校園的抗議活動，都無法撼動詹森。美軍又增派五萬名士兵前往越南，總兵力突破四十七萬五千人。戰爭不斷擴大，曠日持久，看不見盡頭。

記者與學生們不斷逼問羅伯特・甘迺迪，既然他如此反對越戰，為何仍支持詹森競選連任？為何不挺身而出，挑戰這場戰爭的最大推手？這是巴比出席公開場合最不願面對，卻又如影隨形的問題。

從一開始，迪克便支持巴比在一九六八年挑戰詹森，不是為了彰顯勇氣，也不是單純象徵渴望和平，而是為了贏得勝利。他堅信，儘管這場選戰風險極高，仍值得一搏，有可能成功。相較於我當時在《新共和》雜誌主張，應整合未被代表的政治派系，組成第三勢力，迫使詹森在戰爭政策上讓步；迪克的策略更為激進，他力主巴比直接取而代之，堅信巴比具備強大的號召力，能凝聚全國分散的政治力量，擊敗現任總統。早在大選年來臨的數月前，一篇競選分析報導便指出：「古德溫逢人便說——無論對方是願意聽，還是像羅伯特．甘迺迪一樣不願意聽——詹森是自胡佛以來最容易被擊敗的總統。」

然而，甘迺迪陣營的資深顧問（迪克與史列辛格除外）多次開會討論後得出共識——巴比參選，無異於「政治自殺」。當時的主流觀點認為，現任總統是不可能受到挑戰的，巴比參選只會撕裂民主黨，最終將勝利拱手讓給共和黨。而新罕布夏州的內部民調顯示，詹森支持率高達百分之五十七，巴比僅有百分之二十七。儘管迪克力圖說服眾人，巴比若在初選中表現亮眼，局勢必將逆轉，但他的論點始終未能獲得認同。

巴比躊躇不前之際，洛溫斯坦持續奔走，尋覓能扛起「倒詹森」大旗的領袖。而這場運動已迅速在大學校園與自由派陣營中崛起。眼見摯友巴比遲遲不願出馬，洛溫斯坦轉而遊說兩位強烈反戰的參議員——麥高文（George McGovern）與尤金．麥卡錫（Eugene McCarthy）。麥高文因一九六八年打算競選連任而婉拒，麥卡錫則起初猶豫不決，對洛溫斯坦說：「我認為應該由巴比來做這件事。」然而，當巴比始終未有動靜，麥卡錫決定冒險一試。

十一月三十日，麥卡錫宣布參選時，坦言要是巴比願意出馬，「我根本不需要做任何事」。有記者問，要是他在初選中表現亮眼，巴比是否可能會因此加入選戰？他回應道，如果巴比或者其他人「願意借助我的勢頭，這既不違法，也不違反美國政治傳統。」事實上，麥卡錫希望自己的挑戰能夠吸引更多參議員和政治人物的支持，重新恢復人們對美國政治與政府運作的信心，尤其是大學校園中對政治日漸疏離的年輕人。

迪克回憶，在巴比優柔寡斷、遲遲舉棋不定且造成嚴重影響的猶豫期內，他總和巴比待在一起。「我們幾乎每周都會一起用餐，」迪克告訴我，「有時我會住在他的紐約公寓，或是山核桃莊園。」巴比的好友兼心腹達頓（Fred Dutton）對這兩人的互動印象深刻。達頓還記得，他們經常在山核桃莊園廣闊的草坪邊上，並肩散步，聊得忘我。「他們是極為相似的人，同樣反對詹森，同樣笨拙而內向。我記得有一次，他們就這樣漫步了一兩個小時，沒有人敢上前打擾。」

我問迪克，「你覺得你和巴比是『相似的人』嗎？」

迪克沒有正面回答，而是開玩笑地說：「嗯，他比我有錢。不過，巴比生來富有，我變得貧窮倒是自己的選擇。」

「認真點，」我追問，「你們整個聊天的過程中，難道不是沒完沒了地討論那個問題嗎？就是他到底該不該參選？」

「當然不是，」迪克皺起眉頭，翻了翻白眼，「我們談論美食、命運、女人、歷史，聊各自的人生，也聊詩歌和文學。他不停地提問，也比以往更急切、更大量地閱讀——卡謬（Camus）、艾斯奇勒斯（Aeschylus）、尤里比底斯（Euripides）[155]、莎士比亞。」在迪克看來，巴比似乎正在衝破自己那層謹慎而受傷的外殼。

麥卡錫宣布參選後不久，迪克和巴比開車來到鱈魚岬（Cape Cod）海尼斯港（Hyannis Port），兩人獨處了幾天，談起個人抱負與時機的拿捏。在海灘散步時，迪克記得自己引用了《凱撒大帝》（*Julius Caesar*）劇中的一段話，希望能激勵巴比立即行動。

「人的際遇如潮水，乘勢而行，便可趁浪高飛；若錯過良機，此後人生將受困於淺灘與困厄。」

巴比帶著淡淡的哀愁，微笑回應：「詩句總能把你拉回命運與未來的軌道上。」

返程前，巴比囑咐迪克撰寫備忘錄，闡述支持他參選的理由，作為十二月十日顧問會議的提案。同時，他也請史列辛格撰寫類似的分析。至於反對巴比參選的論點，則由索倫森與愛德華・「泰德」・甘迺迪負責整理。

這場十二月「辯論」在范登・休維爾位於中央公園西側的公寓內舉行。儘管是內部會議，但與會者僅包括達頓、發言人賽林傑、以及行政助理多蘭（Joe Dolan）等人。而巴比在國會的年輕幕僚——瓦林斯基、格林菲爾德、埃德曼（Peter Edelman）——並未被邀請。這群年輕人強烈支持他參選，但在面臨如此重大的政治抉擇時，巴比選擇向經驗老道的顧問請益。這些人的資歷自約翰・甘迺迪時代累積至今，且對總統職位抱持崇高敬意。

155譯註：艾斯奇勒斯（Aeschylus）與尤里比底斯（Euripides）均為古希臘劇作家、詩人；兩人與索福克里斯並稱為古希臘三大悲劇作家。

史列辛格在日記中記錄道，他率先提出的論點是：「如果麥卡錫在初選中表現不錯，雖能動搖詹森，卻未必能讓自己站穩腳跟。但各州的領袖會意識到，若詹森繼續領導民主黨，他們的選情將受到拖累。巴比屆時便可在適當時機出馬，拯救民主黨，並終結越戰。」

不過，巴比對史列辛格的假設提出質疑，他認為麥卡錫不會輕易退選。「如果稍有成績，他是不會退出的，」巴比預測道，「不管他現在怎麼說。」如此一來，反戰選民的選票將被瓜分，反而讓詹森穩獲提名。

迪克則採不同觀點，主張巴比應立即投入初選，並在每個州奮戰到底，爭取勝利。他再次引用《凱撒大帝》的名句——正是他一周前在海尼斯海灘上向巴比朗誦的那段話——提醒他時機稍縱即逝，必須及時行動。

「你宣布爭取提名，將能真正激起共鳴，」迪克讀著他為巴比準備的備忘錄。「局勢瞬息萬變，只要操作得當，你的政治魅力將扶搖直上。若你代表美國人民的真實期盼——這點我深信不疑——選民定會支持你。若我判斷無誤，你極有機會贏得初選。」迪克總結道，只要巴比在初選勝出，那麼在沒有初選的州份，政治領袖「也很可能會相繼響應」。

主張一九七二年再參選的核心論述，則由索倫森闡述。他開宗明義表示，由於現任總統在政治上的巨大影響力，「巴比想要靠初選來贏得總統提名，將是白費力氣」。他質疑，巴比何必在一場注定敗北的競選中，「與他兄長指定的接班人競爭，造成黨內分裂」，而放棄一九七二年「更明確的提名與勝選之路」？

根據史列辛格的記錄，泰德也附和索倫森的看法，認為「詹森肯定會連任，而巴比在一九七二年也必然能獲得提名」。然而，迪克打斷了這番論述，指出如果詹森成功連任，「他一定會竭盡全力阻止羅伯特·甘迺迪在一九七二年獲得提名」。巴比點頭表示認同，補充道：「與其讓我當選，詹森恐怕寧可去世，讓韓福瑞繼任成為總統。」泰德依舊堅持己見：「現在採取行動，將會危及，甚至可能毀掉巴比的政治前途。」

巴比接著突然打斷眾人的來回爭論，提出自己的看法，令迪克燃起一線希望。史列辛格回憶，巴比當時說：「到目前為止，討論的焦點都圍繞在我個人和民主黨。但我認為還有另一個更重要的因素值得考慮——也就是國家。我不確定美國，或者整個世界，是否還能再承受詹森四年的統治。如果局勢如此嚴峻，那麼不論勝算如何，一九六八年是否仍值得一試？」

然而，討論旋即回到現實考量，並逐漸收尾。對關鍵州政治領袖的調查顯示，他們幾乎一致認為巴比不應參選。十餘位私下支持巴比反戰立場的參議員，也擔憂，若公開表態支持巴比，將會危及自己的政治前途。

討論又回到原點。迪克與史列辛格仍是唯二堅持巴比應該參選的人。漫長辯論未能打破僵局。迪克帶著挫敗與沮喪離開，感覺就像是一隻追著自己尾巴打轉的狗。

一九六八年一月三十日

一月三十日早晨，巴比早已安排好在全國記者俱樂部與一群記者共進早餐。料到會被問及一九六八年的計畫，他決定「先釋放些訊息」，透過簡短聲明終結這個話題：「我已經告訴勸我參選的朋友與支持者，在所有可以預見的情況下，我都不會挑戰詹森。」

不論從個人還是政治角度來看，巴比的表態時機都是徹底的災難。據迪克後來寫道，就在隔天，「春節攻勢[156]」爆發，「徹底顛覆所有人的預期與信念」，「震耳欲聾的爆炸聲，響徹南越所有主要城市街頭。一支越共小隊竟強行攻入號稱『固若金湯』的美國駐西貢大使館，隨後揚長而去，留下傷亡、滿目瘡痍與無盡的責難。」這一切都發生在，我們從「最高層級的消息來源」獲悉敵軍已「半數潰敗、筋疲力竭」且「戰事終於順利步上軌道」之後。

迪克曾期盼春節攻勢能讓巴比改變心意，重新考慮參選。短期內，情勢似乎確實朝這個方向發展。巴比促請迪克與他的弟弟泰德在波士頓共進晚餐，探詢泰德對參選一事是否態度軟化。二月十三日，兩人在燈塔山腳下的餐廳碰面（四年後，我便是在此與迪克初次約會）。

迪克將與泰德的談話筆記寄給巴比。從中可看出，泰德似乎有所動搖。然而，他還是回到那老生常談的論調——總統權位難以戰勝，挑戰現任者近乎不可能。「只要巴比這次不參選，」泰德說道，「那他肯定會在一九七二年當選總統。」離席前，迪克問泰德，如果傑克仍在世，他會怎麼說呢？「我知道爸爸會怎麼說，」泰德毫不猶豫地回答，「他一定會說不行。而傑克……大概也會勸阻吧。」他停頓良久，又說：「但他自己或許會奮力一搏。」

迪克在給巴比的報告結尾，詼諧地列舉若干歷史事實，以供參考：

沒有人曾在這個世紀成功挑戰現任總統。

沒有總統的弟弟當過總統。

從沒有紐約州參議員當選總統。

從沒有育有十個孩子的男子獲得提名或當選總統。

但從未有人是一九六八年的羅伯特．甘迺迪，而林登．詹森是當時的總統。

五天後，迪克受邀到山核桃莊園，參加一場短暫但表明了巴比心意的會議。在主屋的聚會中，一小群核心成員——包括迪克、巴比、泰德與范登．休維爾——悄然離席，移步至泳池畔的小屋。巴比站在角落，目光垂落，緩緩開口：「支持度就是不夠。我想……我不會參選了。」一切已無須再多言。

巴比請迪克陪他前往機場，啟程前往奧克拉荷馬州，參加參議院關於美國原住民問題的聽證會。一路上，兩人話不多。迪克在他的口述歷史中回憶，當他們抵達機場時，他對巴比說：「如果你不參選，那我大概會去幫麥卡錫了。他是唯一正在對抗詹森的人，我想那是最該去的地方……也是唯一能去的地方。」

156 譯註：春節攻勢，一九六八年一月三十日，正值農曆新年，北越軍隊和游擊隊突然對南越境內多個城市和軍事據點發動大規模攻擊。儘管美軍和南越軍隊在戰術上最終擊退了攻勢，但媒體廣泛報導了攻勢的激烈程度和美軍的傷亡情況，使美國民眾對越戰的信心大幅下降，加速了反戰運動的發展，被視為越戰的轉捩點。

「我想，你去的話會有幫助吧。」巴比低聲回應，隨後登上飛機。

與我一同翻閱當年記錄巴比痛苦抉擇的檔案時,迪克對我說:「不作為,也是一種作為。」他認為巴比沒有及早參選，是「他一生中最大的政治錯誤」。若他能在與麥卡錫相近的時間點參選，湧入新罕布夏州的成千上萬反戰學生，都將視他為領袖。迪克悲傷地伏在桌上，低聲說：「巴比曾是那『正確的時間、正確的人』，但那樣的時機不會再有了。直到今天，我仍然認為，如果他當時願意冒險，一切可能會完全不同。」

一九六八年二月二十三日

迪克向麻省理工學院告假，二月二十三日奔赴新罕布夏州。那年冬天，麥卡錫曾請迪克共進晚餐，力邀他加入競選團隊。但當時迪克婉拒，表示在巴比做出決定前，自己無法採取任何行動。而如今，他主動致電麥卡錫競選總部，得知候選人正在小城柏林（Berlin）造勢，便請工作人員轉告參議員，他即將前往會合。「也許這毫無希望，」他對我說，「但總比在波士頓無所事事要好。」

午夜，迪克抵達麥卡錫團隊下榻的柏金斯汽車旅館（Perkins Motel），走到櫃檯，詢問麥卡錫發言人西摩・「賽」・赫許（Seymour“Sy” Hersh）[157]的房間號碼。

直到多年以後，赫許與迪克仍對初次見面的故事津津樂道。「我們當時手忙腳亂的，」赫許回憶道。「但就在那個夜晚，在遙遠的新罕布夏州柏林，度過漫長的一天後，我打開汽車旅館房門，看到站在寒風中的古德溫，這給予我們莫大的鼓舞。當時媒體早有傳聞，說這位曾在甘迺迪與詹森政府任職，以撰寫民權演說聞名的資深幕僚，對巴比拒絕參選感到失望，正在考慮加入我們團隊。而現在，他竟然真的來了，現身在這間破舊的汽車旅館，在這個幾乎毫無用處的競選據點。

「他走進我的房間，提著一台電動打字機，戲劇性地把它甩到床上，然後說：『你、我，還有這台打字機，孩子——我們要推翻一個總統。』」

◇✶◇

回憶起那年二月，迪克踏上冰封的新罕布夏，即便只是片刻，也為五十年後我們在他書房重溫這段歷史時，灑下一縷暖陽。我們翻閱他的舊稿、冗長的口述歷史、剪報、文章、小冊子與書籍，試圖重現那幾周的景象，那或許是他競選生涯中最酣暢淋漓的時光。

聆聽他的回憶，我沉醉於這段真實的民主運動故事，宛如和煦春風——融合了「新邊疆」的理想、和平工作團的熱忱，以及民權運動與「偉大社會」最輝煌時期的精神——竟在冬末時節，為鷹派且保守色彩濃厚的新罕布夏土地上綻放強大生命力。

157 譯註：西摩・「賽」・赫許（Seymour"Sy" Hersh），後來將揭露美萊村大屠殺、水門事件的美國調查記者，當時暫時離開新聞界，為反戰的麥卡錫組織競選。

然而，迪克對這場選戰的起初印象並不樂觀。麥卡錫在柏林的造勢活動雖受選民敬重，但參與者寥寥無幾。沒有記者隨行，亦無廣播或電視轉播。民調顯示，麥卡錫的支持率可能僅有百分之十到十二。幾乎沒有人意識到，一場總統選戰正在進行。整個競選團隊，猶如在真空裡運作。

迪克陪同麥卡錫從柏林南下，抵達曼徹斯特競選辦公室時，形勢並未好轉。「我記得和麥卡錫走進喜來登旅行家飯店（Sheraton-Wayfarer Hotel），」迪克在口述歷史中回憶道，「那可是新罕布夏最大的餐廳，卻沒有一個人抬頭看他，沒有人認出他來。」無人上前祝他好運，也無人駐足寒暄，令迪克憂心忡忡。候選人本人倒是泰然自若地面對選民的冷漠。離去時，麥卡錫將手搭在迪克肩上，微笑說道：「迪克，聖奧古斯丁曾言：『當一個人翻越柵欄偷摘梨子時，他會充滿恐懼與不安。但當兩個人一起翻越柵欄偷摘梨子時，他們便篤定自己會成功！』」

「這話完全出乎意料，」迪克對我說，「既古怪又獨特，但走出餐廳時，我心頭燃起一絲希望。我開始喜歡這個人了。」

當迪克走進他與赫許共用套房的走廊時，那一絲希望的火苗開始擴散開來。整條走廊擠滿了年輕的學生志工，他們忙著打字、撰寫聲明、整理選民名單、熱烈討論，整個空間宛如一座沸騰的蜂巢。「嗡嗡作響，熱鬧非凡，」迪克告訴我，「與我過去參與的任何競選都完全不同。」

「你就是迪克．古德溫！」一道尖銳的聲音驟然刺穿走廊的喧囂。這聲驚呼來自「小露」——瑪麗露易絲．奧茲（Marylouise Oates），她是赫許的戰友兼副發言人。「快進來，」她招手示意迪克進入房間，「來見見我們的年輕鬥士。」在一個大房間裡，迪克看到了即將在未來幾天湧入新罕布夏的成千上萬年輕男女的縮影。他們熱情地迎接他。「迪克的到來意義非凡，」現已年屆八十的小露最近對我說。「他是個重量級人物，意義重大。或許，就是從那一刻起，我們開始覺得，這場選戰真的有希望了。」

「小露封我為『年輕鬥士的切．格瓦拉』，」迪克笑著對我說，「我很榮幸，卻也愧不敢當。這些志工有自己的年輕領袖（布朗（Sam Brown）和甘斯（Curtis Gans）），而我則像個老水手，每個夜晚，包括那天晚上和後來的許多夜晚，我會熬夜講述白宮的故事，甘迺迪和詹森的點點滴滴。他們對我親身經歷的故事，聽得津津有味，欲罷不能。每當我準備收尾，他們總會用充滿期待的眼神，懇求我再多說一些。」

迪克對這群聰明、幹勁十足、不知疲倦的年輕志工，敬佩與喜愛之情與日俱增，也體驗到前所未有的親密戰友之情。「我與新罕布夏州的孩子們建立了比任何一次競選都更深厚的友誼與情感。」他見證一場真正由群眾發起的選戰，一支強大的競選隊伍逐漸凝聚。「不像甘迺迪式的菁英弟兄陣線，」他後來回憶道，「而是一群兄弟姐妹，他們願意不分晝夜、承擔任何使命、付出一切努力，只為贏得這場可能終結戰爭的選舉。」

這場選戰的獨特之處，在於這些年輕志工並非追隨候選人而來，而是他們的存在，反過來成就了這位候選人。隔天，迪克來到距離僅二十分鐘車程的新罕布夏康科德，參觀競選團隊的地方總部。他驚嘆：「這是競選史上，規模最大、組織最嚴密的地面部隊。」日復一日，周復一周，來自密西根、維吉尼亞等地的志工絡繹不絕地湧入。有人搭乘巴士或自駕前來，有人透過安排好的接駁抵達，甚至有人一路搭便車。他們有的短暫停留數日，有的則索性輟學，全身心投入這場選戰。

競選團隊將這些學生志工的住宿，安排在支持者家中的地下室、教堂或體育館。他們所需準備的，只有一個睡袋，以及適應環境的能力。他們還必須稍作改變，以符合競選形象。男性志工需剪短頭髮、剃去鬍子（競選口號之一便是「為麥卡錫做好打理」），而女性則需放棄迷你裙，改穿長裙、長褲。競選團隊希望，當他們挨家挨戶敲門，選民開門看到的，是「親切的鄰家男孩或女孩」。志工的任務是傾聽，了解民眾對國家現狀的感受，解釋自己為何支持麥卡錫，並傳達這樣的願景——如果麥卡錫能當選總統，撕裂的世代「將能重拾對話，就像你我此刻這樣」。

迪克為麥卡錫團隊延攬來的演講稿撰寫人拉納（Jeremy Larner），與迪克一樣，將新罕布夏州初選視為一場浪漫，也是一場聖戰。拉納後來寫道：「這些麥卡錫的年輕人熱愛麥卡錫，也熱愛彼此，熱愛新罕布夏州。」他特別指出，這些志工並不像在五角大廈參與暴力活動、揮舞越共旗幟的激進示威者。「儘管他們痛恨戰爭與徵兵，但他們始終堅信，只要美國能恪守立國原則，必定能恢復往日的美好。」

「你絕對會完美融入這場選戰的精神，」迪克惋惜地對我驚呼。「你怎麼沒去？」

「你明明知道原因啊，當時我被困在自己的小世界裡，忙著勞工部的國內工作。」

「哦，對喔，」他刻意挖苦道，「我都忘了。不過，無論如何，我完全能想像如果你在新罕布夏州會是什麼樣子，你本來就屬於那裡！」

迪克離開地方總部，返回曼徹斯特時，他意識到，這場競選活動的志工團隊已經運作得相當出色，不需要他的專業經驗指導。

因此，他將自己的專業能力投入麥卡錫在曼徹斯特的主要競選辦公室——這裡才真正需要他。在那間臨時湊合的辦公室裡，正如白修德形容的：「雜亂無章、滿是文件的雙臥套房，被一群毫無經驗的素人搞得一團混亂。」迪克則是「唯一能讓事情變得有條理的人……他是曾參與一九六〇年與一九六四年總統競選的老將。」即便麥卡錫的妻子阿比蓋爾（Abigail）——向來因迪克與巴比交情匪淺而對他心存戒心——也不得不承認「他那張醜陋卻令人無法忽視的面容，那雙直率的黑眼睛，以及總帶著幾分爽朗笑意的嘴角，為整場競選注入了活力。對麥卡錫而言，迪克的加入意味著，一位真正才華出眾、享有聲譽的人物願意親自參與及協助，增添了這場選戰的份量與正當性。」（老實說，阿比蓋爾用「醜陋」來形容我丈夫，簡直讓我火冒三丈，直接把她歸入「永恆鄙視名單」。）

迪克的真正貢獻，在於解決了這場選戰的核心矛盾。雖然反戰立場是他與年輕男女志工來到新罕布夏州的契機，但僅憑這個單一議題，並不足以讓麥卡錫成為真正有競爭力的總統候選人。新罕布夏州的選民必須把他視為能夠取代詹森的真正選擇，而不僅僅是反戰象徵。

首先需要被說服的，正是麥卡錫本人。在最初的日子裡，他「甚至不自稱為總統候選人，而稱這是一場針對越戰的全民公投。」但最終，他被迪克的論點說服了。畢竟，這位曾連任五屆眾議員、兩屆參議員的資深政客，始終精於選戰。他所需要的，只是跨越心理上的門檻，把自己視為能夠挑戰現任總統的候選人。而隨著每天都有愈來愈多志工加入，這般信念也逐漸成形。時間已所剩無幾。麥卡錫同意將競選重點轉向領導力、國家未來方向，以及人民對現狀是否滿意等更為廣泛的議題。

正如拉納所觀察到的，迪克「總是在行動，並且比任何人都更擅長讓候選人也行動起來。他甚至成功讓麥卡錫親口承認自己正在競選總統。」

隨著迪克與這位外表孤傲、內在卻極具魅力的候選人相處日久，他逐漸被對方謹慎精準的語言表達，及獨特的幽默感所吸引。麥卡錫與典型的愛爾蘭裔政治人物截然不同，他並非熱情奔放、善於擁抱群眾、四處握手寒暄的類型，與真摯流露同理心的巴比，恰恰是兩個極端。

「他絕不誇張，也毫無矯揉造作之處，」迪克試圖向我描述這位非典型政治人物。他告訴我，麥卡錫對煽動群眾毫無興趣，他的幽默屬於冷面笑匠風格。有時，比起制定競選策略，他更樂於與迪克討論詩人好友洛威爾（Robert Lowell）的新詩。麥卡錫的言行，總能引起迪克的興趣和好奇，甚至偶爾產生共鳴。

「我們的確有某種連結，」迪克說，「但我常覺得，他對思想與文字的興趣，遠勝於對人的關懷。儘管如此，我們合作得很愉快。他身上有種獨特的黑暗魅力，在政治圈裡，我從未遇過如此獨樹一格的思想家。」

⬧✶⬧

討論這段令人愉快的政治歷險時，我在迪克的文件中發現一張競選傳單，這是他當年為麥卡錫撰寫的傳單文案，曾被夾帶在年輕志工挨家挨戶分發的文宣資料中。傳單上面印有一張罕見的照片，麥卡錫與甘迺迪並肩而行，兩人面帶笑容。而在照片之下，吸引我目光的，是麥卡錫的一句話：

「這場競選只有一個核心議題——它不是越南戰爭，不是城市問題，而是這個國家的現狀，以及領導者的素質。」

接下來，文宣將時代以二元對立劃分，以一九六〇年甘迺迪當選到他在一九六三年遇刺終結的「美好年代」，對照一九六八年的「黑暗年代」。

一九六三年，經濟蓬勃發展，稅負逐步降低。如今，我們的繁榮正在放緩。

一九六三年，我們的偉大城市仍然相對安定。如今，我們正面對近乎內戰的局勢——暴力、動盪、恐懼與無法無天的亂象。

一九六三年，我們的大學生關心的是和平工作團與民權運動。如今，他們關注的是大麻與反徵兵抗議。

一九六三年，我們身處和平。如今，我們陷入戰火。

詹森總統上任時，曾說：「讓我們繼續前行。」但如今，無論在哪個領域，都只見衰退、腐敗與崩壞，危險與毀滅步步逼近。

這張傳單讓我瞬間怒火中燒，我把它直接放在迪克的膝上，質問道：「那『偉大社會』呢？一九六四年和一九六五年又發生了什麼？」

迪克推了推鼻樑上的眼鏡，低頭看向這張直接跳過那段關鍵時期的傳單——民權法、選舉權法、聯邦醫療保險，這些「偉大社會」的歷史成就，竟全被忽略了。

「你說的減稅案，甚至不是在一九六三年通過的，」我帶著明顯的不滿說道，「是詹森在一九六四年推動通過的。」

等我稍微冷靜下來後，迪克做出了回應。他說，自己「既不是歷史學家，也不是在寫歷史」，這場選舉「不是學術辯論，而是政治戰鬥。我是在營造對比，在畫一幅誇張的漫畫。為了贏，我要讓重點深入人心。」

「但看看這份傳單抹去了什麼，」我抱怨道，「它不只抹去了詹森的願景與成就，也抹去了你的貢獻。」

我提醒迪克，過去他曾感嘆林登取消出版「偉大社會」演說選集，不僅抹去了林登自己的政治遺產，也抹煞了他的貢獻。「而你現在可算是加倍奉還了！」

迪克沉思了一會兒，然後說：「當時我正全力投入這場政治戰鬥，而且你我都清楚，我體內可是流著政治血液。」

然而，文宣、小冊子與傳單的效果終究十分有限。距離三月十二日初選僅剩三周，唯一能真正改變選民對競選核心議題——領導力——認知的方式，就是透過廣播與電視。因此，迪克接管了麥卡錫的媒體宣傳。「其實沒有人正式指派我負責媒體，」迪克回憶道，「但我就是接手了。」

一家紐約廣告公司原先為競選團隊製作的一系列電視與廣播廣告，畫面充斥著燒傷的兒童、飛機拋下的炸彈、殘破的建築。「我把它們還有大部分的素材，全部丟掉了，」他在受訪時說，「因為對戰爭感到極其憤怒的人們，早已決定支持麥卡錫，這些人一定會出來投票。」

整場媒體宣傳並不複雜，尤其是電視，完美契合了麥卡錫冷靜、莊重的形象。他坐在桌前，直接對著觀眾談論國家現狀與領導力的重要性。在瀏覽過預先準備好的主題清單（污染、民權、城市問題等）

後，他便能即興發揮，脫稿演出。

迪克後來寫道：「他是我合作過的第一位，也是唯一一位，能夠連貫且極具說服力地講上三十秒或六十秒，並且只需靠提示卡，就能以一段結構完整的句子完美收尾的候選人。」而他在口述歷史中回憶：「當選民透過電視看到麥卡錫那張典型的中西部面孔，與其沉穩的談吐時，便會立刻明白，這個人不是激進分子；他們會認為，無論他對議題的立場如何，他骨子裡始終是保守派。」

由於一九六八年並無個人競選捐款額度限制，理論上，只要有一小群富有的支持者，便能提供足夠競選運作的資金。然而，迪克指出，募款始終艱難，「因為有錢人通常不願把錢砸在毫無勝算的事業上」，而一開始，這場由名不見經傳的候選人對抗現任總統的選戰，看起來正是這樣的「絕望之舉」。因此，迪克說：「我們只能仰賴世界上最稀有的群體——浪漫的富人。」這些「浪漫的富人」包括小露口中的「金粉雙胞胎」（Gold Dust Twins）[158]——喜健步（Stride Rite）執行長阿諾·海亞特（Arnold Hiatt）與德雷福斯公司（Dreyfus Corporation）董事長霍華·史坦（Howard Stein）。這兩位企業家因強烈反對越戰，甚至放下自己的成功事業，親自前往新罕布夏州全力投入募款工作。

海亞特與史坦最終成為競選團隊不可或缺的支柱，後來也成為迪克及我們家人的終生摯友。迪克

158 譯註：金粉雙胞胎（Gold Dust Twins），十九世紀金粉洗衣粉的商標，二十世紀開始用來形容為共同目標緊密合作的兩位才華橫溢的人，尤其在體育界。

特別記得，在選前最後一個星期六，競選資金告罄，團隊不得不緊急召開會議。海亞特告訴迪克，金庫已經見底，電台要求立即支付廣告費才能繼續播出競選廣告，而想打完這最後衝刺的仗，還需要二萬美元。當房內陷入一片緊繃的沉默時，迪克伸手從外套口袋取出支票簿，問大家應該把支票開給廣告公司還是競選團隊。無論是出於同情，還是被迪克的虛張聲勢逗樂（畢竟大家都懷疑，他銀行帳戶裡可能最多只有五百美元），海亞特笑著抽走了迪克手中的筆：「別擔心，迪克，我們會搞定的。」

初選倒數兩天，迪克撤下所有涉及國內政策的廣播廣告，改為在全州電台反覆播放一支長達三十秒的廣告：

想像一下，當你在星期三早晨醒來，發現尤金・麥卡錫贏得了初選，新罕布夏州改變了美國的政治進程，那一刻，你會有何感受？

如紐菲爾德所寫：「這則精采絕倫的廣告是古德溫設計的，他深知，在充滿鷹派思維的新罕布夏州，最打動人心的致勝關鍵，是對變革的模糊渴望，以及個人參與變革的心願。」

一九六八年三月十二日

初選之夜，在喜來登旅行家飯店餐廳內，三周前麥卡錫與迪克無人問津的地方，如今擠滿了人潮。

記者、電視台特派員、競選團隊成員全都聚集於此。「每一寸空間都被占滿，」迪克回憶道，「有人靠牆坐著，有人擠在角落站著，滿滿都是年輕志工。他們從州內各地沿著積雪覆蓋的道路趕來，只為親眼見證這一刻。」

現場氣氛歡欣鼓舞。周復一周，民調數字如溫度計般節節攀升，從百分之十、十二、十八到二十五。但比起民調機構的「科學抽樣」，更可靠的其實是志工們的回報，他們踏遍全州，家訪過幾乎每一位登記在冊的民主黨選民。然而，即便是競選團隊最樂觀的評估，也未能預料到這場驚人的「勝利」。當晚結束時，麥卡錫獲得了百分之四十二．四的選票。而未登記參與初選的詹森，則僅以百分之四十九．五勉強領先，無法取得過半優勢。清點手寫得票（write-in votes）[159]後，這位來自明尼蘇達州的參議員與現任總統之間的票數差距更只剩下數百張。

那晚，我的幾位好友也在場。他們在初選倒數十天趕赴新罕布夏州助選。當我打電話向他們道賀時，他們說真希望我也能在場，因為我一定會喜歡挨家挨戶上門、與選民面對面交流，而那種親手改變局勢的感覺，實在無可比擬。

數百人高聲歡呼、激動落淚，齊聲喊著麥卡錫的名字。午夜時分，麥卡錫走上講台，那一刻，他

159 譯註：手寫得票（write-in votes），在選舉中，選民將未列於選票上的候選人姓名手寫在選票上的行為。美國多數州允許總統、參議員、眾議員的手寫得票，然而手寫選票不一定有效，多數州會要求候選人事先提交相關文件，否則選票可能不予計入。

已不再是迪克三周前共進晚餐時所見的那位灰沉嚴肅的政治人物。如今的他，被四周沸騰的支持者所感染，與他們的歡欣融為一體。「他揮手向群眾致意，」迪克回憶道，「讓掌聲與歡呼聲將他包圍，在開口之前，先沈浸於這一刻的喜悅之中。」

「人們說，這場競選讓年輕人重新回到政治體制內，」麥卡錫說道，「但事實正好相反，是年輕人讓這個國家重新回到體制之中。」

迪克講述完這場勝利的故事後，我端來兩杯波特酒，與他舉杯，向青春與那個半世紀前的夜晚致敬。「那真是個值得慶祝的晚上，我們玩得多麼盡興，」迪克回憶道，靠在椅背上，深吸一口氣，然後小心翼翼地點燃一支古巴羅布圖雪茄（Cuban Robusto），就像是在與老友享用一頓美食佳餚後，細細品味最後的餘韻。

一九六八年三月十三日

驚人「勝利」帶來的狂喜，隔天早晨便被無情擊碎。當記者詢問羅伯特．甘迺迪對新罕布夏初選結果的看法時，他即興發表了一番聲明：「我正在重新評估挑戰詹森競逐提名的可能性。」

麥卡錫的飛機剛剛降落華盛頓，就聽到這晴天霹靂的消息。他原本準備參加慶祝活動，並與全國競選團隊召開會議，規畫接下來的選戰。在從新罕布夏州飛往華盛頓的航班上，他罕見心情愉快地與記者交談，甚至早早喝了一杯馬丁尼。「至少我們終於可以付清飯店帳單了，」麥卡錫微笑著說。正如迪克預測的，新罕布夏州的勝利打開了資金的閘門，募款變得輕而易舉。然而，當他聽到巴比重新考慮參選的消息後，整個人頓時變了樣。一名記者目睹了他的變化，形容道：「那個笑容滿面的男人不知道被藏到哪去了，取而代之的是一位憤怒黑臉的愛爾蘭人。」

在新罕布夏州，巴比「重新評估參選」的消息傳到了喜來登旅行家飯店大廳，數百名麥卡錫志工正聚集於此，準備前往下一站威斯康辛。前一刻，他們還手舞足蹈地高唱著父母輩的經典歌曲〈美好時光再臨〉（Happy Days Are Here Again）。一名大學生對記者哀嘆：「巴比連二十四小時的勝利喜悅都不讓我們享受。」另一名學生接話道：「新罕布夏州初選後，我們醒來時，心情就像在過聖誕節，結果走到聖誕樹下才發現，巴比．甘迺迪偷走了我們的聖誕禮物。」

五十年後，我仍能感同身受。「這些年輕人當然會對他心生怨懟，」我向迪克抱怨道，「他宣布的時機實在太缺乏同理心了，難怪人們說他冷酷無情，這完全是他自找的。而且這種苦澀情緒會持續很久，無法散去。」

「要知道，我當時就和那些孩子們站在一起，」迪克大聲說道。那時，他站在巴比的對立面，並且由衷地熱愛自己所處的位置，熱愛與身邊的人們共同創造的一切。

但這樣的時刻並不會持續太久。迪克從一開始就告訴麥卡錫，只有當他直接與巴比對決時，忠誠與承諾的問題才會真正浮現。「如果這一刻真的來臨，」迪克剛抵達新罕布夏不久便對麥卡錫說，「我無法為了你去擊敗我的好朋友。」

儘管迪克和麥卡錫之間把話說得很明白，但忠誠和友誼的牽絆糾葛，仍讓迪克和巴比之間的關係變得複雜。在三月十二日初選前五天，巴比曾要求弟弟泰德告知麥卡錫其參選意願。然而，泰德拒絕了，因為他不希望因此讓麥卡錫初選的最後階段蒙上陰影。於是，泰德試圖聯繫迪克，打電話到迪克與赫許的房間，希望能說服他幫忙轉告消息。赫許與迪克因這場選戰成為莫逆之交。迪克告訴我，赫許的活力與熱情是麥卡錫團隊的支柱。然而赫許回憶道，他「很快就厭倦了，每次拿起共用話筒，又聽到泰德·甘迺迪在找迪克。」赫許笑著說：「泰德實在打得太頻繁了，最後甚至開始直接叫我『賽』。」

泰德的請求讓迪克左右兩難。他告訴泰德，自己別無選擇，只能拒絕。不久之後，巴比親自來電，對迪克說，他正在考慮參選，希望在新罕布夏州投票前讓麥卡錫知情。「我不想讓他覺得，我等到他下周表現亮眼時，才突然考慮參選，」巴比堅持說，「希望你在結果揭曉前，就向他轉達這件事。」

「我做不到，巴比，」迪克回答，「我現在是麥卡錫的競選團隊成員，不能作為你的代表人去發言。」電話那頭沉默片刻。後來，迪克考量到巴比的處境艱難，答應幫忙傳話給麥卡錫，但不是以巴比的好友身分，而是像任何競選團隊成員一樣，簡單地傳達一則消息。巴比向他道謝，便掛斷電話。

麥卡錫只是平靜地接收了消息，並簡單地回答：「那你告訴他，我本來就只打算做一屆總統。現在讓他支持我，之後這個位置就給他了。」

一九六八年三月十六日

羅伯特·甘迺迪在參議院黨團會議室（Senate Caucus Room）正式宣布參選，這裡正是他的兄長約翰・甘迺迪一九六〇年宣布競選總統的地點。「我參選，不是為了反對誰，而是為了提出新的政策。」巴比在演講中說道，「我一直努力想改變美國的越戰政策，不論在私下還是公開場合，但都沒用。現在我不能再坐視不管，因為這次選舉攸關國家的未來。」

巴比解釋，他無法再延遲參選決定，尤其在將領正式請求增派逾二十萬美軍的消息曝光後，戰爭結束顯然遙遙無期。而麥卡錫率先投入選戰，使他更容易做出決定，不會被批為黨內分裂的罪魁禍首。「他原本擔心參選會被指責成冷酷無情之人，」紐菲爾德總結道，「但最終，他更害怕的，是不參選會被當成懦夫。」

巴比發表聲明後，便立刻聯繫迪克。當時，迪克正與麥卡錫前往威斯康辛州，準備四月二日的初選。

「我希望你能陪我一起。」沒有任何寒暄，巴比開門見山地說道：「我需要你在我身邊。」

迪克向我描述那一刻內心的掙扎與撕裂感。自法學院畢業後，他有整整十年的歲月，都與甘迺迪家族緊密相繫。「但我不能在威斯康辛初選的關鍵時刻離開麥卡錫團隊，」他告訴我。「我不希望我的離開傷害麥卡錫，更重要的是，我不想拋下那些孩子。我感覺自己被撕扯得四分五裂了。」

「聽著，」迪克想起自己對巴比說：「你根本沒有登記參選威斯康辛州初選，讓詹森在那裡落敗，無論對你還是對麥卡錫，都同樣重要。」

「既然你已經這麼決定了，」巴比的語氣緊繃，夾雜著憤怒與深深失望。

「就這樣，」迪克同樣不悅地回應。

到了威斯康辛州，與剛過去幾周的新罕布夏州初選相比，麥卡錫的競選聲勢大幅攀升。密爾瓦基的競選辦公室設於喜來登施羅德飯店（Sheraton-Schroeder Hotel），整棟建築充滿忙碌氣息。

志工的身影隨處可見，忙著裝信封、捲海報、發放保險桿貼紙、打包麥卡錫競選徽章，在任何能擠出的空間裡小憩，或抬著一箱箱披薩進來。透過在新罕布夏發展出來的競選策略，這支年輕大軍成功走訪了一百三十萬戶家庭，收集到的數據也開始與民調結果相互印證，甚至有民調機構預測，麥卡錫可能會在這裡迎來壓倒性的勝利。

儘管聲勢逐漸壯大，仍有些事情讓迪克耿耿於懷。在民調專家的建議下，麥卡錫取消原訂於非裔社區的造勢活動，也拒絕發表民權政策聲明；其策略考量是，若公開支持民權，可能會失去德裔與波蘭裔白人選民的支持。赫許得知此事後「激動得發狂」，認為應立即向麥卡錫本人求證。「我直接衝到他的飯店套房，問他是否屬實。」赫許回憶道，「而他冷冷地回答，說這與我無關。」深感失望的赫許，當天下午即與小露一同辭去了競選職務。

迪克信守承諾，堅持留在麥卡錫陣營直到威斯康辛初選結束，但他的老友與甘迺迪家族成員，包括賈姬，仍頻頻致電關切，勸他回歸巴比陣營，呼籲他支持並守護巴比。賈姬在公開場合全力支持巴比，但私下裡卻對他的安危憂心忡忡。「你知道我認為巴比的結局會如何嗎？」她曾對史列辛格說，「就像傑克一樣……這個國家充滿仇恨，而憎恨巴比的人，比當年憎恨傑克的還要多。」

無論走到哪裡，巴比總能掀起一股狂熱，這種魅力是少有政治人物能夠匹敵的。迪克無法迴避電視與報紙上鋪天蓋地的巴比競選報導。巴比與麥卡錫完全相反，他會親自走進沙加緬度（Sacramento）與洛杉磯最貧困的非裔社區，與墨裔農工對話。專欄作家布萊斯林（Jimmy Breslin）寫道：「加州首日行程結束時，他的雙手被抓得通紅，滿是傷痕，臉頰還留有指甲印。他所到之處，都造成民眾的尖叫、推擠、撕扯，他們還伸手去抓他的頭髮。」

巴比或許缺乏麥卡錫那種冷靜自持的電視形象，但在人群中，他顯然更自在。布雷斯林觀察到，當巴比被群眾的熱情漩渦包圍時，他「微笑著、強調著、辯論著，聲音變得響亮且充滿力量。他不是他哥哥。他更加豪邁、情感奔放，但他很強，非常強大。」

「我們的策略，」瓦林斯基在巴比競選的第一天說道，「就是改變總統提名的遊戲規則。我們要用全新的方式來做——在街頭爭取選民。」

「我已經不知道見過這種場景多少次了，」迪克對我說，「無論是在南美洲的群眾之中，還是在美國的街頭，我都曾站在他身旁，親眼見證這些場面。彷彿他的存在觸發了一場化學反應，或一種與生俱來的自然現象。」我聞言笑了出來，想起有位英國訪客曾說，他在美國見過兩個最壯觀的奇景是——尼加拉大瀑布（Niagara Falls）和老羅斯福。據傳，每當老羅斯福現身時，眾人目光總會被他吸引，如同孩童無法移開注視馬戲團遊行的目光。

「嗯，」迪克說道，「即使當時我已經忙得不可開交，全力為麥卡錫奔走，我仍然能感受到巴比競選掀起的狂熱。」

一九六八年三月三十一日

隨著時間一天又一天過去，志工在威斯康辛州全境蒐集的數據愈發清楚顯示，詹森即將迎來慘敗。他被困在這場戰爭之中，每周數千名美軍陣亡，國家社會撕裂。他身心俱疲，焦急地在這片政治陰霾中尋找一絲光亮，尋求方法結束這場他深惡痛絕的戰爭——即便挫敗，也渴望挽救自己的歷史定位。

三月最後一天，星期日早晨，距離威斯康辛州初選僅剩兩天，白宮突然宣布，總統將於當晚發表關於越戰政策的全國電視演說。麥卡錫競選總部內部盛傳，政府可能即將宣布停止轟炸，徹底改變政策方向。迪克一直擔憂詹森可能會採取極端手段，以掌控政局並挽回聲望——短暫的停止轟炸？讓戰事重大升級？提出新的談判方案？或任何可能在初選前夕扭轉頹勢的舉措？

當晚，麥卡錫原定在鄰近的沃基夏（Waukesha）一所大學發表演說，但迪克決定留守辦公室，監看總統演說並準備回應。就在直播即將開始前，正在撰寫下一本總統大選專著的白修德也來到迪克的套房，與競選團隊幾名成員一起觀看這場演講。

總統演說引發高度關注與懸念。白修德後來寫道，他特別期待觀察迪克當晚的反應。「在所有深度投入麥卡錫競選的人當中，」白修德認為，「迪克是情感上最投入的，內心也最糾結的。」他推測迪克的內心充滿矛盾，與詹森之間既有愛，也有恨。畢竟，沒有任何幕僚比迪克更努力替詹森塑造「偉大社會」的政策語言；同時，也沒有哪位前幕僚，比他更全力以赴地試圖阻止政府的戰爭機器。

五天前，白修德剛採訪過總統，他對詹森疲憊無神的狀態感到震驚，他與上次見面時的模樣判若兩人。一九六四年競選期間，「當時的詹森如一名馴服烈馬的牛仔，意氣風發，主宰著美國政壇。」如今，這位記者驚訝於，詹森的神情竟變得如此憔悴。「他的眼睛藏在金邊眼鏡後，眉宇間布滿皺紋，眼袋深陷，彷彿長久沉浸於極度疲勞之中，眼眶泛著青黑色。」他的聲音極輕，幾乎聽不見，整個人「癱坐在一張大搖椅上」，盡顯頹然與昏沉無力。

歷史上，很少有領袖像詹森這般渴望關注，也很少有領袖像他一樣，遭受長時間的猛烈譏諷與羞辱。到了三月底，總統的支持率已跌至百分之三十六，創下個人政治生涯的最低點；而支持越戰政策的比例更降至百分之二十六。詹森已失去人民的信任。政府對戰爭進展的樂觀預測，與報章雜誌所揭露的現實形成強烈對比。春節攻勢後的幾周內，包括《華爾街日報》、《紐約郵報》（*New York Post*）與《聖路易斯郵報》（*St. Louis Post-Dispatch*）在內的七家主要報紙，紛紛公開轉向反戰。

「我感覺置身於失控的大型踩踏混亂之中，衝擊從四面八方襲來，」多年後，詹森對我談及一九六八年初的心境。

一邊是美國人民逼迫我解決越南問題；另一邊則是經濟通膨瘋狂失控（這是詹森早先拒絕增稅支應戰爭經費的結果）。前方則是數十個危機預警，顯示諸多城市可能在這個夏天再度爆發騷亂，暴動的非裔群眾，示威的學生，一個個把我逼到懸崖邊。

曾經受到萬民擁戴的詹森，如今再也不能輕易踏足任何主要城市，無論走到哪裡，都會遇到示威者高喊：「嘿，嘿，詹森，今天又害死了多少孩子？」他再也無法享受日常生活的樂趣，而最令他恐懼的，是無法成眠的漫漫長夜。縱使偶爾勉強入睡，也會被揮之不去的夢魘侵擾。多年後，他向我描述那反覆出現的惡夢：他夢見自己在一條河中奮力游泳，從河中央朝岸邊游去，卻始終無法接近。他轉身試圖游向對岸，結果仍然一樣。無論怎麼掙扎，他都像是被困在河流的漩渦中，無止盡地繞圈。

三月第三周，詹森的越戰高級顧問團隊（他們直到春節攻勢前，都是他的堅定支持者）終於向他坦承，他們已得出一個殘酷的結論：若不進一步升級、投入無限制的資源，便無法取勝。然而，即使滿足將領增派二十萬士兵的要求，北越政府仍會同步擴軍，戰況不會有任何根本性的改變。最理想的戰果，恐怕只是無止境的僵局；擴大戰爭以換取遙不可及的勝利，已不再是可行選項。這讓詹森終於意識到，是時候重新評估他的越南政策了。

⋄✶⋄

詹森出現在鏡頭前，向全國發表演說時，白修德立刻注意到他的顯著變化：「倦容消失了，他的舉止沉穩、流暢而自信。」

「一定發生了什麼事，」迪克當時心想。

但無論是白修德還是迪克，都無法預見總統即將做出的驚人政策轉變。詹森對他的演講撰稿人巴斯比說，他已經決定要「擲骰子搏一把」，「我把全部賭注都押在這一局了。」這句話與他當年全力推動甘迺迪停滯不前的民權法案時，所用的撲克隱喻如出一轍。「我想離開這個牢籠。」

「今晚，我想與你們談談越南的和平，」詹森開了口，並立即拋出一項重大提案，美國將「單方面停止對北越的轟炸」，且不要求北越做出任何承諾。但為了保護美軍與盟軍士兵的安全，非軍事區以北的有限轟炸仍將持續。如果河內方面願意回應這項提議，他將準備好「在敵軍撤回北方的前提下，美軍同步撤出南越，讓衝突逐步降溫。」他表示，美國「隨時可以派遣代表，參與任何形式的會談，以討論如何終結這場醜陋的戰爭」。

他的開場聲明猶如引信，一經點燃，便持續燃燒了三十五分鐘。在這段時間內，他承諾將一一履行，批評者長久以來敦促他去做的事。然而，就在眾人還來不及完全消化他的話語時，這條引信引爆了演說的最後一段，讓房內的競選團隊成員全都目瞪口呆，也震撼了全美國：

當美國子民遠赴戰場，當美國的未來飽受國內局勢威脅，當我們與世界的和平希望每日岌岌可危之際，我不認為我應該將一小時或一天的時間，投入任何個人或黨派的競選活動，或從事任何與美國總統崇高職責無關的事務。

因此，我將不會爭取，也不會接受本黨的提名，參選下一屆美國總統。

「就在這一刻，彷彿被電擊一般，」白修德目睹了當時的情景，「房內的每個人瞬間直起身來，激動地交談，導致電視機最後幾句話被完全淹沒。而迪克興奮地在房內來回踱步，指著電視螢幕上的詹森說：『只花了六周！比我預期的還要早六周！』」

在競選辦公室的走廊上，麥卡錫陣營的年輕志工們激動地高喊：「戰爭結束了！戰爭結束了！我們成功了！我們成功了！」他們歡呼、哭泣，擁抱迪克，也擁抱彼此。

「徹底驚呆，」迪克回憶起當晚的感受，對我說：「不只是震驚，林登退選對我來說，就像被一道閃電擊中。我已經為此夢想、努力了一年多。在這個過程中，我早已將林登・詹森與越南戰爭視為同一件事。對年輕志工來說，這場選戰是一齣黑白分明的道德劇，戰爭與和平的對決，而此刻，正義終於戰勝邪惡，和平勝過了戰爭。我的感受與所有在總部裡狂歡的志工沒有不同。這場戰爭終於有結束的希望，我們都為此付出了努力與貢獻！」

我理解迪克對戰爭即將結束的喜悅。當晚，我在電視機前聆聽總統演說時，也感到相同的激動。但同時，我也認為詹森此舉，是將國家利益置於個人政治野心之上。「你當時完全沒有這種感受嗎？」我問迪克，「白修德所描述的畫面——你在電視機前興奮地跳來跳去，還嘲弄地伸手指著詹森的身影——讓我覺得，你對他懷恨在心，正在報復呢。」

「的確，當中有這些成分，」迪克承認，「帶著一點惡意，還有對他退選的狂喜。但幾年過去，幸災樂禍的情緒逐漸消散，而真正揮之不去的，反而是一種深沉的悲傷，幾乎伴隨了我一生。」

「為林登感到悲傷？」我問道。

「也為我自己，為這個國家，」迪克繼續說道。

「在『偉大社會』推行的最初幾年，我們的進展如此迅速。我一生中最輝煌的公職時刻，幾乎都與林登．詹森密不可分。我全心全意相信『偉大社會』，相信它讓國家比以往任何時候都更美好，更接近我大學以來的理想。然而，推動『偉大社會』的人，最終也發動一場吞噬它的戰爭。」

「所以，是的，我責怪他。」迪克的聲音漸漸低了下去，「而且，是的，我心碎了。」

那天，我們聊到很晚，遠超過平時該上床睡覺的時間。雖然迪克常常談起他與林登相處的經歷，但這一夜，當我們討論林登退出政壇的大事件（迪克認為，這對林登幾乎等同於生命的終結），才真正觸發了某種「總結」的契機。我們開始回顧，這段時間翻找舊文件，播放錄音帶中林登的聲音，閱讀逐字稿，一步步重新審視他與林登短暫卻深刻的合作歲月。回憶翻湧而出，重新走回兩人並肩奮戰的日子——在白宮地下室聆聽總統發表「偉大社會」宣言的時刻；在眾議院議場內，親眼見證詹森發表〈我們一定會勝利〉演說，加速推動《選舉權法》通過的歷史瞬間。迪克順著記憶的長河，一路回溯至深夜。他說，直到這一刻，他才真正開始看見林登．詹森成就的全貌。

事實上，近年來歷史學界也開始重新評價詹森的功績。隨著聯邦醫療保險、民權、選舉權、啟蒙計畫、國家公共廣播電台（NPR）、公共電視網（PBS）、移民改革等諸多政策推行五十周年紀念活動的到來，記者與紀錄片製片人紛紛前來拜訪迪克，不僅是為了回顧歷史，更是為了探討「偉大社會」如何持續影響並滲透我們的日常生活。

迪克在黑暗中笑著對我說，奇妙的是，跟著我翻閱這些檔案、投入這項計畫的過程，竟改變了他的人生，使他內心對林登的積怨逐漸消融，能重新以敬佩的眼光回憶林登，甚至令他帶著一絲難以置信的深情，低聲喃喃道：「天啊，救救我。」漸漸入睡前，迪克說，他不僅對林登放下心結，也對八十五歲的自己，以及他們曾共同為深愛的國家所做的貢獻，感到前所未有的寬慰與釋然。

◇✶◇

一九六八年四月，美國政壇風雲變色，宛如狂亂的氣流交錯翻湧，一度將我們對和平的希望高高托起，卻又瞬間將其重重摔落。三月三十一日發表全國演說後，原本政治前途黯淡的詹森總統，聲勢如乘風之勢扶搖直上，也猶如浴火鳳凰，從領導危機的灰燼中重獲新生。透過放棄權力，他反而為自己贏得重拾影響力的機會。「若非他退選，這一切簡直是精心策畫的愚人節玩笑，」迪克回憶道。「但正是他的退選，為他結束戰爭的承諾賦予了真誠與可信度。」

和平倡議加上不再競選，立刻為詹森贏得壓倒性的讚譽。美國政治版圖在一夜之間被徹底顛覆。演說翌日，哈里斯民調顯示，詹森的支持率出現戲劇性的逆轉，從原本百分之五十七的不滿意度翻轉為百分之五十七的滿意度。同日下午，股市因對和平的期待而創下歷史新高。

各大報社的社論紛紛盛讚詹森的決斷，認為這是「愛國精神的極致展現」……「將原則置於個人野心之上」……「振奮人心的行動，完美詮釋了甘迺迪當年的名言：『不要問國家能為你做什麼，而要問你能為國家做什麼。』」……「這是他長達三十七年的政治生涯中最震撼人心的一步。」《華盛頓郵報》更撰文指出，詹森「以國家團結為名，做出了個人的犧牲，這將使他在美國歷史篇章中占據一個極為特殊的位置。」

這段時期驟變的政治風雲，不僅重振詹森，也激勵了馬丁．路德．金恩。與詹森一樣，金恩在一九六八年初也經歷過一段沉重低潮。他的妻子柯蕾塔（Coretta）後來回憶道，那幾個月裡，她的丈夫陷入了「極度憂慮」，「我從未見過他如此焦慮不安。」

金恩不顧至親顧問的極力反對，執意發起「窮人運動」（Poor People's Campaign），計畫率領成千上萬飽受貧困所苦的人們前往華盛頓，在首都搭建營地，並且「即使是面臨武力鎮壓，也要堅守在那裡，直到美國做出回應為止」。他冀望，這場「新塞爾瑪或伯明罕」抗議行動，能夠促使國會正視窮人訴求，改善工作機會、住房，以及經濟困頓的城市社區。可惜的是，這場運動的號召力遠不如預期，募款艱難。許多民權運動領袖認為，這項決策是糟糕的誤判。

據傳記作家科茨（Nick Kotz）所述，當金恩得知總統向北越提出和平倡議時，「他的第一反應，是重新燃起了希望——他期盼越戰落幕，美國能承擔起對少數族裔與貧困人口的責任」。只要詹森的和平倡議實現，政府資金轉投國內計畫，那麼這場備受爭議的「窮人運動」將不再必要；戰爭不再阻礙國內資源分配，而金恩與詹森之間曾經締造歷史的盟友關係，也或許能夠破鏡重圓。

詹森的退選，同時徹底改變民主黨總統提名戰的格局。麥卡錫在四月二日威斯康辛州初選獲得的壓倒性勝利（以百分之五十六對百分之三十五）變得平淡無奇。失去了主要目標（一位不受歡迎的總統）和選戰主軸（一場不受歡迎的戰爭），麥卡錫與巴比之間的競爭正白熱化。麥卡錫一向喜歡用奇特且引人注目的比喻，他形容詹森退選前，這場選戰就像「三顆星的撞球局（three-cushioned billiards）」。他說：「在詹森退場前，巴比只有擊中詹森，才能間接影響到我。當時，這場競爭比的是誰能對詹森造成最大的傷害，而他似乎占了上風。但現在，他只能直接對準我進攻了。」

同樣地，麥卡錫也必須正面迎戰巴比。面對即將到來的對決，他顯然充滿自信。當記者問及巴比吸引了大批狂熱支持者時，他淡然回應：「你知道草原大火和沼澤大火的區別嗎？草原上的火災，燒過一夜就熄滅了，而沼澤裡的火災可以持續悶燒六個月。」言下之意，他準備與巴比奮戰到底。

這正是迪克早已預見，卻始終擔憂發生的局面。從一開始，他便對麥卡錫表明，若巴比參選，他便無法參與攻擊這位多年摯友的競選活動。新罕布夏初選勝利後，巴比正式加入戰局，迪克信守承諾，因巴比未登記威斯康辛初選，他決定留在麥卡錫陣營，直到初選結束。在這段時間裡，迪克也開始為離職做準備——培訓三名新進的年輕演講撰稿人，並組建一支能夠獨立運作的電視與廣播宣傳團隊。威斯康辛初選結束的翌日早晨，他返回波士頓，再赴華盛頓處理收尾工作，隨後正式加入羅伯特・甘迺迪的競選團隊。

一九六八年四月三日

演講撰稿人巴斯比形容，詹森「迎來了他總統任內，甚至整個公職生涯最快樂的一周」。一切始於四月三日上午十點，白宮幕僚湯姆遞給總統一則《路透社》快訊：河內準備談判。

詹森多年來都在期盼，這則簡單的消息到來。他心想：「或許，真正的突破終於來了。」如同他一貫的國內政策作風，詹森立刻抓住機會，召開記者會，宣布翌晚將前往檀香山（Honolulu），與南越美軍指揮官魏摩蘭將軍和其他軍方官員會商戰略，以回應河內的積極表態。只要戰爭能夠結束，他便能全心投入未竟的國內政策。哪怕一分鐘，他都不想浪費了。

一九六八年四月四日

詹森星期四早晨醒來時，感受到久違的樂觀與輕快心情。

隨行記者形容，總統「神采飛揚」，既因河內的談判提議而振奮，也受各界對三月三十一日演說的讚譽鼓舞。午後，他飛往紐約，出席新任紐約天主教總主教的就職典禮。總統座車駛近聖派翠克大教堂（St. Patrick's Cathedral）時，數百名支持者沿街歡呼，為他送上數月來難得的溫暖鼓勵。當他步入教堂，全場會眾起立鼓掌，直到他走到前排座位才漸漸停歇。在這座主教座堂的歷史上，另一位曾受到如此自發且熱烈歡迎的，是教宗保祿六世（Pope Paul VI）。

隨後，詹森前往聯合國，與美國駐聯合國大使戈德堡（Arthur Goldberg）及聯合國秘書長吳丹（U Thant）會談。他開心地表示：「河內的回應，讓我們大家都非常振奮。」返回華盛頓的飛機上，記者們意外受邀進入總統客艙——這樣的機會已變得極為難得。詹森興致勃勃地與他們交談，還提及自己收到大量賀電與信件。

當晚，詹森回到白宮辦公室時，西廂顯得異常寂靜。白宮幕僚們已經前往安德魯空軍基地，準備搭乘空軍一號飛往夏威夷。《檀香山星報》（*Honolulu Star-Bulletin*）評論道，這趟夏威夷之行的重要性，從隨行記者與電視新聞人員的陣容便可見一斑。「光是三大電視網，就派出了超過一百名記者與技術人員前往檀香山。」按照計畫，詹森將在午夜左右登上空軍一號，前往檀香山。在那之前，他會先出席精心安排的國會晚宴，據說他將受到排山倒海般的熱烈歡迎。

「那天，世界在我眼中顯得格外美好，」詹森在回憶錄中寫道。

未料，當晚七點半，湯姆遞給總統另一封緊急訊息，這回來自田納西州曼菲斯（Memphis），只有短短一句話：馬丁．路德．金恩遭到槍擊。

⬦⁎⬦

「三十九歲，才三十九歲……」迪克喃喃地說道。回憶起當年曼菲斯發生的槍擊案，顯然為我們的心情和討論都帶來沉重陰影。「他無疑是那個時代的偉人，即使那是一個群星璀璨的年代——有林登、甘迺迪，也許還有巴比。」

駭人的細節陸續傳回白宮：一聲槍響，來自約五十公尺（六十碼）外的狙擊手，以單發子彈貫穿金恩的下顎、頸部與脊椎，留下怵目驚心的大洞。

金恩此行前往曼菲斯，是應民權運動戰友之邀，聲援當地非裔清潔工爭取合理薪資、改善工作條件並組建工會。在洛林汽車旅館（Lorraine Motel），他與親信安德魯．楊（Andrew Young）、艾伯內西

（Ralph Abernathy）及傑西．傑克遜（Jesse Jackson）稍作歇息，隨後走上陽台，俯瞰停車場，與樓下聚集的友人交談。他特別囑咐一位小號手，於當晚的工人罷工集會上演奏他最愛的歌曲〈親愛主，牽我手〉（Precious Lord, Take My Hand）。就在此時，對面建築的房間內，狙擊手扣下扳機。一個小時後，金恩傷重不治。

那聲槍響震撼全美，舉國哀慟、惶恐不安。詹森首要之務是撫慰民心，穩定局勢。當晚九點，他站在白宮西廂的講台上發表演說——就在前一天，他才在同一地點向全國宣布，河內已同意展開和平談判。他呼籲全國為金恩的家人祈禱，並懇請大眾銘記：「金恩博士生前奉行的正是非暴力，我們應拒絕服從奪走他生命的盲目暴力。」他取消了原訂的國會晚宴，並推遲前往夏威夷推進和平進程的行程。

林登憂心，我們過去幾天的所有進展，都將在今晚毀於一旦。巴斯比當天稍晚在橢圓形辦公室見到他時，發現「這一周累積的喜悅，已從他那張長長的臉上消失殆盡。」原本高漲的士氣瞬間瓦解，只剩下悲傷、迷惘與憂鬱。「過去四天，我們被各種情緒衝擊得不知所措，」第一夫人在日記中寫道，「現在，我們又站在另一個深淵的邊緣，完全看不見底。」

根據第一夫人的描述，詹森顯得沮喪，甚至異常沉默，那天深夜十一點過後，他們共進一頓「詭異而寂靜」的晚餐。詹森看似平靜，但他內心早已警覺情勢正朝危險的方向發展。他並未消極等待，而是整晚忙於致電各州州長、市長，敦促他們採取行動，親自去城市裡的貧困非裔社區走一趟。「看在上帝的份上，去見見那些人，」他指示道，「讓他們看到你，讓他們知道你關心他們，讓他們明白我們所有人都在乎。」但他對幕僚巴斯比坦言，擔心這些話根本「無法傳達到位，他們全都像躲在防空洞的將軍一樣，準備觀戰。」

然而，他力圖避免的騷亂已經爆發了。在白宮幾個街區之外，哥倫比亞高地（Columbia Heights）十四街與U街交界處的非裔商業區，人潮開始湧聚。一塊磚頭砸破人民藥局（Peoples Drug Store）的玻璃櫥窗，數十名青少年衝進店內，砸毀展示櫃，搶走商品。《紐約時報》記者寫道：「幾分鐘內，彷彿有個開關被啟動，眾人開始劫掠。」他們闖入家電行，搬走電視與收音機，洗劫服飾店與珠寶店。火光四起，濃煙直衝天際，數十棟建築物燒成灰燼，從白宮窗戶都能望見遠方的火舌。

曼菲斯——金恩的遺體仍留在當地——的非裔社區陷入暴動。隨後，芝加哥、巴爾的摩、堪薩斯市，以及全美超過一百座城市相繼爆發動亂。然而，沒有任何地方的混亂與烈焰，比得上燃燒中的華盛頓特區。

詹森緊急召集與他共事多年的十餘位民權領袖，要求他們翌日上午前來白宮會談。他決心把焦點放在一項已停滯整整兩年的立法上——禁止房屋買賣與租賃的種族歧視。他認為，現在或許正是推動法案的良機。若論誰最懂得如何在悲劇的廢墟中抓住機會，推動實質變革，那人必是詹森。他曾利用甘迺迪遇刺後的局勢，推動遲滯的《民權法案》；如今，他要借助全國對金恩的哀悼，推進《公平住房法案》（*Fair Housing Bill*）。

巴比得知金恩遇害時，正忙於印第安納州五月七日初選的造勢活動。這場選戰將是他與麥卡錫的首次正面對決。當晚寒風細雨，他前往印第安納波利斯（Indianapolis）一處貧困的非裔社區，參加集會。儘管天候不佳，現場仍聚集了約一千名群眾，氣氛歡騰，人們尚未得知金恩的噩耗。顧問們勸他取消演說，但他只是簡單地草擬幾行筆記，便站上貨車的後斗，撥開額前的頭髮，直接向群眾宣布：「我有個不幸的消息要告訴你們，也要告訴我們所有的同胞，以及世界上所有熱愛和平的人——馬丁・路德・金恩今晚遭到槍殺，已經去世。」

人群中傳來驚呼與抽泣，集體悲慟，清晰可聞。

在這艱難的一天，在這個美國動盪的時刻，我們或許應該問問自己，這個國家究竟是什麼樣的國家？我們又該何去何從？對於在場的非裔群眾——我們似乎已有證據顯示，這起事件的肇事者是白人——你們可能會感到憤怒、仇恨，甚至想要報復……

或者，我們可以像馬丁・路德・金恩一樣，試著去理解、去包容。我們可以努力擺脫這場暴力與鮮血帶來的污點，讓我們的心中充滿理解、憐憫與愛。

隨後，他提到了從未在公開場合談論的話題——他親身經歷的喪親之痛。

對於在場的非裔群眾，因這樣的不公憤怒、對所有白人心生仇恨與不信任，我只能說，我的內心也曾有過相同的感受。我也曾失去一位摯愛的家人，他被一名白人殺害。但我們必須努力去理解……去克服艱難的時刻。

我最喜愛的詩人艾斯奇勒斯，曾寫道：在沉睡中，那無法忘卻的痛苦，一滴一滴墜落心頭，直至在絕望中，超越我們的意志，智慧終將降臨，透過上帝沉痛的恩典。

讓我們以此為誓，正如希臘先賢數千年前所寫的：馴服人性的殘暴，使這個世界更為溫柔……

讓我們致力於這個目標，為我們的國家、為我們的人民祈禱。

離開前，巴比要求將集會的彩旗裝飾全部拆除。他已無心再見到任何慶典的痕跡。

迪克告訴我，第二天早晨，當他讀到巴比演說的報導時，不禁熱淚盈眶。他曾在兩人獨處時，聽過巴比引述艾斯奇勒斯的詩句，深知這些話對巴比的意義，也明白這是他發自內心的真情流露。「在那個可怕的夜晚，」迪克說，「他不僅坦露了兄長遇害後內心壓抑的憤怒與悲痛，也展現了自己的脆弱，並以真誠觸動人心。」

就在全國多城騷亂的當晚，印第安納波利斯奇蹟般地維持平靜，是少數倖免於難的大城市。

一九六八年四月五日

上午十一點過後，詹森走進內閣會議室，見到許多熟悉的面孔，不禁鬆了一口氣。米契爾（Clarence Mitchell）、惠特尼．楊、魯斯汀（Bayard Rustin）、威爾金斯等民權領袖皆在場，這些人曾與他攜手推動兩項歷史性的民權法案。此外，副總統韓福瑞、首席大法官華倫、大法官瑟古德・馬歇爾（Thurgood Marshall），以及多位內閣官員、白宮幕僚與國會兩黨領袖，也圍坐在長桌四周。

悲傷與焦慮瀰漫整個會議室。所有人都在為金恩哀悼，同時也憂心接下來數日內衝突可能會擴大，局勢失控。「如果我是哈林區的孩子，」詹森向眾人坦言，「我現在心裡一定會想，白人已經對我們族群開了殺戒，他們一定會一個接一個地獵殺我們，除非我先弄把槍，把他們幹掉。」

民權領袖們一致認為，絕大多數非裔美國人並不支持暴力，但需要立刻採取積極行動來緩和局勢。詹森深表認同，隨即提出他的計畫，「趁這個機會」推動開放平等的住房法案，禁止在房屋買賣與租賃過程中的種族歧視。

然而，大多數在場領袖，無論黑人或白人，都不贊成總統的提議。他們深知，管制私人住房的法律受到基層強烈反對。正如時任白宮顧問卡利法諾指出：「即便是國會中一向支持民權的議員，也受到中產階級白人選民的強大壓力，這些人不希望黑人搬進他們的社區。」詹森已經連續兩年嘗試推動這項法案，都以失敗告終，如今恐怕依舊難以過關。與會者建議，他應改採行政命令的方式，立即推出強而有力的相關政策。

然而，詹森記取了甘迺迪一九六二年頒布行政命令的失敗經驗。他深知，「如果沒有國會的道德授權，這場鬥爭在開始前就已注定失敗。」因此，他決定低調展開擅長的政治運作——透過幕後遊說來推動住房平權立法。他打算花費數小時與國會議員逐一通話，探詢他們各自關心的基礎建設與政策需求，試圖爭取他們的支持。

在討論完公平住房問題後，詹森將話題交給在場的民權領袖，詢問他們希望政府接下來採取哪些行動。幾乎所有人一致主張，大規模擴展「反貧困戰爭」，並推動多層次計畫，改善非裔貧困社區的惡劣環境。詹森決定，暫時將這兩個方案——住房平權法案與大規模城市改造計畫——都保留在議程上。

會議結束後，詹森與民權領袖們一同現身白宮記者會，並向眾議院議長提出正式請求，希望能在下周初召開國會聯席會議，他準備推動一套完整的立法措施，來處理全國城市不斷惡化的危機。他對巴比坦言：「成敗就看這場演說了。上周日的退選演說效果很好，達成了我們的目標。但金恩的遇害，已經抹去所有成果，我們現在必須重新開始。」

◇✶◇

那天下午，消息傳來，總統指示勞工部長維爾茨協助準備國會聯席演說。當天稍晚，維爾茨就召見我到辦公室，說明他奉命彙整構想，提出能大幅改善城市貧困非裔生活的計畫。他希望我加入這支小型工作團隊。

我們持續腦力激盪至夜晚，我內心充滿緊張焦躁。整個華盛頓陷入混亂，當晚的騷亂比前一夜更加激烈且範圍更廣。有更多店面的玻璃被砸碎，數百場大火燃起，整個街區陷入火海。兩名受困於服飾店的青少年因而葬身火窟。我們得知，華盛頓市長已正式向總統請求調動國民警衛隊。到了四月五日晚間九點半，數千名軍隊開始在街頭巡邏，官方實施宵禁，戒嚴令正式生效。

整個周末，我們從早到晚不眠不休地工作。特別通行證讓我們能夠穿越這座已經變成堡壘的城市。

身穿軍服的士兵在白宮周圍堆砌沙包，手持機關槍與刺刀的部隊駐守在檢查哨。我與同事在空蕩蕩的街道上行駛，經常過了午夜仍未離開辦公室。軍隊不時在路障前攔下我們，檢查證件並查看車內情況。

我的任務是整理「克納報告」（Kerner Report）——全國騷亂諮詢委員會報告（National Advisory Commission on Civil Disorders）——中的建議。這份報告是總統去年下令撰寫的，旨在調查自一九六四年起，每年夏天導致美國城市貧困社區動盪的根源。報告的結論令總統憂心：「我們正走向兩個社會，一個是白人社會，一個是黑人社會，彼此隔絕且極不平等。」詹森似乎對評估結果頗為不滿，因為它似乎忽略「偉大社會」計畫所取得的進展。但我們希望，研讀克納報告能夠指引出一條改革路徑，進而消弭引發騷亂的結構性不平等問題。

數日來，我們這支來自勞工部的小型團隊，不斷打磨這項歷史性的改革方案，希望能真正改善貧困社區的生活。我們提出一系列環環相扣、規模龐大、範疇廣泛的計畫，資金來源包括挪用國防預算與高速公路信託基金，並對富裕階層加稅。我們深信，金恩之死帶來的震撼，堪比當年塞爾瑪愛德蒙佩特斯橋上的暴力鎮壓。總統可以像當年為投票權發聲那樣，再次挺身而出。我們懷抱著與熱情相當的理想主義與幾分天真，相信國會將對經濟正義遭剝奪一事作出回應，就像它曾在一九六五年回應選舉權被剝奪的問題一樣。

◇✶◇

一九六八年四月那動盪危險的周末，太多事發生得太快，以至於近五十年後，迪克與我分享當時經歷，仍需像拼圖般，將彼此的動向拼湊起來。雖然我們真正相識還要再等四年，但迪克總愛想像，也許我們曾在空蕩蕩的華盛頓街頭擦肩而過。

迪克在四月七日星期日抵達華盛頓，決定下午前往克里夫蘭公園（Cleveland Park）拜訪麥卡錫。迪克想親自向麥卡錫致謝，感謝他的勇氣與風度，並獻上祝福，同時正式道別。

迪克到達的時候，發現麥卡錫正坐在戶外曬太陽。從他的住處到騷亂的核心區域、路障和軍隊駐守的地方大概約五公里（三英里）遠。

「會尷尬嗎？」我好奇地問。

「一點也不，」迪克說，「氣氛出奇地和諧。我再次重申我們在新罕布夏初次談話時所說的——如果情勢改變，巴比決定參選，我無法留在他的團隊中，成為打擊自己摯友的推手。」

「嗯，」麥卡錫就事論事地說，「這場選戰本該如此。」

「這時間點真是棘手，」我說，「他難道沒有絲毫怨言嗎？」

「他完全泰然處之，」迪克回答。「我向他道謝，他也回謝我，然後我們握了手。他淡淡一笑，帶著幾分戲謔地說：『祝你好運，但也別太好運了。』」

迪克正準備轉身離去時，麥卡錫又說了一句：「或許我們還會再見。」這句話縈繞在迪克腦海許久，最終，一切果真如他所言。

離開麥卡錫的競選團隊，比迪克想像的還要困難。後來接受採訪時，他坦言，若非因為與巴比的深厚情誼，他其實很想留下來。他在這場選戰中找到了極大的樂趣，尤其享受與年輕志工共事的時光。他熱愛這裡的氛圍，「開放、自由，相對沒有傳統競選的勾心鬥角。」

《波士頓環球報》一位記者曾如此評價：「在麥卡錫競選團隊中，古德溫是舉足輕重的人物。他手下有一批作家與學生，他們敬仰他，也欽佩他的政治才能。他擁有卓越的政治人脈，能夠順暢地與媒體合作，並在電視廣告策略上發揮了重要作用，這使他成為麥卡錫競選活動中的關鍵人物。」

而在巴比陣營，多數職位已有安排。他將加入更嚴謹、層級分明的團隊，周圍都是資深政壇老將。這場選戰將少了幾分輕鬆與樂趣，但迪克知道，自己別無選擇。

當晚，迪克驅車前往山核桃莊園，正式加入羅伯特．甘迺迪的競選團隊。巴比事先為他準備了一張通行證，讓他得以穿越波托馬克河橋樑，前往他位在維吉尼亞州麥克林（McLean）的家。從華盛頓滿目瘡痍的街道，陡然切換到維吉尼亞井然有序、受到嚴密保護的鄉間莊園，兩者之間，有如天壤之別。

「我抵達時，巴比親自來開門，」迪克回憶道。「『你總算來了，』他挖苦我，握住我的手，還短暫地用左臂摟住我的脖子。他很高興，也總算放心了，我也一樣。」

「我低聲說『如果你一開始就聽我的，你現在早就已經是提名人了。』」

「而巴比回應『相信我，我知道了。別再說我了。』」

接著，他領著迪克進屋，與甘迺迪陣營的「老班底」會合。這些人當初曾極力反對巴比參選，如今卻全都跳上了這輛競選列車。

一九六八年四月十日

儘管最初看來並不樂觀，但就在金恩遇害後短短六天內，詹森全力推動的《公平住房法案》終於獲得通過。《洛杉磯時報》報導：「當眾議院議長麥科馬克宣布表決結果時，議場與擠滿觀眾的旁聽席響起了歡呼聲。」儘管立法過程對法案有所刪減，但它依然成功消除了美國八成住宅在買賣和租賃上的種族歧視。

隔日，詹森簽署法案，並將它獻給金恩。他表示，這是繼《一九六四年民權法》（*Civil Rights Act of 1964*）與《一九六五年選舉權法》（*Voting Rights Act of 1965*）之後，他任內政府通過的第三項重要民權法律。「我擔任總統以來最自豪的時刻，」詹森說，「就是像今天這樣，將一個世紀以來的承諾寫入法條。」

當天下午，在勞工部為法案通過舉行慶祝活動後不久，我們得知總統決定取消原訂的國會聯席會議演說。國會內部的意見調查顯示，因為騷亂影響，原本對金恩之死的同情轉為憤怒與恐懼。此時，公眾已無心聆聽城市貧困社區的大規模改造計畫。

詹森取消演說令我深感遺憾。但後來出乎意料的是，這個轉折卻促成了我與詹森之間更為深厚的合作關係。

一九六八年五月六日

我對於總統取消演說的失望遲遲未能消散。幾周後，在白宮舉辦的白宮學者歡迎招待會上，我再次遇見了詹森。這場活動旨在歡迎即將於九月接任我們的新一屆學者。總統發表完歡迎致詞後，逐一與在場人士握手，當他走到我面前時，他停下腳步，微微彎身，問我近況如何。

我忍不住當場發表了一番「即興演說」，向他闡述他應該發表的那場演講。詹森嘆了口氣，似乎準備回應，但幸運的是，白宮的攝影師適時介入攔住了他。

隔天，我接到勞工部部長維爾茨的召見。他告訴我，總統親自來電，希望安排我調任白宮幕僚團隊。這個突如其來的消息令我困惑不已，想到要離開維爾茨和勞工部，我忍不住落淚。「我真的一定得去嗎？」我問道。維爾茨微笑著，用大拇指壓緊煙斗裡的菸草，然後點燃煙斗，凝視著我說：「相信我，這是你一生中難得的機會。如果你不去，你會後悔一輩子。」

我才剛在西廂辦公室安頓好，白宮任命秘書便打來電話，說總統要在橢圓形辦公室見我。當我走進時，總統正埋首簽署文件。他沒有抬頭，只是繼續批閱。過了一會兒，他轉過身來，沒有任何寒暄，便直接開口。

你先前說，我不該出現在競選名單上，然後又批評我沒有發表演說。現在，我的任期只剩九個月，沒有連任壓力。我想利用這段時間，去做應該做的事，說應該說的話，只因為這是對的。而你可以助我一臂之力。

我一直喜歡教書，我原本應該成為一名老師，現在我想拿你來當練習。我希望盡我所能，讓美國的年輕人，特別是你們這些哈佛人，理解這個政治體制的真正意義。

他指了指沙發，示意我坐下，然後開始在橢圓形辦公室裡踱步，接下來的二十分鐘，他向我描述，不久前造訪前總統杜魯門位於密蘇里州獨立市的家。他說，他時常與杜魯門交談，十分珍視對方的智慧與建議。

杜魯門最了不起的一點，是一旦做出決定——任何事，包括投放原子彈——他就不會回頭質疑自己。「我應該這麼做嗎？噢，我該這麼做嗎？」不，他從來不會這樣想。他清楚自己當時已做出了最好的判斷，事情就這麼定了，沒有回頭路。

接著，他坐到我對面的軟墊搖椅上，補充道：

我真希望自己也能有這種特質。世上最折磨人的事，莫過於不斷回顧自己做過的決定，反覆思索當初的選擇，想像如果走了另一條路，結果會如何。這樣只會讓人瘋掉。

詹森告訴我，杜魯門在他最艱難的日子裡，曾給予他極大的安慰。杜魯門提醒詹森，自己當年也曾遭受無情、持續不斷的批評，但最終還是挺了過來。與曾身居總統之位的人對話，聆聽他的見解，讓詹森感到耳目一新。最近一次造訪時，他與杜魯門就巴黎作為即將舉行的越南和平談判地點的適切性，深入探討了彼此的看法。

詹森講述故事的方式，使這段當代歷史在我眼前活靈活現，令我聽得入迷。

往後的數周到數月，我的工作大致與在勞工部時相似，聚焦於為貧困青年提供職業培訓與就業計畫。我主要與卡利法諾和副特別顧問賴瑞・萊文森（Larry Levinson）共事，而非直接向總統匯報。

傍晚時分，我經常被召喚到橢圓形辦公室旁的小會客室。在那裡，詹森會向我談起他當天的行程，或更頻繁地回憶新政時期，身為年輕國會議員在德州的歲月。他尤其鍾愛講述擔任德州國家青年局主任的經歷，當時他推動多項計畫，讓數以萬計的失業青年投入建設公路、公園、學校、圖書館及休閒設施。當他的思緒回到這段時光時，總統威嚴便消失無蹤，顯得格外放鬆。

講述這些往事似乎讓他感到愉快，而我亦樂於傾聽。隨著時間過去，他開始思考卸任後撰寫回憶錄的計畫。他告訴我，希望我能與他合作，待他回到牧場生活後，一起動筆寫書。

一九六八年五月七日

我逐漸適應西廂辦公室的工作時，迪克則與巴比一起在印第安納州，準備迎接五月七日與麥卡錫的首場初選對決。

多年來，迪克在總統初選與大選中扮演過多種角色：競選策略顧問、演講撰稿人、辯論教練、廣播與電視廣告顧問。他的資料箱裡收藏著甘迺迪與詹森競選期間的裝訂演講稿，每冊厚達數英吋。在這些政治戰役中積累的經驗，使他能夠在極端壓力下迅速產出所需內容，無論是演講、廣告還是戰略規畫，都能游刃有餘。

據說，巴比曾對朋友透露，他認為迪克透過調整麥卡錫的競選策略，不再侷限於反戰，而擴大至整體領導與國家願景，成功將麥卡錫在新罕布夏州的支持率提升至少百分之十，迪克還協助麥卡錫設計了簡單有力的廣播與電視廣告，傳達新的國家發展方向。

但相較於規模龐大的巴比競選團隊，麥卡錫的競選運作不過是一間家庭工坊。迪克很快意識到，媒體將是他在巴比團隊中能發揮最大貢獻的領域。於是，他迅速組建一支製作團隊，聘請攝影組，並獲得傳奇電影導演約翰．法蘭克海默（John Frankenheimer）——其代表作包括《諜網迷魂》（*The Manchurian Candidate*）與《五月裡的七天》（*Seven Days in May*）——在競選期間，全程跨刀協助。

記者賈斯特（Ward Just）觀察到，迪克的角色經常「極難界定」，也很難說明「為何他總是能把事情做好」。媒宣組一名成員試圖解釋：「你可以想像，一群人圍在桌邊，絞盡腦汁想一則廣告。迪克通常會晚點進來，但他坐下來聽一分鐘後，就開始寫，總能準確表達出我們想說的話。」

「你在印第安納的廣告到底想傳達什麼訊息？」我問迪克。

「廣告重點其實不在於巴比說了什麼，而是他表達的方式，」迪克解釋道。「我希望讓他『冷靜下來』。」

在印第安納州競選廣告中呈現的巴比，並不是那個煽動群眾情緒、讓支持者瘋狂地將他從敞篷車上半拉下來、爭相握手、抓住他衣袖或碰觸他頭髮的激進演說家。相反地，他以參議員與前司法部長的形象現身，透過沉著的語調闡述政策，描繪更好的美國。他在競選中小心拿捏，既承諾為城市貧困社區的黑人爭取正義，也向白人工薪階級選民保證法律與秩序、安全與穩定。

巴比成為了連結這兩個族群的橋樑。他強調，黑人與低收入藍領階層其實都受到富裕白人建制派的歧視，這些人不僅漠視他們的困境，更對他們抱持輕蔑。超越種族界限，巴比以更廣大的階級問題為核心，提出了當時其他候選人都無法傳達的願景——實現社會和解與癒合的可能性。

巴比每天工作超過十八小時，努力握住每一隻伸向他的手。即使到了深夜，只要前方街區仍有成千上萬的人在等待，他便會堅持前行。「如果他們還在等我，那我們就去見他們。」當他逐漸進入狀態，展現自信後，便會開始與群眾開玩笑、互動，甚至引導對話。「你們想要誰當總統？」他問。「你！」群眾齊聲回應。「我們要甘迺迪！我們要甘迺迪！」他們高呼。「你們會幫助我嗎？」巴比再問，群眾大聲喊道：「會！」

選票揭曉時，巴比獲得了壓倒性勝利。他贏得百分之四十二的總票數，拿下百分之八十五的黑人選票，並贏下七個曾在一九六四年支持華萊士的白人縣市。印第安納州州長布蘭尼根（Robert Branigin）（作為副總統韓福瑞的代理人參選，韓福瑞於四月二十七日正式加入競選，但未直接參與初選）獲得百分之三十一的選票，而麥卡錫則遠遠落後，以百分之二十七排名第三。

藍領工人與經濟上受壓迫的黑人都認為巴比真正聆聽了他們的聲音，理解他們的問題。「這不是政治算計，」迪克說。「這兩個族群都認為巴比站在他們這一邊。我自己也這麼覺得。而且，這是真的。」

同一晚，巴比在華盛頓哥倫比亞特區取得壓倒性勝利。一周後，在內布拉斯加州，他在印第安納州成功的選戰策略再次發揮作用，進一步擴大勝選聲勢，愈來愈有可能成為重塑民主黨路線的代表人物。

一九六八年五月二十八日

接著來到奧勒岡，當地居民多為受過良好教育的中產階級，黑人比例僅占百分之一，天主教徒則約百分之九。迪克形容這裡像是一片廣闊綿延的郊區。五月二十八日，奧勒岡州初選當天，巴比正在加州競選，距離關鍵的六月四日加州初選僅剩一周。迪克已經駐紮在洛杉磯，與法蘭克海默導演及媒宣團隊籌畫加州的電視與廣播廣告。

當天傍晚，迪克與甘迺迪搭乘競選專機飛往波特蘭（Portland），準備與支持者一同等待初選結果。途中，機長透過駕駛艙的廣播獲悉初步開票情況，一名機組人員沿著走道，帶來令人沮喪的預測：麥卡錫預計以百分之四十四的得票率勝出，而巴比僅得百分之三十八。

雖然這樣的結果並不算意外，但巴比的反應卻出乎意料地堅強。他沉默片刻消化這個消息，然後起身，據一名記者描述：「他微笑著走過擁擠的機艙，輕拍支持者的手臂，對機上的人們簡短而溫暖地說了幾句話。」

在麥卡錫的波特蘭競選總部，超過三千名興奮的支持者擠滿了宴會廳，等待著麥卡錫的到來。最終結果確定後，麥卡錫臉上露出燦爛的勝利笑容，並說：「我們一直知道，我們有正確的議題與正確的候選人，關鍵只在於找到我們的選民。」他補充道：「這場勝利應該能讓那些懷疑我競爭提名資格的人閉嘴了。」

巴比立即向麥卡錫發出賀電，儘管他先前連勝時，未曾收到對方類似的祝賀。隨後，他直接前往本森飯店（Benson Hotel）七樓，那裡擠滿成千上萬的支持者，他們滿臉失落、悲涼而難以置信地接受敗選結果。

「奧勒岡州的選民非常公正，」巴比對情緒低落的競選團隊說。「他們給了我充分的機會來表達理念，然後做出了判斷，這正是選民應有的權利。」他特地找到青年志工主席，對他說：「抱歉，我讓你們失望了。」

當晚，迪克與巴比並肩坐在返回洛杉磯的飛機上，低聲商討如何回應隔天記者的提問——這些問題幾乎無可避免，例如：「甘迺迪家族過去二十八場選舉全勝，這次敗選有何感想？甘迺迪家族是否不再無敵？」機艙內，一張照片捕捉到巴比與迪克看起來濕漉漉而疲憊的身影，他們坐在一張手繪海報下，海報上寫著「一路支持RFK」。

他們首先一致認為，巴比現在只能接受麥卡錫的辯論挑戰，他之前錯誤地拒絕了這項挑戰，而現在他別無選擇。他們向來認為，知名度較高的候選人不應該為知名度較低的對手提供免費曝光機會。然而，奧勒岡州的選舉結果打破了這個既定盤算。「現在我沒什麼立場再說，麥卡錫是不重要的候選人了，」巴比對迪克說。「天啊，如果他今晚還不算重要的話，那我根本就不算是個候選人。」

「我發現巴比在隔天接受媒體提問時，多了一些不同的氣質，」迪克對我說。「我認為奧勒岡的敗選，讓他成為一個更優秀的候選人。」巴比從小就被教導「沒有什麼比屈居第二更糟糕」，但如今他已經嘗到敗選的滋味，卻依然堅定前行。「或許變得更脆弱了，」迪克告訴我，「但也更令人同情，更有吸引力。」

他的坦率令人印象深刻。當被問及奧勒岡敗選是否影響他的選情時，他直言：「這當然不是今天最有利的消息。」記者問他為何改變心意，決定參加辯論時，他坦承：「因為現在的我，已經不是奧勒岡初選前的那個我了，我也不能裝作沒事。」

抵達洛杉磯時，五萬名支持者為甘迺迪獻上熱烈歡迎，五彩紙屑漫天飛舞，象徵他競選的最後一周正式開展。記者指出，洛杉磯郡的民主黨選民數量，比印第安納州、內布拉斯加州和奧勒岡州的總和還要多。甘迺迪顯然被這沸騰的迎接場面所鼓舞，記者寫道，他開玩笑地說：「如果我在奧勒岡已經死了，那我希望洛杉磯是我的復活之城。」

一九六八年五月二十九日至六月三日

在加州初選的最後倒數，儘管氣氛既緊繃又激動人心，我卻遠離了巴比競選的熱鬧滾滾。我當時人在華盛頓特區，原本與朋友計畫共度陣亡將士紀念日周末。然而，五月二十九日中午，我突然首次收到邀請，搭乘空軍一號與總統和他的親友前往牧場。

我們當天下午就要出發。我匆忙回家收拾行李，被叮囑要攜帶舒適的衣物、幾套正式洋裝，還有泳衣。下午四點四十五分，飛機從安德魯空軍基地起飛，中途停留在德州基督教大學（Texas Christian University）校園，總統在畢業典禮上發表演說，呼籲修憲讓十八歲年輕人獲得投票權。最後，我們在晚上十點抵達牧場。

我剛放下行李，總統就邀請我和幾位同行者晚上十點十五分到泳池游泳。隔天一早八點十五分，我們又回到泳池，接著下午五點三十分再游第二次，而第三次則是在午夜過後。早晚各游一次泳的習慣持續了好幾天，但稱不上真正的「運動」。我們偶爾會在水道中緩慢划動身體，但更多時候，只是站在淺水區，或坐在池畔泡腳，聽著詹森滔滔不絕地說話。他似乎從未停下，而我則始終在聆聽。

半個世紀後，正當我以為，我朗讀的《總統日誌》（裡面記錄總統與包含我在內的所有人每天每分鐘的動態）已經把迪克哄得昏昏欲睡時，他卻突然笑著打斷我，回憶起他與林登及莫耶斯在白宮泳池的傳奇游泳時光，以及他第一次造訪牧場時，穿著燕尾服到斯通沃爾小鎮雜貨店買泳褲的窘境。

「想想看，」他笑著說，「我們兩個人剛與林登相識，竟然都是在泳池裡！」

「至少我還穿著泳衣，」我補充道。

我們也都記得，牧場的泳池設備異常齊全，特製的漂浮板上擺放著電話、記事本和鉛筆，讓總統隨時可以滑到這些漂浮平台前，記下重要事項或打電話聯絡任何他想找的人。

首次造訪牧場，迎接我的是一連串令人目不暇給的活動，若非《總統日誌》，我根本無法回憶起這一切。

整體而言，這趟經歷就像一場極致奢華的鄉村嘉年華會，應有盡有——羊隻拍賣、高爾夫球車、巡視海福特牛群、牛仔帽與靴子、總統駕駛林肯敞篷車的瘋狂兜風、搭乘直升機拜訪鄰近牧場、在名為「林登詹森」的湖上乘船遊覽、與各界名流共飲雞尾酒、享用大餐、在家庭影院觀賞電影，還有早晨、正午與午夜的游泳時光。

那個陣亡將士紀念日周末的來賓名單堪稱星光熠熠，包括演員葛雷哥萊・畢克、好萊塢頂尖經紀公司掌門人華瑟曼（Lew Wasserman）、聯藝公司（United Artists）董事長克里姆（Arthur Krim）、亨利・福特二世（Henry Ford II），以及他們的配偶。活動內容包括騎馬、參訪詹森城。某天下午，我們搭乘直升機降落在海伍德牧場（Haywood Ranch），這是總統新購入的隱密度假地，專供狩獵、划船和滑水之用。在那裡，林登駕駛一輛小型藍色敞篷車載我兜風，我們一路駛向俯瞰湖泊的坡頂。當車輛開始駛向下坡時，一名特勤局探員提醒總統放慢速度，因為這輛車的煞車系統需要檢查。沒想到，林登卻像個頑皮的少年般，故意加速衝下山坡，直接駛入湖中，激起巨大水花。「我們要沉下去了！」他大喊。然而，片刻之後，這輛藍色敞篷車竟然浮了起來。原來，它是一輛兩棲車，開始在湖面上緩緩漂浮。

我沒有驚叫，甚至沒有感到害怕。畢竟，我是和美國總統同行，周圍還有特勤人員，我想這應該足夠安全。看來總統對我的冷靜頗為失望，他駕駛著這輛「水陸兩用車」緩慢繞行湖面，然後轉向我問道：「你們哈佛人到底怎麼回事？連害怕都不會嗎？」後來我才知道，這其實是他慣用的惡作劇，每次都會搭配相同特勤局警告與「煞車失靈」劇本，專門戲弄毫無防備的乘客。

有一天晚餐後，我們一起觀看了那部描繪世代衝突的諷刺電影《畢業生》（*The Graduate*）。總統坐在舒適的躺椅上，據說他通常一熄燈就會睡著，但這晚在眾多賓客陪同下，他竟然全程清醒。隔天，他問我：「那個詭異的傢伙到底怎麼能成為你們的英雄？」他指的是達斯汀・霍夫曼（Dustin Hoffman）飾演的大學畢業新鮮人，然後接著說：

「我只看了那傢伙十分鐘，像坨肥肉一樣漂在泳池裡，像頭大象一樣在那女人床上滾，沿著加州海岸線晃來晃去污染空氣，我就知道我連一分鐘都不會信任他，更遑論把重要的事交代給他。如果這就是你們這一代人的愛情，那我們就完蛋了。他們在結婚前，只會互相大吼大叫；等結婚後，又像啞巴一樣坐在公車上，一句話都說不出來。」

趁著總統喘口氣的時候，我趕緊插話：「這正是重點。他們根本不知道自己想要什麼，只知道不想活成他們父母的樣子。」

雖然總統的影評不怎麼高明，但在政治辯論的分析上，他確實有一套。六月一日晚上，大家齊聚主屋的客廳，觀看萬眾矚目的電視辯論——羅伯特・甘迺迪對決尤金・麥卡錫。

許久之後，我才知道迪克是巴比團隊的辯論教練。巴比儘管疲憊不堪，仍全力準備這場比試，投入了所有精力。那個星期六，他的團隊為他安排了兩場模擬辯論，數小時內不斷向他拋出可能會被提問的問題，幫助他整理出簡潔有力的回答，並將重點記錄在字卡上，讓他反覆熟記與練習。「我們不斷向他拋出問題，他的精神狀態意外地不錯，」迪克回憶道。「他對各項議題都了然於心。」

相較之下，自信滿滿的麥卡錫，前一晚還跑去看道奇隊的棒球比賽。大多數人認為這位明尼蘇達州參議員會在辯論中勝出，因為他對語言運用十分講究，且被認為是兩位候選人中更具學識的一位。麥卡錫隨意翻閱過助手準備的資料之後，便與詩人朋友洛威爾聊天，還興致勃勃地唱起愛爾蘭民謠。

對巴比而言，這場辯論的關鍵在於避免顯得過於強勢、咄咄逼人或好辯。他需要展現對政策的掌握，更重要的是強調自己的經歷——擔任過司法部長，曾是內閣、國家安全會議的成員。這不僅能凸顯他相較麥卡錫的優勢，也能彌補兩人之間將近十年的年齡差距。四十三歲的約翰・甘迺迪是美國史上最年輕的民選總統，而如果巴比勝出，他將打破哥哥的紀錄，年僅四十二歲便入主白宮。

隔天我問總統對辯論結果的看法，他咧嘴一笑：「你面前這位可是科圖拉小學和山姆休士頓高中（Sam Houston High School）的辯論教練。」我對這出乎意料的個人歷史感到好笑，他自豪地補充：「而且，我還讓他們拿下州冠軍呢！所以，憑藉我多年來的辯論經驗，我可以告訴你，昨晚的辯論沒什麼激烈交鋒。」

「所以你認為算是平手？」我問。

「不，巴比贏了，無庸置疑。他憑藉熱情、氣場與幽默獲勝。但說實話，這場辯論並不算多精彩。」

在這趟德州之行結束前，我獨自沿著牧場前的道路漫步。我記得自己看著平靜的佩德納萊斯河，它像是一條蜿蜒流經道路下方的小溪。而這條路，彷彿述說著林登的生命故事。如果以牧場為圓心，畫一個大圓，那麼圓圈內便涵蓋了林登童年時期的所有重要場景。直到此刻，我才真正體會到這片土地的獨特之處——不僅僅是這個周末宴飲、電影、談話與游泳的熱鬧與娛樂，它還有更深的意義。

牧場當然是林登的遊樂場，但更是他的避風港。在這裡，他能夠真正放鬆，感到安全。當時的我並不知道，未來還會多次回到這裡工作，更無法預見，有一天這片土地會成為國家公園，展示著他的童年、他的一生，以及在家族墓地裡，他的最終歸宿。

在離開前，我明白了一件來之前未曾真正領悟的事：詹森對丘陵地區鄉親的深厚情感，對這片土地歷史的熱愛，對家園的珍視，以及這個地方如何塑造了他的性格，最終成為他留給後世的歷史遺產。

一九六八年六月四日

「到了加州選戰的最後階段，就像拳擊賽的最後一回合，已經不是單純的疲勞問題了，」迪克回憶道，「我們都筋疲力盡，這時候，比起策略，意志與耐力才是決定性的因素。」

最後一天，巴比行程緊湊，整整跑了約一千九百公里（一千兩百英里），從舊金山的唐人街一路趕往長灘（Long Beach），接著步行穿越華茲社區，再輾轉前往聖地牙哥（San Diego），最後回到洛杉磯。

迪克回憶當時，彷彿被各種勝利的吉兆與象徵包圍著。「不僅是民調和社論，」他說，「你能在人群中感受到，能在空氣中呼吸到。我被那股愈發高漲的期待感鼓舞了起來。現在，剩下的只有等待。」

初選當天早晨，巴比在早餐後打電話給迪克，邀請他到法蘭克海默位於馬里布（Malibu）的海濱別墅共度這一天。除了家人——艾瑟、六個孩子、一隻狗和一隻猴子——現場只有記者白修德與政治顧問達頓（Fred Dutton）。

迪克抵達馬里布時，第一眼看到的巴比，正如他後來在《麥考爾雜誌》（*McCall's*）撰寫的文章〈六月的一天〉（*A Day in June*）中描述的那樣：「懶洋洋地攤在兩張躺椅上，陽光灑在他身上，頭軟綿綿地垂在椅架外。」然而，沒過多久，出口民調就讓他徹底從疲累中振奮起來。CBS預測，巴比將以百分之四十九對百分之四十一的優勢獲勝。迪克興奮地計算：「如果能把加州的支持率從百分之四十九推升到百分之五十，達到絕對多數，那將是全面性的突破。」就在一瞬間，白修德觀察到，「巴比一下子恢復成幹練的執行官」，開始思索如何動員地方組織，在兩萬個選區中的每個選區，說服額外兩位選民前往投票，以達到關鍵的多數門檻。他也同時關心南達科他州的選情，該州與加州同一天舉行初選，而之前有民調預測，他在那裡的勝算一樣樂觀。

下午稍晚，白修德注意到，「當勝利的溫暖滋味湧上心頭」，巴比開始放鬆下來。他請迪克起草一份勝選聲明，希望既能展現堅定立場，又能對麥卡錫表現出大度。

傍晚，迪克回到威爾榭大道（Wilshire Boulevard）上的大使飯店，巴比在此租下六間套房，與家人、朋友及記者們一同等待開票結果。到了晚上九點，ＣＢＳ更新預測，進一步看好巴比的勝算，預測他將以百分之五十二對百分之三十八的優勢獲勝。同時，南達科他州的首波開票結果也極為樂觀，擁擠的套房內頓時欣喜若狂。在這一刻，在這個房間裡，巴比的提名之路似乎勢不可擋。白修德形容，巴比「幾乎無法抑制地喜上眉梢」。

「巴比向我和索倫森示意，」迪克回憶道。他們穿越人群，試圖尋找一個能避開嘈雜聲的地方，最後三人走進浴室，鎖上門。巴比兩度瀏覽勝選聲明，寫下一串他想特別感謝的名字，然後抬起頭，語氣急切地說：「我必須甩掉麥卡錫。我們彼此纏鬥的時候，韓福瑞已經在全國各地跑來跑去，拉攏黨代表。去跟麥卡錫談談，告訴他，如果他退選，我會讓他當國務卿。」

接近午夜時分，迪克起身，準備與巴比及一小群家人和幕僚一同前往飯店的使館宴會廳（Embassy Ballroom）。近兩千名支持者已聚集在此，等待他的勝選演說。正當一夥人要動身時，迪克接到一位重要的麥卡錫支持者來電。他低頭專注於電話，沒注意到巴比輕輕拍了拍他的肩膀，對他說：「我先下去發表演說，等一下我們去『工廠』（The Factory）再聊。」那是競選團隊訂下來舉行私人慶祝派對的場所。在巴比離去前，迪克頭也沒抬。

迪克仍在電話上聯繫，拉攏新的盟友與代表。這時，走廊內外突然響起驚叫與尖叫聲。電視螢幕正播報最新消息——羅伯特．甘迺迪遭到槍擊。空蕩蕩的套房內，臥室與客廳的每台電視機都迴盪著此起彼落的恐慌與騷動聲響。迪克急忙趕往索倫森身旁，只見他獨自坐在床邊，雙臂無力地垂在膝間，目光緊鎖著螢幕。陷入沉默，兩個最熟悉的陌生人，此刻同時被勝利的餘光與痛苦的陰影籠罩，只能靜靜地坐在一起，說不出任何話來。

兩年前，迪克曾在日記中寫下：「災難總是猝不及防，不分時間，不分地點，它突如其來地降臨，將陽光轉為黑暗。」現在，悲劇再次發生。「但這次不一樣，」多年後，迪克回憶那一刻時對我說：「這次，離開的不是我年輕時的英雄和總統。而是我的朋友，我所深愛的人。我為我們被剝奪的未來感到悲痛。」

在接下來的二十五小時裡，迪克不停地在醫院走廊來回踱步，灌下咖啡，隨意吃點三明治，焦慮地與同事商討情況。六月六日清晨，巴比最親密的老友之一走向迪克，低聲說：「如果你想向他道別，最好現在就進去。」時間所剩無幾。迪克走進病房時，家人們已經圍繞在床邊。房內唯一的聲音，是生命維持系統機械運作的微弱嗡鳴。艾瑟躺在巴比身旁，緊緊抱住他的身體。弟弟泰德跪在床邊，低聲祈禱。賈姬輕輕走近醫生，低語了幾句。在這靜謐而悲傷的畫面中，唯有生命維持器還在勉力維繫著巴比生存的表象。

⋄✶⋄

一九六八年六月六日清晨五點零一分，國家安全顧問羅斯托（Walt Rostow）致電詹森：「總統先生，剛剛消息宣布，甘迺迪參議員已經去世。」

兩天後，我與總統會面，我從未見他如此消沉、憂鬱，甚至流露強烈的情緒。他告訴我，他剛才聽見莫耶斯說，巴比的死，意味著非裔族群失去了他們最好的朋友。詹森低聲說：「沒有什麼比這句話更讓我痛心的了。」

⋄✶⋄

迪克和我沉思良久，回顧那一年殘酷的命運，如何在我們的人生中留下不可磨滅的痕跡，也改變了整個國家。我們決定一起觀看巴比最後的勝選演說。迪克多年來始終不曾觀看或聆聽這段巴比生命最後一天的演講。

迪克時常說，對他而言，六〇年代在那天畫下句點。但這些年來，隨著我們整理他的文稿，我們逐漸明白，那個時代的理想主義熱忱、活力、幽默、暴力，以及撼動世界的變革，其實並未在一九六八年六月六日的好撒馬利亞人醫院（Good Samaritan Hospital）徹底終結。

於是，事隔五十年，迪克第一次坐下來，觀看巴比在大使飯店宴會廳的演說。

在一連串感謝、玩笑，以及多次被熱烈氣氛打斷之後，巴比宣告：「我相信我們可以終結美國的分裂……終結暴力，終結對社會的失望，終結彼此之間的對立，無論是黑白之間，貧富之間，世代之間，或是越戰撕裂的陣營之間。」

迪克突然從沙發上站起來。「我沒辦法看下去了。」他低聲說，然後快步走出房間。我仍坐在原地，聽著那個似乎真的能讓這個國家重新團結起來的聲音。

「我們是一個偉大的國家，一個無私的國家，一個充滿同情心的國家，而這將是我參選的基礎……」

第十二章／開始與結束

「那是一段悲傷、陰鬱的時光。」迪克一邊回憶，一邊與我們翻看滿溢一九六八年芝加哥民主黨全國代表大會資料的紙箱，裡頭有代表指南、備忘錄、剪報、紀念品、選民調查，以及一份關於越南問題的政策草案。其中最引人注意的，是一根斷裂的警棍。我從白修德的報導得知，這根警棍正是芝加哥大會上，警方與反戰示威者爆發殘暴衝突的象徵。然而，當我親眼見到這根警棍歷經將近半世紀，仍靜靜躺在紙箱裡，仍不禁感到訝異。

巴比去世後，迪克正式回到麥卡錫的競選團隊。「全國彷彿陷入癱瘓，經歷了金恩與羅伯特．甘迺迪之死後，整個國家都陷入創傷後壓力症候群。我覺得自己必須做點什麼，」迪克說，「和可能改變局勢的人們待在一起。」

談及古德溫的回歸，麥卡錫的演講撰稿人拉納評論道，迪克「忙起來比以前更瘋狂了，彷彿只有不斷地忙碌下去，才能讓他面對第二次的沉重打擊。他放棄了演講撰寫，把大部分時間花在打電話、安排會見政界人士、起草新聞聲明，並試圖讓麥卡錫在電視上發揮影響力，像是總在同時構思十種計畫、策

一九七二年九月十八日，前總統詹森在他的牧場拍照留念。

略、方案與新聞稿。不過，他與麥卡錫的合作仍十分順利。」儘管，候選人本人似乎仍陷於迷惘，不確定在巴比逝世後該如何前行，「但古德溫絲毫不受影響，每天早上醒來便準備展開運作，拉攏盟友、打電話、飛往各地奔走。」

這場選戰，已非新罕布夏冰天雪地時的模樣，最初的純樸與熱情已然消逝。然而，正是戰爭，讓迪克踏上新罕布夏的旅程，而未止的戰火，又將他帶回麥卡錫身邊。

詹森宣布不再競選連任後，越南和平談判曾一度獲得動力，但此後卻始終未能重拾進展。數周、乃至數月間，雙方爭論的焦點竟是談判地點——最終選定巴黎後，接下來的爭執又變成了談判桌的形狀。北越堅持圓桌，象徵包括民族解放陣線[160]代表在內，所有參與方地位「平等」；南越則要求長方形桌，以凸顯其認定的兩方對立局勢。此外，北越還提出新的條件，要求美軍無條件停止所有轟炸行動（即便是為保護美軍與盟軍的空襲任務），才願意正式展開談判。

迪克想待在最能發揮影響力、推動結束戰爭的地方，於是他回到麥卡錫陣營，準備迎接八月下旬在芝加哥舉行的民主黨全國代表大會。然而，他剛回到麥卡錫身邊，就遭到一連串譏諷文章針對，嘲弄他頻繁轉換陣營。漫畫家大衛·萊文（David Levine）將他描繪成一隻蝴蝶，先在一朵花上採蜜，然後又飛向另一朵，暗指他的道德搖擺不定。隨後更多不友善的諷刺接踵而來，有人將他比喻成一隻飛蛾，追逐權力，在黑暗中不斷撲向那些冉冉升起的政治新星。

「這種人身攻擊可真不少啊。」早餐時，我對迪克說。他從體育版抬起頭，眨了眨濃密的睫毛，說：「誰叫我太聰明、太性感，」然後放聲大笑，「太黝黑了！」

「戈爾．維達爾（Gore Vidal）甚至這麼說過我，」迪克繼續道，「『古德溫永遠是伊阿古（Iago）[161]，不斷追逐奧賽羅（Othello）[162]。』把我說得多麼『高貴』啊！有時候我對這些評論置之不理，只是聳聳肩就過去，但伊阿古？後來還有人把我比作拉斯普丁（Rasputin）[163]和馬基維利！但我從未真正變節過。我從一開始就支持甘迺迪，直到他突然離世才離開。然後我全心全意為林登效力，直到我去衛斯理大學任職。當戰爭升級，而我無法說服巴比挑戰詹森時，我選擇支持麥卡錫。後來巴比改變心意，我選擇跟隨這位摯友，直到他殞命。最後，我回到麥卡錫身邊，因為他的競選團隊是我唯一還能有所作為、推動結束戰爭的地方。」

若有誰真正理解迪克的道德信念，那就是麥卡錫本人。當其他人質疑迪克的忠誠時，麥卡錫從未懷疑過。「古德溫就像個職業棒球選手，」他曾說，「你可以把他從勇士隊交易到紅雀隊，他依舊會準時上場投球，也不會把你的戰術信號洩露給對手。」

160 譯註：民族解放陣線，是越南戰爭期間，越共在南越成立的反抗南越政權的統一戰線組織。
161 譯註：伊阿古是莎士比亞戲劇《奧賽羅》中的反派角色，以陰險狡詐、善於操縱人心著稱。
162 譯註：《奧賽羅》的主角，一位被屬下伊阿古陷害的將軍。
163 譯註：格里戈里．拉斯普丁（Grigoriy Rasputin），是一名神秘主義者，能做預言和用巫術行醫而深受俄國皇帝尼古拉二世與其皇后信賴，權傾一時，但亦常縱酒宣淫，被視為「妖僧」，後被暗殺身亡。

一九六八年八月二十五日至三十日

「如果我沒記錯的話，」迪克很堅持地說道，「在民主黨全國代表大會開始時，我抵達芝加哥的希爾頓飯店，就在密西根大道（Michigan Avenue）對面的人行道上看見你了。你當時就在格蘭特公園（Grant Park）邊緣，跟一群年輕人待在一起。」

迪克總愛為他那套即興編織的故事添上新情節，樂此不疲地描繪我們在正式相識前，曾多次不約而同地出現在同一地點的巧合。他常說這些年來他一直在尋找我，而這般想像總讓我感到愉悅。事實上，我的確來到了芝加哥參加大會。但與身為麥卡錫團隊成員的迪克不同，我並沒有任何正式身分。這場大會恰好與我的假期重疊，而一位擔任國會議員幕僚的朋友邀請我同行。像多數來到芝加哥的年輕人一樣，我希望這次大會能促成行動，加速戰爭的終結。

我們只是八月最後一周湧入芝加哥的數萬人之一。典型的黨代表大會內部人員，除了大約六千名代表與候補代表，還有州長、參議員、眾議員、幕僚、媒體記者、黨內金主及各類隨行人士。但在會場之外，還有一群難以控管、規模龐大且不斷增長的反戰激進分子。這些來自全美各地的年輕人，聚集在周邊的公園與街道上，無論是否持有集會許可，目的是抗議這場戰爭、嘲諷民主黨即將提名的韓福瑞，並譏諷他們眼中早已失去公信力的政治體制。

暴力陰影籠罩著芝加哥，甚至可以說是預期中的結果。部屬了超過一萬一千名警察，每班執勤十二小時。國民警衛隊與陸軍部隊也處於戒備狀態。麥卡錫公開呼籲支持者不要前往芝加哥，以免加劇對立。他警告：「在芝加哥這個夏季緊繃的氛圍中，大批訪客的湧入很可能加劇非預期的暴力或騷亂。這將是一場悲劇——無論是對於受傷或被捕的人，還是對於我們這些希望政治過程能夠公正和平進行的人而言。」

數百名麥卡錫的志工仍選擇無視這項警告。但他們來到芝加哥，「不是為了遊行抗議，而是為了工作，」在迪克未發表的回憶錄中描述。「他們撰寫新聞稿、統計代表票數、安排候選人行程，夜以繼日地投身於麥卡錫的競選事務。他們之中，有些人，或許包括我自己，懷抱著一種責任感，彷彿必須走完這段從新罕布夏州以來的漫長旅程；有些人則懷抱著最後一絲希望，期待奇蹟出現，扭轉看似無可避免的敗局。然而清楚認識現實的我，已不再寄望奇蹟發生。」

大會開幕翌日，局勢已然明朗。麥卡錫罕見地坦承大勢已去，韓福瑞「已經確定會獲得總統提名了」。

迪克逐漸明瞭，真正的戰場已經轉移，不再是麥卡錫與韓福瑞之間的勝負，而是民主黨將確立何種越戰立場，作為提名人承諾的政綱[164]。麥卡錫委任迪克，與理念相近的代表們協商，為政綱起草一項「和平條款」。經多方折衝，一份強而有力的條款成形，主張「無條件停止所有轟炸」、推動「美軍與北越軍隊同步撤離南越」，美國政府將「鼓勵南越與民族解放陣線進行政治和解，共建具廣泛代表性的政府」。

164譯註：每四年組織一次的民主黨全國代表大會，除了確定該黨的總統選舉提名，還須制定美國民主黨的政綱。

而黨內建制派則固守毫無進展的巴黎談判政策，堅持為保護駐軍安全，必須持續轟炸，儘管北越同意認真對話的條件就是停止轟炸。迪克向媒體批評道，這項條款「無疑是在白宮起草後，空運至芝加哥的。」此前，韓福瑞曾一度有意與詹森分道揚鑣，在越戰議題上展現獨立姿態。然而，南方代表警告，若他與詹森切割，他們將轉而反對他，讓他失去首輪勝選的機會。於是，韓福瑞最終同意了建制派的主張。

「問題再清楚不過了。」白修德如此總結：「一方堅決主張美國應放棄這場幾乎毫無希望的戰爭，準備撤軍，將國家資源轉向內政問題。另一方則承諾無限期繼續戰爭，直到敵人精疲力竭，願意與美方坐下來談判，無論將要付出何等代價。」這場戰爭早釀成難以想像的代價——自河內表態願意展開和平談判以來，短短五個月內，已有超過七千名美軍陣亡。

而此時，大會進入第二天，「和平條款」的支持度持續攀升，得票有望超越麥卡錫的提名票數。迪克的目標是，透過投票時展現強大民意，對巴黎談判施壓，進而促使國家政策轉變。

麥卡錫與韓福瑞的競選總部皆設於希爾頓飯店，我與朋友共住的飯店套房距離那裡大約數英里。白天，我們會前往芝加哥市中心，在街頭親眼見證示威者與警方的對峙，然後帶著見聞返回飯店。一位從舊體育中心回來的朋友，他的描述令我震驚——那裡聚集一大群憤憤不平的民眾，正在為詹森舉辦「不快樂生日派對」。這場嘲弄性十足的活動，由「全國動員結束越戰團體」（National Mobilization Committee to End the War in Vietnam）策畫，顯然是為了譏諷詹森政府而來。在希爾頓飯店的樓上，透過窗戶俯瞰密西根大道，對面便是聚集數千名示威者的格蘭特公園。每隔一段時間，能聽見示威者高聲呼喊：「拋棄韓福瑞！加入我們，拋棄韓福瑞！」憤怒的口號在這座老飯店周圍迴盪。而隨著對峙的時間累積，警方的回應也變得愈加強硬，暴力衝突一觸即發。

夜晚，我們待在飯店裡，全神貫注的看著電視上，國際劇場（International Amphitheatre）內代表大會的實況轉播。就在和平條款即將表決時，電話突然響起。一位朋友睜大眼睛，用手摀住話筒，對著我比口型：「是美國總統！」起初，我以為她只是在開玩笑，甚至希望她是在開玩笑，但當她一臉緊張地把話筒遞給我時，接線員的聲音傳來：「總統即將接通。」

我拿起電話，說了聲「哈囉」，對方則以低沉的嗓音開口：「我有件事想請你幫忙。」接下來的話，完全超乎我的想像。「上次你來牧場時，借走了我的手電筒。你知道它在哪嗎？我找遍了所有地方。」

我告訴他手電筒可能在哪裡之後，簡單地問了一句：「您還好嗎？」

「你覺得我會好嗎？我從未感覺如此低落。我沒辦法在自己生日這天，在自己黨的代表大會上，在自己人面前，跑去芝加哥自取其辱。而你居然連句生日快樂都沒跟我說！」

詹森原本期待，能在六十歲生日當天親自出席大會，接受眾人的祝福。一切都已安排就緒：直升機將降落在國際劇場的屋頂，一座超過一公尺（五英尺）高的巨型蛋糕新鮮出爐，希爾頓飯店內也特地為他預留了皇家套房。然而，大會內部的緊張氛圍，以及芝加哥街頭與公園裡的衝突，讓他的美夢化為泡影。他的友人紛紛勸阻：「現在現身只會讓場面失控。」而黨綱委員會主席、國會議員博格斯（Hale

Boggs）更直言：「沒人能駕馭這些代表。」他們極有可能以噓聲和嘲諷，迎接總統的駕臨。

掛斷總統的電話，我心中五味雜陳，既困惑又難過。我為他的處境深感悲哀。四年前，他在民主黨全國代表大會上歡度五十六歲生日，當時支持者萬人空巷，他在燦爛的煙火中，看見自己的肖像點亮大西洋城的夜空。而今，他卻連踏入黨大會都成了奢望，因為一旦現身，將會引發場外憤怒群眾的怒吼，甚至在會場內，也將面臨近半數代表的白眼。若說詹森將談判僵局歸咎於北越，那麼反戰運動已經將所有罪責都歸咎於他一人。

⋄✶⋄

關於代表資格的激烈爭論持續至午夜，導致表決延宕，越戰政策條款的投票直到周三下午才得以進行。和平條款以一千五百六十八票對一千零四十二票的結果遭到否決，但願意公然反對總統與黨內領袖所支持條款的民主黨人數量，依然令人矚目。當麥卡錫被問及「是否派遣古德溫到大會現場領導這場政綱之戰」時，他微笑著回答：「哦，我可沒派古德溫去哪裡。他確實為我奔走許多地方，但並不是我指派的。他比較像個自由行動者，但我並不責怪他。」

越戰條款進行表決的同一時間，格蘭特公園的約莫萬名示威者，在未獲許可的情況下，宣布將要遊行前往大會會場。但當三名抗議者試圖攀上旗桿，扯下美國國旗之際，警方立即衝入圍繞旗桿的人群，現場即刻陷入混亂。警方施放催淚瓦斯，示威者則以石塊和瓶子回擊。據《芝加哥論壇報》報導，當人群全都衝上街道，「密西根大道頃刻間化為染血戰場。數十人掛彩，數千人被催淚瓦斯嗆得涕泗橫流；

數十人被拖上警車逮捕；希爾頓飯店面對密西根大道一側的玻璃窗也被砸碎。」閃爍的藍色警燈照亮了綿延的警車隊伍，警方築起更堅固的路障防線，以保護飯店不受衝突波及。

整座城市陷入如同戒嚴般的狀態。警方對示威者怒火中燒，揮舞著警棍，毫無節制地攻擊人群，不論是旁觀者、記者還是示威者，全都無差別地被推倒在地，遭到痛擊。一輛警車衝破路障，將人群撞向飯店的玻璃窗，甚至衝進餐廳內。站在希爾頓飯店二十三樓俯視街頭的麥卡錫，目睹自己最害怕的場景——他曾懇求支持者不要前來，擔憂的正是這般混亂局面，如今一切成真。當志工前來詢問，是否能在飯店十五樓的套房設立臨時急救站時，他毫不猶豫地答應了。

和平條款投票結束，深夜總統提名投票即將開始，迪克趁著空檔回到希爾頓飯店。記者紐菲爾德在大廳遇見了他，並在日後寫道：「古德溫面容憔悴，嘴角叼著燃盡的雪茄，低聲喃喃道：『這只是開始，接下來還會有四年這樣的日子。』」

在返回會場前，迪克和洛溫斯坦從芝加哥的一間猶太教堂，弄來了上千支蠟燭，以備市長戴利（Richard Daley）下令關閉會場燈光時，和平派代表們能在黑暗中點燃燭光，抗議韓福瑞的提名。為了穿越衝突不斷的街道前往國際劇場，迪克設法徵用了一輛特勤局的豪華轎車，將他送回戒備森嚴的大會現場，此刻的國際劇場，已然變成一座堅固的「堡壘」。

點名投票直到深夜十一點後才開始。美國民眾透過電視，目睹了一幅撕裂的畫面：會場內，激烈的爭執與混亂不斷上演，掌聲與噓聲交織；會場外，是稍早血腥衝突的畫面：人們在警棍下瑟縮，尖叫與哭泣聲此起彼落。韓福瑞在第一輪投票中獲得提名，但在這個夜晚，白修德的筆記本上，留下了這樣一句話：「民主黨已經完了。」

為了表達此時此刻的哀傷、聲援遭受鎮壓的抗議者，迪克與洛溫斯坦決定善用這些蠟燭，當晚發起一場和平燭光遊行，從會場步行至仍有流血示威者聚集的格蘭特公園。超過六百名代表加入了這場遊行，其中多數是支持麥卡錫與巴比的代表，包括演員保羅・紐曼（Paul Newman）、民權運動領袖朱利安・龐德（Julian Bond）、紐約國會議員威廉・萊恩（William Ryan），以及加州的喬治・布朗（George Brown Jr.）。

凌晨兩點多，一列莊嚴、哀傷、無聲的燭光隊伍抵達格蘭特公園。一名班寧頓學院（Bennington College）的學生形容當時景象：「我們不敢相信代表們會從國際劇場走來。但他們真的來了！人群爆發出歡呼『大人們來了，沒有人會再傷害我們了。』那不是普通的呼喊，而是從心底湧現，不斷增長的意念。當人們意識到這一切的意義時，無論過去發生了什麼，未來將會如何，這幾個小時的經歷，都將堅定我的信念。手持蠟燭的代表們，沿著人群讓出的道路，緩緩魚貫走入人群，他們每走一步，都被擁抱、被祝福、被愛意包圍。」

一名記者問迪克是否有話要說。他望向四周，數百盞燭光在年輕的臉孔之間閃爍，如同漫天流螢，然後說：「這就是我的聲明。」

◇✶◇

整個六〇年代，迪克參與了無數影響時代進程的重要時刻。他曾在一九六〇年總統選戰期間，作為甘迺迪小型隨行競選團隊的一員，常駐在「卡洛琳號」上；曾在飯店房內，協助甘迺迪準備與尼克森的世紀辯論；曾在白宮的深夜裡，目送這名總統的靈柩自達拉斯歸來。他也曾緊隨詹森，見證「偉大社會」與民權法案的歷史榮光；曾在新罕布夏，投身麥卡錫的「聖戰」；曾在巴比於洛杉磯醫院逝世之際，陪伴在側。而今，在芝加哥，他又成為民主黨全國代表大會上，越戰和平條款辯論的核心人物。

要被雷擊中一次，機率已經微乎其微，更何況是兩次？然而，迪克總是恰巧站在雷電劈落之處，彷彿歷史的風暴總在他身邊翻湧。而現在，就在一切似乎已然落幕之際，他即將再被另一道驚雷劈中！

周四午夜，大會終於閉幕後，迪克回到希爾頓飯店。回想當時情景，我問他是否有預感自己將步入混亂之中。「完全沒有，」他答道。他留下來聆聽了韓福瑞的提名演說，「那是一篇誠懇之人的誠懇演說，但它被這幾天的動盪徹底掩蓋了。」到了大會最後一夜，街頭的暴力衝突已大致平息。迪克先是在酒吧與朋友小酌，然後才回到房間。他回憶道：「在上樓的途中，我特意停在十五樓，想去看看那些麥卡錫的年輕志工，我知道很多人還在那裡。我喜愛那些孩子，我想親自感謝他們，向他們道別。」

迪克剛走出電梯，朝著傳來交談與低聲歌唱的方向走去，另一部電梯的門突然打開，一隊警察衝進走廊，直奔同一個方向。幾秒鐘後，又一波警力湧入，軍靴踹破房門，麥卡錫陣營的年輕志工們，有些還未完全清醒，就被推搡、拳打腳踢，像牲畜般被拖向電梯門口。憤怒的警察攻擊了一群正在玩紙牌的孩子，暴力程度驚人，其中一名學生被迫舉起牌桌當盾牌，結果肩膀遭到警棍猛擊，力度之大竟讓那根警棍當場折斷。迪克與這群年輕人一同被驅趕進電梯，準備送往大廳，押往大牢。

我問迪克，當時到底發生了什麼事，為何情勢會突然惡化？「當時完全不知道，」迪克說，「就像瘋狂行徑突然爆發，蓄積了整整一周的報復行動。」

後來，警方聲稱是因為有人挑釁，從十五樓朝他們丟擲啤酒罐、煙灰缸、雞尾酒杯、聖經，甚至是衛生紙捲，才導致這場鎮壓行動。顯然，有人從某些樓層投擲了物品下來，但經過調查後，白修德得出結論：「完全沒有任何證據顯示，麥卡錫的學生曾丟擲任何物品。」

迪克置身希爾頓飯店的大廳，眼前是惡夢般的景象——驚恐萬分的學生們被圍捕，其中一些人更被打得頭破血流。每當我細讀白修德對這一幕的生動刻畫，總會對我的丈夫感到特別自豪。儘管迪克總是輕描淡寫，堅稱自己能倖免於警棍之下，不過是因為他穿西裝、打領帶，且年紀比那些孩子們年長。然而，白修德的文字卻揭示了迪克的謙遜背後，不為人知的英勇：

「幫幫我們，古德溫先生，幫幫我們！」這是他走進大廳時聽到的第一聲呼喊——他看到一群學生被警察包圍，女孩們哭泣尖叫，幾名男孩身上血跡斑斑。他們大多是才接觸政治不過八個月的青少年，如今卻第一次親身體會政治背後的赤裸暴力。古德溫立即挺身而出，指示學生們蹲坐在地上，警方則圍成一圈戒備。他告訴警察，「參議員麥卡錫與副總統韓福瑞正趕來大廳處理這件事。」（這並不是真的。）

這番話讓警察暫時停了下來。古德溫大聲指示學生行動，派出一兩個人聯繫新聞與電視媒體，並明確告知警方，媒體即將到場，將這一切公開報導。此時，部分警察開始悄悄離開。趁機，古德溫低聲囑咐另一名學生立刻打電話至麥卡錫與韓福瑞的套房，請兩位候選人立即趕來——他們若能帶著特勤局的安保人員現身，也許能平息這場暴力，拯救這些年輕人。

「我清楚自己的官威有多麼脆弱，」迪克後來寫道。「警方已經開始懷疑，變得焦躁不安。一旦天平傾向不信任，我們所有人都將被強行塞進早已在飯店門口待命、引擎發動的警車裡。」

韓福瑞的發言人拒絕叫醒他的上司，但就在此時，彷彿命運的安排，電梯門打開，參議員麥卡錫走了出來。迪克繼續寫道：「他冷靜、沉穩，舉手投足間展現出權威，接替我掌控局面。他望向坐在地上的學生們，再轉向警方，問道：『誰負責這裡的行動？』無人作答。『我早該知道，這裡根本沒有人負責。』接著，他轉過身去，不再理會警方，態度甚至超越了單純的輕蔑，而是直接無視他們。他開始對志工們說話，語氣平和，告訴他們不用害怕，若有人受傷，醫護人員會前來照顧。『現在大家站起來，回到房間去，你們已經努力了一整個星期，需要好好休息。我明天會再與你們所有人見面。』麥卡錫說話期間，警察們默默地開始朝飯店大門移動，等他說完話，警方已經全部離去。學生們接著站起身，進入電梯，回到了各自的房間。」

迪克回到自己的房間時，已接近清晨五點，他必須趕緊收拾行李，準備搭乘早上的班機返回波士頓。在下樓途中，他特意在十五樓停下，環顧這場一九六八年大會留下的殘破景象。走過破裂的房門與倒在地上的燈架時，他注意到一根折斷的警棍，於是打開手提箱，將它與和平條款文件、識別證掛繩及其他紀念品放在一起。

那晚，迪克餘生都記住了一件事：麥卡錫的學生們從未挑釁警方，也從未違反任何法律。然而，警察卻成了一群暴民，一群持槍、佩戴徽章的暴民。那一夜，他親身體會到（哪怕只是冰山一角），多年來公民權利運動參與者們所承受的無盡暴力——警棍、水柱、警犬、催淚瓦斯、槍枝，毫不留情地傾瀉在和平靜坐、遊行與自由乘車的人們身上。

整場大會期間，各種衝突導致超過三百人傷亡，超過六百五十人被捕。這一周的混亂，讓全國上下都目睹了無法無天的動盪，最終成為尼克森「法律與秩序」（Law and Order）競選口號誕生之源。

◇✶◇

一九六八年九月，蓋洛普民調顯示，民主黨大會對韓福瑞選情造成毀滅性影響：尼克森支持率高達百分之四十三；韓福瑞遠遠落後，僅有百分之二十八；而以獨立候選人身分參選的種族隔離派領袖華萊士，則獲得百分之二十一的支持率。在大家眼中，韓福瑞就像受詹森政治引力牽制的衛星。迪克認為，政府要是延續現行戰爭政策、和平談判毫無進展、每周數百名美軍士兵戰死的現狀，必將令民主黨在大選中敗北。若要扭轉局勢，唯有果斷地與過去決裂。

然而，迪克的心中，找不到值得追隨的領袖。他當然會投票給韓福瑞，但就像他在給老同事歐布萊恩（Lawrence O'Brien）的長信中所寫的：「我個人對副總統頗有好感，但我仍無法擁護他（儘管我的支持不重要）。對我而言，認可不只是喜好或投票偏好，還意味著至少在重大議題上有所共鳴。」歐布萊恩曾與迪克在甘迺迪與詹森政府中共事，如今則擔任韓福瑞競選總幹事。

直到九月三十日，韓福瑞終於在鹽湖城（Salt Lake City）發表全國電視演說，正式宣告與詹森政府切割。他承諾，若當選總統，將無條件停止所有轟炸。為了打破談判僵局，加速戰爭結束，他認為停止轟炸是「值得承擔的風險」。這場演說成為選戰的關鍵轉捩點。歐布萊恩說：「這次演說最大的意義，在於韓福瑞終於做回了自己。他對自己的選擇感到心安理得，展現了獨立自主的決斷。」反戰運動人士不再對他報以噓聲，麥卡錫的支持者也開始回歸民主黨陣營，而他的民調支持率則迅速回彈，持續攀升。

然而，迪克始終認為，韓福瑞未能跨出更大的步伐，為國家指引一條全新的方向。正如他當年敦促麥卡錫，應將競選焦點從戰爭轉移至更深層的社會議題，如今他亦透過歐布萊恩向韓福瑞建言：應重振「偉大社會」未竟的事業，並引入創新思維，例如：「提供就業機會，而非單純的福利補助」、「為都市規畫一項『馬歇爾計畫』」、「實施去中心化的聯邦計畫，讓受惠者能參與決策，決定資源的分配」，以及政府資助日間托兒中心，讓「受過高等教育、卻因無法施展抱負而不滿的女性」能夠重返工作崗位——迪克還向歐布萊恩強調：「男性政客往往對此嗤之以鼻，但這其中隱藏著巨大的機會。」

首要目標，仍然是結束戰爭。迪克建議：「別再在轟炸問題上拖泥帶水了，這件事不能含糊帶過。你必須明確表態，不論這場戰爭最初是否有其正當性，如今它已經造成過於沉重的代價——無論是生命損失、資源耗費，還是對整個社會的影響。你要承諾，你會不惜一切代價，在不單方面撤軍的前提下，促成一個體面的結局。如果與越共談判能帶來和平，那麼你就談。如果和解方案要求南越所有政治勢力共同組建政府，你也會接受。重點是，你一定要終結這場戰爭，不能讓（南越總統）阮文紹或任何其他人阻撓和平協議的達成。」迪克進一步建議，若能讓麥卡錫與愛德華．甘迺迪負責談判，將能更有力地凸顯這一立場。

十月中旬，迪克撰寫這份備忘錄給歐布萊恩時，詹森政府已著手推動談判破冰。詹森在回憶錄中寫道，經過長時間的拉鋸，他相信「冰層開始融化」，「河內已準備從戰場轉向談判桌」。北越同意，只要美國全面停止轟炸，且南越願意與越共同桌會談，則「正式談判」可在二十四小時內展開。一切似乎都準備就緒，詹森預計十月三十一日對外宣布這一重大消息。

但就在最後關頭，南越總統阮文紹突然改變立場，拒絕參與談判，只因為越共也將列席。詹森決定獨自推進。他已經向北越承諾會停止轟炸，並在電視演說中宣布這項決定。但本可推動和平進程的機會，最終因南越的強硬態度而破滅。一封詹森截獲的電報揭露了阮文紹突然變卦的原因——自稱代表尼克森的人士向他施壓，暗示拖延對他有利：「尼克森即將當選，新政府會比民主黨政府更親西貢，只要你堅持下去，我們也會支持你。」詹森勃然大怒，但由於缺乏直接證據證明尼克森本人涉入，他無法公開指控對方。不過他內心深信，這無異於叛國行為。

多年後，才有確鑿證據證明尼克森的直接參與。一項證據來自尼克森駐南越代表陳香梅（Anna Chennault）的訪談，另一證據則是尼克森與助手霍爾德曼（H. R. Haldeman）一九六八年十月二十二日的通話紀錄。當時，尼克森指示霍爾德曼：「讓陳香梅繼續對南越施加影響。」

最終，尼克森以百分之四十三點四得票當選，韓福瑞以百分之四十二點七緊追在後，華萊士則獲得百分之十三點五。詹森堅信，在這樣微小差距之下，「如果巴黎和平談判能夠在選舉日當天進行，結果將會完全不同。」

「全力以赴，否則免談。」這是詹森在他任內最後幾個月，向我提出工作機會時說的一句話——他還不厭其煩地重複不下六次。他所謂「全力以赴」，指的是邀請我在他卸任後，一同返回德州，加入協助他撰寫回憶錄的團隊。此外，他還希望我協助規畫他的總統圖書館，以及德州大學奧斯汀分校的詹森公共事務學院（LBJ School of Public Affairs）。他建議，我可以周末與他的家人同住在牧場，但平日則留在奧斯汀，方便查閱暫時存放在聯邦辦公大樓裡的總統檔案，直到圖書館建成。

我提出兼職協助的想法時，他立刻一口回絕。我告訴他，我渴望重返哈佛執教，但承諾會在連續假期、學期空檔和暑假期間，飛往德州助他一臂之力。然而，他的回應斬釘截鐵：「你要嘛就全職做，要嘛就別來。」

他為了說服我而開出的那些五花八門、滑稽逗趣的條件，多年來總能為我的課堂增添幾分笑料。雖然當年我內心掙扎，但平心而論，他駁倒我每一個理由的方式，都充滿喜劇天賦。當我提到自己渴望教書時，他立刻回應：「沒問題。我給你安排德州大學的教職，你想教多少就教多少。老天，你教的是總統學，對吧？那我可是活生生的總統。還有什麼比這更適合？」

當我試圖解釋，我已計畫在波士頓羅克斯伯里（Roxbury）非裔社區擔任職訓志工時，他毫不客氣地打斷：「我可以給你數不清的窮人，奧斯汀和聖安東尼奧（San Antonio）多得是。如果你帶著一腔熱情善意，就口袋空空，跑去羅克斯伯里，那麼你什麼也做不成。你要是真想幫助窮人，就該來德州。」

當我說想專心寫作時，他又說，我可以在詹森湖畔擁有一間安靜的小屋。「我會給你一片藍天、閃耀的湖面、參天老樹，所有思想家需要的東西，好讓你產生偉大的想法。你隨時都可以去，除了你替我工作的時候。」

我聽過無數關於詹森如何軟硬兼施，施展「詹森式待遇」來達成目的的故事，多年來也收藏了不少詹森幕僚與助理撰寫的回憶錄，這些書籍從不同角度描繪出詹森的強硬與無情。我也曾從迪克那裡聽過他的親身經歷，既有雷霆萬鈞的暴怒，也有春風化雨的溫情——那是一種令人費解的強烈反差，前一刻你可能被他的怒火壓得喘不過氣，下一刻卻又因他的讚美與鼓勵而重燃鬥志。而大多數時候，他總能施加足夠的壓力，讓對方乖乖就範。

詹森從未將他那眾所周知、近乎鐵腕霸道的態度用在我身上。他從未羞辱過我，但我依然能感受到那股無形的壓力。我開始理解他，關心他，也預感自己會無比懷念那些與他並肩坐在泳池畔，聆聽他滔滔不絕講述過往的時光；會懷念那些清晨與他一同驅車巡視牧場，看著他向田間工人發號施令的日子。我也清楚，他所提供的機會，此生恐難再遇。教授總統歷史是一回事，而與一位親身塑造歷史的總統促膝長談，從他的視角聽他娓娓道來，則是完全不同的經驗。

一九六八年聖誕節假期，我受邀前往詹森牧場，與他的家人共度佳節。這是他們最後一次以總統伉儷身分在牧場過節。氣氛起初歡樂，我們搭乘直升機前往鄰近農場參加派對，與家人朋友享用大餐，在人魚俱樂部（Mermaid Club）跳舞，熱鬧迎接新年到來。然而，隨著返回華盛頓的日期逼近，詹森又開始新一輪的說服攻勢，要求我一月二十日與他跟回憶錄團隊一同返回德州，投入檔案整理。我再次表明，希望能兼顧教職與回憶錄的工作，但他表示絕對不行，便一言不發地離去。

接下來的幾天，他開始刻意疏遠我，視我如空氣，將所有的熱情與關懷都傾注於他人身上，徹底將我排除在外。小瓢蟲夫人注意到了，她早已習以為常，悄聲安慰我，要我別放在心上，說他的情緒很快就會過去。而她是對的。隔天早晨，屋內的對講機傳來廣播：「桃莉絲．基恩斯，請在五分鐘內到泳池與總統伉儷會合。」當我迅速趕到時，他已在水中暢遊，笑容燦爛，彷彿前幾天的冷漠從未有過。我猜想，這或許是小瓢蟲夫人在背後調停的結果。那一刻，我知道自己不是他的對手，但也確信自己做出正確決定，我要回到哈佛，開啟職業生涯的下一個篇章。

⋄✶⋄

詹森任期最後一天早上，白宮來電通知，總統召見我下午在橢圓形辦公室會面——而晚上，將舉行白宮幕僚告別晚宴。踏入白宮大門時，我內心忐忑不安，擔心他會重提糾纏數周的「全力以赴，否則免談」。我試圖在腦海中組織最後的反駁，但內心的堅定卻開始動搖，在這最後關頭，我竟變得猶豫不決。

白宮正處於政權交接的混亂之中，走廊裡堆滿了打包的紙箱，吸塵器與地板拋光機發出陣陣轟鳴，梯子架在鋪好的防塵布上，以便粉刷工人能夠修補牆面。我望向自己曾待過的西廂辦公室，看到地毯被捲起擱在桌上，畫作斜靠在牆邊，說不出的惆悵襲上心頭。房間空蕩蕩的，象徵著某種結束，同時也是某種開始——也確實如此。

白宮正在經歷的大拆除與變遷，讓我感到惶然不安，而當我走進橢圓形辦公室，發現這裡尚未被整理、打包或清空時，感到有些慶幸。在詹森任期的最後一天，這間辦公室成為他最後僅存的堡壘。

總統靜靜地坐在辦公桌前，我走近時，他開口的第一句話幾乎聽不清：「好吧，兼職可以。」

我簡直不敢相信自己的耳朵。

「我需要幫忙，」他繼續說道，「我一回到德州安頓好，就要開始寫回憶錄，這件事必須做好。你願意幫我嗎？」

這一次，沒有過去那些誇張的承諾，也沒有談判或討價還價。

「當然，」我點頭答應。

我們簡短地討論了細節，確定我會在最近的一個連續假期前往牧場與他會合。他帶著冷笑叮囑我：「在哈佛好好照顧自己。千萬別讓他們影響你，別讓他們對林登．詹森的憎恨，毒害了你對我的看法。」當我轉身準備離開時，他忽然叫住我：「不再身處權力頂峰時，我明白要找到合適的幫手可不容易。我不會忘記你為我做的這一切。」

告別晚宴在白宮起居區的二樓舉行。走廊裡迴盪著音樂，賓客們在自助晚餐開始前聚在一起喝雞尾酒。出席者皆為總統與第一夫人的核心幕僚，其中許多人自詹森擔任參議員時便一路追隨。我在白宮工作僅九個月，能夠受邀參加這場晚宴，讓我深感榮幸。

整個夜晚瀰漫著溫柔的離別愁緒。「我們被濃濃的情感包圍，」小瓢蟲夫人在日記中寫道，「每個人都心知肚明，這是最後的道別。」

賓客們紛紛舉杯，向總統致意，總統發表了一段簡短而真摯的感言。隨後，我們所有人手牽著手，在走廊裡圍成一個圓圈，唱起悠揚的〈驪歌〉（Auld Lang Syne）。卡利法諾道出了許多詹森老臣的心聲：「我們都明白，自己曾參與了一場偉大的社會變革。對我們大多數人來說，這將是此生最為輝煌的歲月，這段時間所成就的，將超越我們日後的所有時光。」

而對我來說，那縈繞的懷舊氛圍，被內心的輕鬆與對未來的雀躍沖淡。我終於找到了兩全其美的解決方案——既能前往德州與詹森共事，又能保有我在劍橋的獨立空間。當晚，我並未沉溺於對過往的感傷與不捨，而是滿懷激情地期待著未來的無限可能。

接下來的兩年，我在截然不同的兩個世界裡——甘迺迪所象徵的波士頓與哈佛，以及詹森的奧斯汀與丘陵地區——過著如夢似幻的生活。

在二月寒冷短暫的白晝，我從哈佛廣場出發，沿著冰封的查爾斯河快步前行，來到鄧斯特樓，這裡會是我擔任駐校導師與助理教授的地方。每天，我穿過哈佛校園，前往魏德納圖書館（Widener Library）的閱覽室，開始準備自己的首門大型課程——美國總統學。我從我的導師紐斯達（Richard Neustadt）手上接下這門傳奇課程，將於當年秋季正式開講。而紐斯達正在設計新成立的甘迺迪政府學院（JFK School of Government）課程。到了夜晚，我與朋友們共進晚餐、觀賞電影、參加詩歌朗讀會與學術講座，或是前往波士頓觀賞戲劇與音樂會。

我的首趟「月度德州行」始於二月下旬。告別了厚重的雪靴、圍巾、手套與羽絨大衣，心情也跟著輕盈起來。平日，我住在奧斯汀歷史悠久的德里斯基爾飯店（Driskill Hotel），距離我們工作的聯邦辦公大樓僅幾步之遙。在那裡，由兩位前白宮幕僚哈利·米德爾頓（Harry Middleton）與威廉·喬登（William Jorden）領軍的撰寫團隊，每天齊聚一堂，分配任務、整理詹森的檔案，並為即將到來的訪談擬定問題。

我十分幸運地被分配到民權與國會的章節。這兩個議題總能讓詹森回憶起意氣風發的時光。他特別喜愛談論《民權法》如何終結南方的種族隔離，以及《選舉權法》的通過。每當談及這些時刻，他的聲音便充滿了活力，熱情澎湃，不僅僅是在敘述，更像是在重演那些既嚴肅又充滿戲劇性的故事。反觀，當其他人請他談論越戰或外交政策時，他的嘴唇便緊抿，神情僵硬，翻閱文件時帶著明顯的不安和壓抑的焦躁。

時間慢慢過去，他也逐漸卸下總統的鎧甲，讓頭髮自然生長，臉曬得黝黑，白髮捲曲著落在衣領上。他開始穿起卡其布長褲，看起來更像年邁的反主流文化領袖，而非一位卸任總統。如果當初，他願意相信自己豐富而極具魅力的談話風格，以及我們後來在錄音帶中聽到的幽默感，而不是一味執著於他認為總統應有的「莊重」形象，那麼他的回憶錄，或許會成為一本獨特且非凡的著作。

我撰寫的初稿忠實呈現了他過去講述的那些生動故事，毫無保留地再現了他的語氣與幽默感。但他並不滿意。他指著我引用的一句話——當時他刻薄地評論眾議院歲計委員會（Ways and Means Commitee）主席米爾斯（Wilbur Mills）過於在意面子，甚至可能有一天會「連屁股都丟了」——然後對我說：「我不能這麼說，把這句話刪掉！他未來還有可能成為眾議院議長呢。而且，拜託，把那些粗俗的話全都去掉。這可是總統的回憶錄，該死的，我必須以國家元首的形象出現，而不是某個鄉巴佬政客。」

周末在牧場總是充滿樂趣，我樂於融入那裡的生活節奏與日常作息。對一個在城市長大的人來說，牧場繁忙卻有條不紊的工作帶來了寧靜與放鬆。巡視田地與圍欄、為新的灌溉系統鋪設水管、種植樹苗與牧草、每天收集數百顆雞蛋。清晨，我會與前總統一起顛簸地穿梭在牧場的草地間，看他仔細檢查工人的作業，這成為我生活中難得的愜意時光。

每次從牧場巡視回來後，飯菜便會立刻準備妥當。他像一頭駱駝，可以數小時滴水不沾、粒米不進。然而一旦入座，他總是第一個被伺候的，並開始對眼前的佳餚評頭論足——他喜愛的、厭惡的、勉強可以接受的，全都直言不諱。有時，他會與我們談笑風生，幽默風趣；有時，他會陷入沉默，鬱鬱寡歡。他的沉默，讓整個餐桌氣氛變得沉悶，直到小瓢蟲夫人巧妙地引導他重拾話匣子。如果談話內容無法激起他的興趣，他便會突然起身離席，轉而處理公務。

他無法忍受一絲一毫的寂寞。每天午睡時，他都會要求我坐在他的衣帽間裡，以防他有任何差遣——或者，更重要的是，以免發生什麼差池，至少還有個人在場。他對孤獨的恐懼，深沉得彷彿能感受到死神的翅膀輕拂過他的額頭。但他的要求，確實營造出一幅極為奇特的景象：我端坐在他的衣櫥中，手捧書卷，一側是掛滿熨燙筆挺的正式西裝，下方整齊擺放著擦得鋥亮的牛津皮鞋；另一側則是隨意堆放的休閒服與牛仔靴。我就這樣靜靜地等待著這位卸任總統從午睡中醒來。

那段時間，一篇雜誌文章含沙射影地質疑我頻繁前往牧場的用意，讓我感到不安。然而，詹森特地打電話到劍橋安慰我，讓我別理會無聊的流言蜚語。儘管如此，那些影射之詞仍讓我如芒刺在背，因此，當我再次踏上前往德州的旅程時，內心不禁有些忐忑。那次行程，我計畫先在奧斯汀參加一場午宴，與詹森會合後再一同前往牧場。當我抵達午宴現場，四處張望尋找詹森時，突然感覺到一隻手輕輕搭在我的肩膀上。我回頭一看，是小瓢蟲夫人，她溫柔而優雅，一如既往地洞察一切。她挽住我的手臂，領著我穿過人群，走向她的丈夫。她低聲對我說：「別在意那些愚蠢的報導。你讓我丈夫感到安心，這才是最重要的。」

午後時分，詹森和我常沿著佩德納萊斯河緩步而行。漸漸地，這些散步變成了一場穿越記憶的旅行——不是抽象的回憶，而是一幕幕真實的場景映入眼簾，喚醒他童年深藏的點滴記憶。我們經過他出生的房子（如今已修復，改為博物館），走過他孩提時玩耍的田野，來到他祖父的門廊前——他小時候總愛坐在這裡，聽祖父講述德州牧牛人如何將牛群一路驅趕到堪薩斯。我們還探訪了他就讀的小學，當年他的母親曾說服老師，讓他依偎在她膝上學習閱讀。許多次，我們坐在那道老舊的石牆上，幾株高大茂密的常青橡樹在身旁投下蔭影，靜靜守護著寧靜的詹森家族墓園。他會逐一指著墓碑，娓娓道來祖父母與雙親的生平軼事，最終，他會凝視著那塊屬於自己的墓地，靜靜地說：「這就是我有朝一日的歸宿。」

後來，我們在牧場的對話已不再只是為回憶錄做準備，也不只是為了日後那些記錄他崛起歷程的計畫性著作。有時，我們的談話持續不斷，彷彿倒轉時光，從總統歲月一路回溯到主掌參議院的時期，再到他年輕時擔任國會議員、崇拜小羅斯福的日子。接著，他會談起在國家青年局招募年輕人的經歷，以及早年在科圖拉擔任教師，如何影響了他一生。最後，他會敞開心扉，談及自己成長於一個充滿衝突與困頓的家庭，以及童年時的夢想、恐懼與悲傷。

我總是隨身攜帶一本小筆記本，隨時用自己的速記方式記下詹森的回憶。但偶爾，他會突然停下來，命令我闔上筆記本：「這些話，我不希望你告訴任何人，連你的曾孫都不能知道。」然而，往往就在同一天，他又會突然說：「嘿，你怎麼沒記下來？總有一天，可能會有人想讀這些故事！」

隨著時間推移，他在這些回憶談話中流露出的脆弱，正是我們彼此建立信任的證明。而我當時並未意識到，這些對話其實是他送給我的一份珍貴禮物，一份因他對生命所剩時間不多的信念而加速成形的禮物。我們那些沿著他記憶長河漫溯的對話，最終化為我第一本書的基石，也開啟了我作為總統歷史學家的職業生涯。

⋄✶⋄

一九七〇年三月十二日星期四深夜，我被緊急帶到德州聖安東尼奧的山姆休士頓堡（Fort Sam Houston）布魯克陸軍醫療中心（Brooke Army Medical Center）。詹森因嚴重的胸痛被緊急送醫。晚上十一點走進病房時，眼前的景象讓我震驚。這位曾經魁梧無比的人物，如今在病床上顯得如此瘦小。他半夢半醒，按摩師正替他舒緩頸部與肩膀的緊繃。

「別擔心，」看見我時，他說，「只是心絞痛，不是心臟病發作。」

但他看起來痛苦不堪。過去，他總是喋喋不休地談論自己的「遺產」——撰寫回憶錄的重要性、公共事務學院的建立、將牧場改建為國家歷史遺址，以及設立圖書館來記錄歷史地位。然而，那天晚上直到次日清晨，他關心的卻是自己將如何被載入史冊。帶著平靜的內省，他輕輕撥開我試圖提供的樂觀評價。他認為，儘管推動的法律已經寫入法典，但那只是他夢想實現的起點，他原本想做的，還有更多。

「你是教授，」他低聲說，「你覺得人們會怎麼記得我？」

「我認為，在我們談論如何記住你之前，」我堅定地回答，「你還有很多時間可以活。」

回到牧場後，他下定決心要開始更健康地生活。嘗試減重，努力養成規律步行的習慣，戒菸戒酒，甚至短暫地計算起每日攝取的卡路里。

然而，過了一段時間後，他的健康生活態度漸漸鬆懈。沒過幾個月，體重便開始回升。他重新沉溺於最愛的燒烤豬肋排、炸鯰魚與甜點。他再次喝起最愛的順風蘇格蘭威士忌，最終又開始抽起香菸，先是每天幾根，然後更多。儘管當時他才剛過六十歲，他卻說：「我已經是個老頭子了，那又有什麼關係？我不想像艾森豪那樣拖延病痛。」

不到兩年後，他在維吉尼亞探望女兒琳達（Lynda）時，他一直認為無可避免的嚴重心臟病，終於發作。醫生本希望他能在夏洛茲維爾（Charlottesville）醫院多待一段時間治療，但他執意返回德州。他說，德州「那裡的人們，正如父親曾告訴我的，會在你生病時悉心照料你，在你離世時永遠惦記你。」此時，他的狀況在上午通常還算穩定，但到了午後，便會頻繁出現「一陣陣尖銳、劇烈的胸痛，讓他驚恐萬分、氣息奄奄」。頭暈乏力的他，往往在傍晚時分便早早躺下休息，依靠床邊的氧氣瓶來舒緩痛苦。

◇✶◇

九個月後，一九七二年十二月十一日，詹森預計在一場於詹森總統圖書館舉行的重要民權研討會上發表主題演講。「林登前一晚身體狀況極差，幾乎整夜未眠，」小瓢蟲夫人後來回憶道，「醫生堅持他絕對不能出席。」此外，奧斯汀當天遭遇嚴重冰風暴，連活動能否如期舉行都成疑。「天氣寒冷，路面結冰，」圖書館館長米德爾頓回憶道，「我們接到消息，許多從華盛頓飛來的與會者班機無法降落奧斯汀機場，只能改搭巴士前來。」就算天氣惡劣，詹森仍執意從牧場啟程，驅車一百一十公里（七十英里）前往奧斯汀。雖然他早在幾個月前就已不再親自駕駛，但當天因為司機在結冰路面上開得過於小心翼翼，他按捺不住急躁，竟要求司機停車，親自掌控方向盤。

詹森不惜一切代價都要親自發表這場演講。這場研討會對他而言，象徵著回顧自己總統任內最重要的時光。他那天的堅持，代表著他對歷史如何記錄自己的執著，當年他為了民權與投票權，不惜孤注一擲，押上整個總統任期的政治資本。如今，他願意燃燒自己所剩的體力，親自對那些與他並肩奮鬥過的民權領袖發聲。「他知道自己正在耗費生命，」小瓢蟲夫人說，「但這是他的選擇，他有權決定如何使用它。」

當他現身會場，過去二十年來在民權運動中舉足輕重的領袖們，親眼目睹他在講台前停下腳步，輕輕將一片硝酸甘油藥片[165]含入口中，然後踏上台階，走向講台。儘管顯得疲累，但他的聲音帶著激動，望向台下的聽眾——包括首席大法官華倫、大法官瑟古德·馬歇爾、韓福瑞、威爾金斯、米契爾，以及新一代的民權運動者，如芭芭拉·喬丹（Barbara Jordan）、弗農·喬丹（Vernon Jordan）與朱利安·龐德。兩年前的民主黨全國代表大會上，龐德曾公開抨擊詹森。而如今，他在這場研討會上，對前總統讚譽有加：「曾幾何時，我們曾擁有一位行動果決、富有人性與熱忱的領袖，他掌握著國家權力，擁有超越下一場選舉的遠見。在我們與這個國家最需要他的時刻，他挺身而出。天啊，我多麼希望此刻他仍在。」

詹森開場時，語氣略顯遲疑，坦承自己已經很少公開演講，但他強調，今夜有些話是他非說不可

165 譯註：硝酸甘油藥片，俗稱「救心」，用於舒緩心絞痛的藥物。

的。他的語調誠懇而緩慢，字字句句飽含感激與真情，令聽眾為之動容。

「這座圖書館收藏了超過三千一百萬份文件，記錄了我四十年的公共服務生涯，」他開口說道，「其中，關於民權的紀錄最能代表我自己，對我而言也最具個人意義。」他承認，自己並非一直將民權視為優先事項，但最終他深信，「政府的本質」在於確保「每個人的尊嚴，與生俱來的人格……無論膚色、信仰、血統、性別或年齡如何……。」

「我不希望這場研討會花兩天時間只談我們做過的事，」他繼續說道，「我們的進展仍然太微小。我們做得還遠遠不夠。我對自己感到有點羞愧，擔任總統六年，卻沒能做得更多。」

他指出，「在一個白人為主的社會中，身為黑人」仍然是這個國家最嚴峻且未能真正解決的問題。「如果我們無法改變歷史的不平等，就無法實現機會的平等。」直到黑人能夠「站上平等的基礎」為止，我們絕不能停下努力的腳步；我們的目標，必須是「確保所有美國人都在相同的規則下競爭，面對相同的挑戰……」

「只要我們的努力持續下去，」他最後說道，「只要我們的意志堅定，只要我們懷抱正直的心，只要勇氣始終與我們同行，那麼，我的美國同胞們，我堅信——我們一定會勝利。」

⬩✶⬩

六周後，詹森在牧場的寢室裡，因心臟病驟然辭世。當時，他正在午睡，身邊無人陪伴。他享年六十四歲，恰是他多年來預言自己將告別人世的年紀。

第十三章／我們的護身符

二〇一七年一月

隨著二〇一七年的新年到來，迪克和我決定開一瓶香檳，慶祝他終於整理完所有六〇年代的箱子。歷經兩年努力，我們終於篩選並整理好，迪克在那十年裡收集和保存的文件、演講稿、日記、信件，以及各種紀念物品。幾乎每個周末，我們都在這些箱子中重溫那動盪時代的種種事件，在那十年間，迪克的人生彷彿在三十八歲以前，就已承載了三四輩子的重量。

然而，我們的探索尚未結束。前方還有約一百個未開封的箱子，裡面裝滿了迪克在離開公職後積累的龐大工作資料。在羅伯特．甘迺迪遇刺、民主黨全國大會的混亂，以及尼克森意外復出政壇之後，迪克選擇隱居在緬因州西部偏遠的丘陵地帶。然而，搬到這片群山環繞的湖區時，他心中懷抱的並非失敗者的頹喪，而是昂揚且不服輸的精神。

他對推動徹底變革的信念比以往更加堅定，但他明白，仰賴英雄人物橫空出世，或期盼某位偉人扭轉乾坤的時代，已經結束了。在他看來，唯有喚醒公眾的意識，才能真正促成變革。他希望能夠有時間思考和寫作，於是轉為針砭時事的評論家、社會分析家，偶爾也樂於擔任政治顧問，甚至是幕後執筆的演講撰稿人。畢竟，那股對政治的熱情，從未真正從他的血液中消退。

在這個跨年夜，我們先不去想那些仍待開啟的箱子，而是舉杯向陪伴我們走過六〇年代動盪歲月的人們致敬。如今，所有當時的重要人物都已離世——甘迺迪、馬丁・路德・金恩、巴比、詹森、賈姬、麥卡錫、小瓢蟲夫人。然而，我們花了無數時間回首往昔，沉浸在這些人物的記憶與故事中，使他們的形象依然鮮明而生動地留存在我們的腦海中。

迪克遞給我一杯香檳，舉杯輕輕碰了碰我的。「敬你——是你讓這些人又一次在我心中鮮活起來。」

我們花了一個多小時追憶，舉杯敬那些已溘然長逝的朋友與同事。當提到賈姬時，迪克特意往我們的杯中多添一些冰塊，以此向喜愛香檳加冰塊的她致敬。迪克與賈姬的友誼，遠比他的公職生涯還要長久。他想起一九九四年，賈姬被診斷出罹癌後不久，他曾與她在紐約PJ克拉克（P. J. Clarke's）共進午餐。當時，她仍對化療懷抱希望。他們談起當年拯救埃及古蹟的往事，共同選定丹鐸神殿作為埃及政府贈送給美國的禮物；也憶起籌畫「卡美洛之夜」——那場載入史冊的諾貝爾獎晚宴時，兩人默契十足的合作。然而，不過四個月後，六十四歲的賈姬便離世了。

我舉杯敬小瓢蟲夫人，那位在林登生命中如磐石般穩固的伴侶。多少次，我曾目睹她平息他的怒火、將他從沉鬱的沉默中帶出，以溫柔撫平他的緊張情緒。小瓢蟲夫人享耆壽九十四歲，生前的最後幾年裡，因多次中風而失去語言能力，而黃斑部病變則奪去了她的閱讀能力。所幸有聲書的發明，仍為這位一生熱愛閱讀的女性帶來生活樂趣。

二〇〇七年，也就是小瓢蟲夫人去世前一年，她的女兒露西從德州打電話給我。她告訴我，母親剛剛聽完了我寫的林肯傳記《無敵》，特地請她轉達，說她有多麼喜愛這本書。露西要我稍等片刻，然後，電話那頭傳來了掌聲——先是輕輕地拍手，接著聲音愈來愈響，節奏愈來愈熱烈。那一刻，我幾乎能夠感受到她的溫暖與深情。許久之後，我寫信給露西，問她是否還記得當天的情景。她回信說：「我記得母親的掌聲逐漸響起，就像是為了確保你能夠感受到她對你的敬意，以及對你作品的驕傲。她希望讓你再次感受到，你是我們家的一分子。」

◇✶◇

在回顧六〇年代的旅程中，我們意外地經歷了緩慢而深刻的轉變。多年來，我們各自堅守立場，在漫長而執著的辯論中，對甘迺迪與詹森的功過持有不同解讀。然而，如今，這些分歧已逐漸淡去——雖然並未完全消失。隨著我們重溫過往，迪克對詹森的敵意逐漸消退，開始認同他在民權議題上的勇氣，以及他對第八十九屆國會的高超掌控。同時，我對甘迺迪的欣賞也與日俱增。在迪克的引領下，我重新走入「新邊疆」時代的激昂歲月，見證和平工作團的誕生，也更深刻地理解甘迺迪如何成為變革與公民行動精神的象徵（這正是六〇年代的標誌）。而在威斯康辛州亞什蘭，我傾聽當地居民的回憶，更清楚地看見，甘迺迪當年富有魅力的造訪，如何喚醒這座小鎮，並留下影響深遠的印記，延續數十年之久。

有時，我們會陷入那場既令人著迷又抓狂、但終究無解的歷史「假設」遊戲——如果甘迺迪還在，他在一九六四年能成功讓國會通過《民權法案》嗎？如果他未遭遇不測，美國是否仍會將越戰升級為一場全面戰爭？如果詹森未因戰爭分心，他是否會更積極修補「偉大社會」計畫的缺陷？如果巴比未曾遇害，他是否能贏得總統提名，改寫歷史的軌跡？

二〇一七年初，我們談起親身經歷的歷史，特別是那十年的民權運動發展，迪克與甘迺迪、詹森有重要而深遠交集之處。提到甘迺迪在就職當日交給迪克的第一項指示：找出為何在就職典禮閱兵隊伍中，海岸防衛隊裡竟沒有一名非裔面孔。

我問迪克：「當時甘迺迪是否真已準備好，出於對正義的承諾，迫使海岸防衛隊終結歧視？」我不禁思索，總統的這份敏感是否更來自於尷尬——在就任首日，這支幾乎清一色白人的隊伍，恐怕成為蘇聯用來打擊他政府的宣傳材料。「他是更重視表面的象徵形象，還是對種族融合抱有真正的決心？」

「你講得好像象徵性的舉動只是場作秀，」迪克說道。「但有時候，象徵性舉動本身就是政治行動的語言。」

迪克承認，甘迺迪在執政初期，確實未能及時察覺民權運動的革命浪潮。然而，伯明罕發生的一系列事件——馬丁．路德．金恩的領導、民權遊行者的英勇抗爭，以及南方勢力的殘暴鎮壓——喚醒了全國的良知，也讓甘迺迪深刻意識到，日益壯大的非裔運動所累積的不耐、憤怒與挫折。在伯明罕和平示威者遭受野蠻攻擊後，甘迺迪向全國發表了電視演說，我和迪克一起聽見他話語中前所未有的真誠與堅定。他將民權問題定調為「道德良知」議題，並向國會提出了二十世紀最具影響力的《民權法案》。

但有一個不爭的事實是：一九六三年秋天，《民權法案》與甘迺迪政府所有重要的施政議題，包括聯邦醫療保險、聯邦教育補助的立法，都陷入國會僵局。《生活》雜誌的社論批評，這屆國會創下史上最長開議紀錄，「卻幾乎毫無建樹。」

後來，是詹森這位精於立法運作的大師，讓國會發揮前所未有的效率。他不僅推動《民權法案》通過，還成功推動歷史性的減稅法案、食品券法案，以及一系列針對貧困家庭的計畫，包括幼兒教育與職業培訓，並創立了類似和平工作團的國內志願服務計畫。自甘迺迪遇刺的那一刻起，詹森便堅決不允許任何人對《民權法案》做出退讓或妥協。迪克最初與詹森接觸時，曾對他在民權問題上的承諾抱持懷疑，但自首次會面後，這份懷疑便煙消雲散。

甘迺迪與詹森截然不同，他們的個性迥異，施政方式南轅北轍，連風格都大相逕庭。甘迺迪將目光投向國際舞台，而詹森則全力聚焦於國內政策。「國內政策頂多讓我們受挫，」甘迺迪曾說，「但外交政策可能要了我們的命。」甘迺迪圓滑、冷靜、內斂，而詹森則直率、激烈、熱情洋溢。最終，迪克和我一致認為，這兩人共同締造的遺產緊密相連，影響之深遠，勝過他們各自留下的一切。

對我們而言，最能生動展現他們共同歷史遺產的一張照片，攝於一九六一年五月五日。我們在整理箱子時發現了它，特地裱框起來，掛在迪克書房的牆上。照片中的一小群人——甘迺迪、詹森、巴比、迪克、史列辛格以及海軍上將阿利·伯克（Arleigh Burke）——聚集在甘迺迪總統的秘書伊芙琳·林肯（Evelyn Lincoln）的辦公室內。房間裡的氣氛顯然相當緊張。甘迺迪面色凝重，手指不自覺地摩挲著下巴和嘴唇，顯露這群人內心沉重的壓力。迪克雙臂交叉，站在總統與他的弟弟巴比之間，而一旁的副總統詹森則目光專注，神情嚴峻。

所有人的視線都集中在黑白電視螢幕上，屏息關注佛羅里達州卡納維爾角（Cape Canaveral）的直播畫面。倒數計時已經開始，海軍飛行員謝潑德（Alan Shepard）即將升空，力圖成為繼蘇聯的尤里·加加林（Yuri Gagarin）之後，第二位飛離地球大氣層的人。火箭「自由七號」（Freedom 7）升至地球上空超過一百六十公里（一百英里），隨後開始下墜，接著謝潑德的降落傘順利展開，確保他安全降落在大西洋。這場歷時十五分鐘的壯闊飛行，標誌著「水星計畫」（Project Mercury）首次載人飛行任務的成功，讓美國重返太空競賽的舞台。

詹森也在場見證這歷史性的一刻，再適合不過。早在一九五八年擔任參議院多數黨領袖時，他便推動創立了美國國家航空暨太空總署（NASA）。而在副總統任內，他更肩負起政府太空計畫的重責大任。「你知道嗎，林登，」謝潑德成功飛行後，鬆了口氣的甘迺迪打趣道：「現在沒人知道副總統還兼任太空委員會主席，但要是這次出了差錯，我向你保證，全世界都會知道你是主席。」

玩笑歸玩笑，甘迺迪心知肚明，詹森在領軍美國追趕蘇聯的太空競賽中，功不可沒。謝潑德的壯舉點燃了全國的熱情，而詹森更是不遺餘力地推動甘迺迪投入一切資源，劍指更遠大、壯麗的目標——讓人類登陸月球。不過，三周後，站在國會聯席會議上，許下「十年內送人類上月球」承諾的，是甘迺迪。一年後，以「新邊疆」精神為號召，為登月計畫注入無限抱負與遠見的，也是甘迺迪那番激勵人心的演說。

我們選擇在這個十年內登陸月球，並完成其他挑戰，不是因為它們輕而易舉，而是因為它們困難重重。因為這個目標將凝聚我們的力量，發揮出最卓越的智慧與能力。因為這是我們願意承擔、不願推遲的挑戰……

因此，我們啟航之際，我們祈求上帝庇佑，賜福於這趟人類所踏上的最危險、最艱難、也是最偉大的冒險旅程。

甘迺迪的演講，在當時震撼人心，後來更持續激勵一代又一代的人。甘迺迪去世後，儘管「偉大社會」計畫和戰爭經費的壓力日益增加，詹森對登月計畫的支持從未動搖。若無詹森在甘迺迪登月承諾前後的全力推動，「阿波羅計畫」（Apollo project）或許根本無法成形。一位歷史學家甚至指出：「詹森對美國登月並安全返回地球的貢獻，無人能及。」

一九六九年七月二十日，阿姆斯壯（Neil Armstrong）踏出登月艙的最後一階，在月球表面的塵埃印下人類的第一個腳印。那天，我恰巧在詹森的牧場。當時的詹森，興奮得像個孩子，整天目不轉睛地盯著電視轉播，連晚餐都搬到客廳，邊吃邊看。但當夜幕低垂，原本的激動逐漸平息，取而代之的是落寞。電視新聞報導紛紛讚揚甘迺迪開創登月計畫，而尼克森完成了它。沒有人提及詹森，他成了這段歷史「被遺忘的中間人」。

但隔天一早，CBS播放了一段華特・克朗凱（Walter Cronkite）五天前對詹森的專訪。克朗凱深知，詹森過去十年為登月計畫做出關鍵貢獻，在節目裡封他為「登月計畫之父」。然而，詹森將這份榮耀歸功於甘迺迪，表示「他才是那位設定目標並成功實現的人」。到了午餐時分，詹森已然走出低潮，恢復往日的活力，牧場裡再度充滿了歡樂的氣氛。

這張照片，是甘迺迪與詹森共同締造歷史遺產的小小寫照。而如今，關於這段歷史，人們記憶最鮮明、最深刻的，是甘迺迪在冷戰白熱化、美蘇激烈對峙之際，提出那振奮人心的期限與承諾，從此為國家確立清晰的目標與方向，並將全體美國人民帶入一場攸關自由與專制、舉世矚目的對決。

二〇一七年春季

二〇一七年春天，迪克已是八十五歲高齡。我們開始整理他離開公職後的檔案箱，很快便發現，這些文件與過去那些圍繞美國歷史重大事件的備忘錄、日記與演講稿截然不同。這些箱子裡的內容，是迪克身為職業作家留下的筆記，承載著他對歷史、哲學與文學的廣泛涉獵與深刻思索。像是他為《紐約客》撰寫長篇文章的素材、美國哲學論著、報紙專欄、回憶錄、一份呼籲美國新革命的宣言，以及一部精雕細琢的劇本——迪克的劇作在英國與波士頓廣獲好評，它講述伽利略（Galileo）與教宗烏爾班八世（Pope Urban VIII）之間的思想對立與殘酷權謀，也融入迪克自身的政壇經驗。

即使只是匆匆一瞥，也能強烈感受到這些箱子裡的內容，散發一種不安現狀的精神。就像老友莫耶斯形容的，迪克始終是「一位毫不妥協的理想主義者與堅定不移的愛國者」；又或如前加州州長布朗（Jerry Brown）所稱，他是「我們這一代的湯瑪斯・潘恩（Tom Paine）[166]」。

儘管迪克對箱子裡的寶藏依然興致勃勃，但他日漸衰老的跡象，走在後院花園時氣喘吁吁，上樓時的停頓與疲憊，都令我憂心。一天早晨，我發現他竟然坐在樓梯的中段，悠閒地讀著報紙。我問他為何停在那裡，他回答說，他正在讀一篇關於黑洞的有趣文章，非得把它看完不可。

在接下來的心臟科回診中，我們檢查了迪克的心律調節器，一切運作正常。他的藥物也仍然有效。醫生仔細聆聽了他的心臟與肺部後，關心道：「你現在每天抽多少支雪茄？」迪克在腦中迅速計算了一下，回答：「大概五支，也許六支，但我一支抽得比一支還少。」每天，他總會坐在最愛的椅子上，愜意地點燃幾支雪茄。

「我的建議很簡單，」心臟科醫生斬釘截鐵地說，「戒掉雪茄。」

回程路上，迪克努力捍衛他的底線。「我的心臟沒問題，」他堅決地說，「摸摸看。」他抓起我的手，伸進自己的襯衫，按在胸口。「你看！」他甚至在途中要求我們停下來，去趟他最愛的菸草店，買一盒新雪茄，以此明志。

「我不會戒的，」回到家後，他悶悶不樂地對我說，「我是左撇子，我的眉毛很濃，我抽雪茄——這就是我。」但在平靜下來後，他答應每天限制自己只抽兩支，一支早餐後，一支晚餐後。他還靈機一

166 譯註：湯瑪斯．潘恩（Tom Paine），美國開國元勳之一，革命時期思想家，以愛國刊物《常識》（*Common Sense*）激勵民眾獨立意志，強調愛國義務。

動，想到一個辦法。「你知道嗎？」他一邊從盒裡取出雪茄，一邊說，「雪茄不一定要抽，還可以咬著、吸取尼古丁、舔舔它、轉著玩、把玩它。或許沒抽起來那麼過癮，但也不錯。」說完，他小心翼翼地把未點燃的雪茄放進身旁的煙灰缸，滿意地嘟囔：「還不錯。」

於是，我們繼續保持習慣的日常。一起吃早餐，看報紙，然後各自進書房工作到中午，再一起吃簡單的午餐。飯後，迪克就像詹森一樣，會換上睡衣，來一場正規的午覺。下午短暫工作後，到了晚上，我們幾乎總是與同一群朋友前往幾家熟悉的酒吧和餐廳共度晚餐。日子就這樣靜靜流轉，直到春天悄然而至。這些日常節奏為我們長久的婚姻生活帶來極大的安心與踏實感。

然而，比起他偶爾會把書本擱在膝上打盹，更讓我憂心的，是二〇一七年春天開始，他莫名出現的鼻血。起初，我以為是他頻繁而劇烈地打噴嚏所致——他數過，最高紀錄曾連打三十六個噴嚏。當他的咳嗽和喘息讓我擔憂不已時，他總是安撫我，說這只是糾纏他一生的春季氣喘發作。但我仍無法放心。

最後，迪克同意去看耳鼻喉科，而他很快對眼前的醫生產生好感，因為她直率、聰明、細心、有魅力。醫生清理了他鼻腔內結痂的潰瘍，這些潰瘍不僅影響了他的呼吸，也讓他極為不適；接著為他進行切片檢查，以確保沒有其他潛在問題。

醫生打電話來告知報告結果時，我已準備好筆記本。但當我一字一句謹慎地寫下醫生的話時，我的大腦卻陷入一片空白：

五月十八日：鼻部發現侵襲性鱗狀細胞癌……需要電腦斷層掃描（CT scan）檢查是否擴散至頸部或

淋巴結。

五月二十二日：掃描顯示沒有擴散跡象，鬆了一大口氣。但必須開刀切除腫瘤，手術並不容易，可能導致鼻部變形、塌陷，甚至影響呼吸，且高齡讓情況更加複雜。

迪克毫不猶豫地答應開刀，他說我們還有太多事情要做。他希望盡快動手術。

那天夜裡，我躺在他身旁，感覺恐懼逐漸蔓延。他察覺到了，對我說：「這些年來，你一直擔心我的心臟。我早就說過沒問題。」他再次把我的手放在他的胸口。「很強壯！」他自信地說，「沒問題的。不過是癌症，而且癌細胞還局限在一個地方。我們一定會沒事的。」手術前的那個周末，迪克最親密的朋友麥可．羅斯柴爾德來到康科德。他們在六〇年代末於緬因州相識，此後五十年間，無論身處何地，幾乎每天都會通電話。他們無話不談，從文學、藝術、政治、紅襪隊，到最近閱讀的書，甚至會分享正在創作的作品。迪克對麥可的小說、雕塑與版畫創作始終熱情，也關心他山上農場的四季變化——冬末修剪蘋果樹、照料初生的羊羔，春天嫁接新樹，整個夏天悉心打理蔬菜園。

大多數夏天，我們都會造訪麥可在托里山（Tory Hill）的農場，而感恩節時，兩家人也會在那裡團聚。我永遠忘不了某個炎熱的夏日，我被指派在蘋果木炭上翻轉一隻小乳豬，整整烤了六個小時。每當麥可來康科德拜訪我們時，總會帶上自家農場飼養的羊肉、牛肉、家禽，還有各種新鮮農產品。迪克特別喜愛麥可自釀的蘋果酒，以及在熬煮室裡精煉出的楓糖漿。某年冬末，麥可來訪時，還特地在我們紀念街庭院裡的幾棵岩楓樹上掛上鍍鋅桶，讓迪克細心收集樹液，再慢慢熬煮，釀製出屬於自己的楓糖漿。

從迪克動手術的那個周末開始，麥可便每個月來康科德一次，陪伴我們一起迎接未來的挑戰。隨著手術日逼近，我的焦慮感與日俱增。我還記得，手術當天，我與麥可和兒子們一起守在布萊根婦女醫院（Brigham and Women's Hospital）的候診室，眼睛緊盯著時鐘。直到那位年輕的外科醫生帶著笑容走來，雙手高舉，大拇指朝上，我才終於鬆了一口氣。手術成功了，腫瘤被完全切除，鼻樑也沒有塌陷。

回家後的幾天，儘管臉上還纏著繃帶、瘀青未消，迪克仍堅持去康科德殖民旅館的酒吧，與老友們歡聚一堂。大家舉杯為他慶祝，讓他倍感振奮。那天正好是星期四，本地民謠歌手費茲西蒙斯（John Fitzsimmons）每周四都會帶領大家高歌。那晚，他演奏了迪克最愛的曲目：〈假如我有一把鐵鎚〉（If I Had a Hammer）、〈這片國土是你的土地〉（This Land Is Your Land），最後照例以〈美麗的亞美利加〉（America the Beautiful）作結。無論身體狀況如何，迪克總是熱愛參與遊行、欣賞煙火，或沉浸在愛國歌曲的大合唱中。

然而，我們的慶祝來得太早了。幾天後的電腦斷層掃描顯示，癌細胞已滲入神經周圍的組織，增加復發風險。不過，醫生認為透過放射治療，預後仍相當樂觀。

迪克詢問是否可以將放射治療延後到初秋。他想維持每年夏天在鱈魚岬與親友共度的傳統，尤其如今家中又添了兩個小孫子。對他來說，短暫的延後不僅能讓他從治療的煎熬中喘口氣，也能讓我們繼續推動手邊的書籍計畫。醫生同意了，認為短暫的夏季休養無妨，只要放射治療能在九月如期展開。

二〇一七年夏季

在法爾茅斯（Falmouth），租下那棟我們曾共度多個夏天的大紅屋並安頓下來後，迪克顯得格外心滿意足。他每天清晨都會坐在門廊上，望著海浪起伏，閱讀報紙，翻閱我們帶來的各種小說和詩集。每天，我們都會散步到海邊一趟，他特別喜歡在淺水區踱步，觀察鱟蟹奇特的爬行軌跡。

然而，每當獨處時，我總忍不住陷入網路的無底洞，搜尋放射治療對鼻子的副作用——據說那灼熱感，就像最嚴重的日光灼傷。我查閱了大量關於鼻中隔和面部神經的醫學論文，時不時看到讓人心驚的案例，夜裡輾轉難眠。

我們的書籍計畫進行得相當悠閒，每天僅花上一個多小時。我特意挑選了一些他肯定會樂於重溫的剪報和文件。八〇年代，他在《洛杉磯時報》的專欄中，曾以前瞻性的眼光，警告民主制度正因中產階級的困境而岌岌可危，而這一切正是貧富差距擴大、全球化衝擊，以及製造業衰退的結果。到了九〇年代，他呼籲對政治體制進行大刀闊斧的改革，包括修改競選經費法、終結選區劃分的不公，以及恢復公平且免費的電視競選時段，讓所有符合州法律資格的候選人，都能獲得平等的曝光機會。

儘管迪克當初堅決表示，搬到緬因州後不再為人捉刀，我仍在他的舊文件中找到了一些珍貴草稿。其中一篇是為緬因州參議員馬斯基（Edmund Muskie）撰寫的。一九七〇年期中選舉前夕，馬斯基在三大電視網聯播的黃金時段發表了這場演講，駁斥尼克森的「法律與秩序」競選口號。尼克森當年的競選策略，以攻擊民主黨對犯罪問題軟弱，「縱容暴力、庇護罪犯」為核心。迪克為馬斯基寫道：「這是謊言，美國人民知道這是謊言。」

更為重要且影響深遠的，是迪克在二〇〇〇年總統選舉，為高爾向小布希承認敗選所撰寫的讓步演說。透過這篇演說，高爾為全國自投票日以來長達三十五天的激烈角力與前景不明畫下句點。當時，佛羅里達州的重新計票讓局勢陷入膠著，誰能拿下該州，就能入主白宮。在等待結果的過程中，高爾特別聯繫迪克，希望他同時準備一篇勝選演說與一篇讓步演說。迪克將更多心力投注在讓步演說上，因為他清楚明白，一旦這篇演說派上用場，必將在歷史上留下深刻的烙印。

我在二〇〇〇年十一月讀到這份草稿時，認為它的論調恰如其分地拿捏了個人情感與歷史責任。我催促迪克立刻將講稿送給高爾，但迪克卻猶豫了。他解釋說，高爾恐怕不會想在尚未確認敗選前閱讀它，而他自己也希望盡可能晚點交，好讓高爾能在其他幕僚著手處理前先看到他的草稿。

於是，迪克一直保留著這份講稿，直到最高法院下令停止重新計票的那一天，高爾親自要求他寄出。法院將佛羅里達州的二十五張選舉人票，以及整場選舉，正式判給了德州州長小布希。翌日晚上，高爾發表讓步演說，展現出符合此刻所需的優雅與尊嚴。

當我找到這份講稿後遞給迪克，他沒有接過，而是讓我朗讀給他聽。他閉上雙眼，靜靜聆聽著演說中的字句——那些關於和平交接政權的論述，正是自喬治．華盛頓（George Washington）以來，美國民主制度最重要的基石之一。

將近一個半世紀前，參議員史蒂芬．道格拉斯對剛擊敗他當選總統的林肯說：「黨派之爭應當讓位於愛國精神。我與您同在，總統先生，願上帝保佑您。」

如今，抱持著同樣的精神，我對當選總統小布希說，現在該拋開黨派間的紛爭，願上帝庇佑他帶領這個國家……

在美國一所著名法學院的圖書館上，刻著這樣一句箴言：「我們服從的不是個人，而是上帝與法律。」這正是美國自由的根本原則……

如今，美國最高法院已經作出裁決。雖然我對此判決持強烈異議，但我不質疑地接受它。

今晚，為了全國人民的團結，為了我們民主制度的力量，我正式宣布讓步。

那個夏天，我們對這些文件的整理並不像過去處理六〇年代檔案時那樣系統化、井然有序，但對我們而言，寫書計畫成了心靈的慰藉。每一次的整理工作，都讓迪克沉浸其中，感到安心，也樂在其中。我慢慢明白，寫書計畫早已轉化為心靈的寄託。我們不約而同地沉浸在同一種錯覺裡——只要還有箱子等待開啟，還有未完成的工作，那麼迪克的生命、我的生命、我們共同的時光就不會結束。

我們都曾寫過書，然而這一本，顯然與過去的任何一本都不同。翻閱這些箱子，奇異地成為迪克與死亡抗衡的方式。他不僅對我說，也對他的醫生說：「我要活得夠久，把這本書完成。」這股決心，遠不只是為了留下遺產。與其說是為了寫作，不如說，這關乎生命的意志。只要我們還能一起工作，一起開箱、探索、討論、歡笑，那麼我們就仍然真切地活著。如果說護身符是一種擁有神秘力量、能帶來庇佑的物件，那麼，我想，這本書就是我們的護身符。

從我們結婚以來，迪克只要手指扎進一根小刺，都能抱怨大半天；喉嚨稍感不適，便會賴在床上，等著我端來熱湯；一旦發燒，更會憂心忡忡，害怕父親的白血病可能找上了自己。然而如今，面對這場生命中最嚴峻的考驗，他卻展現出前所未見的耐心與溫柔，包容而從容地接受一切，這種轉變令所有人都感到驚訝，尤其是我。

我們不禁問：這個人究竟是誰？這個一生挑戰權威、叛逆不羈的人，如今卻對醫療團隊言聽計從。從鱈魚岬回到家後不久，醫療團隊為迪克製作了一頂特製面罩，上面標記了放射治療的精確位置，接下來七周內，他將每周六天接受治療。第一次戴上面罩時，他向我伸出手掌，像《歌劇魅影》（*The Phantom of the Opera*）中的主角一樣，低聲說：「來聆聽夜之樂章吧。」

隨後的四十二天，我們輪流陪伴迪克前往波士頓接受治療。輪值的包括兒子們、科爾比、麥可和我。迪克是候診室裡年紀最大的，每天下午，這群病友們總會聚集在同一個等待區。迪克的樂觀，無形給了年輕病友信心，如果他這把年紀都能撐過放射治療，那麼他們一定也可以。每天，迪克會帶著厚厚一疊報紙，應病友們的請求，朗讀一兩篇文章，讓原本靜靜等待叫號的空間，因此多了幾分輕鬆愉快的交談與歡笑。出門前，他還會特地從自己豐富的收藏中挑選不同花色的襪子穿上，有的是鮮豔的條紋或活潑的圓點圖案，有的甚至印著美國歷史名人，例如華盛頓或林肯的肖像。

到了十月，放射治療的副作用開始嚴重影響迪克。他體重驟降，肌肉逐漸流失，走上通往臥室的陡峭樓梯愈發吃力。儘管已步履蹣跚，行動艱難，他一開始仍拒絕考慮安裝電動樓梯升降椅。我提醒他，很久以前，他曾號召最高法院的書記官們，共同籌資為大法官法蘭克福特購置過類似的設備。這段往事終於說服了他，勉強同意訂購升降椅。安裝當天，他整日待在書房的另一端，甚至連看都不肯看一眼。但傍晚時分，他的不情願漸漸消散，轉而饒有興趣地翻閱起使用手冊，態度也從抗拒轉變為好奇。這台椅子會先讓他以倒退的方式緩緩升上樓梯，抵達頂端後，只需輕輕按一下按鈕，座椅便會自動旋轉，讓他以最方便的姿勢踏出樓梯口。熱愛收藏各種機械裝置的迪克，從最初的不屑一顧到後來樂在其中，當天竟然來回試乘十幾次，還向孫女們熱情展示這台設備的「精妙設計」，彷彿是在享受遊樂園的嘉年華設施。

放射治療在十一月第三周結束，迪克的身體已不堪長途跋涉，我們不得不取消前往緬因州的羅斯柴爾德農莊。近四十年來，我們兩家人，每年都一同歡慶感恩節，我們的孩子與孫子們，幾乎都在彼此的陪伴下成長。

就在一年前，我們還和往年一樣，圍坐在那張六公尺（二十英尺）長的櫻桃木桌旁，桌上擺著約二十公斤（四十磅）重的火雞，還有來自農場的各式家常配菜。迪克站起身，示意眾人安靜。他舉起酒杯，以那沙啞而富有戲劇感的聲線，朗誦林肯在一八六三年發表的感恩節公告——正是這份公告，將十一月最後一個星期四訂為全國感恩節。「在這即將結束的，豐收與晴朗的一年，我們沐浴在無盡的恩澤中。」他誦讀林肯的祈願：「願這個國家的創傷得以癒合，並在符合上天旨意的前提下，儘早重享和平、和諧、安寧與團結。」最年幼的孫子也安靜地聆聽著，即便或許一句話也聽不懂，彷彿被迪克的聲音所吸引。最後，迪克舉杯道：「讓我們為林肯乾杯，為聯邦乾杯，也為這個由他正式訂立的國定假日——感恩節——乾杯。」

二〇一七至二〇一八年歲末年初

迪克體重急遽下降，一開始竟讓他有些得意。他欣賞自己如今「輪廓分明」的臉龐。我對他說，他的模樣讓我想起了小羅斯福，當年確診心臟衰竭後體重暴跌，還興奮地拍著自己的肚子，笑說：「我又變年輕了！看看我這平坦的肚子！」然而，當迪克的體重持續下滑，連吞嚥都變得困難時，醫生告訴他必須暫時裝上鼻胃管。他極不情願地勉強答應，但隨即開始大量飲用安素（Ensure）營養補充品，成功穩住體重，順利移除那根令他深惡痛絕的鼻胃管。他終於在這場漫長療程中，贏下一場小小的勝利。

即便身體狀況每況愈下，他仍堅持陪我參加與友人的例行晚餐聚會。每當夜晚我們沿著紀念街駛過，他總是熱情地重複同樣的話：「桃莉絲，那就是老北橋，一切就是從那裡開始的。那邊是老宅——你好啊，霍桑。」他會不厭其煩地談論自己有多熱愛這座城鎮、多熱愛這條街。「這是全美國最美麗的一條街。」他時常這麼說。聚會上，他依舊與朋友們談笑風生，偶爾小酌，但當烈酒開始刺痛他的喉嚨，最後甚至像火焰般燒灼時，他便改以水代替琴酒，但仍固執地在水杯裡保留那顆洋蔥裝飾[167]。

到了十二月，他的嗅覺與味覺完全喪失。某天晚上，再次堅持參加晚宴的迪克，望著餐桌上自己無法品嚐的佳餚，朋友們暢飲著他無法入口的美酒，他沉默許久，神情恍惚，彷彿靈魂早已飄往別處。在回程的車上，我緊緊握住他的手，他低聲說：「好多東西都一點一點離我而去了。」他停頓片刻，然後繼續：「我愛雪茄，但再也無法抽。我愛美酒，卻只覺得它在喉嚨裡像噴槍般灼燒。我愛美食，卻再也嘗不出任何滋味。」忽然，他輕笑了一下：「但至少，好的一面是，我還能讀書，還聽得到，還能——多多少少，繼續思考。」

冬至過後，白晝漸長，喚起人們古老的渴望——更多的陽光與日照，或許象徵著一切都會好轉。此時此刻，我們期盼放射治療已然奏效，迪克的身體開始逐漸康復。果然，有那麼一瞬間，檢測結果似乎顯示，癌細胞已全被消滅。三月，麥可來訪時，帶來了約一公升（一夸脫）剛熬製出的金黃楓糖漿。迪克將糖漿淋在燕麥粥上，舀起一口放進嘴裡，卻突然停住。他又舀了一匙，細細品嚐，隨後仰起頭，猛地一掌拍在桌上。我們的心懸在半空——他說，覺得自己似乎能夠品嚐到一絲微弱的香草味。

那一天都還沒過完，我便已經計畫來一場不可思議的「美食美酒巡禮」，遊覽世界各大都市，重溫我們曾經共享過最幸福的美食饗宴：馬德里麗池飯店（Ritz）的一周黑松露盛宴、巴黎布里斯托飯店（Le Bristol）的布雷斯雞（poularde de Bresse）[168]、佛羅倫斯（Florence）山丘上皮奇奧里酒莊（Enoteca Pinchiorri）庭院裡的美酒（當時，侍者特地拿來一張小凳子，讓我能將手提包放在上面），還有香港唐閣的

167 譯註：琴酒調酒，如吉布森（gibson）常以醃漬洋蔥作為裝飾。
168 譯註：布雷斯雞（poularde de Bresse），法國人心中的頂級食材，真正的「國雞」。

鮮甜明蝦與蟹黃。我們迫不及待地上網搜尋各家餐廳的菜單，熱烈討論著開胃菜、主菜與甜點該如何搭配。

二〇一八年春季

夢幻美食巡禮，終究只能存留在我們的美夢與希望裡。三月的檢查結果顯示，迪克的癌症復發，而且來勢洶洶。我們嘗試了實驗性的免疫療法，但到了第二次注射時，情況已非常明顯，治療沒有奏效。在離開腫瘤科診間之前，迪克一反常態地直接問道，他還剩多少時間。醫生的回答，讓我整個人瞬間僵住。我清楚記得他說：「極有可能只剩下幾星期了，連幾個月都不到。」一直以來，迪克與我都刻意避開直面死亡的話題，彼此都想保護對方，不願讓對方承受「不再相伴」的念頭。

當晚，臨睡前，我們靜靜回顧醫生的診斷。迪克卻輕描淡寫地改編醫生的話：「嗯，我還有幾個月，而不是幾個星期。」他的語氣篤定得幾乎像是在陳述事實，「我們還有時間，還能完成一些事情。」他的求生意志成了我唯一可以緊握不放的希望。或許，熱情與目標，真的能違抗醫學的預測。

隨著閱讀變得愈來愈吃力，迪克開始遞給我一本書或一篇文章，請我為他朗讀。有時，他會在故事進行到一半時，不知不覺睡著，然後突然醒來，急切地詢問自己錯過了什麼。我們婚後的日子，一直都被書本環繞。書本是我們的世界，我們樂此不疲地寫書、讀書，為不同研究計畫累積起一座座小型圖書館；我們不斷收集、整理、分門別類，讓我們的家成為我們自豪的書樂園。

某天下午，迪克請我慢慢朗讀他最喜愛的其中一首詩——威廉．華茲華斯（William Wordsworth）的

《不朽的憧憬》（*Intimations of Immortality*）。當我快要讀完時，他的呼吸變得深沉，我以為他已經睡著，便繼續讀到最後。然而，當我念完後，他轉過身來，憑記憶緩緩地復誦道：

雖然無法喚回那時光
草原的燦爛，花朵的輝煌
我們不該悲傷，而應從留下的一切中
汲取力量

「我真希望自己能早點領悟這段話，真正將它放在心上，」迪克說道，「別為逝去的事物憤怒，而從留下的一切中汲取力量。」那天晚上，他突然冒出一句與話題毫不相干的話，卻從此深深烙印在我心中。「別以為我忘了我們的書，我最近幫不上忙，但答應我，一定要完成它。」我點頭同意。

在那段混亂而有限的時光裡，時間的界線變得模糊，日子時而緩慢，時而飛逝，我對那些日子的記憶零碎而斷續，僅剩一些片段與話語。然而，真正留存在我心中的，並不是五月初病情急轉直下的過程。當時，迪克呼吸困難，併發肺炎，醫生告訴我，醫院已無能為力，該是回家接受安寧療護的時候了。我記住的，是當我們將迪克接回家，讓他躺在擺放於大廳窗邊的病床上，四周是石砌壁爐與從地板延伸到天花板的書架，屋內瀰漫柔和、寧靜的春日氣息。

日復一日，來自四面八方的親友陸續前來探望迪克，向他道別，於是，一件非比尋常的事情發生了。本該充滿尷尬、沉重與不安的告別時刻，竟轉變為一場溫暖而輕鬆的聚會。氣氛宛如愛爾蘭式的守靈[169]，人們圍繞著迪克，在廚房與餐廳間穿梭，飲酒、用餐、笑談，回憶他在人生不同階段的點滴往事。這確實是一場愛爾蘭式的送別，只是不同之處在於，迪克還活著，低劑量的嗎啡讓他免於痛苦。

迪克似乎從親友的陪伴中得到安慰：朋友握著他的手，兒子們一個用涼爽的棉棒滋潤他的舌頭，另一個則彈著吉他輕聲歌唱，孫子孫女在房裡房外奔跑嬉戲。有時他沉沉睡去，有時說話顯得迷糊，但很快又會清醒過來，神智清楚如常。整整一天，老朋友們陸續來到床邊，回憶對彼此意義深遠的時光，迪克也總會湊足力氣，對每一位說出幾句簡單、溫暖，甚至帶點俏皮的話。面對特地前來探視、向他道別的醫療團隊，他懷著感激之情一一致謝，那場告別充滿深情與不捨。迪克的生命走向終點時，他顯得極為疲憊，卻依然溫柔地握住我的手，放在他的胸口。他的眼神中閃爍著難以言喻的光芒，用微弱而嘶啞的聲音說：「你真是個奇蹟。」這是他對我說的最後一句話。他輕輕握了握我的手，隨後靜靜地沉入一種奇異而安詳的狀態，彷彿徘徊在此世與彼世之間。然後，一切歸於寂靜。

終章

「憂傷追不上疾馳得夠快的騎士」，老羅斯福在痛失愛妻與母親後寫下這句話，便啟程前往達科他（Dakotas）的牧場，以日復一日的勞動來填滿生活。我也試圖在迪克去世後的幾個月裡，透過不停奔波來逃離悲傷。我全身心投入巡迴演講，宣傳我的新書《危機領導》，以幾近瘋狂的速度從一座城市趕往另一座城市。忙碌的日子讓我幾乎沒有時間哀悼，身心的疲憊終於讓我能夠入睡。

高中二年級時，母親去世，我的反應與這次幾乎如出一轍。我拚命投入學業與課外活動，極少談論自己的感受，也不願接受他人的憐憫。然而，十五歲時這種方法未能奏效，七十五歲時也同樣無濟於事。

169 譯註：在愛爾蘭，葬禮前的「守靈儀式」是親友團聚，分享逝者生前故事的時刻。儀式上，人們不哀傷，反而歡樂地喝酒、玩遊戲、唱歌、交流，以此與逝者溫馨道別。

巡迴演講結束，我回到康科德，卻陷入更深的孤獨之中。無論身處何處，我都感受到迪克的缺席：清晨醒來時、走到門口取報紙再把報紙攤在廚房桌上時，開車前往市中心吃晚餐時，那份空蕩始終揮之不去。

每天清晨五點半早起的日常再也沒有意義。我晨間工作的地方，在我們共用的工作區裡特地布置的舒適角落，藍色沙發、矮桌、地毯與壁爐，曾經是我安頓心靈的一隅。但當我再也無法期待，迪克出現在樓梯口，像隻愛鬧騰的公雞般高聲宣告天亮與早餐時間時，這個空間再也無法給予我任何慰藉。

走過滿是書籍的長廊，每一步都喚起與迪克的回憶。我走進曾是大型車庫的房間，當年我們將汽車停放到車道上，把這裡改造成一座正式的閱覽室——整面牆都是書架，還有一座觀測閣，靈感來自於迪克崇敬的伽利略，他還曾為這位科學家寫過一齣戲。甚至連餐廳、臥室與健身房，都擺滿了我們多年來精心打造並填滿的書架。而牆上掛著迪克在白宮時期與甘迺迪和詹森的合影，還有家庭聚會的照片，以及我們帶著孩子旅行時的點滴。

某一天晚上，一位康科德的老朋友試圖安慰我，迪克活到了八十六歲，擁有豐富而充實的一生。我明白，八十六歲的生命並不算短暫，但這句話卻帶不來絲毫安慰。無論是八十六歲、六十六歲，還是一百零六歲，結果都沒有區別——迪克已經不在了。

我的孩子與孫輩們圍繞在我身旁，爭吵聲、歡笑聲讓家裡重新充滿活力，能夠聚在一起，的確讓人感到溫暖。然而，獨自留在這個沒有迪克的房子裡，依舊讓我無法忍受。最終，我決定將房子出售，搬到波士頓市中心的一間公寓。

當年母親去世後，父親也做出了類似的決定，決定搬離我們的家。那時的我心碎不已，因為從未住過別處。我的自我認同、所有與母親相關的記憶，都紮根於那棟房子、那條街道、那個社區。我害怕，一旦搬走，關於母親的回憶會逐漸消逝。然而，父親試圖向我解釋他不得不離開的原因——因為他再也無法在早餐房用餐，那裡曾是他與母親每天清晨迎接嶄新一天的地方；因為他再也無法在臥室入睡，母親的心跳正是在那張床上戛然而止的。當時的我無法理解，如今，我終於懂了。

康科德的房子幾乎一上市就找到買主，緊接著，痛苦的「斷捨離」過程開始了。首要的難題便是挑選哪些書籍帶走。即便我位於市中心的三房公寓，每一面可用的牆上都擠滿書架，也只夠容納數千本。至於剩下的書，原本是個棘手的問題，卻奇蹟般地得到完美解決。康科德公共圖書館來找我，願意接收我無法帶走的書籍。

當時，圖書館正在進行擴建，將童書區遷至新址，把原空間改建成大型藏書區，專門用來放置我與迪克捐贈的書籍。他們還計畫訂製書架，把我們的書納為正式館藏，供民眾永久閱覽。一想到我們的「書樂園」將落腳於圖書館，我便感到無比欣慰。當年我還是個年輕母親時，正是在這座圖書館找到了一處能專心寫作的避風港。

如果迪克能夠親眼見證這個空間成為「古德溫論壇」，該有多好。如今，這裡是充滿活力的社區場域，鎮上的居民與遠道而來的人們齊聚在此，討論公共議題、交流思想。午後，常有高中生們聚在這裡做報告；晚上，則有講座與詩歌朗誦會輪番登場。而在小型講台前方的牆上，以浮雕大寫字母刻著迪克當年為詹森〈我們一定會勝利〉演說所撰寫的字句。

歷史與命運有時會在同一個時間、同一個地點交會，塑造人類爭取自由的不朽轉捩點。列星頓和康科德是如此。一百年前的阿波馬托克斯是如此。如今，塞爾瑪也是如此。

然而，在準備搬往波士頓之際，有一件未竟之事始終沉重地壓在我心頭。迪克遺留的箱子，那些我們在最後歲月裡共同翻閱、整理的歷史。我將這些箱子從迪克在樓上的書房搬下來，放進閱覽室，它們沿著牆邊堆疊，存在感無法忽視。承載情感的事物就這麼擺在眼前，讓我陷入兩難，我尚未準備好處理，只能暫時擱置這份未竟之業。於是我將這些箱子，先存放在波士頓一家安全、具有恆溫恆濕功能的倉儲設施中，它的名字更叫做「堡壘」。

事後證明搬到城市的決定，再正確不過。波士頓離康科德並不算遠，而這座歷史名城是我年輕時的夢想。我新公寓的落地窗外，可見夜晚的芬威球場燈光閃耀；樓下，是波士頓公園與公共花園（Public Garden），再往前望去，則是金色圓頂的州議會大廈與燈塔山。更遠處，依稀能看見查爾斯河蜿蜒地流過劍橋，那是我曾經攻讀研究所與任教的地方。

我在公寓內布置了一間新書房，就像縮小版的康科德小角落，擺放著同樣的藍色沙發、矮桌、檯燈與地毯。隨著時間過去，康科德的回憶不再讓我感到哀傷，反而帶來安慰。不久後，牆上逐漸拼貼出迪克珍藏的照片：詹森將簽署《選舉權法》的鋼筆贈送給他；迪克低身俯在甘迺迪肩上，共同推敲演講稿；還有，他陪同賈姬出席諾貝爾獎晚宴的瞬間。廚房、甚至浴室的牆上，也漸漸掛滿了孩子與孫輩的照片，還有全家前往加拉巴哥群島（Galápagos）、歐洲與非洲旅行時的身影。

然而，未竟的計畫依舊沉甸甸地壓在我心頭，那是迪克生命最後幾年裡的動力與寄託。我深知，若要寫一本關於我們如何探索這些箱子的書，將需要數年閱讀與研究，意味著我要重新回顧我們共同投入這項計畫的日子，也意味著，我必須再一次直面迪克的病痛與離世。

儘管內心仍有顧慮，我卻發現自己愈來愈渴望完成這個計畫。每天的新聞標題不斷提醒我，黑人與白人、舊世代與新世代、富人與窮人之間的分歧正日益加深。這些裂痕證明，六〇年代所激發的重大議題，至今仍未解決，依舊滲透在我們的日常生活之中。迪克曾將他的箱子視為一個時代的「時空膠囊」，裝載著來自過去的訊息，等待某個適當的時機被開啟與傳遞。我開始思索，也許那個時機，已經到了。

一九六四年，詹森簽署《民權法案》時，深知這項法律的推行將引發巨大動盪，並警告嚴峻的「試煉時刻」到來。如今，我們顯然正處於另一個嚴峻的「試煉時刻」。我始終堅信，歷史研究在這樣的關頭無比重要，它能提供視角，發出警示，指引方向，甚至帶來慰藉。然而，在我們最需要歷史啟示的關頭，歷史本身卻遭受攻擊，就連其在學校課程中的重要地位也受到質疑。

林肯二十八歲時，曾在春田市青年文學會（Young Men's Lyceum）發表演說，強烈主張必須講述美國革命的故事。當時，他對國家的氛圍深感不安——激情正在取代理性，暴民行動蔑視法律。他警告說，在如此動盪的時代，獨裁者可能會崛起。他擔憂，自美國獨立革命與憲法批准以來，已過去了約六十年，那段「活生生的歷史」，那曾經滲透於每個家庭、觸動人心的經歷，正隨著開國一代的凋零而漸漸淡去。為了喚起人們對美國民主的共同情感，他主張，必須不斷訴說、閱讀與傳頌美國革命與建國的歷程。

林肯的話在我心中激起強烈的共鳴。我意識到，正如當年他所擔憂的，美國革命的「活歷史」隨著開國一代的凋零而淡去；如今，距離六〇年代的變革與動盪已過去將近六十年，那些記憶開始模糊，被遺忘，甚至扭曲。我與迪克的計畫，也許能為這段歷史注入我們的聲音，將親歷者與見證人的回憶交織在一起，重現那個時代的「活歷史」。透過這樣的重構，我們可以重新審視：當年抓住了哪些機會，犯下了哪些錯誤，又錯過了哪些可能性，並試圖從中尋找指引，為這個破碎的時代帶來一絲光亮。太多時候，人們對六〇年代的記憶被刺殺、暴力與社會動盪所掩蓋，而忽略了那個時代最耀眼的啟示，那團燃起社會正義與包容願景的理想主義之光。

我開始重新翻閱這些年來的對話筆記、迪克的日記，以及他寫給大學好友喬治和父母的信。在那些信件裡，他訴說著自己在法學院感到窒息，最終決定逃離，投身軍旅。我的思緒在腦海中翻騰，浮現的既有「新邊疆」與「偉大社會」未竟的承諾，也有我們未完成的愛情故事。終於，我明白自己不只是準備好了，更迫不及待地想兌現我對迪克的承諾。往後的歲月，我將得以沉浸在迪克留下的記憶光影裡，並在我們最後的共同作品中，尋得治癒與寄託。

清晨五點半，我早早醒來，在藍色沙發上坐定，決定從我初見迪克的那一天寫起。那時，我正在教授美國歷史與政府課程，同時撰寫一本關於詹森的書。我的人生穩定而有條理。我尚未滿三十歲，日子過得順遂。就在我推開位於奧本山街那棟黃色房子的門、準備進入我的辦公室時，我得知——理查·古德溫就在三樓租下一間辦公室……

寫於康科德

也寫於波士頓，麻薩諸塞州

致謝

寫下這段致謝的同時，我驚覺今天要感謝的許多人，其實過去幾十年來我已不知感謝過多少次。但這群長年共事的夥伴，始終帶給我源源不絕的靈感與動力。

我要從范德葛里夫特（Linda Vandegrift）開始說起，她是我的研究助理，我們在工作中相知，在友情中相伴，走過了四十五年時光。她對歷史的熱情、卓越的智慧與深厚的研究能力，讓她成為一位令人讚嘆的夥伴。

四十多年來，賽門舒斯特（Simon & Schuster）一直是我出版的家。這本書的每個階段，都有與我合作過三、四本書的老同事參與其中。我尤其感謝克赫拉迪（Irene Kheradi）、希利（Lisa Healy）、曼德斯（Maria Mendez）與穆荷蘭（Amanda Mulholland），在最後衝刺的這幾個瘋狂月分裡，她們在高壓之下依然從容優雅地陪我完成這本書。我感謝肖（Jackie Seow）為這本書設計的精美封面——這已是她為我設計的第四本封面了；也感謝迪波里托（Paul Dippolito）為本書設計出優雅有質感的版面。還有校對編輯蔡斯（Fred Chase），說也奇妙，他竟能讓這個本該枯燥乏味的過程變得輕鬆，甚至頗有樂趣。再次感謝普洛瑟（Julia Prosser）與貝德福（Stephen Bedford）再度展現無與倫比的才華，讓這本書得以順利送到讀者手中。我也很幸運能找到伊頓（Bryan Eaton），他為書封上的黑白照片進行巧妙的上色處理，讓整體設計更添神采。

能與我的出版人兼編輯卡普（Jonathan Karp）密切合作，是一件格外令人愉快的事。正是他的構想，讓我想講述的故事得以融合歷史、傳記與回憶錄三種元素。我們每一次清晨的對話，都讓我思路清明、精神振奮，他總能帶來深刻的見解、精闢的評論與創意，引導我在時序交錯中推進敘事。他始終是這段旅程中不可或缺的存在。

厄本（Amanda Urban）是我近三十年來的文學經紀人，從我寫作生涯的起點到如今，她始終給予支持與鼓勵。而她對這本書——我寫過最貼近個人生命的作品——所提出的判斷與建議，更是至關重要。

我也要感謝艾達・羅斯柴爾德（Ida Rothschild），她是我的第一位讀者，在任何人看到書稿之前就先讀了初稿章節，細讀了全書每一個字。她逐段逐頁幫我打磨文字、刪繁就簡，潤飾與修正，展現出極為專注與高超的能力，這樣的才華實屬難得。

隨著這本書逐步成形，我開始尋找來自我這一代的聲音。許多我訪談的人，如今已年過七旬甚至八旬，他們對六〇年代仍記憶鮮明，並慷慨地與我分享這些回憶。有些是多年老友，也有些是在寫作過程中認識、而我希望能替他們寫下故事的人。與他們交談的過程，在我心中建構起一個全新的社群，成為這趟寫作旅程中最令我欣喜的一部分。

在回憶大學、研究所時期，以及我與迪克早年相處的歲月時，感謝許多人的幫助。我摯愛的姐姐珍（Jeanne Kearns），以及我在科爾比學院的好友菲利普絲、戈登、特納（Judy Turner Jones）、史蒂文斯（Betsy Stevens Palmer）；哈佛的好友桑迪（Sanford Levinson）與古雷維奇（Peter Gourevitch）；還有我的老朋友兼婚禮籌辦人湯米．克拉克（Tommy Clark），都給了我許多回憶上的提醒與鼓勵。感謝柏克斯利與我分享她在《哈佛法律評論》時的經歷；也感謝琳達．史密斯協助我書寫海岸巡防隊種族融合的故事。與艾倫、朱迪．格斯金與約瑟夫森之間的多次對話與通信，讓我能捕捉和平工作團初創那段令人興奮的時光。為了更細緻描繪迪克在白宮的經歷，我參考了與莫耶斯、康布盧與吉莉安．索倫森（Gillian Sorensen）的訪談。至於羅伯特．甘迺迪前往開普敦之行，瑪格麗特．馬歇爾的回憶彌足珍貴，此外，瑪麗露易絲．奧茲與傑佛瑞．柯萬（Geoffrey Cowan）關於麥卡錫競選與一九六八年民主黨全國代表大會的回憶，也提供了重要補充。至於我自己在白宮工作的那段時光，我也深深感謝提姆．沃思、坦普爾（Larry Temple）、湯姆．詹森、瓊斯（Jim Jones）、杜根（Ervin Duggan）與露西．詹森（Luci Johnson）與我談話，慷慨分享。

我對迪克心臟病與癌症病程的理解，有賴於幾位主治醫師的耐心解說，特別感謝：拉賓諾維茲醫師（Dr. Burton Rabinowitz）、麥克斯威爾醫師（Dr. Alice Maxwell）、馬嘉莉特醫師（Dr. Danielle Margalit），以及漢納醫師（Dr. Glenn Hanna）。在那段艱難時期，我永遠感念科爾比、布蘭克斯坦（Andy Blankstein）、凱西與德魯．邁耶（Kathy and Drew Meyer）、艾許（Jeri Asher）與克雷格．謝潑德（Craig Shepard）給予我們的溫暖支持。感謝巴尼克（Mike Barnicle）、費紐肯（Anne Finucane）、霍爾（Edward Hall）、蘭維克（Issy van Randwyck）與鮑爾（Samantha Power）願意與我分享他們對迪克臨終時光的珍貴回憶。

如同我歷來的每一本作品，這本書也要感謝無數圖書館人員的熱情投入。在詹森總統圖書館暨博物館，我特別感謝傑伊．古德溫（Jay Godwin）與班克斯（Chris Banks），他們對照片資料庫瞭若指掌，提供極大協助。我也感謝整個影音典藏團隊，以及詹森基金會主席阿普迪格羅夫（Mark Updegrove）的支持。此外，我也感謝維吉尼亞大學米勒中心總統錄音典藏計畫的賽佛斯通（Marc Selverstone）、科爾比學院的梅里克（James Merrick）、甘迺迪總統圖書館暨博物館的普洛特金（Stephen Plotkin）與希爾（James B. Hill），以及哈佛大學圖書館的杭特（Virginia Hunt）與懷特黑德（Martha Whitehead）。

位於德州大學奧斯汀分校的多爾夫布里斯科美國歷史中心（Dolph Briscoe Center），成為收藏我與迪克檔案的理想所在。在校監米利肯（James B. Milliken）與校長哈策爾（Jay Hartzell）的促成下，那些承載本書主要素材的資料箱，如今已納入該中心豐富的館藏，與探討六〇年代、民權運動、文化史與新聞媒體的珍貴史料並列保存。誠摯感謝卡爾頓（Don Carleton）、珀迪（Erin Purdy）、艾芙拉（Lisa Avra）、桑納（Sarah Sonner）、馬姆羅斯（Stephanie Malmros）與米德（Carol Mead），以及整個布里斯科中心團隊，他們不僅給予我堅實的友情，也讓我在迪克的文件運抵德州後，能持續查閱完成本書所需的資料。

我也要感謝康科德公共圖書館。在我從康科德搬到波士頓公寓、面對迪克離世後所留下的成千上萬冊藏書時，他們為這批書找到了最妥善的歸處。我特別感謝博因頓（John Boynton）、李特瓦克（Sherry Litwack）、沃斯（Anke Voss）與甘南（Sophia Ghannam），在我撰寫這間別具意義的閱覽室時，他們提供了所有資料——如今，這個以我與迪克命名的空間，收藏著我們一生珍藏的書籍。

在波士頓的奎茵（The 'Quin）聚會空間，我每周都會與五位女性朋友相聚——坎皮恩（Heather Campion）、艾布拉姆森（Jill Abramson）、華許（Kate Walsh）、斯普林（Micho Spring）和邁爾斯（Beth Myers）——我們之間也培養出特別的友誼。我們邊吃晚餐、邊喝點酒，聊生活中的大小事、當代的各種議題，也不時談起這本書在過去兩年緩慢而穩定的進展。每次聚會的第一個問題，幾乎總是：「現在寫到第幾章了？還在第五章？還是開始第六章了？」

我們還曾為了書名爭論了好幾周。對我來說，周二晚上的聚會，早已是這段寫作旅程的一部分。

至於拉斯基（Beth Laski），我實在無法想像生命中沒有她的日子。每天早上第一通電話是打給她，晚上最後交談的對象也是她。她是我最珍貴的朋友與夥伴——無論是在創意發想、情感支持，或日常工作中每一項細節，從書籍、演講，到電視節目與電影企畫，她始終是我的依靠。這本書，不論是整體架構還是細節安排，都能看見她傾注的心力。在我認識的人當中，沒有人像她那樣能同時應付無數任務，還總能面面俱到。她的活力、才智與敬業精神，使一切成為可能。她是我生命中最堅實的支柱，我「一人內閣」的唯一成員。

感謝我的家人——理查（Richard）、麥可（Michael）、瑪德琳（Madelyn）、喬（Joe）與維羅妮卡（Veronika）——是你們無條件的愛，讓我在迪克過世後，慢慢重新找回人生的重心。至於孫子，薇拉（Willa）、莉娜（Lena）、亞歷山大（Alexander，「沙夏」）與盧卡斯（Lucas），你們讓我重新對未來懷抱希望與信心。

最後，也最重要的，是本書獻給的對象——麥可．羅斯柴爾德。在寫作過程中，麥可與溫蒂．弗萊明（Wendy Slaughter Fleming）經常與我和迪克一起開會討論。麥可認識迪克的時間比我還早，也比任何人更能喚起他的記憶。那段日子裡，我最珍貴的回憶之一，就是結束一整天工作後，我們圍坐在一起，享用干貝濃湯、龍蝦與美酒的歡樂時光。迪克過世之後，麥可依然陪我走完這段寫作旅程。若沒有他，這本書將無法完成。

參考書目

1 Beschloss, Michael. *Reaching for Glory: Lyndon Johnson's Secret White House Tapes, 1964–1965* New York: Simon & Schuster, 2001

2 Branch, Taylor. *At Canaan's Edge: America in the King Years, 1965–68* New York: Simon & Schuster, 2006

3 ———. *Pillar of Fire: America in the King Years*, 1963–65 New York: Simon & Schuster, 1999

4 Bryant, Nick. *The Bystander: John F. Kennedy and the Struggle for Black Equality*. New York: Basic Books, 2006

5 Busby, Horace. *The Thirty-first of March: An Intimate Portrait of Lyndon Johnson's Final Days in Office*.

6 New York: Farrar, Straus & Giroux, 2005

7 Califano, Joseph. *The Triumph and Tragedy of Lyndon Johnson*. New York: Simon & Schuster, 1991 Caro, Robert. *The Years of Lyndon Johnson: The Passage of Power.* New York: Vintage, 2013

8 Carson, Clayborne, ed. The Autobiography of Martin Luther King, Jr. New York: Hachette, 1998

9 Carter, David C. *The Music Has Gone Out of the Movement: Civil Rights and the Johnson Administration*, 1965–1968 Chapel Hill: University of North Carolina Press, 2009

10 Chester, Lewis, Godfrey Hodgson, and Bruce Page. *An American Melodrama: The Presidential Campaign of 1968 New York*: Viking, 1969

11 Cowger, Thomas W., and Sherman J. Markman, eds. *Lyndon Johnson Remembered: An Intimate Portrait of a Presidency. Lanham*, MD: Rowman & Littlefield, 2003

12 Dallek, Robert. *Flawed Giant: Lyndon Johnson and His Times*, 1961–1973 New York: Oxford University Press, 1998

13 Eig, Jonathan. *King: A Life. New York: Farra*r, Straus & Giroux, 2022

14 Esposito, Joseph. *Dinner in Camelot: The Night America's Greatest Scientists, Writers and Scholars Partied at the Kennedy White House. Lebanon*, NH: ForeEdge/University Press of New England, 2018

15 Evans, Rowland, and Robert Novak. Lyndon B. Johnson: The Exercise of Power. New York: Signet, 1968 Gardner, Lloyd C. Pay Any Price: Lyndon Johnson and the Wars for Vietnam. Chicago: Ivan R. Dee, 1997 Geyelin, Philip. Lyndon Baines Johnson and the World. New York: F. A. Praeger, 1966

16 Goldman, Eric F. *The Crucial Decade—and After, America: 1945–60 New York*: Random House, 1961

17 ———. *The Tragedy of Lyndon Johnson*. New York: Knopf, 1969

18 Goodwin, Doris Kearns. *The Fitzgeralds and the Kennedys*. New York: St. Martin's, 1987

19 ———. *Leadership: In Turbulent Times*. New York: Simon & Schuster, 2018

20 ———. *Lyndon Johnson and the American Dream*. New York: Harper & Row, 1976

21 ———. *Team of Rivals: The Political Genuis of Abraham Lincoln*. New York: Simon & Schuster, 2005 Goodwin, Richard N. Remembering America: A Voice from the Sixties. New York: Little, Brown, 1988 Guthman, Edwin, and C. Richard Allen, eds. *RFK: His Words for Our Time*. New York: William Morrow, 2018

22 Hersh, Seymour. Reporter: A Memoir. New York: Vintage, 2018

23 Johnson, Lady Bird. *A White House Diary*. Austin: University of Texas Press, 1970

24 Johnson, Lyndon Baines. *The Presidential Recordings: Lyndon Baines Johnson*. 7 vols. New York: W. W. Norton, 2005

25 ———. *Public Papers of the Presidents of the United States*. Washington, D.C.: Government Printing Office, 1963–1970

26 ———. *The Vantage Point*. New York: Holt, Rinehart & Winston, 1971

27 Kennedy, Jacqueline. *Jacqueline Kennedy: Historic Conversations on Life with John F. Kennedy*. New York: Hyperion, 2011

28 Kennedy, Robert. *His Words for Our Times*. New York: Harper Collins, 2008

29 King, Martin Luther, Jr. *Witnessing for the Truth*. Boston: Beacon Press, 2014

30 Kotz, Nick. *Judgment Days: Lyndon Baines Johnson, Martin Luther King*, Jr., and the Laws That Changed America. New York: Houghton Mifflin, 2005

31 Larner, Jeremy. *Nobody Knows: Reflections on the McCarthy Campaign of 1968* New York: Macmillan, 1970

32 Leaming, Barbara. *Jacqueline Bouvier Kennedy Onassis*. New York: St. Martin' s, 2014

33 Leonard, Richard D. *Call to Selma: Eighteen Days of Witness*. Boston: Skinner House Books, 2002 Mailer, Norman. Some Honorable Men. Boston: Little, Brown, 1976

34 Manchester, William. *Controversy: And Other Essays in Journalism*, 1950–1975

Boston: Little, Brown, 1976
35 ———. *The Death of a President*. New York: Little, Brown, 1967
36 Mann, Robert. *The Walls of Jericho: Lyndon Johnson, Hubert Humphrey*, Richard Russell, and the Struggle for Civil Rights. New York: Harcourt Brace, 1996
37 McCarthy, Abigail. *Private Places, Public Places*. New York: Doubleday, 1972 Miller, Merle. *Lyndon: An Oral Autobiography*. New York: Putnam, 1980
38 Newfield, Jack. *Robert Kennedy: A Memoir*. New York: E. P. Dutton, 1969
39 O'Donnell, Lawrence. *Playing with Fire: The 1968 Election and the Transformation of American Politics*.
40 New York: Penguin, 2018
41 Oliphant, Thomas, and Curtis Wilkie. *The Road to Camelot: Inside JFK's Five-Year Campaign*. New York: Simon & Schuster, 2017
42 Risen, Clay. *A Nation on Fire: America in the Wake of the King Assassination*. New York: Wiley, 2009
43 Sandburg, Carl. *Abraham Lincoln: The War Years*, Vol. 6 New York: Charles Scribner's Sons, 1943 Schlesinger, Arthur M., Jr. *Journals*, 1952–2000 New York: Penguin, 2008
44 ———. *Robert Kennedy and His Times*. New York: Houghton Miffiin, 1978
45 ———. *A Thousand Days: John F. Kennedy in the White House*. Boston: Houghton Miffiin, 1965
46 Shesol, Jeff. *Mutual Contempt: Lyndon Johnson*, Robert Kennedy, and the Feud That Defined a Decade.
47 New York: W. W. Norton, 1997
48 Sidey, Hugh. *A Very Personal Presidency*. New York: Atheneum, 1968 Snyder, Brad. *Democratic Justice*. New York: W. W. Norton, 2022
49 Sorensen, Theodore M. *Counselor: A Life at the Edge of History*. New York: HarperCollins e-book, 2008
50 ———. *Kennedy*. New York: HarperCollins e-book, 1965
51 Stossel, Scott. *Sarge: The Life and Times of Sargent Shriver*. Washington, D.C.: Smithsonian Books, 2004 Styron, Rose, ed. Selected Letters of William Styron. New York: Random House, 2012
52 Sweig, Julia. *Lady Bird Johnson: Hiding in Plain Sight*. New York: Random House, 2021 Thomas, Evan. *Robert Kennedy: His Life*. New York: Simon & Schuster, 2000
53 Updegrove, Mark K. *Incomparable Grace: JFK in the Presidency*. New York: Dutton, 2022
54 ———. *Indomitable Will: LBJ in the Presidency*. New York: Crown, 2012 Valenti, Jack. *A Very Human President*. New York: W. W. Norton, 1975
55 vanden Heuvel, William, and Milton Gwirtzman. *On His Own: RFK 1964–68 New York*: Doubleday, 1970
56 White, Theodore H. *The Making of the President 1960 New York*: Harper Perennial, 1961
57 ———. *The Making of the President 1964 New York*: Harper Perennial Political Classics, 2010
58 ———. *The Making of the President 1968 New York*: HarperCollins e-book, 2010 Wills, Garry. *Nixon Agonistes. New York*: New American Library, 1969
59 Wilson, Douglas L., and Rodney O. Davis, eds. *Herndon's Informants: Letters, Interviews, and Statements About Abraham Lincoln*. Urbana and Chicago: University of Illinois Press, 1998
60 Witcover, Jules. *85 Days: The Last Campaign of Robert Kennedy*. New York: Putnam, 1969
61 Wofford, Harris. *Of Kennedys and Kings: Making Sense of the Sixties. Pittsburgh*: University of Pittsburgh Press, 1980

註釋中使用的縮寫

DKG：桃莉絲・基恩斯・古德溫（Doris Kearns Goodwin）

DKG/LBJ：《詹森與美國夢》（Lyndon Johnson and the American Dream〔LJAD〕）

JBK：賈桂琳・甘迺迪（Jacqueline Bouvier Kennedy）

JFK：約翰・甘迺迪（John Fitzgerald Kennedy）

JFKL：甘迺迪圖書館（John F. Kennedy Library）

LBJ：林登・詹森（Lyndon Baines Johnson）

LBJL：詹森圖書館（Lyndon Baines Johnson Library）

LBJOH：詹森圖書館口述歷史（LBJ Library Oral History）

LBJ, *VP*：林登・詹森著，《總統觀點》（*The Vantage Point*），Holt, Rinehart & Winston出版，一九七一年

LJAD：桃莉絲・基恩斯・古德溫著，《詹森與美國夢》（Lyndon Johnson and the American Dream），Harper & Row出版，一九七六年

LTT：桃莉絲・基恩斯・古德溫著，《危機領導：在體現品格與價值的時代》（Leadership: In Turbulent Times），Simon & Schuster出版，二〇一八年

PDD：詹森總統日誌（Presidential Daily Diary, LBJL）

PPP：林登・詹森，美國總統公開文件（Public Papers of the President of the United States），美國政府出版局，一九六三年至 一九七〇年

PRLBJ：詹森總統錄音（The Presidential Recordings: Lyndon Baines Johnson. 7 vols），W. W. Norton出版，二〇〇五年

RFK：羅伯特・甘迺迪（Robert Francis Kennedy）

RNG：理查・古德溫（Richard N. Goodwin）

RNG Papers, DBC, UT：理查・古德溫資料集（Richard N. Goodwin Papers），藏於多爾夫・布里斯科美國歷史中心（Dolph Briscoe Center for American History, University of Texas at Austin）

RNG, RA：理查・古德溫著，《重溫美國：六〇年代的聲音》（Remembering America: A Voice from the Sixties），Little, Brown出版，一九八八年

註釋

關於資料來源的說明：

我和迪克在他保存了超過半世紀的數百箱資料中探險，這旅程若沒有我們先前的研究與寫作作為基礎，根本無法成行。

我們各自撰寫的書籍與文章提供了初步架構。其中最有助益的，是迪克的《重溫美國：六〇年代的聲音》，以及我所寫的《詹森與美國夢》與《危機領導：在體現品格與價值的時代》。我們時常共同閱讀其中的篇章，藉此喚醒記憶。

之後的新興學術成果，讓我們對箱中資料的理解更加深入和全面。而能夠重看當年重要演講的影像，以及聆聽詹森總統的電話錄音，也改變了我們對某些人物與事件的原有印象。此後，我訪談了許多見證與參與那個年代關鍵時刻的人們。這些對話帶來豐富細節、更深入的詮釋，以及嶄新的觀點，讓本書的敘事更為立體。

序章

1 「紐約的時尚風格……充滿歡樂與友情」：《波士頓環球報》（*Boston Globe*）December 25, 1975 ），1975年12月25日

第一章　成長的模樣

1 「一隻令人驚嘆的公鹿」：LTT, p. 160

2 「一九五二年九月二十日」：所有迪克寫給古莫的信件均保存於布里斯科美國歷史中心的理查古德溫資料集中，以下均稱RNG Papers, DBC, UT.

3 「一九五三年六月」：RNG Papers,DBC, UT.

4 「早安。又是星期天」：所有迪克寫給父母的信件均屬作者所有

5 「美國大兵都將『紛湧而至』，懇求這對『法律超人』幫忙解決麻煩。」：吉姆．安德森（ Jim Anderson），「美國大兵紛湧向一等兵律師事務所」（GIs Flock to Pfc ‘Law），剪報為作者所有

6 「為了姐妹會的全體利益」：引自菲爾．普里馬克（Phil Primack），《打開大門》（*Opening Doors*），《塔夫茲雜誌》（*Tufts Magazine*），2006年春季號

7 「我們接受究責，也已經給予他們充分表達意見的機會。」：引自康拉德．克拉克，《巴爾的摩非裔美國人》，一九五六年十月二日

8 「涉及不可容忍的歧視行為」：菲爾．普里馬克（Phil Primack），《打開大門》（*Opening Doors*）

9 「大學生……必須起到帶頭作用。」：《塔夫茲大學百年年鑑》（100 Years of Tufts Yearbooks），https/sites.edu.tuftsyearbooks，1956年

10 《淑女儀態指南》（*Manners for Milady*），由菲利普絲（Marcia Phillips）寄贈。

11 「首位猶太裔成員」：作者與戈登（Barbara Gordon）進行的訪談

12 「三連德爾塔總會特地派了兩名……女士」：作者與菲利普絲進行的訪談

13 「你們為什麼要占據本應屬於男性的位置？」：華勒斯（Gregory Wallance），〈金斯伯格大法官的一生建立於品格之上〉（*Justice Ginsburg's Life Was Based on Character*），《國會山莊報》（*The Hill*），2020年9月20日

14 「哈佛沒有女生宿舍」：南西．柏克斯利（Nancy Boxley Tepper），〈哈佛律師的教育〉（*The Education of a Harvard Lawyer*），〈哈佛雜誌〉（*Harvard Magazine*），2021年1-2月號

15 「這幫我實現了……猶太外科醫生。」：作者對柏克斯利的訪談

16 「並不是因為我們介意……客戶可能會在意。」：同上

17 「年輕人……生理法則是不可違抗的。」：RNG, RA, p. 26

18 「連續十四個周三晚上」：(楷)關於益智遊戲的醜聞，《益智遊戲資料集錦》（*Quiz Show Scrapbook*），RNG Papers, DBC, UT.

19 「九頁備忘錄」：迪克寫給委員會首席法律顧問利什曼（Robert Lishman），一九五九年七月二十四日，RNG Papers, DBC, UT.

20 「我對這場全國矚目大戲中……」：迪克的筆記，RNG Papers, DBC, UT.

21 「我們其實不需要他的證詞，」：RNG, *RA*, pp. 26, 56

22 「多麼非凡的一晚，我當永遠銘記。」：同上，pp. 57–58

23 「我願付出一切，讓過去三年的人生軌跡重新來過」：(楷)范多倫（ Van Doren）證詞，《歷史事件》，一九五九年十一月二日，http://historymatters.gmu.edu/d/6566/

24 「豐厚報酬」：雷．塔克（Ray Tucker），〈以秘密換取個人利益〉（*Secrecy for Personal Profit*），《漢彌爾頓日報》（*Hamilton Daily News Journal* (Ohio)），1959年11月24日

25 「任何他掌握的資訊」：《益智遊戲資料集錦》，RNG Papers, DBC, UT.

26 「《華盛頓郵報》（Washington Post）數天後」：同上

27「有些痛苦就像胃炎」：RNG, *RA*, p. 64
28「我們對你……感到無比驕傲。」：迪克母親貝兒（Belle）寫給迪克的信
29「詐欺真相的揭露令他」：艾森豪（Eisenhower）的話引自艾瑞克・高德曼，《關鍵十年，之後：美國1945-60》（*Eric F. Goldman, The Crucial Decade—and After, America: 1945–60*），蘭登書屋出版，1961年，p. 326
30「迪克回憶道，『關鍵在於，』」：RNG, *RA*, p. 63
31「所有已逝文明的廢墟上，」：迪克的講稿處女作, RNG Papers, DBC, UT.
32「一個人不僅僅是作為個體而活……」：引自DKG，《無敵》（*Team of Rivals: The Political Genius of Abraham Lincoln*），2005年, p. 159

第二章　「沒有前途」

1「第二輪投票中場」：Des Moines Register, August 18, 1956; New York Daily News, August 18, 1956
2「接下來的發展讓我感到不合理」：New York Times, August 18, 1956
3「英明之舉」：William Edwards, "Accounting of VP Nomination," Chicago Daily Tribune, August 18, 1956
4「實在是只有白癡政客才會幹出的蠢到爆的事」：DKG/LBJ, in Doris Kearns Goodwin, The Fitzgeralds and the Kennedys (New York: St. Martin's, 1987), p. 783
5「乳臭未乾的毛頭小子，弱不禁風，一副有病的樣子」：Ibid., p. 780
6「甘迺迪在該死的電視螢幕上太好看了。」：Ibid., p. 780
7「我聽說你接下來打算到法蘭克福特那邊工作，」：RNG, *RA*, p. 25
8「迪克的描述讓我聯想到，老羅斯福」：*LTT*, p. 155
9「好好修理一下老艾克」：RNG, *RA*, p. 72
10 這篇演講稿的預發版本：RNG, RNG Papers, DBC, UT.
11「六〇年代將充滿挑戰與革命性」：Ibid.
12「收斂了力道」：David Kraslow, *Fort Worth Star Telegram, January 15*, 1960
13「如果我能名留青史」：January 14, 1960, JFK, The Presidency in 1960, National Press Club, Washington, D.C. Online by Peters and Woolley, The American Presidency Project, http//www.Presidency.ucsb/edu/node/274560
14「任何有志於獲得民主黨這項重要提名的候選人」：January 2, 1960, Remarks of Sen. Kennedy announcing: Ibid.
15「我們承諾通過水資源控制法案」：Memo to Senator JFK from RNG, list of promises, no date, RNG Papers, DBC, UT.
16「與朋友希利（Robert Healy）進行的採訪錄音」：*Boston Globe*, April 26, 1983, describes JFK's speaking style; in author's possession.
17「並不是一位『成熟的演講者』」：Ibid.
18「白修德在威斯康辛初選期間」：Theodore H. White, *The Making of the President 1960* (New York: Harper Perennial, 1961), pp. 83–86
19「我是總統候選人甘迺迪」：Robert Healy, *Boston Globe*, March 20, 1960
20「喔！新年快樂。」：Ibid.
21「極其孤單落寞的年輕人」：White, *The Making of the President 1960*, pp. 83–84
22「一群老年人圍在一起討論」：Author interview with Ellen Anich Simon.
23「我媽媽也要生小寶寶了」：*Ashland Daily Press*, June 2, 2016
24「亞什蘭史上最偉大的一天」：ulie Buckles, "When JFK Came to Town," *Lake Superior Magazine*, September 18, 2013
25「對我們小鎮來說，是莫大的榮幸」：Author interview with Beverley Anich.
26「美國總統來到了我們的家鄉。」：Transcript provided by Edward Monroe.
27「僅僅十分鐘的演講，他發出了鏗鏘有力的呼籲」：*Oshkosh Northwestern* (Wisconsin), September 25, 1963
28「他握住我的手」：Buckles, *Lake Superior Magazine*, September 18, 2013
29「我當時腦子一片空白，」：Ibid.
30「一九六三年，亞什蘭是一個毫無希望的地方，」：Author interview with Edward Monroe.
31「超級基金」：*Milwaukee Journal Sentine*l, May 26, 2017
32「港口現在狀況良好」：Author interview with Edward Monroe.
33「我們變得比以前更堅強了」：Ibid.
34「這意味著什麼?」：White, *The Making of the President 1960*, p. 94
35「我生來就是天主教徒」：Thomas Oliphant and Curtis Wilkie, *The Road to Camelot: Inside JFK's Five-Year Campaign* (New York: Simon & Schuster, 2017), p. 201
36「摒棄舊時代口號，幻想和疑慮」：July 15, 1960, John F. Kennedy, Address Accepting the Democratic Nomination for President at the Memorial Coliseum in Los Angeles, California. Online by Peters and Woolley, The American Presidency Project.
37「從甘迺迪獲得提名，到出人意料地選擇詹森」：Oliphant and Wilkie, *The Road to Camelot*, pp. 264–78
38「他還要求幕僚調查，歷任副總統中」：Robert Caro, *The Years of Lyndon Johnson: The Passage of Power* (New York: Vintage, 2012), pp. 113–14

第三章 登上「卡洛琳號」

1 「透過地圖追蹤候選人的行程」：*Globe*, March 6, 1960
2 「卡洛琳號」：Mark Henderson, "The Caroline," http/www.Pinkpillbox.com/index.php/2- uncategorised/153-caroline-the-airplane.
3 「採用了迪克精心準備的講稿」：Draft of Shrine Auditorium speech, RNG Papers, DBC, UT.
4 「超過七千名觀眾擠滿了聖殿劇院」: Walter Ridder, "Kennedy Takes off Wraps on Nixon," *Press Telegram* (Long Beach, California), September 10, 1960
5 「這場室內集會，絕對是他目前為止最成功的一次」：Jack Bell, "Huge Crowd Cheers Jack in LA Speech," *Sheboygan Press* (Wisconsin), September 10, 1960
6 「我們要傑克」：bid.
7 「首先，我想讓大家見一見」：September 9, 1960, John F. Kennedy, Shrine Auditorium, Los Angeles, CA. Online by Peters and Woolley, The American Presidency Project.
8 「新邊疆」：Theodore Sorensen, *Counselor: A Life at the Edge of History* (New York: HarperCollins e-book, 2008), pp. 218–19
9 「如果總統不親身投入爭取平權的戰鬥中」：September 9, 1960, John F. Kennedy, Shrine Auditorium, Los Angeles, CA.
10 「演講很棒，迪克。」：RNG, *RA*, p. 104
11 「(楷)翌日，評論將焦點放在甘迺迪」： Roscoe Drummond, "Finds Kennedy Has Effective, Forceful Style of Campaigning," *Racine Journal Times* (Wisconsin), September 10, 1960
12 共列出八十一項：Memo to Senator JFK from RNG, no date, RNG Papers, DBC, UT.
13 「一筆簽下」："New York Coliseum, New York City, 5 November 1960," Papers of John F. Kennedy, Pre-Presidential Papers, Senate Files, Box 914a, JFKL.
14 「到底是誰加的這句話?」：RNG, *RA*, p. 133
15 為了我們的「辯論之夜」：Sorensen, *Counselor*, pp. 189–90; Theodore M. Sorensen, *Kennedy* (New York: HarperCollins e-book, 1965), p. 198; Myer Feldman, Interview 2, February 27, 1966, John F. Kennedy Oral History Collection, JFKL; RNG, *RA*, pp. 112–15
16 「尼克森百科」：Myer Feldman, Interview 2, February 27, 1966, OH, JFKL; RNG, *RA*, p. 112
17 「為了保護嗓子，他儘量少說話」：RNG, "Debate Tips from JFK," *New York Times*, September 30, 2000
18 「他將寫滿潦草問題的黃頁紙條落在」：RNG, *RA*, p. 114
19 尼克森當天大部分時間都獨自待在：White, *The Making of the President 1960*, p. 285
20 甘迺迪在八分鐘的開場陳述："Kennedy vs. Nixon: Sept. 26, 1960,"*Philadelphia Inquirer*, September 27, 1960
21 甘迺迪運用數據揭示：Harris Wofford, *Of Kennedys and Kings: Making Sense of the Sixties*
22 (Pittsburgh: University of Pittsburgh Press, 1980), p. 62
23 「除非每一位美國人都能享有……」："Kennedy vs. Nixon: Sept. 26, 1960," PBS Newshour, https://www.youtube.com/watch?v=AYP8-oxq8ig.
24 「刺客形象」：White, *The Making of the President 1960*, p. 285
25 直接向鏡頭前的觀眾闡述自己的觀點：Sorensen, *Counselor*, p. 190
26 人群不僅僅是翻倍，而是激增了四倍：*Democrat and Chronicle* (Rochester, New York), September 24, 1960; *Mansfield News Journal* (Ohio), September 28, 1960
27 一九六〇年十月十四日午夜過後：James Tobin, "JFK at the Union: The Unknown Story of the Peace Corps," http://peacecorps.umich.edu/Tobin.html.
28 「東方密西根大學」："President John F. Kennedy's University of Michigan Speech," October 14, 1960, https://www.youtube.com/watch?v=ydTaoZ9JSGk.
29 「抉擇的十字路口」：Television debates: Transcript: Third Debate, JFK-Nixon, October 13, 1960, JFKL.
30 「最長的短講」：Ibid.
31 學生積極響應號召：Tobin, "JFK at the Union: The Unknown Story of the Peace Corps."
32 「若非密西根大學的學生和教職員積極響應，」：Peace Corps Worldwide, "The Birth of the Peace Corps," November 9, 2019, https://peacecorpsworldwide.org/the-birth-of-the-peace-corps/.
33 那個夜晚徹底改變了他們的人生：Author interviews with Alan and Judy Guskin.
34 「整個校園熱鬧非凡，」：Author interview with Alan Guskin.
35 「行動的能量已經匯聚，」：Author interview with Judy Guskin.
36 「那一刻，我腦海中靈光一閃，」：Author interview with Alan Guskin.
37 海登刊登了艾倫和朱迪的投書：Letter to the Editor, *Michigan Daily*, quoted in Noreen Ferris Wolcott, "Without the U of M Students the Peace Corps Might Never Have Been," *Michigan Alumnus* Magazine, March 1981
38 「米莉精力充沛」：Author interview with Alan Guskin.
39 「由才華洋溢，願意就此為國奉獻三年的青年」：November 2, 1960, John F. Kennedy, Speech of Senator John F. Kennedy, Cow Palace, San Francisco, CA. Online by Peters and Woolley, The American Presidency Project.

40 米莉打電話到格斯金夫婦的公寓：Sharon Morioka, "A Challenge to Serve," *Michigan Alumnus Magazine*, Fall 2010

41 「我們在停機坪上等待」：Author interview with Judy Guskin.

42 「我記得他聆聽時的專注神情，」：Ibid.

43 「你認真想要成立和平工作團嗎？」：Tobin, "JFK at the Union: The Unknown Story of the Peace Corps."

44 「童軍團」：Lester Graham, *Kennedy and the Peace Corps: Idealism on the Ground*, https://www.michiganradio.org/politics-government/2020-10-13/kennedy-and-the-peace-corps- idealism-on-the-ground. Transcript of documentary originally aired October 13, 2010

45 「人生最美好的兩年」：Author interview with Judy Guskin.

46 「和平工作團的價值觀影響了我們一生，」：Author interview with Judy and Alan Guskin.

47 找到甘迺迪選前幾周的行程：Presidential Campaigns, The John F. Kennedy 1960 Campaign, Part II: Speeches, Press Conferences, and Debates, microfilm ed., JFKL.

48 「他們決定輪班工作。」：White, *The Making of the President 1960*, pp. 325–26

49 「整場競選中的重大失誤」：James Reston, "There's a Kennedy Feeling in the Air," *Tampa Bay Times*, October 23, 1960

50 「我們必須努力壯大海外流亡……」：October 20, 1960, John F. Kennedy, Statement on Cuba by Senator John F. Kennedy. Online by Peters and Woolley, The American Presidency Project.

51 「為了充實反卡斯楚政策而隨意加入的模糊之辭」：Sorensen, *Kennedy*, p. 205

52 稱其聲明「令人震驚」：Television debates: Transcript: Fourth debate, JFK-Nixon, October 21, 1960, JFKL.

53 「一位有望成為總統的人竟發表如此聲明」："Senator Kennedy and Cuba," *Pittsburgh Press*, October 26, 1960

54 「在發表任何外交聲明前，最好先翻翻他的大學國際關係課本。」："Kennedy Plays with Fire," *Arizona Republic*, October 26, 1960

55 「道義和心理上的支持」：Arthur M. Schlesinger, Jr., *Journals, 1952–2000* (New York: Penguin, 2008), p. 91

56 「如果我贏了這次選舉」：RNG, *RA*, p. 126

57 贏得總統普選：jfklibrary.org/learn/about-jfk/jfk-in-history/campaign-of-1960

58 「在國內政策與計畫上的首席顧問」：Sorensen, *Counselor*, p. 198; RNG, *RA*, p. 139

59 「我聽說你不想進白宮工作，」：RNG, *RA*, p. 139

60 「我告訴他，你能如此出色地……」：RNG, *RA*, p. 71

61 「我感到非常難過」：RNG to Sorensen, 1964, RNG Papers, DBC, UT.

62 「我的朋友們」：Abraham Lincoln, "Farewell Address at Springfield," February 11, 1861, *Collected Works*, Vol. 4, p. 190

63 「我們必須銘記」：Schlesinger memo to RNG, RNG Papers, DBC, UT.

64 儘管那天上午寒風刺骨："Kennedy," *Biddeford Journal* (Maine), January 9, 1961; John Fenton, "Harvard Crowd Cheers Kennedy," *New York Times*, January 10, 1961

65 「心懷舊憶」：W. H. Lawrence, "Kennedy Pledges Rule of Integrity," *New York Times*, January 9, 1961

66 「過去十四年來」：JFK, "The City on a Hill," transcript of radio speech, WBZ Radio, JFKL.

67 甘迺迪在演講草稿上親自註記：Speech draft, RNG Papers, DBC, UT.

68 「伴隨我踏上這趟莊嚴而嶄新的旅程。」："The City on a Hill," transcript.

第四章　雪茄的潘朵拉之盒

1 「在他就職演說中演變為」：JBK to RNG, RNG Papers, DBC, UT.

2 「這就是新邊疆的呼求。」：September 3, 1960, John F. Kennedy, Speech of Senator John F. Kennedy, the Edgewater, Anchorage, AK. Online by Peters and Woolley, The American Presidency Project.

3 這不在於我將為美國人民提供什麼」：July 15, 1960, John F. Kennedy, Address Accepting the Democratic Nomination for President at the Memorial Coliseum in Los Angeles, California. Ibid.

4 「此時此刻，向世界宣告，不論敵友……」：January 20, 1961, John F. Kennedy, Inaugural Address. Online by Gerhard Peters and John T. Woolley, The American Presidency Project, https://www.presidency.ucsb.edu/node/234470

5 整場遊行共有四十一輛花車：St. Louis Post-Dispatch, January 21, 1961

6 「這怎麼行，必須想辦法解決。」：RNG, RA, p. 5

7 「學院不會因種族、信仰或膚色而給予差別待遇」：Memo to RNG from Theodore L. Elliot, Jr., Special Assistant to the Secretary, January 25, 1961, RNG Papers, DBC, UT.

8 備忘錄點燃了這所軍校的星星之火：Fred Dutton to Robert Wallace, October 2, 1961, RNG Papers, DBC, UT.

9 「我們當年懷著忐忑不安踏入這裡」：Erica Moser, The Day, October 1, 2021

10 「就讀法學院期間，」：Daliah Lithwick, Slate, July 21, 2020
11 報紙訃聞細數他傳奇的一生：Erica Moser, The Day, June 22, 2021
12 「梅爾一生都活在放大鏡下，」：Author interview with Dr. Lynda Smith.
13 「我至今仍記得當時看到一位非裔軍官時，」：Erica Moser, The Day, June 22, 2021
14 「指揮官史密斯，因為有您，」：Author interview with Dr. Lynda Smith.
15 「新政府有機會成為美國近百年來」：Martin Luther King, Jr., The Nation, February 4, 1961
16 調查揭露的數據令人震驚：Chester Bowles to JFK, January 1, 1960, RNG Papers, DBC, UT; 15 of 3,674 foreign service officers: Nick Bryant, The Bystander: John F. Kennedy and the Struggle for Black Equality (New York: Basic Books, 2006), p. 213; 10 of 950 Justice Department attorneys: Wofford, Of Kennedys and Kings, p. 141
17 「一群充滿活力的年輕人」：Martin Luther King, Jr., The Nation, March 3, 1962
18 「顧問的職責範圍」：RNG Papers, DBC, UT.
19 「年輕的迪克，古德溫年紀比我小一半」：Robert Kaplan to RFK, September 14, 1961, RNG Papers, DBC, UT.
20 「我們已經有您競選時的演講稿」：RNG, RA, p. 147
21 白宮特別助理史列辛格回憶：Arthur M. Schlesinger, Jr., A Thousand Days: John F. Kennedy in the White House (Boston: Houghton Miffin, 1965), p. 203
22 「幹得好！」：RNG, RA, p. 153
23 三月十三日當晚：New York Times, March 14, 1961
24 「全世界最偉大的地方」：March 13, 1961, John F. Kennedy, Address at a White House Reception for Members of Congress and for the Diplomatic Corps of the Latin American Republics. Online by Peters and Woolley, The American Presidency Project.
25 「我的西班牙語怎麼樣？」：RNG, RA, p. 159
26 由一千四百名古巴流亡者組成的入侵部隊："JFK in History: The Bay of Pigs," https://www.jfklibrary.org/learn/about-jfk/jfk-in- history/the-bay-of-pigs.
27 他與史列辛格在白宮共進早餐：April 7, 1961, Schlesinger, Journals, p. 109
28 「霸凌式干預」：Schlesinger, A Thousand Days, p. 257
29 「嗯，也許我們過去太輕易接受了」：RNG, RA, p. 177
30 「好吧，迪克，看來我們終於」：Ibid., p. 179
31 「他開始哭泣，只在我面前」：Jacqueline Kennedy, Jacqueline Kennedy: Historic Conversations on Life with John F. Kennedy (New York: Hyperion, 2011), pp. 185–86
32 「我怎麼會讓這種事發生？」：Sorensen, Counselor, p. 317
33 「現在整個政府裡，最開心的恐怕……」：RNG notes on press conference, April 22, 1961, RNG Papers, DBC, UT.
34 「哦，亞瑟還特地寫了一份備忘錄給我，」：Schlesinger, A Thousand Days, pp. 289–90
35 「我是這個政府的負責人。」：April 21, 1961, John F. Kennedy, The President' s News Conference. Online by Peters and Woolley, The American Presidency Project.
36 「做得越糟，人氣反而越高呢。」：Mark Updegrove, Incomparable Grace: JFK in the Presidency (New York: Dutton, 2022), p. 76
37 「我們得加快速度，」：RNG, RA, p. 190
38 會議前夕：Ibid., pp. 191, 192
39 「既然要求他們擔起如此沉重的挑戰，」：Ibid., p. 192
40 「而且我決定要給他們十億美元。」：Ibid.
41 關於「近乎致命的錯誤」：RNG to Sorensen, RNG Papers, DBC, UT.
42 「由於沒有賀卡，」：Note with cigar box, RNG Papers, DBC, UT.
43 「不可能指望特權階級發動革命，推翻他們自己。」：RNG, RA, p. 196
44 切．格瓦拉點頭說：「很好。」：RNG memo for the president, conversations with Commandant Ernesto Guevara, August 22, 1961, RNG Papers, DBC, UT.
45 「最重要的」外交活動，」：August 19, 1961, John F. Kennedy, Remarks of Welcome to Secretary Dillon on His Return from the Punta del Este Conference. Online by Peters and Woolley, The American Presidency Project.
46 「你早該先抽第一支的！」：RNG, RA, p. 202
47 「寫一份完整的報告交上來。」：Ibid.
48 「身穿綠色軍裝，」：RNG memo, August 22, 1961, RNG Papers, DBC, UT.
49 稱他「玩火自焚」：Extension of the Remarks of Steve Derounian, August 30, 1961, U.S. Congress, Congressional Record, Vol. 107, p. A6834
50 「老戰友，祝你好運。」：August 31, 1961, RNG Papers, DBC, UT.
51 國務院官僚早已眼紅迪克在白宮的風光：June 28, 1961, John F. Kennedy, The President' s News Conference. Online by Peters and Woolley, The American Presidency Project.
52 「你知道嗎，迪克，」：RNG, RA, pp. 210–11
53 「國務院有些不太好的習慣。」：Adolf A. Berle to RNG, November 28, 1961, RNG Papers, DBC, UT.
54 「聽著，迪克，如果這次行程搞砸了，你最好一路往南逃吧。」：RNG, RA, p. 214
55 「這是委內瑞拉有史以來對外國訪客最盛情的歡迎。」：Merriman Smith, "JFK Good-Will Visit to Venezuela," Desert Sun (Palm Springs, California), December 16, 1961

56 「也有近三分之一的民眾盛裝打扮」：http://thecitypaperbogota.com/bogota/jfks-legacy-in-Bogota-lives-on-55- yearslater/.
57 「頭痛人物」：Dom Bonafede, "Kennedy's Eager Latin Aide Stirs Controversy," Miami Herald, April 8, 1962
58 迪克原本獲准前往華爾街：RNG to JFK, September 16, 1963, RNG Papers, DBC, UT.
59 「唯一的好點子是迪克……」：Papers of T. H. White, HUM 1 10, Harvard University Archives, https://id.lib.harvard.edu/ead/hua16004/catalog.
60 「真是天生的表演者，幽默風趣」：Kevin Sullivan, Washington Post, October 13,
61 2002
62 美國與古巴的代表竟在會議上「相處融洽」：Marcella Bombardieri, "Brothers in Arms," Boston Globe, October 20, 2022
63 「這場危機帶來的教訓，值得我們深思。」：Marion Lloyd, "Soviet Close to Using A-Bomb in 1962 Crisis, Forum Is Told," Boston Globe, October 13, 2002
64 「古德溫關於那場會面的備忘錄。」：Author conversation with Peter Kornbluh.
65 「不能讓他表現得比我更無產階級」：Ibid.
66 「頭髮微亂，眉毛濃密」：Marcella Bombardieri, "Former Defense Sec. McNamara and Fidel Castro in Havana," Boston Globe, October 20, 2002
67 「卡斯楚邀請您與夫人共進午餐。」：Note attached to picture of Castro with the Goodwins. In possession of the author.
68 「我恐怕回不來了。」：Bombardieri, "Former Defense Sec. McNamara and Fidel Castro in Havana."

第五章　全能通才

1 「無論你想做什麼，我都沒問題。」：RNG memo of talk with JFK, RNG Papers, DBC, UT.
2 「魯斯克親自打電話給我。」：Author interview with Bill Josephson.
3 「我立刻覺得他很投緣。」：Author interview with Bill Moyers.
4 「不久之後，美國年輕人將與荷蘭」：Speech by RNG at fifteenth annual conference of the Association of International Students, April 9, 1962, RNG Papers, DBC, UT.
5 「在我看來，迪克．古德溫雖然年紀稍輕」：Schlesinger, A Thousand Days, p. 213
6 「這是白宮史上匯聚最多卓越人才與智識的盛會。」：April 29, 1962, John F. Kennedy, Remarks at a Dinner Honoring Nobel Prize Winners of the Western Hemisphere. Online by Peters and Woolley, The American Presidency Project.
7 「為諾貝爾獎得主舉辦一場晚宴，如何？」：Joseph Esposito, Dinner in Camelot (Lebanon, NH: University Press of New England, 2018), p. 44
8 務必確保迪克也在受邀之列：Ibid., p. 46
9 「許多與會者都是第一次」：Author interview with Joseph Esposito.
10 「各種酒水如流水般傾瀉」：Diana Trilling, "A Visit to Camelot," The New Yorker, June 7, 1997
11 「鮑林博士，您這幾天已經常駐白宮了呢」：Esposito, Dinner in Camelot, p. 10
12 「激勵年輕人懷抱同樣的熱忱與渴望」：April 29, 1962, John F. Kennedy, Remarks at a Dinner Honoring Nobel Prize Winners of the Western Hemisphere, Online by Peters and Woolley, The American Presidency Project.
13 「這是尼羅河上最偉大的神殿」：http://albertis-window.com/2016/04/abu-simbel-and-jackie-kennedy/.
14 「看看是否有辦法」：RNG, RA, pp. 222–23
15 「不要空談，要展示成果。」：LTT, pp. 91–92
16 「阿涅利說他整整一周都在找你」：JBK to RNG, April 10, 1963, RNG Papers, DBC, UT.
17 「這兒有一些零零散散的想法。」：Memo, RNG to JBK, February 11, 1963, RNG Papers, DBC, UT.
18 「我會試試看。」：RNG, RA, p. 223
19 「這項計畫，是我應甘迺迪夫人」：RNG to LBJ, September 11, 1964, RNG Papers, DBC, UT.
20 「這些神殿的建造。」：RNG draft, RNG Papers, DBC, UT.
21 「正是在住房領域，非裔美國人承受著最殘酷的歧視」：Martin Luther King, Jr., The Nation, February 4, 1961
22 迪克開始細數這一連串延宕背後的種種原因：Wofford, Of Kennedys and Kings, pp. 128–29, 140; Bryant, The Bystander, pp. 299– 302
23 「選舉期間，為甘迺迪背書時」：Wofford, Of Kennedys and Kings, pp. 128–29
24 「把墨水給傑克」：Updegrove, Incomparable Grace, p. 82
25 「朝正確方向，邁出充滿善意的一步」：Martin Luther King, Jr., The Nation, March 30, 1963
26 「雙重決戰日」：Foster Hailey, New York Times, March 4, 1963
27 《紐約時報》頭版照片令甘迺迪總統「作嘔」：Updegrove, Incomparable Grace,

p. 221
28 「伯明罕，如同當年的康科德，」：Martin Luther King, Jr., The Nation, March 15, 1965
29 「甘迺迪總統在民權議題上做得還不夠」：Bryant, The Bystander, p. 421
30 他打算當晚發表全國電視演說：Updegrove, Incomparable Grace, pp. 224–25; Daily Eagle (Jasper, Alabama), June 12, 1963
31 「我們所面對的主要是道德良知問題，」：June 11, 1963, John F. Kennedy, Radio and Television Report to the American People on Civil Rights. Online by Peters and Woolley, The American Presidency Project.
32 華盛頓已進入緊急狀態：Kansas City Star (Kansas), August 25, 1963; Minneapolis Sunday Tribune, August 25, 1963
33 「我們需要的是真正在國會取得成功，」：Schlesinger, Journals, June 22, 1963, p. 196
34 「黑人已經走上街頭了，」：Ibid.
35 「他自始至終篤信，」：Douglas L. Wilson and Rodney O. Davis, eds., Herndon's Informants: Letters, Interviews, and Statements About Abraham Lincoln (Urbana and Chicago: University of Illinois Press, 1998), pp. 316–18
36 「時機不對」：Schlesinger, Journals, pp. 196–98
37 「讓自由的鐘聲響徹」：Martin Luther King, Jr., "I Have a Dream," March on Washington for Jobs and Freedom, August 28, 1963, Lincoln Memorial, Washington, D.C., www.avalon.law.yale.edu/20th_century/mlk01 asp. Transcript. campus-wide campaign: Colby Echo, April 17, 1964; May 1, 1964
38 「科爾比學院姐妹會的運作標準」：Mrs. J. L. Perry, "Colby Sorority Ousted," Colby Echo, September 18, 1964
39 「哦，對，三連德爾塔，」：Author interview with Judy Turner Jones.
40 「我們這些老人，若忽視當今的美國學生：Adlai Stevenson speech, Colby Alumnus, Vol. 53, No. 4, Summer 1964; New York Times, June 8, 1964
41 「一群認真誠懇的學生，」：RNG Diary, November 2, 1963, RNG Papers, DBC, UT.
42 「我認為，比起知名卻老態龍鍾的人」：RNG to JBK, February 11, 1963, RNG Papers, DBC, UT.
43 「這是美國歷史上第一次，」：June 12, 1963, John F. Kennedy, Statement by the President Upon Establishing the Advisory Council on the Arts. Online by Peters and Woolley, The American Presidency Project.
44 簽署行政命令：Executive Order 1102, June 12, 1963, https://www.whitehouse.gov/briefing-room/presidential-actions/2022/09/30/executive-order-on-promoting-the-arts-the-humanities-and- museum-and-library-services/.
45 當蘇聯透過精心策畫的文化外交：Henry Raymont, New York Times, August 3, 1963
46 他擁有過人的「想像力，」：LTT, p. 386
47 「藝術委員會應該關注整個社會的美學發展」：November 29, 1963, RNG Diary, RNG Papers, DBC, UT.
48 「和平工作團已經證明」：Memo, RNG to JFK, September 10, 1963, RNG Papers, DBC, UT.
49 「我都快沒有兄弟人手可用了」：RNG Diary, November 29, 1963, RNG Papers, DBC, UT.
50 「他告訴我，他正在撰寫一篇報導」：RNG Diary, November 21, 1963, RNG Papers, DBC, UT.
51 「文章對我的評價相當正面」：RNG Diary, November 22, 1963, RNG Papers, DBC, UT.
52 「新邊疆的青年才俊」："Man in the News Profile," New York Times, November 22, 1963
53 「噢！古德溫先生，」：RNG Diary, November 29, 1960, RNG Papers, DBC, UT. On November 29, Dick began his long recounting of the events of the previous "week of horror."

第六章　命運萬花筒

1 「政治有如萬花筒，瞬息萬變，」：Theodore Roosevelt to Anna Cowles, Feb. 2, 1900, https://www.theodorerooseveltcenter.org/Research/DigitalLibrary/Record?libID=o28586
2 「無論是喜悅或悲傷，」：LTT, p. 125
3 「我什麼事也做不了，」：Ibid., p. 158
4 害怕自己已走到了政治生涯的盡頭。：Ibid., p. 207
5 「我唯一的反應，」：RNG Diary, November 29, 1963, RNG Papers, DBC, UT.
6 「上方覆以層層交疊的黑絲與黑紗華蓋。」：Carl Sandburg, Abraham Lincoln: The War Years, Vol. 6 (New York: Charles Scribner' s Sons, 1943), p. 388
7 更多細節仍有待補充：Scott Stossel, Sarge: The Life and Times of Sargent Shriver (Washington, D.C.: Smithsonian Books, 2004), pp. 304–5; RNG, RA, pp. 336–37

8 「時間一分一秒逝去，」：RNG Diary, November 29, 1963, RNG Papers, DBC, UT.
9 眾人紛紛自願投入：Stossel, Sarge, p. 306
10 「是該讓人們留下紀念，」：William Manchester, The Death of a President (New York: Little, Brown, 1967), p. 438
11 「我知道，總統其實不會回來了，」：Stossel, Sarge, p. 308
12 「火光映照車道，黑色喪幔襯托潔白圓柱，」：Manchester, The Death of a President, p. 438
13 「外圍護衛隊仍未抵達。」：RNG Diary, November 29, 1963, RNG Papers, DBC, UT.
14 「我在白宮正門門廊等候，」：RNG Diary, Ibid.
15 「周六整天忙於籌備葬禮。」：RNG Diary, November 24–25, December 2, 1963, RNG Papers, DBC, UT
16 「有人剛剛開槍殺死了」：Manchester, The Death of a President, p. 525
17 「我們只是繼續忙自己的事，」：Ibid.
18 「有些人或許會認為這過於張揚。」：Ibid., p. 550
19 「迪克・古德溫被指定為永恆火焰計畫執行人。」：Ibid., pp. 551–52, based on Manchester interview with Dick.
20 「首先，我們需要賦予圖書館更深層的意義。」：RNG Diary, December 2, 1963, RNG Papers, DBC, UT.
21 「費盡心思」：RNG Diary, December 4, 1963, RNG Papers, DBC, UT.
22 「副總統提名的熱門人選」：Rowland Evans and Robert Novak, "Inside Report: Shriver for VP?," Boston Globe, December 3, 1963
23 「尤妮斯說，當副總統夫人並不好玩。」：RNG Diary, December 2, 1963, RNG Papers, DBC, UT.
24 「尤妮斯細數巴比的可能出路：」：RNG Diary, December 4, 1963, RNG Papers, DBC, UT.
25 「他說，在做出任何重大決定之前，」：RNG Diary, December 6, 1963, RNG Papers, DBC, UT.
26 「星期五，史列辛格和我去見巴比，」：RNG Diary, December 13, 1963, RNG Papers, DBC, UT.
27 「我們要制定一項法律，」：LTT, pp. 308–9
28 「我宣誓就職，成為總統，」：DKG/LBJ, Lyndon Johnson and the American Dream (New York: Harper & Row, 1976), pp. 170, 172
29 「我明白他們的感受。」：Ibid., p. 175
30 「我只想告訴你，我比甘迺迪更需要你們。」：Schlesinger, Journals, p. 209
31 「我需要那些白宮幕僚。」：DKG/LBJ, LJAD, pp. 177–78
32 「若能避免站在這裡，無論要付出什麼代價」：November 27, 1963, Lyndon B. Johnson, Address Before a Joint Session of Congress. Online by Peters and Woolley, The American Presidency Project.
33 「詹森：自從索倫森離開後，」：PRLBJ, Vol. 5, pp. 63–64
34 「總統希望一篇一千八百到二千字的講稿」：Moyers to RNG, March 10, RNG Papers, DBC, UT.
35 「作為全世界歷史上最富有的國家，」：March 16, 1964, Lyndon B. Johnson, Special Message to the Congress Proposing a Nationwide War on the Sources of Poverty. Online by Peters and Woolley, The American Presidency Project.
36 「迪克，能借一步說話嗎？」」：LBJ and RNG quotes from RNG, RA, pp. 249–51
37 「詹森：我想讓古德溫來處理一些事情。」：PRLBJ, Vol. 5, pp. 386–87
38 「他沉思了一會兒，」：RNG Diary, March 4, 1964, RNG Papers, DBC, UT.
39 「親愛的賈姬：」：RNG to JBK, March 10, 1964, RNG Papers, DBC, UT.
40 「大眾溝通隔閡」」：Rowland Evans and Robert Novak, "Inside Report," Washington Post, March 26, 1964
41 「里迪：古德溫告訴我，」：PRLBJ, Vol. 5, pp. 759–60
42 「甘迺迪留下不少優秀計畫，」：LBJ quotes from RNG, RA, pp. 269–71
43 「現在機會到來，」：Theodore White, The Making of the President 1964 (New York: Harper Perennial Political Classics, 2010), p. 410
44 「一如往常衣衫皺巴巴的古德溫」：Hugh Sidey, A Very Personal Presidency (New York: Atheneum, 1968), p. 49
45 「總統特別喜歡這篇愛蓮娜・羅斯福演講涉及的「宏大主題」：Jack Valenti, A Very Human President (New York: W. W. Norton, 1975), p. 85
46 「我們正致力於建設一個偉大社會」：April 17, 1964, Lyndon B. Johnson, Remarks to a Group in Connection with the Montana Territorial Centennial. Online by Peters and Woolley, The American Presidency Project.
47 「華盛頓如今就像少女回到了舊愛身邊。」：James Reston, New York Times, in LJAD, p. 190
48 「古德溫模式」：Valenti, A Very Human President, p. 65
49 「很好，孩子們，這正是我要的。」：RNG, RA, p. 278
50 「今天，我從你們熱鬧的首都，」：May 22, 1964, Lyndon B. Johnson, Remarks

at the University of Michigan. Online by Peters and Woolley, The American Presidency Project.
51 「來試試這瓶威士忌吧，迪克，」：RNG, RA, p. 282
52 「詹森在上任的頭六個月內，」：James Reston, “Period of Reconciliation,” New York Times, May 24, 1964

第七章　詹森的十三個人格

1 「詹森是我所認識的人當中最複雜」：Bill Moyers, Fresh Air, NPR, August 3, 2017, https://www.npr.org/2017/08/03/541436949/bill-moyers.
2 「你工作得太辛苦了。」：Leslie Carpenter, “LBJ: The Little Things Count,” Charlotte Observer, June 7, 1964
3 這一天從華盛頓的國務宴會廳開始：For events during the weekend: PDD, May 28, 1964
4 「今晚跟我一起走吧。」：Carpenter, “LBJ: The Little Things Count.”
5 他出現在斯通沃爾小鎮的雜貨店門口：Ibid.
6 「每個人都作為一分子，」：Sandra Goodwin, “The Weekend at the Ranch,” RNG Papers, DBC, UT.
7 「大約四十年前，」：May 29, 1964, Lyndon B. Johnson, Remarks in Texas to the Graduating Class of the Johnson City High School. Online by Peters and Woolley, The American Presidency Project.
8 「觀眾席大喊小瓢蟲，小瓢蟲」：Sandra Goodwin, “The Weekend at the Ranch.”
9 「你們想留給下一代一個怎麼樣的社會?」：Austin American, May 31, 1964
10 「結果將是全勝或全敗，」：LBJ, The Vantage Point (New York: Holt, Rinehart and Winston, 1971), p. 168
11 「或至少迫使他作出重大讓步」：Ibid., p. 157
12 支持《民權法案》的陣營意識到：The Journal (Meriden, Connecticut), May 28, 1964
13 「卡特沒讓我們先看過，」：RNG Diary, June 8, 1966, RNG Papers, DBC, UT.
14 「我想我們票數夠了，」：Robert Dallek, Flawed Giant: Lyndon Johnson and His Times, 1961–1973 (New York: Oxford University Press, 1998), p. 119
15 「如果沒有共和黨的支持，」：DKG/LBJ, LJAD, p. 192
16 「如果拿不下竇克遜，法案就不可能通過，」：Nick Kotz, Judgment Days: Lyndon Baines Johnson, Martin Luther King, Jr., and the Laws That Changed America (New York: Houghton Miffiin, 2005), p. 115
17 「竇克遜告訴我，」：PRLBJ, Vol. 11, p. 200
18 「友善地開了幾句玩笑」：Ronald Shafer, “How Democrats Managed to Beat the Filibuster—58 Years Ago,” Washington Post, January 12, 2022
19 朗誦一首名為《鄰居的玫瑰》：Ibid.
20 現場立刻響起三千名群眾的熱烈歡呼：Boston Globe, June 11, 1964
21 「在聖克里斯平節這一天並肩作戰」」：New York Times, June 11, 1964; Philadelphia Inquirer, June 11, 1964
22 「燦爛的笑容」：“Johnson Tells Holy Cross; End of Racial Injustice in Sight,” Boston Globe, June 10, 1964
23 「你好啊，英雄!」：PRLBJ, Vol. 7, p. 210
24 「在這項法案上，我們絕不做」：Arthur M. Schlesinger, Jr., Robert Kennedy and His Times (New York: Houghton Miffiin, 1978), p. 644
25 「譽望所歸」：PRLBJ, Vol. 6, p. 662
26 「兩百年後，我們的後世」：RNG, RA (New York: Open Road ed., 2014), p. 7
27 古德溫，稱其已躍升為白宮撰稿團隊的核心人物：“The New Team,” Time, May 29, 1964, p. 18; Jeanne S. Perry, “Latin America News Notes,” Palm Beach Post, June 7, 1964
28 「古德溫能在短時間內完成重要講稿，：“The New Team,” Time.
29 賽迪認定自己已不受與迪克保密協議的約束：Sidey, A Very Personal Presidency, p. 156
30 「詹森：[賽迪]說他從巴斯比那裡聽到，」：PRLBJ, Vol. 7, pp. 246–47
31 「古德溫沒有為我寫過任何一篇演講稿。」：Sidey, A Very Personal Presidency, p. 157
32 「我一時語塞，」：Ibid.
33 「真是讓我反感得要命!」：PRLBJ, Vol. 7, pp. 246–47
34 「古德溫只在詹森牧場待了一天」：RNG Diary, June 14, 1965, RNG Papers, DBC, UT.
35 赫然出現「古德曼」（Goodman）的名字：Sidey, A Very Personal Presidency, p.158
36 「被美國總統——這個全世界最有權力的人」：Ibid., pp. 159–60
37 便決定親自登門拜訪這位：Brad Snyder, Democratic Justice (New York: W. W. Norton, 2022), p. 704
38 「這孩子體內流淌著政治血液。」：RNG, RA, p. 72
39 「我還小的時候，」：LJAD, p. 121

40 「參議院才是羅素心目中的家。」：LJAD, p. 105
41 「現在你去告訴林登。」：Dallek, Flawed Giant, p. 118
42 「他們害怕被忽視，」：LJAD, pp. 120–21
43 「稿子寫得很不錯，迪克。」：RNG, RA, pp. 316–17
44 「你認為我們應該低調簽署，」：PRLBJ, Vol. 7, pp. 374–75
45 「這周末簽的話會相當棘手，」：PRLBJ, Vol. 8, p. 350
46 眾議院共和黨領袖哈勒克強烈反對延後：Ibid., p. 351
47 「我們必須讓它成為一部屬於全美國的法案，」：Dallek, Flawed Giant, p. 120
48 「我們信奉人人生而平等。」：July 2, 1964, Lyndon B. Johnson, Radio and Television Remarks upon Signing the Civil Rights Bill. Online by Peters and Woolley, The American Presidency Project.
49 「我們現在來到了試煉的時刻。」：Ibid.
50 「毫無表情的臉」：Julia Sweig, Lady Bird Johnson: Hiding in Plain Sight (New York: Random House, 2021), p. 91
51 「用於簽署甘迺迪總統《民權法案》的鋼筆。」：Jeff Shesol, Mutual Contempt: Lyndon Johnson, Robert Kennedy, and the Feud that Defined a Decade (New York: W. W. Norton, 1997), p. 166
52 「這些事情，貧窮，民權，都是我們剛開始處理的，」：RNG, RA, p. 451
53 「我們都因為這份冒險，」：Lady Bird Johnson, A White House Diary (Austin: University of Texas Press, 1970), p. 175
54 「就在那個夜晚，」：Todd Gottinger and Allen Fisher, "LBJ Champions Civil Rights Act 1964," Prologue Magazine, Summer 2004
55 「每天一早，我一打開報紙或打開電視，」：LJAD, pp. 199–200
56 「等時機成熟，我們會明確告訴他」：RNG Diary, December 14, 1964, RNG Papers, DBC, UT.
57 「我要你把保羅．柯賓趕走。」：RNG Diary, March 1, 1964, DBC, UT.
58 他決定親自在橢圓形辦公室，與巴比：Schlesinger, Robert Kennedy and His Times, pp. 659–61; LBJ, VP, p. 100
59 「林登正在通知巴比，」：RNG, RA, p. 298
60 巴比示意司機停下車：Ibid.
61 「我已得出結論，」：July 30, 1964, Lyndon B. Johnson, Statement by the President Relating to the Selection of a Vice Presidential Candidate. Online by Peters and Woolley, The American Presidency Project.
62 「這一下子就排除了一大批人啊。」：Michael Beschloss, Reaching for Glory: Lyndon Johnson's Secret White House Tapes, 1964–1965 (New York: Simon & Schuster, 2001), p. 486
63 「抱歉啦，我還把那麼多好人拖下水。」：White, The Making of the President 1964, p. 279
64 「該死的煩惱」：Shesol, Mutual Contempt, p. 209
65 「像老鷹盯著小雞一樣」：Schlesinger, Robert Kennedy and His Times, p. 662
66 「他的臉色變了，」：Shesol, Mutual Contempt, p. 210
67 「像條胖魚在大口呼吸」：Schlesinger, Robert Kennedy and His Times, p. 662
68 林肯早年曾因對民主黨人：LTT, pp. 16–17
69 「這個國家無法長久團結在任何南方人背後」：LBJ, VP, p. 95
70 「黑豬谷」：Sweig, Lady Bird Johnson, p. 94
71 哈林區便因一起白人警察槍殺了十五歲黑人少年的暴力事件爆發騷亂：The Recorder (Greenfield, Massachusetts), July 20, 1964; Daily Press (Newport News, Virginia), July 22, 1964
72 在首次國會議員選舉的最後關頭：LJAD, pp. 88, 101
73 「現在退出，對你的國家來說是錯誤的，」：LBJ, VP, p. 98
74 「我從未見過他心情這麼好，」：RNG, RA, p. 301
75 「這是他政治生涯的巔峰時刻，」：Ibid.
76 真正的慶祝才剛剛開始：Buffalo Evening News, August 28, 1964; White, The Making of the President 1964, pp. 307–8
77 「世界上最響亮的生日禮炮」：Ibid., p. 307
78 一九六四年九月七日早上九點五十一分：PDD, September 7, 1964
79 「消弭了蔓延在我們呼吸空氣，」：September 7, 1964, Lyndon B. Johnson, Remarks in Cadillac Square, Detroit. Online by Peters and Woolley, The American Presidency Project.
80 「已是密西根州與美國官方所能提供的最高等級」：Detroit Free Press, September 8, 1964
81 「每個人對這次行程的反應都極為熱烈。」：PDD, September 7, 1964
82 「雛菊女孩」廣告：https://www.youtube.com/watch?v=U4QVXcPDgjI.
83 廣告目的已經達成：Robert Mann, "How the Daisy Ad Changed Everything About Political Advertising," Smithsonian Magazine, April 13, 2016
84 「這支廣告，」迪克後來寫道，「其實只能在……」：RNG, RA, p. 307
85 「參加辯論對我們沒有好處。」：RNG memo to LBJ, April 2, 1964, RNG Papers, DBC, UT.

86「親愛的巴比⋯⋯」：Draft, RNG Papers, DBC, UT. For actual letter sent, which is less effusive, see Shesol, Mutual Contempt, p. 222
87「古德溫和費爾德曼都非常希望幫忙。」：Shesol, Mutual Contempt, p. 224
88「你的目標不是贏得辯論。」：Memo, "Preparation for a Debate," October 13, 1964, RNG Papers, DBC, UT.
89「小迪克寶貝」：RNG Papers, no date, DBC, UT.
90「瓦倫蒂說，這正是他尋找的風格」：RNG Diary, March 4, 1964, RNG Papers, DBC, UT.
91「要求不多」：White, The Making of the President 1964, p. 378
92 儘管仍有少數人對他說「不」: September 10, 1964, Lyndon B. Johnson, Remarks in Harrisburg at a Dinner Sponsored by the Pennsylvania State Democratic Committee. Online by Peters and Woolley, The American Presidency Project.
93「如果我需要巴比，我就會選他。」：Shesol, Mutual Contempt, pp. 182–83
94「無論是在字面上還是象徵性地」：New York Times, October 15, 1964
95「已經是美國歷史上最偉大的總統之一」：New York Times, October 16, 1964
96「我們要林登！我們要林登！」：New York Times, November 1, 1964
97「我無需向你們介紹巴比的才華」：October 31, 1964, Lyndon B. Johnson, Remarks in Madison Square Garden. Online by Peters and Woolley, The American Presidency Project.
98 選舉日，詹森回到德州等待結果：PDD, November 3, 1964
99 迪克與同事們則聚集在西廂地下室的白宮餐廳： RNG, RA, p. 309
100「如果我哥哥還在世，」：Schlesinger, Robert Kennedy and His Times, pp. 675–76
101「你必須明白，」：Quoted in LTT, pp. 191–92
102「真是我畢生難忘的夜晚。」：LJAD, p. 209

第八章　「我們一定會勝利」

1「莫耶斯：老實說，讓我最擔心的一件事」：Draft transcript of taped conversation between LBJ and Bill Moyers, November 4, 1964, Presidential Recordings Program, Miller Center, University of Virginia.
2「像一隻可愛的陰鬱豪豬」：Valenti, A Very Human President, pp. 84–85
3 承諾「邁向偉大社會」：May 22, 1964, Lyndon B. Johnson, Remarks at the University of Michigan. Online by Peters and Woolley, The American Presidency Project.
4 制定立法提案的「標準模式」：LBJ, VP, p. 326
5 前任政府的專案小組過於依賴學者：Ibid., p. 327
6 是他整個公職生涯中「最重要」且「最振奮人心」的經歷：Author interview with Bill Moyers.
7「寧可將目標訂得過高，也不能過低」：LBJ, VP, p. 327
8「這份報告提出了全新的視角與創新方案」：RNG memo to LBJ, November 17, 1964, RNG Papers, DBC, UT.
9「繁華富裕的屏障包圍，」：Ibid.
10「站在這座曾是我家園的國會山莊，」：January 4, 1965, Lyndon B. Johnson, Annual Message to the Congress on the State of the Union. Online by Peters and Woolley, The American Presidency Project.
11「總統與國會的關係，」他一邊解釋，：DKG/LBJ, LJAD, p. 226
12「法案必須在恰到好處的時機送交國會，」：DKG/LBJ, LJAD, p. 226
13「這就像喝波本威士忌，一杯一杯慢慢喝」：Eric F. Goldman, The Tragedy of Lyndon Johnson (New York: Knopf, 1969), p. 259
14「敏感的野獸」：LBJ, VP, p. 451
15「這些晚宴聽起來或許微不足道，」：LJAD, p. 224
16「兩項立法極具影響力，」：Goldman, The Tragedy of Lyndon Johnson, p. 284
17 創下美國史上最大普選票差紀錄：Rowland Evans and Robert Novak, Lyndon B. Johnson: The Exercise of Power (New York: Signet, 1968), pp. 514–15; LTT, pp. 328–29
18「詹森：我們必須動用手上所有的力量」：Beschloss, Reaching for Glory, pp. 159–60
19 應該先留一段「緩衝期」：LBJ, VP, p. 160
20「為數百萬徬徨無助的非裔青年，帶來尊嚴與自信」：Beschloss, Reaching for Glory, pp. 160–66
21「深南方頑強抵抗民權運動的象徵」：Kotz, Judgment Days, p. 254
22「一塊肥皂裡有多少個泡泡？」：Legacy Museum, Montgomery, Alabama.
23「徹底顛覆塞爾瑪，使它回歸正道」：Kotz, Judgment Days, p. 264
24 八名美軍士兵死亡： Ibid., p. 279
25 年輕的吉米・李・傑克森：Ibid., pp. 275–76
26「即刻解散，不得繼續前進。」：Ibid., p. 283
27 白人牧師詹姆斯・里布遭到殘暴毆打：Boston Globe, March 10, 1965
28 星期六下午，我與三千人一同走上波士頓公園：Boston Globe, March 15, 1965

29 數百名示威者在白宮前集結：RNG, RA, p. 319
30 「詹森，走著瞧，一九六八年會讓你付出代價！」：LBJ, VP, p. 162
31 白宮內部亦然，十餘名年輕的非裔與白人：Alabama Journal, March 10, 1965
32 「如果我派遣聯邦軍隊前往阿拉巴馬州」：RNG, RA, pp. 319–20
33 「為黑人爭取實質勝利」：LBJ, VP, p. 162
34 「立即派遣聯邦軍隊前往塞爾瑪」的迫切訴求：Ibid.
35 詹森陷入「憂鬱陰霾」：Sweig, Lady Bird Johnson, p. 150
36 迪克從相當獨特的角度見證了：RNG extended description of the meeting in RNG, RA, pp. 320–24
37 「你我都將迎來離開這個世界的一天」：RNG, RA, p. 327
38 「我向總統先生說明了阿拉巴馬州的困境，」：Lyndon B. Johnson, March 13, 1965, Press Conference at the White House, University of Virginia, Miller Center, https://millercenter.org/the- presidency/presidential-speeches/march-13-1965-press-conference-white-house.
39 「這個結果讓局勢都不一樣了。」：LBJ, VP, p. 163
40 「見鬼了，要是我再待久一點，」：RNG, RA, p. 323
41 取而代之的是一位沉著穩健，掌控大局的決策者：Lady Bird Johnson, A White House Diary, p. 150
42 詹森在內閣會議室召集了一場跨黨派會議：Mr. Valenti’ s notes, March 14, 1965, LBJL.
43 「現在可別慌了，」：Robert Mann, The Walls of Jericho: Lyndon Johnson, Hubert Humphrey, Richard Russell, and the Struggle for Civil Rights (New York: Harcourt Brace, 1996), p. 460
44 「你們的觀點確實符合邏輯，」：Ibid.
45 「今日下午，國會領袖正式邀請」：Rutland Daily Hearld (Vermont), March 15, 1965
46 「請容我表達最誠摯的遺憾。」：MLK telegram to LBJ, March 15, 1965, LBJL.
47 「就像坐在家庭野餐的草地上，突然決定要去攀登聖母峰。」：Sweig, Lady Bird Johnson, p. 151
48 「總統要你馬上寫演說稿。」：RNG, RA, pp. 326–27
49 「今晚，我發聲，」：RNG Draft, March 15, 1965, RNG Papers, DBC, UT.
50 「是誰殺了詹姆斯．里布？」：Martin Luther King, Jr., Witnessing for the Truth (Boston: Beacon Press, 2014), pp. 12, 15
51 「迪克，你還記得吧，」：RNG, RA, p. 329
52 「極少有議題能夠如此赤裸地」：March 15, 1965, Lyndon B. Johnson, Special Message to the Congress: The American Promise. Online by Peters and Woolley, The American Presidency Project.
53 「議場陷入短暫的寂靜，」：RNG, RA, p. 334
54 「這一刻，我永生難忘。」：LBJ, VP, p. 166
55 「真心誠意之人，」：John Lewis on MLK: Kotz, Judgment Days, p. 312
56 「《選舉權法案》一定會通過的，」：MLK, Time, December 25, 2014
57 「我們任何一個地方的人，」：March 15, 1965, Lyndon B. Johnson, Special Message to the Congress: The American Promise.
58 「房間裡，每個人都在哭」：Richard D. Leonard, Call to Selma: Eighteen Days of Witness (Boston: Skinner House Books, 2002), Kindle edition.
59 「曼尼，今晚就開始舉行聽證會！」：Taylor Branch, At Canaan’s Edge: America in the King Years, 1965–68 (New York: Simon & Schuster, 2006), p. 115
60 「您的演說，是美國歷任總統所發表過」：Kotz, Judgment Days, p. 323
61 他指道：「是他們寫的。」：Evans and Novak, Lyndon B. Johnson, p. 522
62 「天啊，那個夜晚，我是多麼敬愛」：RNG, RA, p. 334

第九章　無盡的辭職風暴

1 「現在選舉權固然重要，」：RNG, RA, p. 343
2 「唉，光是有權利保障有什麼用？」：Ibid., p. 344
3 「您是否希望在六月四日」：Memo, Valenti to LBJ, May 25, 1965, RNG Papers, DBC, UT.
4 「這將是一場具有開創性的演說」：Memo, RNG to LBJ, June 4, 1965, RNG Papers, DBC, UT.
5 「如果你願意的話。」：RNG Diary, June 22, 1965, RNG Papers, DBC, UT.
6 「平權行動」的概念首次被：Dallek, Flawed Giant, p. 222; Kotz, Judgment Days, p. 335
7 「但自由本身是不夠的。」：June 4, 1965, Lyndon B. Johnson, Commencement Address at Howard University: “To Fulfill These Rights.” Online by Peters and Woolley, The American Presidency Project.
8 「從未有一位總統，」：King to LBJ, RNG Papers, DBC, UT.
9 「在美國總統歷史上，」：Tom Wicker, “Johnson Pledges to Help Negroes,”
10 New York Times, June 5, 1965
11 「將過去兩百年來黑人群體」：Charlotte Webb to LBJ, June 24, 1965, LBJL.
12 「煽動仇恨與種族對立」：C. Harrison Mann to LBJ, June 8, 1965, LBJL.

13 「是我把你們從無名之輩提拔起來！」：RNG Diary, June 14, 1965, RNG Papers, DBC, UT.
14 「從辦公室走過來時」：RNG Diary, June 15, 1965, RNG Papers, DBC, UT.
15 「唯一能真正放鬆的方法」：Joseph Califano, The Triumph and Tragedy of Lyndon Johnson (New York: Simon & Schuster, 1991), p. 28
16 「重要的事」：RNG Diary, June 15, 1965, RNG Papers, DBC, UT.
17 「你不能走。我無法沒有你」：RNG Diary, ibid.
18 迪克身為白宮的特別助理：John Pomfret, "Two Key Aides Quit Johnson's Staff," New York Times, September 16, 1965
19 「你得幫我度過這場危機，」：RNG Diary, June 15, 1965, RNG Papers, DBC, UT.
20 當晚打算在紐約與賈桂琳共進晚餐：Beschloss, Reaching for Glory, p. 359
21 「好吧，古德溫要走……」：RNG Diary, June 22, 1965, RNG Papers, DBC, UT.
22 「要不乾脆別再發表全國性演說了。」：RNG, RA, p. 422
23 「變節之舉」：Ibid., p. 421
24 「哈里曼邀請我星期天下午」：RNG to LBJ, June 23, 1965, RNG Papers, DBC, UT.
25 「這或許是個好機會」：Harriman to LBJ, June 20, 1965, RNG Papers, DBC, UT.
26 詹森原先對草稿「非常滿意」：RNG, RA, p. 397
27 「把演講裡所有關於核武的內容刪掉。」：Ibid.
28 「或許在我登機前，你就能準備好」：July 9, 1965, Draft Transcript, Presidential Recordings Program, Miller Center, UVA.
29 他們抵達時，正好趕上早餐上桌：Califano, The Triumph and Tragedy, p. 15; PPD, July 9–11, 1965
30 「做得簡直太棒了。」：RNG Diary, July 14, 1965, DNG Papers, DBC, UT.
31 「越南就像一架四個引擎……」：Ibid.
32 「越南情勢每天都在惡化」：Sweig, Lady Bird Johnson, p. 172
33 「我從一開始就知道，」：LJAD, p. 251
34 「他會突然變得沉默寡言」：Dallek, Flawed Giant, p. 282
35 「他們想搞垮我，」：RNG Diary, June 14, 1965, RNG Papers, DBC, UT.
36 「若要避免戰敗」：LBJ, VP, pp. 145–46
37 「從戰場轉向談判桌」：July 28, 1965, Lyndon B. Johnson, The President's News Conference. Online by Peters and Woolley, The American Presidency Project.
38 「我下定決心，不能」：LJAD, pp. 282–83
39 以盡可能避免挑釁的方式」滿足軍方：New York Times, July 29, 1965
40 「總統對和平的渴望」：RNG, RA, p. 383
41 「科恩，你難道不明白嗎？」：Quoted in LJAD, p. 383
42 詹森打出的第一通電話是給迪克：White House Diary, July 30, 1965, LBJL.
43 「總統登上飛機時」：Ibid.
44 「詹森政府能在任內達成這項成就，」：July 30, 1965, Lyndon B. Johnson, Remarks with President Truman at the Signing in Independence of the Medicare Bill. Online by Peters and Woolley, The American Presidency Project.
45 「今天你們來到這裡，讓我深感榮幸」：Ibid.
46 「他們派副總統的捷星專機來接我們，」：Letter to James and Gloria Jones, August 12, 1965, Rose Styron, ed., Selected Letters of William Styron (New York: Random House, 2010), p. 375
47 「極少見到如此快樂」的總統：Califano, The Triumph and Tragedy, p. 57
48 「今天，自由迎來了一場偉大勝利」：August 6, 1965, Lyndon B. Johnson, Remarks in the Capitol Rotunda at the Signing of the Voting Rights Act. Online by Peters and Woolley, The American Presidency Project.
49 「幾乎是被群眾推擠著」：Califano, The Triumph and Tragedy, p. 57
50 「這就是詹森簽署《選舉權法》的桌子。」：Ibid., pp. 56–57
51 「爭搶簽字筆的場面異常激烈，」：Ibid., p. 57
52 「由於現場要求簽字筆的人數太多」：PPD, August 6, 1965
53 「怎麼可能？」他困惑地：Kotz, Judgment Days, p. 340
54 人在白宮的卡利法諾幾乎無法聯絡上他：Califano, The Triumph and Tragedy, p. 59
55 「我們社會中隨時可能爆炸的火藥桶」：Kotz, Judgment Days, p. 341
56 「你們告訴這些人他們受到」：David C. Carter, The Music Has Gone Out of the Movement: Civil Rights and the Johnson Administration, 1965–1968 (Chapel Hill: University of North Carolina Press, 2009), p. 62
57 「煽動性的危險演說，終讓你自食其果。」：C. Harrison Mann Jr. to Bill Moyers, August 17, 1965, LBJL.
58 「我們乾脆把那該死的島」：Califano, The Triumph and Tragedy, p. 62
59 「訴諸恐怖與暴力的行為」：August 15, 1965, Lyndon B. Johnson, Statement by the President Following the Restoration of Order in Los Angeles. Online by Peters and Woolley, The American Presidency Project.
60 「我希望能有很多人可以聽進他的話」：Beschloss, Reaching for Glory, p. 421
61 「讓我在一兩個月前認定必須離開」："WHY DICK GOODWIN PERSEVERES IN HIS PLAN TO LEAVE," DNG memo to Moyers, copy in RNG diary, RNG Papers, DBC, UT.

62 「在我所認識的人當中，」：RNG to LBJ, September 15, 1965, RNG Papers, DBC, UT.
63 「親愛的迪克」：JBK to RNG, September 15, 1965, RNG Papers, DBC, UT.
64 「我學到教訓了」：RNG, RA, p. 423
65 「在白宮，幾乎沒有人比古德溫更能」：Hugh Sidey, Time, copy in RNG Papers, DBC, UT.
66 「有個年輕人——我不知道你對……」：Draft Transcript, LBJ to Roy Wilkins, November 1, 1965, Presidential Recordings Program, Miller Center, UVA.

第十章 友誼、忠誠與責任

1 「每次當大樓門房認出我，向我點頭示意，」：The skating story is from a series of personal recollections about RFK in author's possession.
2 「這種輕鬆的夜晚，漸漸變成了我們偶爾的習慣」：Cigar Aficionado, August 1996
3 在那個『溜冰鬧劇』的夜晚」：Skating story in possession of author.
4 問我是否願意與他和幾名親友一起前往南美旅行：RNG, RA, p. 433
5 「我沒有考慮競選總統。」：Sheshol, Mutual Contempt, p. 279
6 一度使他「驀然停步」：RNG, RA, p. 435
7 有神秘的消息來源："Impressions of RFK on South American Trip," WHFN-RFK, Box 6, LBJL.
8 對巴比的拉美之旅感到「擔憂」：Evans and Novak, "Commentary: Bob Kennedy's Career Forces Tested on Junket," Indianapolis Star, November 11, 1965
9 「只能出自古德溫之手」：RNG, RA, p. 434
10 「我們這個時代的責任，」："Robert Kennedy Ends Peru Trip," New York Times, November 14, 1965
11 「我們的援助資金到底去哪了?」：RNG, RA, p. 438
12 「我們不針對你個人，」：William vanden Heuvel and Milton Gwirtzman, On His Own: RFK 1964–68 (New York: Doubleday, 1970), p. 167
13 「如果這些年輕人真想當革命家」：Schlesinger, Robert Kennedy and His Times, p. 696
14 學生的抗議聲幾乎完全蓋過了巴比的演講：RNG Notes, South America trip, RNG Papers, DBC, UT.
15 「每個孩子都應該接受教育!」：Schlesinger, Robert Kennedy and His Times, p. 697
16 彷彿這種警戒已經深深烙印在他的神經系統：Ibid., p. 698
17 一位巴西朋友：RNG Notes, South America trip, RNG Papers, DBC, UT.
18 「我一定是瘋了才會上這架飛機，」：Schlesinger, Robert Kennedy and His Times, p. 698
19 「我敢打賭這裡一定有食人魚。」：RNG, RA, p. 442
20 同行旅伴製作的亞馬遜探險剪貼簿：RNG Papers, DBC, UT.
21 「他是個了不起的人，」：Letter to George Cuomo, n.d., RNG Papers, DBC, UT.
22 他說：「（總統）明確反對……」：Califano, The Triumph and Tragedy, p. 117
23 「總是如同首演之夜般充滿緊張」：Lady Bird Johnson, A White House Diary, pp. 350–51
24 「這個國家足夠強大，」：January 12, 1966, Lyndon B. Johnson, Annual Message to the Congress on the State of the Union. Online by Peters and Woolley, The American Presidency Project.
25 「我只需要再撐幾個小時，」：RNG, RA, p. 423
26 「今晚，美國人正懷著不安的心情踏上戰場」：January 12, 1966, Lyndon B. Johnson, Annual Message to the Congress on the State of the Union.
27 「凌晨四點左右，」：Califano, The Triumph and Tragedy, p. 117
28 詹森的秘書告知：RNG, RA, p. 423
29 「這一切，實在太過分了，」：Califano, The Triumph and Tragedy, p. 118
30 「現場的觀眾顯得冷漠且呆滯。」：Lady Bird Johnson, A White House Diary, p. 352
31 「無論任何代價，面對任何挑戰，」：January 12, 1966, Lyndon B. Johnson, Annual Message to the Congress on the State of the Union.
32 「內容平淡無奇，」：Dallek, Flawed Giant, p. 302
33 「親愛的迪克」：LBJ to RNG, January 13, 1966, RNG Papers, DBC, UT.
34 「恐怕，我再也無法用白宮」：Letter to George Cuomo, February 1966, RNG Papers, DBC, UT.
35 「你有在關注傅爾布萊特聽證會嗎?」：RNG, RA, p. 454
36 「胡志甘迺迪，」：Pittsburgh Press, quoting Chicago Tribune, February 21, 1966
37 「在所有白白送給詹森總統的越戰處理建議中」：Buffalo Evening News, February 23, 1966
38 「總統級記者會的排場」："Kennedy Urges Share for Reds in Saigon Regime," Los Angeles Times, February 20, 1966
39 「政治風險的邊緣」：RNG, RA, p. 455
40 「我們都是美國人。」：Press Release from RFK, Statement by Senator RFK,

February 19, 1966, RNG Papers, DBC, UT.
41 「天都塌下來了。」：RNG, RA, p. 455
42 「就像把狐狸放進雞舍，」：Dayton Daily News, February 21, 1966
43 「跟共產黨搞聯合政府，」：Philadelphia Inquirer, February 21, 1966
44 「這件事讓我非常沮喪，」：RNG to RFK, no date, RNG Papers, DBC, UT.
45 「非常非常困難」：Adam Walinsky, Oral History Project, JFKL, March 22, 1992, pp. 185–215
46 「當局對羅伯遜下達禁足令」：Evan Thomas, Robert Kennedy: His Life (New York: Simon & Schuster, 2000), p. 321
47 「美國佬回家」：Schlesinger, Robert Kennedy and His Times, p. 744
48 擠滿了一千多名學生：New York Times, June 7, 1966
49 「我今晚來到這裡，」：Edwin Guthman and C. Richard Allen, eds., RFK: His Words for Our Time (New York: William Morrow, 2018), p. 262
50 「所有人都惴惴不安，如坐針氈，」：Author interview with Margaret Marshall.
51 「我指的，當然是，美利堅合眾國」：Guthman & Allen eds., RFK, p. 262
52 「當觀眾意識到他說了」：Author interview with Margaret Marshall.
53 「能扭轉歷史走向的偉大人物」：“Cape Town, Cape Town, South Africa,” Papers of Robert F. Kennedy, Senate Papers, Speeches and Press Releases, Box 2, “Freedom & Democracy,” JFKL.
54 「我的演講表現如何？」：Thomas, Robert Kennedy, p. 322
55 「那就像一隻沉重的鐵靴，」：Author interview with Margaret Marshall.
56 「讓我們——也讓我——意識到」：Quoted in Thomas, Robert Kennedy, p. 323–24
57 「就如同外界的一陣新鮮空氣」：vanden Heuvel and Gwirtzman, On His Own, p. 161
58 「我從不知道這份錄音的存在，」：Author interview with Margaret Marshall.
59 「我以前完全沒意識到」：Ibid.
60 「詹森總統希望透過政治手段結束戰爭」：RNG, “Triumph or Tragedy, Reflections on Vietnam,” The New Yorker, April 1966, pp. 36, 64
61 「選擇了全面升級戰爭的道路」：Schlesinger, Journals, July 28, 1966, p. 247
62 「要是等到核彈在北京或華盛頓引爆，」：Schlesinger, Robert Kennedy and His Times, p. 739
63 「你的行動計畫是什麼？」：RNG Diary, July 25, 1966, RNG Papers, DBC, UT.
64 「唯一能讓詹森總統聽進去的方法，」：Schlesinger, Journals, July 28, 1966, p. 244
65 「不會的，」巴比立刻反駁：RNG, RA, pp. 462, 464
66 「不僅在民主黨選民中的支持度遠遠領先詹森」：Schlesinger, Journals, August 1, 1966, p. 252
67 「我們討論了所有正在流逝的」：RNG Diary, July 25, 1966, RNG Papers, DBC, UT.
68 「前詹森幕僚痛批越南戰爭政策。」：Max Frankel, New York Times, September 18, 1966
69 「一位前甘迺迪和詹森白宮官員」：Lawrence Stern, Courier Journal (Louisville, Kentucky), September 18, 1966
70 「前任捉刀人反戈一擊，」：Mary McGrory, Star-Tribune (Minneapolis), September 26, 1966
71 「刻意說謊，扭曲事實」：Speech by RNG at the National Board meeting of Americans for Democratic Action, September 17–18, 1966, Washington, D.C., RNG Papers, DBC, UT.
72 「我並不覺得特別開心，」：RNG, RA, p. 467
73 「這就像被自己養的狗咬了一口。」：Charles Bartlett, Express and News (San Antonio, Texas), September 24, 1966
74 「總統先生，」：RNG to LBJ, June 2, 1965, RNG Papers, DBC, UT.
75 所謂的背叛指控，「源自於錯誤的假設……」：RNG, “The Duty of Loyalty,” RNG Papers, DBC, UT.
76 「親愛的迪克，」：JBK to RNG, July 13, 1966, RNG Papers DBC, UT.
77 「我現在就處在文學社群中」：RNG to Cuomo, Summer 1966, RNG Papers, DBC, UT.
78 「真是諷刺，你一邊想著可能會溺水」：RNG Diary, May 25, 1967, RNG Papers, DBC, UT.
79 非經賈姬與巴比點頭，書稿不得面世：Sam Kashner, “A Clash of Camelots,” Vanity Fair, October 2009, p. 10
80 「這又是一部大師鉅作」：William Manchester, Controversy: And Other Essays in Journalism, 1950–1975 (Boston: Little, Brown, 1976), p. 17
81 古斯曼和席根塔勒提出了上百處的潤飾與刪減：Ibid., p. 19
82 「甘迺迪家族不會對本書」：Manchester, Controversy, p. 25
83 「我原以為，它會被裝幀成黑色封皮」：Kashner, “A Clash of Camelots,” p. 1
84 她恨不得一切都能消失：Barbara Leaming, Jacqueline Bouvier Kennedy Onassis (New York: St. Martin’s, 2014), pp. 204–5
85 「發表一份措辭強烈的聲明」：RNG Diary, October 16, 1966, RNG Papers, DBC, UT.
86 「文學經紀人」：Manchester, Controversy, p. 35
87 「在與賈姬的衝突開始後，」：Garry Wills, Nixon Agonistes (New York: New

American Library, 1969), p. 457
88 「但是，我們什麼事都做不了。」：RNG Diary, October 16, 1966, RNG Papers, DBC, UT.
89 「我們希望刪除關於賈姬」：Ibid.
90 「力求在公平，細心地考量各方感受」：Manchester, Controversy, p. 59
91 「實屬可怕的錯誤」：Schlesinger, Robert Kennedy in His Times, p. 762
92 「歷史屬於所有人，」：New York Times, December 16, 1966
93 哈里斯民意調查：Kashner, "A Clash of Camelots," p. 34
94 「小瓢蟲和我讀到您對曼徹斯特書籍」：LBJ to JBK, December 16, 1966, quoted in Leaming, Jacqueline Bouvier Kennedy Onassis, pp. 214–15
95 「賈姬在書籍爭議中大獲全勝」：Kashner, "A Clash of Camelots," p. 27
96 「我們現在面對的，不再是那位獻身……」：Baltimore Evening Sun, December 21, 1966
97 「看到這場可怕風波帶給所有人的不幸」：Leaming, Jacqueline Bouvier Kennedy Onassis, p. 215
98 「我極力壓抑，試圖遺忘的怒火」：Ibid., p. 220
99 曼徹斯特……最大捐贈者：Manchester, Controversy, pp. 75–76
100 美國對北越的轟炸量，超過了二次大戰：www.globalsecurity.org/military/ops/VNZ/escalation.htm.
101 民主黨一次丟失眾議院四十七席：CQ Almanac, 1966, https://library.cqpress.com/cqalmanac/document.php?id=cqal66-1299950
102 「美國外交政策史上代價最高的錯誤」：Remarks, RNG, Boston, November 9, 1967, RNG Papers, DBC, UT.
103 迪克在他撰寫的〈忠誠的義務〉：RNG, RNG Papers, DBC, UT.
104 「這個國家現在落在歷史上最危險」：RNG Diary, October 16, 1966, RNG Papers, DBC, UT.
105 「對他最不利的，不是戰爭或通貨膨脹」：Ibid.
106 這三名「流亡政府」的「正式成員」：Richard Neuweiler, "President's Advisor: An Interview with RNG," Status, February 1967
107 「你和史列辛格都是殺人兇手，」：RNG, RA, p. 458
108 當聽到魯斯克指責稱「曾在甘迺迪……」：RNG, "The Duty of Loyalty," RNG Papers, DBC, UT.
109 「如果再表態一次，」：Newfield quoting RFK, in Schlesinger, Robert Kennedy in His Times, p. 764
110 來到「關鍵轉捩點」：Excerpts from RFK speech, New York Times, March 3, 1967
111 數名至親好友皆力勸他保持緘默：Jack Newfield, Robert Kennedy: A Memoir (New York: E. P. Dutton, 1969), p. 213
112 「務必強調是來自紐約」：Schlesinger, Robert Kennedy in His Times, p. 771
113 「平靜卻略帶緊張的語調」：Newfield, Robert Kennedy, p. 150
114 「如果需要追究錯誤或責任」：Excerpts from RFK speech, New York Times, March 3, 1967
115 「唯一公開承認自己：Schlesinger, Robert Kennedy in His Times, p. 773
116 戰爭的「恐懼」：Ibid., p. 773
117 「轟炸行動有效，」：The News Manager, March 4, 1967
118 轟炸對「美國戰略至關重要」：Miami Herald, March 4, 1967
119 「詹森是對的，巴比錯了。」：Schlesinger, Robert Kennedy in his Times, p. 774
120 此時正是「分水嶺」：Newfield, Robert Kennedy, p. 152
121 之後，我和研究生同學兼好友桑迪：Author interview with Sanford "Sandy" Levinson.
122 所有高級顧問都勸阻他不要這麼做：Branch, At Canaan's Edge, p. 584
123 「我的良心不容許我有其他選擇」：Martin Luther King, Jr., "Beyond Vietnam, Time to Break Silence," American Rhetoric, https://www.americanrhetoric.com/speeches/mlkatimetobreaksilence.htm.
124 「猛烈的批評聲浪」：Kotz, Judgment Days, pp. 375–76
125 「重大戰術錯誤」：Darius S. Jhabvala, "Bunche, King Resolve Spat," Boston Globe, April 14, 1967
126 「諷刺的是，」：Kotz, Judgment Days, p. 383
127 「深受打擊」：Ibid.
128 橫幅上寫著「做愛，不作戰」：The Times (Shreveport, Louisiana), April 16, 1967; Time, April 21, 1967; Star-Tribune (Minneapolis), April 16, 1967; Branch, At Canaan' s Edge, pp. 599–60
129 他表示，今日前來：Address by Martin Luther King, Jr., "Mobilization Against the War in Vietnam," April 15, 1967 Philadelphia Inquirer, April 16, 1967
130 「我們在電視上出現幾分鐘」：Anderson Sunday Herald (Indiana), March 27, 1966
131 「將這場遊行所展現的廣大民意，」：Doris Kearns and Sanford Levinson, "How to Remove LBJ in 1968," The New Republic, May 13, 1968
132 我得知自己進入白宮學者計畫決選名單：Selection process author interview with

White House Fellows colleague Tim Wirth, former senator from Colorado.
133「你們哈佛的男生會跳舞嗎?」：LJAD, p. 2
134「這份文件還是由你親自交給總統比較好，」：Author interview with Tom Johnson.
135「剛被任命的白宮學者桃莉絲……」：PDD, May 8, 1967
136「我沒有權力赦免任何人，」：Author interview with Sandy Levinson.
137「總統和參議員羅素正在討論」：PDD, May 12, 1967
138「基恩斯女士能夠獲選，」：Boston Globe, May 12, 1967
139「我實在看不出這篇文章」：Ibid.
140「她狠狠批評詹森」：Miami Herald, May 13, 1967
141「詹森選中的助理」：Boston Globe, May 12, 1967
142「金髮美女批評詹森」：Philadelphia Inquirer, September 14, 1968
143「讓她來這裡待一年」：This was the word I received from members of the White House staff.
144「曾有兩三年的時間，我與詹森關係很密切」：Transcript, Scott Simon, Weekend Edition, NPR, December 20, 2008
145「你義憤填膺地發表對戰爭的看法」：Author interview with Tim Wirth.

第十一章 風雲變色

1 記者與學生們不斷逼問羅伯特：vanden Heuvel and Gwirtzman, On His Own, p. 282
2「古德溫逢人便說」：Lewis Chester, Godfrey Hodgson, and Bruce Page, An American Melodrama: The Presidential Campaign of 1968 (New York: Viking, 1969), p. 78
3「政治自殺」：Thomas, Robert Kennedy, p. 354
4 新罕布夏州的內部民調：Jules Witcover, 85 Days: The Last Campaign of Robert Kennedy (New York: Putnam, 1969), p. 18
5「倒詹森」：Lawrence O' Donnell, Playing with Fire: The 1968 Election and the Transformation of American Politics (New York: Penguin, 2018), pp. 53, 87, 88
6 麥高文因一九六八年打算競選連任：vanden Heuvel and Gwirtzman, On His Own, p. 276
7「我認為應該由巴比來做這件事。」：Witcover, 85 Days, p. 13
8「我根本不需要做任何事」：Ibid., p. 19
9「願意借助我的勢頭，這既不違法」：O' Donnell, Playing with Fire, p. 101
10「他們是極為相似的人」：RNG, RA, p. 433
11 這場十二月「辯論」：Theodore H. White, The Making of the President 1968 (New York: HarperCollins e-book, 2010), p. 184; Boston Globe, April 5, 1968
12「如果麥卡錫在初選中」：Schlesinger, Journals, December 10, 1967, p. 268
13「如果稍有成績，」：Ibid., p. 269
14「你宣布爭取提名，」：RNG to RFK, December 10, 1967, RNG Papers, DBC, UT.
15「巴比想要靠初選來贏得總統提名」：Sorensen, Counselor, pp. 453–54
16「詹森肯定會連任，」：Schlesinger, Journals, December 10, 1967, p. 267
17「到目前為止，討論的焦點」：Ibid., p. 268
18 survey of political leaders: Witcover, 85 Days, p. 53
19 對關鍵州政治領袖的調查：Ibid., p. 24
20「我已經告訴勸我參選的……」：Newfield, Robert Kennedy, p. 223
21「徹底顛覆所有人的預期與信念」：RNG, RA, pp. 484–85
22「只要巴比這次不參選，」：Notes of conversation with Ted Kennedy on February 13, 1968, RNG Files, RFK Papers, JFKL.
23「支持度就是不夠。」：RNG, OH, RFK Papers, JFKL; Witcover, 85 Days, p. 34
24「如果你不參選，那我大概會」：RNG, OH, RFK Papers, JFKL.
25「我們當時手忙腳亂的，」：Seymour Hersh, Reporter: A Memoir (New York: Vintage, 2018), pp. 80–81
26「我記得和麥卡錫走進」：RNG, OH, McCarthy, RNG Papers, DBC, UT.
27「你就是迪克．古德溫！」：RNG, RA, pp. 493–94
28「迪克的到來意義非凡，」：Author interview with Mary Lou Oates.
29「我與新罕布夏州的孩子們」：RNG, RA, p. 495
30「不像甘迺迪式的同袍弟兄」：Ibid.
31「親切的鄰家男孩」：Ibid., p. 496
32「將能重拾對話」：Jeremy Larner, Nobody Knows: Reflections on the McCarthy Campaign of 1968 (New York: Macmillan, 1970), p. 38
33「這些麥卡錫的年輕人熱愛麥卡錫」：Ibid.
34「雜亂無章，滿是文件」：White, The Making of the President 1968, p. 95
35「他那張醜陋卻令人無法忽視」：Abigail McCarthy, Private Places, Public Places (New York: Doubleday, 1972), p. 38
36「甚至不自稱為總統候選人」：RNG, OH, McCarthy, RNG Papers, DBC, UT.
37「總是在行動，」：Larner, Nobody Knows, p. 39
38「這場競選只有一個核心議題」：RNG Files, RFK Papers, JFKL.
39「我把它們還有大部分的素材」：RNG, OH, McCarthy, RNG Papers, DBC, UT.

40 「他是我合作過的第一位」：RNG, RA, p. 504
41 「當選民透過電視看到麥卡錫」：RNG, OH, McCarthy, RNG Papers, DBC, UT.
42 「因為有錢人通常不願」：RNG, RA, p. 501
43 「別擔心，迪克，」：Ibid., p. 510
44 「想像一下，當你在星期三早晨」：Newfield, Robert Kennedy, p. 236
45 「這則精采絕倫的廣告是古德溫設計的」：Ibid.
46 "I「每一寸空間都被占滿，」：RNG, RA, p. 511
47 「他揮手向群眾致意，」」：Ibid., p. 512
48 「人們說，這場競選讓年輕人」：Chester, Hodgson, and Page, An American Melodrama, p. 100
49 「我正在重新評估挑戰詹森」： Witcover, 85 Days, pp. 48–49
50 「至少我們終於可以付清」：White, The Making of the President 1968, p. 102
51 「那個笑容滿面的男人不知道」：Ibid., p. 103
52 「巴比連二十四小時的勝利」：Boston Globe, March 14, 1968
53 「新罕布夏州初選後，我們醒來時」：White, The Making of the President 1968, p. 103
54 「如果這一刻真的來臨，」：RNG, OH, McCarthy, RNG Papers, DBC, UT.
55 巴比曾要求弟弟泰德告知麥卡錫：Witcover, 85 Days, p. 89
56 「很快就厭倦了，」：Hersh, Reporter, p. 81
57 「我不想讓他覺得，」：RNG, OH, McCarthy, RNG Papers, DBC, UT.
58 「那你告訴他，我本來」：RNG, RA, p. 508
59 「我參選，不是為了反對誰」：White, The Making of the President 1968, p. 194
60 「他原本擔心參選會被指責」：Newfield, Robert Kennedy, p. 231
61 「我希望你能陪我一起。」：RNG, RA, p. 518
62 「聽著，」：Ibid., p. 520
63 赫許得知此事後「激動得發狂」：Hersh, Reporter, pp. 87–88
64 「你知道我認為巴比的結局」：Schlesinger, Journals, April 3, 1968, p. 286
65 「加州首日行程結束時，」：Jimmy Breslin, "The Inheritance," Los Angeles Times, April 14, 1968
66 「我們的策略，」：Newfield, Robert Kennedy, p. 253
67 想起有位英國訪客曾說，他在美國見過：DKG, The Bully Pulpit: Theodore Roosevelt, William Howard Taft, and the Golden Age of Journalism (New York: Simon & Schuster, 2013), p. 5
68 據傳，每當老羅斯福現身時：Ibid., p. 204
69 「在所有深度投入麥卡錫」：White, The Making of the President 1968, p. 142
70 「當時的詹森如一名馴服……」：Ibid.
71 七家主要報紙：LJAD, p. 336
72 「我感覺置身於失控的……」：DKG/LBJ, LJAD, p. 343
73 「他夢見自己在一條河中奮力游泳」：Ibid., p. 344
74 詹森的越戰高級顧問團隊：Ibid., p. 345
75 「倦容消失了，他的舉止沉穩」：White, The Making of the President 1968, pp. 142, 143
76 「擲骰子搏一把」：Horace Busby, The Thirty-first of March: An Intimate Portrait of Lyndon Johnson's Final Days in Office (New York: Farrar, Straus & Giroux, 2005), p. 7
77 「我想離開這個牢籠。」：Ibid., p. 194
78 「今晚，我想與你們談談」：March 31, 1968, Lyndon B. Johnson, The President's Address to the Nation upon Announcing His Decision to Halt the Bombing of North Vietnam. Online by Peters and Woolley, The American Presidency Project.
79 「就在這一刻，彷彿被電擊」：White, The Making of the President 1968, p. 143
80 「戰爭結束了！戰爭結束了！」：Green Bay Press Gazette (Wisconsin), April 1, 1968
81 哈里斯民調顯示：Pasadena Independent (California), April 9, 1968
82 「愛國精神的極致展現」」：Columbia Record (North Carolina), April 4, 1968
83 「將原則置於個人野心之上」：Ron Elvin, "Remembering 1968: LBJ Surprises Nation with Announcement He Wouldn't Seek Re-Election," March 25, 2018, WBUR, https://www.wbur.org/npr/596805375/president-johnson-made-a-bombshell-announcement-50- years-ago.
84 「振奮人心的行動，完美詮釋」：Tampa Tribune, April 2, 1968
85 「這是他長達三十七年的」：Gazette Reader (Cedar Rapids, Iowa), April 1, 1968
86 「以國家團結為名，做出了個人的犧牲」：Califano, The Triumph and Tragedy, p. 270
87 「極度憂慮」：Jonathan Eig, King: A Life (New York: Farrar, Straus & Giroux, 2022), p. 538
88 「即使是面臨武力鎮壓，」：Clayborne Carson, ed., The Autobiography of Martin Luther King, Jr. (New York: Hachette, 1998), p. 347
89 「他的第一反應，」：Kotz, Judgment Days, p. 411
90 「三顆星的撞球局」：Capital Times (Madison, Wisconsin), April 3, 1968
91 「你知道草原大火和沼澤大火」：Ibid.
92 迪克信守承諾：Boston Globe, March 28, 1968; RNG notes for talk with McCarthy, RNG Papers, DBC, UT.
93 「迎來了他總統任內，」：Busby, The Thirty-first of March, p. 207

94 「河內準備談判」：PDD, April 3, 1968
95 「或許，真正的突破」：LBJ, VP, p. 173
96 「神采飛揚」："Death Saddens LBJ," Spokesman Review (Spokane, Washington), April 5, 1968
97 聖派翠克大教堂：PDD, April 4, 1968
98 「河內的回應，」：Ibid.
99 「光是三大電視網，」：Honolulu Star-Bulletin, April 4, 1968
100 「那天，世界在我眼中」：LBJ, VP, p. 174
101 「馬丁・路德・金恩遭到槍擊」：PDD, April 4, 1968
102 「留下怵目驚心的大洞」：Urbana Daily Citizen (Ohio), April 5, 1968
103 在洛林汽車旅館：Kotz, Judgment Days, p. 414
104 「金恩博士生前奉行的正是非暴力」："Text of Johnson Statement," Lewiston Daily Sun (Maine), April 5, 1968
105 「我們過去幾天的所有進展」：Califano, The Triumph and Tragedy, p. 274
106 「這一周累積的喜悅，」：Busby, The Thirty-first of March, p. 35
107 「過去四天，我們被各種情緒」：Lady Bird Johnson, A White House Diary, p. 648
108 「詭異而寂靜」的晚餐：Ibid.
109 「看在上帝的份上」：Busby, The Thirty-first of March, pp. 235–36
110 人潮開始湧聚：Clay Risen, A Nation on Fire: America in the Wake of the King Assassination (New York: Wiley, 2009), pp. 55–58, 63–67
111 「幾分鐘內，彷彿……」：Ibid., p. 67; New York Times, April 15, 1968
112 詹森緊急召集：LBJ, VP, p. 175
113 正忙於印第安納州五月七日：Risen, A Nation on Fire, p. 50
114 「我有個不幸的消息」：Statement by RFK on Assassination of Martin Luther King, April 4, 1968, JFKL.
115 離開前，巴比要求將集會：Risen, A Nation on Fire, p. 51
116 詹森走進內閣會議室：LBJ, VP, p. 175
117 「如果我是哈林區的孩子，」：Busby, The Thirty-first of March, p. 238
118 「趁這個機會」：LBJ, VP, p. 176
119 「即便是國會中一向支持民權的議員」：Califano, The Triumph and Tragedy, p. 276
120 「如果沒有國會的道德授權」：LBJ, VP, p. 177
121 詹森將話題交給在場的民權領袖：Risen, A Nation on Fire, pp. 89–90
122 詹森與民權領袖們一同現身白宮記者會："Address to the Nation upon Proclaiming a Day of Mourning," April 5, 1968, Lyndon B. Johnson, Statement by the President on the Assassination of Dr. Martin Luther King, Jr. Online by Peters and Woolley, The American Presidency Project.
123 「成敗就看這場演說了。」：Califano, The Triumph and Tragedy, pp. 278–79
124 華盛頓陷入混亂：Risen, Nation on Fire, pp. 117, 127
125 「我們正走向兩個社會」：Clyde Haberman, "The Kerner Commission Report Still Echoes, Across America," New York Times, June 23, 2020
126 詹森似乎對評估結果頗為不滿：Justin Driver, "The Report on Race That Shook America," The Atlantic, May 2018
127 資金來源：LJAD, p. 4
128 迪克到達的時候，發現麥卡錫：RNG, OH, McCarthy, RNG Papers, DBC, UT.
129 「氣氛出奇地和諧。」：RNG, RA, p. 527
130 「在麥卡錫競選團隊中」：Boston Globe, April 12, 1968
131 「當眾議院議長麥科馬克宣布表決」：Los Angeles Times, April 11, 1968
132 但它依然成功消除了美國八成住宅：Boston Globe, April 11, 1968
133 「我擔任總統以來最自豪的時刻，」：Kotz, Judgment Days, p. 429
134 在白宮舉辦的白宮學者歡迎招待會上：PDD, May 6, 1968
135 說總統要在橢圓形辦公室見我：PDD, May 15, 1968
136 總統正埋首簽署文件：PDD, May 15, 1968
137 「你先前說，我不該出現在競選名單上」：DKG/LBJ, LJAD, p. 5
138 不久前造訪前總統杜魯門：Springfield News Leader (Missouri), May 4, 1968
139 「我真希望自己也能」：LJAD, p. 349
140 巴比曾對朋友透露：RNG, RA, p. 520
141 「極難界定」：Ward Just, Tampa Bay Tribune, July 1, 1968
142 「如果他們還在等我」：Witcover, 85 Days, p. 145
143 「你們想要誰當總統？」：White, The Making of the President 1968, p. 199
144 壓倒性勝利：Newfield, Robert Kennedy, p. 290
145 描述：「他微笑著走過擁擠的機艙」：Capital Journal (Salem, Oregon), May 29, 1968
146 「我們一直知道，我們有……」：Ibid.
147 「奧勒岡州的選民非常公正」：The World (Casco Bay, Oregon), May 29, 1968
148 「抱歉，我讓你們……」：Newfield, Robert Kennedy, p. 299
149 「現在我沒什麼立場再說，」：RNG, RA, p. 533
150 「這當然不是今天」：Newfield, Robert Kennedy, p. 298
151 「因為現在的我，已經不是」：Los Angeles Times, May 30, 1968
152 獻上熱烈歡迎：Capitol Journal (Salem, Oregon), May 30, 1968

153 洛杉磯郡的民主黨選民數量：Progress Bulletin (Pomona, California), May 31, 1968
154 甘迺迪顯然被這沸騰的迎接場面所鼓舞：LA Evening Citizens News, May 30, 1968
155 「如果我在奧勒岡已經死了」：Capital Journal (Salem, Oregon), May 30, 1968
156 將士紀念日周末：PDD, May 29–June 3, 1968
157 「那個詭異的傢伙」：LJAD, p. 332 briefing sessions: Witcover, 85 Days, p. 200
158 自信滿滿的麥卡錫，前一晚：Ibid.; Schlesinger, Robert Kennedy and His Times, p. 911
159 「你面前這位可是科圖拉小學」：DKG/LBJ notes, "Last Nine Months," in author's possession.
160 最後一天，巴比行程緊湊：Newfield, Robert Kennedy, pp. 315–16
161 位於馬里布（Malibu）的海濱別墅：RNG, "A Day in June," McCall's Magazine, June 1970
162 「如果能把加州的支持率從百分之四十九」：White, The Making of the President 1968, p. 211
163 「當勝利的溫暖滋味湧上心頭」：Ibid., pp. 211–12
164 CBS更新預測：Los Angeles Times, June 5, 1968; White, The Making of the President 1968, p. 212
165 「幾乎無法抑制地喜上眉梢」：White, The Making of the President 1968, p. 212
166 「我必須甩掉麥卡錫。」：RNG, RA, p. 537
167 「我先下去發表演說，」：Ibid., p. 538
168 「災難總是猝不及防，：RNG Diary, May 25, 1967, RNG Papers, DBC, UT.
169 「如果你想向他道別，」：RNG, RA, p. 539
170 「總統先生，剛剛消息宣布」：PDD, June 6, 1968
171 「沒有什麼比這句話……」：DKG, "Last Nine Months," notes in author's possession.
172 「我相信我們可以終結美國的分裂」：Chester, Hodgson, and Page, An American Melodrama, p. 353

第十二章　結束與開始

1 我從白修德的報導得知：White, The Making of the President 1968, p. 361
2 「忙起來比以前更瘋狂了」：Larner, Nobody Knows, p. 159
3 詹森宣布不再競選連任後，越南和平談判：Dr. Jeffrey Michaels, "Stuck in Endless Preliminaries: Vietnam and the Battle of the Paris Peace Table," November 1968–January 1969
4 遭到一連串譏諷文章針對：Daniel Yergin, "How Dick Goodwin Got Away," New York, July 22, 1968
5 「古德溫永遠是伊阿古」：Garry Wills, Nixon Agonistes (New York: New American Library, 1969), p. 458
6 「古德溫就像個職業棒球選手，」：Yergin, "How Dick Goodwin Got Away."
7 「在芝加哥這個夏季緊繃的氛圍中，」：Boston Globe, August 13, 1968
8 「不是為了遊行抗議，」：RNG, Unpublished Recollections of the Convention, RNG Papers, DBC, UT.
9 「已經確定會獲得總統提名了」：Boston Globe, August 29, 1968
10 「無條件停止所有轟炸」：Boston Globe, August 28, 1968
11 「無疑是在白宮起草後，」：Tom Wicker, "Democrats Delay Fight on the Vietnam Plank; "Kennedy Rejects Draft," New York Times, August 29, 1968
12 「問題再清楚不過了。」：White, The Making of the President 1968, p. 323
13 一切都已安排就緒：Michael Kilian, "LBJ Birthday Party Ready Just in Case," Chicago Tribune, August 27, 1968; Bob Considine, "Guarded Birthday," San Francisco Examiner, August 27, 1968
14 「現在現身只會讓場面失控。」：RNG, RA, p. 6
15 和平條款……遭到否決：CBS Evening News for Wednesday, August 28, 1968, Convention / Vietnam Plank.
16 「是否派遣古德溫到……」：Richard Harwood, "McCarthy Workers Raided in Hotel," Washington Post, quoted in Boston Globe, August 31, 1968
17 但當三名抗議者試圖攀上旗桿：Norman Mailer, Miami and the Siege of Chicago (New York: Random House, 2016), Kindle edition.
18 「密西根大道頃刻間化為染血戰場」：Chicago Tribune, August 30, 1968
19 一輛警車衝破路障：O' Donnell, Playing with Fire, pp. 362–63, 365
20 設立臨時急救站：Ibid.; Chicago Tribune, August 29, 1968
21 「古德溫面容憔悴，」：Jack Newfield, Village Voice, September 5, 1968
22 弄來了上千支蠟燭：Ibid., p. 373; Norman Mailer, Some Honorable Men (Boston: Little, Brown, 1976), pp. 269–70
23 迪克設法徵用了一輛特勤局的豪華轎車：Larner, Nobody Knows, p. 181
24 「民主黨已經完了。」：White, The Making of the President 1968, p. 348
25 超過六百名代表加入了這場遊行：The Dispatch (Moline, Illinois), August 29, 1968
26 「我們不敢相信代表們……」：Wofford, Of Kennedys and Kings, p. 434
27 「這就是我的聲明。」：Meriden Journal (Connecticut), August 29, 1968

28 「在上樓的途中，」：Description of police action on the fifteenth floor: RNG, Unpublished Recollections of the Convention, RNG Papers, DBC, UT; Boston Globe, August 31, 1968
29 「完全沒有任何證據顯示，」：White, The Making of the President 1968, p. 360
30 「幫幫我們，古德溫先生」：Ibid., pp. 361–62
31 「我清楚自己的官威有多麼脆弱，」：RNG, Unpublished Recollections of the Convention, RNG Papers, DBC, UT.
32 各種衝突導致超過三百人傷亡：Lee Hudson, "Looking Back at the 1968 Demo. Nat. Convention," Politico, April 11, 2023; James R. Peipert, "AP Was There: Protesters Fight Chicago Police, Guardsmen," August 27, 2018
33 蓋洛普民調顯示：Jefferson City Post-Tribune, (MO), September 16, 1968
34 「我個人對副總統頗有好感」：RNG to Larry O'Brien, October 15, 1968, RNG Papers, DBC, UT.
35 「值得承擔的風險」：Daily Herald (Provo, Utah), October 1, 1968
36 「這次演說最大的意義，」：White, The Making of the President 1968, p. 415
37 「受過高等教育，卻因無法施展抱負」：RNG to Larry O' Brien, October 15, 1968, RNG Papers, DBC, UT.
38 「冰層開始融化」：LBJ, VP, p. 515
39 「尼克森即將當選」：LBJ, VP, p. 551
40 一項證據來自尼克森駐南越代表陳香梅的訪談：Mark Updegrove, Indomitable Will: LBJ in the Presidency (New York: Crown, 2012), p. 308
41 「讓陳香梅繼續對南越施加影響。」：Peter Baker, New York Times, January 2, 2017
42 「如果巴黎和平談判……」：LBJ, VP, pp. 548–49
43 「沒問題。我給你安排德州大學的教職」：LJAD, p. xii.
44 一九六八年聖誕節假期：PDD, December 27, 1968, to January 3, 1969
45 白宮正處於政權交接的混亂之中：Arizona Republic (Phoenix), January 13, 1969
46 「我需要幫忙，」：LJAD, p. 13
47 告別晚宴在白宮：Interviews with Ervin Duggan, Jim Jones, PDD, January 19, 1969
48 「我們被濃濃的情感包圍，」：Lady Bird Johnson, A White House Diary, p. 774
49 「我們都明白，」：Califano, The Triumph and Tragedy, p. 335
50 「我不能這麼說，把這句話刪掉！」：DKG/LBJ, LJAD, p. 355
51 「別在意那些愚蠢的報導」：DKG/LBJ, LJAD, Foreword to 1991 edition (New York: St. Martins, 1991), p. xx.
52 「這些話，我不希望你告訴任何人」：DKG/LJAD, p. 18
53 晚上十一點走進病房時：Unprocessed Post-Presidential Daily Diary (Box 2, March 12–15, 1970). Courtesy of Ian-Frederick Rothwell and Jenna De Graffenried.
54 「我已經是個老頭子了，」：Leo Janos, "The Last Days of the President: LBJ in Retirement," The Atlantic (July 1973).
55 「那裡的人們，正如父親曾告訴我的，」：LJAD, p. 352
56 「一陣陣尖銳、劇烈的胸痛」：Janos, "The Last Days of the President: LBJ in Retirement."
57 「林登前一晚身體狀況極差」：Merle Miller, Lyndon: An Oral Autobiography (New York: Putnam, 1980), p. 600
58 「天氣寒冷，路面結冰，」：Ibid., p. 599
59 「他知道自己正在耗費生命」：Hugh Sidey, "The Presidency," Life, December 29, 1972, p. 16
60 過去三十年來在民權運動中舉足輕重的領袖們：Harry Middleton, "The Lion in Winter: Johnson in Retirement," in Thomas W. Cowger and Sherman J. Markman, eds., Lyndon Johnson Remembered: An Intimate Portrait of a Presidency (Lanham, MD: Rowman & Littlefield, 2003), p. 155
61 「曾幾何時，我們曾擁有一位行動果決」：Ibid., p. 156
62 「這座圖書館收藏了超過三千一百萬份文件」："Lyndon Baines Johnson Civil Rights Symposium Address," December 12, 1972, "American Rhetoric," Online Speech Bank, Lyndon Baines Johnson Library, Austin, TX.
63 因心臟病驟然辭世：LJAD, p. 366; New York Times, January 23, 1973

第十三章　我們的護身符

1 「卻幾乎毫無建樹。」：LTT, p. 310
2 「但外交政策可能要了我們的命。」：Updegrove, Incomparable Grace, p. 83
3 「你知道嗎，林登，」：Dallek, Flawed Giant, p. 21
4 「我們選擇在這個十年內登陸月球」：September 12, 1962, John F. Kennedy, Address at Rice University.
5 「詹森對美國登月並安全返回地球的貢獻，無人能及。」：Jeff Shesol, "Lyndon Johnson's Unsung Role in Sending America to the Moon," The New Yorker, July 20, 2019
6 「登月計畫之父」：Ibid.
7 「一位毫不妥協的理想主義者與堅定不移的愛國者」：Review statements on back cover of RNG, Promises to Keep (New York: Times Books, 1992).

8 八〇年代，他在《洛杉磯時報》的專欄中：Los Angeles Times, October 24, 1985
9 到了九〇年代，他呼籲對政治體制進行大刀闊斧的改革：RNG, Promises to Keep, pp. 15, 37, 43, 44
10 「縱容暴力，庇護罪犯」：Edmund Muskie, "Election Eve speech, November 2, 1970," https/scarab/bates.edu/msp/2s.
11 「將近一個半世紀前，」：RNG, RNG Papers, DBC, UT.
12 「在這即將結束的，豐收與晴朗的一年：Transcript of Abraham Lincoln's Thanksgiving Proclamation, October 3, 1863
13 「我又變年輕了！看看我這平坦的肚子！」：LTT, p. 358
14 「雖然無法喚回那時光」：William Wordsworth, "Ode: Intimations of Immortality," https/wwwpoetryfoundation.org.

終章

1 「憂傷追不上疾馳得夠快的騎士」：Quoted in LTT, p. 128
2 決定搬離我們的家： DKG, Wait Till Next Year: A Memoir (New York: Simon & Schuster, 1997), p. 246
3 已過去了約六十年，那段「活生生的歷史」：Abraham Lincoln Address Before the Young Man' s Lyceum, January 23, 1837, Online by Peters and Woolley, The American Presidency Project.

圖片來源

4 Photo by Abbie Rowe / courtesy of John F. Kennedy Library

6 Photo by Abbie Rowe / courtesy of John F. Kennedy Library

7 Photo by Yoichi Okamoto / courtesy of LBJ Library

8 Richard N. Goodwin Papers, The Dolph Briscoe Center for American History, The University of Texas at Austin

9 Photo by Yoichi Okamoto / courtesy of LBJ Library

11 Photo by Yoichi Okamoto / courtesy of LBJ Library

12 Photo by Frank Wolfe / courtesy of LBJ Library

from 159

無盡之愛

站在總統身後的那對夫婦，與他們親歷的60年代白宮風雲

An Unfinished Love Story: A Personal History of the 1960s

作者：桃莉絲‧基恩斯‧古德溫Doris Kearns Goodwin
譯者：蔡媖嫣
責任編輯：張晁銘
美術設計：許慈力
校對：李亞臻
內頁排版：蔡煒燁

出版者：大塊文化出版股份有限公司
台北市105022南京東路四段25號11樓
www.locuspublishing.com
讀者服務專線：0800-006689
TEL：(02)87123898
FAX：(02)87123897
郵撥帳號：18955675
戶名：大塊文化出版股份有限公司
法律顧問：董安丹律師、顧慕堯律師

印務統籌：大製造股份有限公司
總經銷：大和書報圖書股份有限公司
新北市新莊區五工五路2號
TEL：(02) 89902588 FAX：(02) 22901658

初版一刷：2025年5月
定價：新台幣680元
ISBN：978-626-7594-90-2
Printed in Taiwan

國家圖書館出版品預行編目（CIP）資料

無盡之愛：站在總統身後的那對夫婦，與他們親歷的60年代白宮風雲/桃莉絲．基恩斯．古德溫（Doris Kearns Goodwin）著;蔡娪嫣 譯. -- 初版. -- 臺北市：大塊文化出版股份有限公司, 2025.5

面； 公分. -- (from ; 159)

譯自：An Unfinished Love Story: A Personal History of the 1960s

ISBN 978-626-7594-90-2(平裝)

1.CST: 古德溫(Goodwin, Doris Kearns.) 2.CST: 古德溫(Goodwin, Richard N.) 3.CST: 傳記 4.CST: 美國

785.21 114004204

一九五七至一九五八年《哈佛法律評論》的成員合照。迪克坐在中間，手握主編權杖。最右邊是金斯伯格（Ruth Bader Ginsburg）；最左邊是柏克斯利（Nancy Boxley），她們是六十位成員中僅有的兩位女性。

Photo by Alfred Brown / courtesy of Harvard Law School Library, Historical & Special Collections

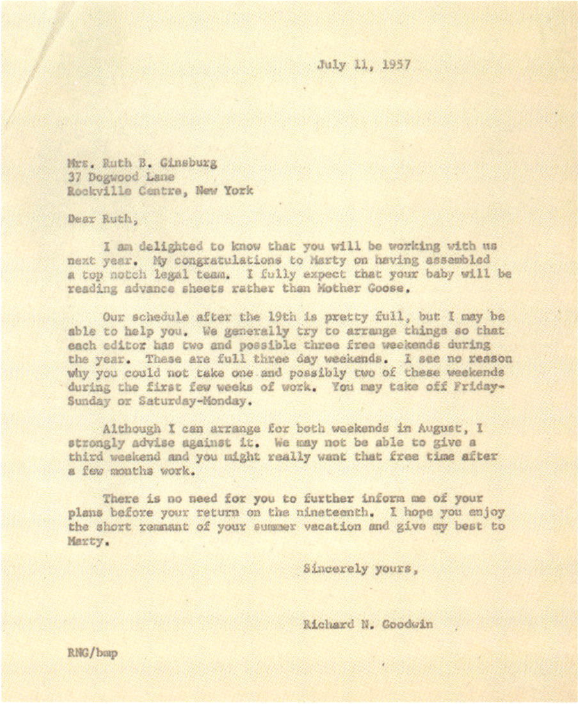

July 11, 1957

Mrs. Ruth B. Ginsburg
37 Dogwood Lane
Rockville Centre, New York

Dear Ruth,

I am delighted to know that you will be working with us next year. My congratulations to Marty on having assembled a top notch legal team. I fully expect that your baby will be reading advance sheets rather than Mother Goose.

Our schedule after the 19th is pretty full, but I may be able to help you. We generally try to arrange things so that each editor has two and possible three free weekends during the year. These are full three day weekends. I see no reason why you could not take one and possibly two of these weekends during the first few weeks of work. You may take off Friday-Sunday or Saturday-Monday.

Although I can arrange for both weekends in August, I strongly advise against it. We may not be able to give a third weekend and you might really want that free time after a few months work.

There is no need for you to further inform me of your plans before your return on the nineteenth. I hope you enjoy the short remnant of your summer vacation and give my best to Marty.

Sincerely yours,

Richard N. Goodwin

RNG/bmp

這封迪克寫給金斯伯格的信掛在《哈佛法律評論》的根據地甘尼特書院的牆上。在信中，迪克試圖幫助金斯伯格在《法律評論》的工作和她年幼孩子的照顧上取得平衡。

Photo by Pearson Goodman ／ Richard N. Goodwin Papers , The Dolph Briscoe Center for American History, The University of Texas at Austin

當迪克被選為大法官法蘭克福特的司法助理時，他談到了自己的「幸運」，法蘭克福特是一位溫暖又博學多聞的人，眾所周知，他特別關心自己的助理。）一九五九年六月三十日）

Photo by Harris & Ewing Richard N. Goodwin Papers , The Dolph Briscoe Center for American History, The University of Texas at Austin

一九六〇年在洛杉磯舉行的民主黨大會上，甘迺迪參議員向代表們發言，甘迺迪－詹森的勝選組合就此誕生。（一九六〇年七月十四日）

courtesy of John F. Kennedy Library

迪克站在司法部長巴比和甘迺迪總統之間，所有人的視線都集中在黑白電視螢幕上，觀看太空人謝潑德的首次次軌道飛行。人物從左至右：總統海軍助理小塔茲韋爾上校（Tazewell T. Shepard Jr）、副總統詹森、國防部國際安全事務助理部長保羅（Paul Nitze）、白宮特別助理史列辛格。（一九六一年五月）

courtesy of John F. Kennedy Library

這個鑲嵌著色彩鮮豔的古巴徽章的雪茄盒，是切·格瓦拉在烏拉圭東岬舉辦的「爭取進步聯盟」會議上贈送給迪克的，它將引發一系列傷及迪克職涯的事件。（一九六一年八月）

Richard N. Goodwin Papers , The Dolph Briscoe Center for American History, The University of Texas at Austin

甘迺迪總統和第一夫人賈桂琳在一場光彩奪目的晚宴上與諾貝爾獎得主合影。（一九六二年四月二十九日）

Photo by Abbie Rowe / courtesy of John F. Kennedy Library

甘迺迪總統遇刺後，詹森在空軍一號上宣誓就任總統。小瓢蟲夫人（Lady Bird）在左側，賈姬站在他身旁（右側）。（一九六三年十一月二十二日）

Photo by Cecil Stoughton / courtesy of LBJ Library

我二十歲那年和其他二十五萬人一起參加了華盛頓大遊行。我拿著一根手舉標語牌，上面印有：「天主教徒、新教徒與猶太人，團結奮鬥，爭取民權。」內心被眾志成城、前所未有的歸屬感深深觸動，這是我人生中最棒、最難忘的一天。（一九六三年八月二十八日）

Courtesy of U.S. National Archives and Records Administration

上：這是迪克撰寫的詹森總統於密西根大學畢業典禮演講稿初稿的幾頁，該演講被稱為「偉大社會」的演講。它向年輕的畢業生發出挑戰，「投身戰鬥，確保每位公民都享有上帝賦予的完全平等權利。」（一九六四年五月二十二日）

Richard N. Goodwin Papers , The Dolph Briscoe Center for American History, The University of Texas at Austin

下：詹森總統在密西根大學向八萬多名學生發表畢業典禮演講，這是該校首次透過電視轉播的畢業典禮演講。（一九六四年五月二十二日）

"President Lyndon Johnson, 1964 Commencement; BL012296." In the digital collection Bentley Historical Library: Bentley Image Bank. https://quod.lib.umich.edu/b/bhl/x-bl012296/bl012296. University of Michigan Library Digital Collections. Accessed April 13, 2025.

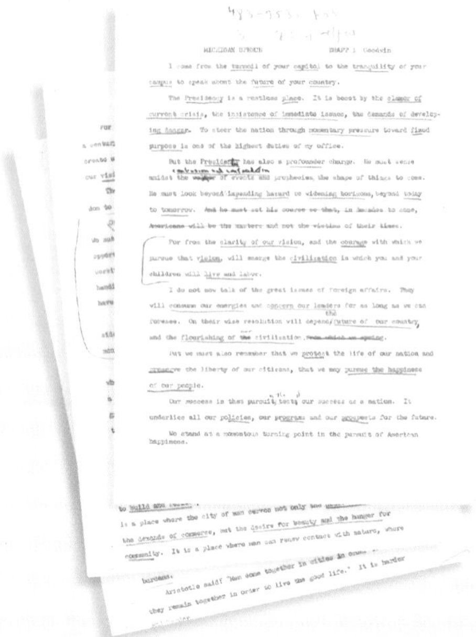

MICHIGAN SPEECH DRAFT 1 Goodwin

I come from the turmoil of your capital to the tranquility of your campus to speak about the future of your country.

The Presidency is a restless place. It is beset by the clamor of current crisis, the insistence of immediate issues, the demands of developing danger. To steer the nation through momentary pressure toward fixed purpose is one of the highest duties of my office.

But the Presidency has also a profounder charge. He must sense amidst the confusion and contradiction of events and prophecies the shape of things to come. He must look beyond impending hazard to widening horizons, beyond today to tomorrow. ~~And he must set his course so that, in decades to come, Americans will be the masters and not the victims of their times.~~

For from the clarity of our vision, and the courage with which we pursue that vision, will emerge the civilization in which you and your children will live and labor.

I do not now talk of the great issues of foreign affairs. They will consume our energies and concern our leaders for as long as we can foresee. On their wise resolution will depend the future of our country, and the flourishing of our civilization. ~~from which we spring~~.

But we must also remember that we protect the life of our nation and preserve the liberty of our citizens, that we may pursue the happiness of our people.

Our success in that pursuit tests our success as a nation. It underlies all our policies, our programs and our prospects for the future.

We stand at a momentous turning point in the pursuit of American happiness.

詹森總統在國會聯席會議上的演說中呼籲投票權，該演說後來被稱為「我們一定會勝利」演說。(一九六五年三月十五日)

Photo by Cecil Stoughton / courtesy of LBJ Library

阿拉巴馬州警，在塞爾瑪的愛德蒙佩特斯橋接近遊行的民權人士。右前方約翰 · 路易斯（John Lewis）與郝西 · 威廉斯（Hosea Williams）帶領的遊行隊伍。（一九六五年三月七日）

Photo by Spider Martin / The Spider Martin Civil Rights Collection

迪克和白宮助理莫耶斯在橢圓形辦公室越過詹森總統的辦公桌，端詳總統正在對演講草稿進行的修改。

Photo by Yoichi Okamoto / courtesy of LBJ Library

詹森在迪克撰寫演講稿時，短暫打斷了他的構思，提醒他參考早期一九二八年時，他在德州科圖拉的威爾豪森學校教過、關心過的年輕學子。

Courtesy of LBJ Library

上：詹森完成修改後，將稿子交回二人。（一九六五年五月四日）

Photo by Yoichi Okamoto / courtesy of LBJ Library

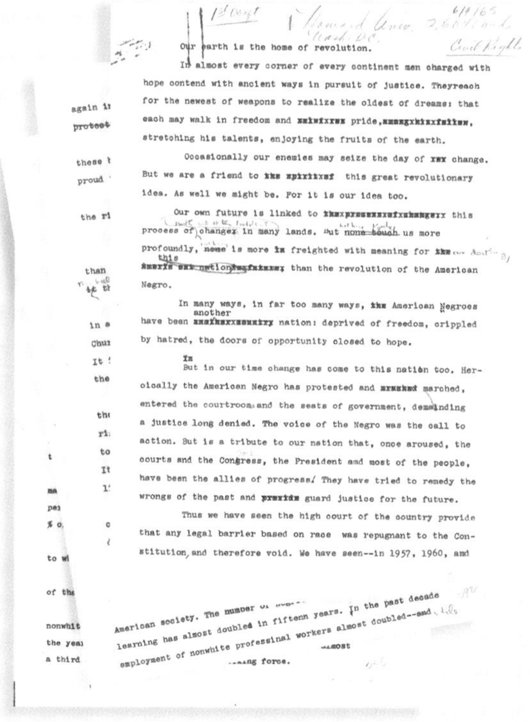

1st Draft

Our earth is the home of revolution.

In almost every corner of every continent men charged with hope contend with ancient ways in pursuit of justice. Theyreach for the newest of weapons to realize the oldest of dreams: that each may walk in freedom and pride, stretching his talents, enjoying the fruits of the earth.

Occasionally our enemies may seize the day of change. But we are a friend to this great revolutionary idea. As well we might be. For it is our idea too.

Our own future is linked to this process of change in many lands. But none touch us more profoundly, none is more freighted with meaning for this nation than the revolution of the American Negro.

In many ways, in far too many ways, American Negroes have been another nation: deprived of freedom, crippled by hatred, the doors of opportunity closed to hope.

But in our time change has come to this nation too. Heroically the American Negro has protested and marched, entered the courtrooms and the seats of government, demanding a justice long denied. The voice of the Negro was the call to action. But is a tribute to our nation that, once aroused, the courts and the Congress, the President and most of the people, have been the allies of progress. They have tried to remedy the wrongs of the past and guard justice for the future.

Thus we have seen the high court of the country provide that any legal barrier based on race was repugnant to the Constitution, and therefore void. We have seen--in 1957, 1960, and

American society. The number of ... In the past decade learning has almost doubled in fiftenn years. In the past decade employment of nonwhite professinal workers almost doubled--and ... almost ... force.

下：詹森在霍華德大學開創先河的畢業典禮演講稿，由迪克撰寫的初稿中的幾頁，在演講中，詹森奠定了民權運動的思想框架。（一九六五年六月四日）

Richard N. Goodwin Papers, The Dolph Briscoe Center for American History, The University of Texas at Austin

馬丁·路德·金恩在霍華德大學畢業典禮演講後發給詹森總統的電報：「從未有一位總統，能如此深刻有力地闡述種族正義的本質與範疇。」（一九六五年六月七日）

Richard N. Goodwin Papers , The Dolph Briscoe Center for American History, The University of Texas at Austin

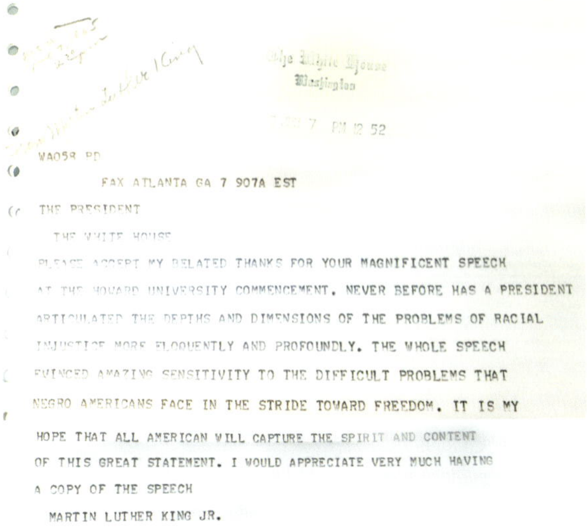

The White House
Washington

JUN 7 PM 12 52

WA059 PD

FAX ATLANTA GA 7 907A EST

THE PRESIDENT

THE WHITE HOUSE

PLEASE ACCEPT MY BELATED THANKS FOR YOUR MAGNIFICENT SPEECH AT THE HOWARD UNIVERSITY COMMENCEMENT. NEVER BEFORE HAS A PRESIDENT ARTICULATED THE DEPTHS AND DIMENSIONS OF THE PROBLEMS OF RACIAL INJUSTICE MORE ELOQUENTLY AND PROFOUNDLY. THE WHOLE SPEECH EVINCED AMAZING SENSITIVITY TO THE DIFFICULT PROBLEMS THAT NEGRO AMERICANS FACE IN THE STRIDE TOWARD FREEDOM. IT IS MY HOPE THAT ALL AMERICAN WILL CAPTURE THE SPIRIT AND CONTENT OF THIS GREAT STATEMENT. I WOULD APPRECIATE VERY MUCH HAVING A COPY OF THE SPEECH

MARTIN LUTHER KING JR.

詹森總統在橢圓形辦公室與助手和顧問討論越南問題。迪克的手臂擱在沙發上。（一九六五年七月二十七日）

Photo by Yoichi Okamoto / courtesy of LBJ Library

在煙霧繚繞的房間裡，迪克、莫耶斯和卡利法諾審閱詹森於一九六六年年國情咨文演講的草稿。（一九六六年一月十二日）

Photo by Yoichi Okamoto / courtesy of LBJ Library

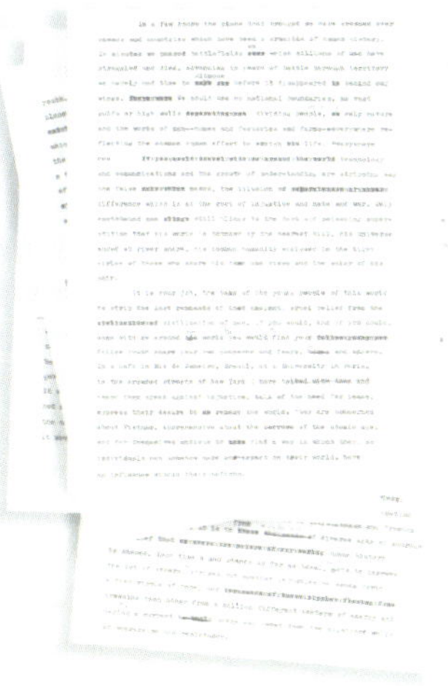

左：賈桂琳寫給迪克的信和信封，是她在夏威夷學習毛筆書法時用宣紙寫的。郵戳日期：一九六六年七月十三日。

Richard N. Goodwin Papers , The Dolph Briscoe Center for American History, The University of Texas at Austin

右：迪克為羅伯特在南非開普敦大學的「肯定日」活動演講所寫的草稿。在最後一頁的下方，可以看到「希望的漣漪」的字樣，它同樣刻在羅伯特的墓碑之上。（一九六六年六月六日）

Richard N. Goodwin Papers , The Dolph Briscoe Center for American History, The University of Texas at Austin

上：十六位白宮學者在進入白宮參加晚宴和跳舞慶祝我們入選之前，與詹森總統合影留念。我在總統左邊，身穿白色禮服，戴著手套。（一九六七年五月一日）

Photo by Yoichi Okamoto / courtesy of LBJ Library

下：三位白宮女學者與詹森總統，我們在背景中一邊談話一邊觀看詹森總統與他的狗Yuki一起嚎叫。左邊是芭芭拉（Barbara Currier）、右邊是貝琪（Betsy Levin），我在中間。（一九六七年十月二十六日）

Photo by Yoichi Okamoto / courtesy of LBJ Library

上：我和詹森總統與小瓢蟲夫人在一九六八年的幾張照片。我正式加入白宮工作之後，在橢圓形辦公室與詹森的合影。

Photo by Yoichi Okamoto / courtesy of LBJ Library

下：我和詹森總統與小瓢蟲夫人在一九六八年的幾張照片。我在招待會上接受總統頒發的證書。

Photo by Robert Knudsen / courtesy of LBJ Library

我和詹森總統與小瓢蟲夫人在一九六八年的幾張照片。我正與小瓢蟲夫人談話，他對我的好，我將永遠銘記於心。

Photo by Robert Knudsen / courtesy of LBJ Library

桃莉絲．基恩斯在白宮學者組織的一次活動，她被安排在詹森總統發言之後接著上台。（一九六八年十月二十九日）

Photo by Yoichi Okamoto / courtesy of LBJ Library

我與詹森在橢圓形辦公室。（一九六八年十一月十五日）

Photo by Yoichi Okamoto / courtesy of LBJ Library

上：一九七五年十二月十四日，迪克與我在一百七十位嘉賓、親友、同事的祝福下結婚。

Photo by Marc Peloquin / courtesy of the author

下：迪克在墨西哥普拉雅德拉曼參加我們的兒子喬與維若妮卡（Veronika）婚禮時，所拍攝的特寫照，露出他代表性的彩色襪子。（二〇一六年十二月十五日）

Photo by Santiago Gabay / courtesy of the author

LOCUS

LOCUS

LOCUS

LOCUS